한국고전번역총서 2

동양시학원류

제1편 중국시학

이 책은 2023년 단국대학교 교내연구소 연구 지원비의 지원에 의한 단국대학교 부설 한국고전문학텍스트연구소의 한국고전번역 결과물로 간행된 도서임.

한국고전번역총서 2

東洋詩學原流

中國詩學

이승규 지음
김묘정 김효정 유진희 옮김
윤재환 감수
한국고전문학텍스트연구소 편

학자원

간행사

한국고전문학텍스트연구소는 인문학적인 창조의 정신을 바탕으로 대중들의 관심에서 버려져 있는 우리 고전의 가치를 새롭게 밝혀, 현대를 살아가는 사람들에게 삶의 지표와 미래의 희망을 제시하기 위해 설립되었습니다.

흔히 시대를 뛰어넘어 변함없이 읽을 만한 가치를 지니는 책들을 통틀어 고전이라고 합니다. 그렇다면 고전은 과거뿐만 아니라 현재 그리고 지금 이 자리에서도 여전히 변함없는 가치를 지닐 것입니다. 하지만 현재 우리 사회에서 고전에 대한 대중들의 관심을 찾아보기 어렵습니다. 오히려 그것보다 고전을 바라보는 현대인들의 시선은 고전을 오래된 어려운 것, 시대에 뒤떨어진 고리타분한 것을 넘어 이제 더 이상 우리 사회에서 의미 없는 것이라고 생각하는 듯 보이기까지 합니다. 이와 같은 대중들의 시선을 접할 때마다 고전을 업으로 삼는 사람으로서 당혹스럽고 또 어찌해야 할지 혼란스럽기도 하지만 돌이켜보면 이와 같은 문제는 그 연원이 오래된 듯합니다.

현대 사회를 인문학의 위기라고 합니다. 인문학은 더 이상 이 사회에서 의미 없는, 가치 없는 것으로 치부되어 사회의 관심 밖으로 밀려나 설 자리를 잃고 방황하는 듯 보이기도 합니다. 그렇지만 현대 사회에 팽배한 인문학에 대한 폄하 역시 고전에 대한 오해와 같은 것이라고 생각됩니다.

인류의 역사를 되돌아보면 고전이 그 자체로 가치와 의미를 인정받았던 시기를 찾기 어렵고, 인문학이 위기가 아니었던 시대가 없었습니다. 그런 점에서 고전은 언제나 시대에 뒤떨어진 의미 없는 것으로 보이고,

인문학은 늘 위기 속을 허덕이는 학문이라고 생각되기까지 합니다. 하지만 만약 그와 같은 생각이 사실이라면 우리 사회에서 고전과 인문학은 이미 자취를 감추었어야 하지만, 사회가 첨예해지고 기술 문명이 발달할수록 고전과 인문학에 대한 대중들의 갈망이 커지는 경우를 주변에서 쉽게 찾아볼 수 있습니다. 이와 같은 모습들은 고전과 인문학이 우리 사회에서 결코 사라질 수 없는 것임을 보여주는 것입니다.

한국고전문학텍스트연구소는 고전에 대한 왜곡된 인식과 인문학에 대한 그릇된 편견을 교정하는 작은 씨앗이 되고자 설립된 연구소입니다. 이를 위해 우리 연구소에서는 고전을 다양한 사회의 변화에 부응할 수 있도록 새롭게 가공하여, 현대 사회의 대중들이 고전과 인문학의 가치를 새롭게 인식하고 흥미를 느낄 수 있도록 하고자 합니다. 이런 목표를 실현하기 위해 우리 연구소에서 가장 먼저 주목한 것이 번역을 통한 고전의 현대화입니다. 읽기 어렵고 난해한 고전을 현대어에 맞게, 현대인들의 사고와 이해에 부합할 수 있도록 번역하여 고전에 대한 접근과 이해의 폭을 넓히고자 하는 것입니다.

이번에 간행하는 한국고전번역총서 제2권은 이와 같은 우리 연구소의 목표를 달성하기 위해 발간한 책입니다. 이 책을 간행하기 이전 우리 연구소에서는 한국시화번역총서라는 제목으로 한 권의 책을 간행하였지만, 시화만을 대상으로 번역서를 출간한다면 우리 연구소의 목표를 이루기 어렵다는 반성이 있었습니다. 그래서 두 번째 책부터는 한국고전번역총서로 제목을 바꾸고 그 첫 번째 책으로 『동양시학원류』를 간행하게 되었습니다. 한국고전번역총서의 제2권은 『동양시학원류』라는 잘 알려지지 않은 책의 「중국시학」편을 현대인들의 시각에서 새롭게 번역하고 다양한 참고 자료를 첨가하여 전문 연구자들뿐만 아니라 일반 대중들까지도 시화가 지니고 있는 흥미롭고 다양한 재미를 느낄 수 있도록 하여 현대의 독자들이 고전과 한문에 대한 새로운 관심을 가질 수 있도록 하고자 하는 것입니다.

엄밀한 선별 과정과 치밀한 번역 및 검토 과정을 거쳐 간행되는 한국고전번역총서는 앞으로도 인문학 관련 전문 연구자뿐만 아니라 일반 대중들에게까지 우리 고전의 가치와 의미를 알려 고전에 대한 왜곡된 인식과 인문학에 대한 그릇된 편견을 교정하는 작은 씨앗의 역할을 충실히 해나갈 수 있으리라 생각됩니다. 이후로도 이 중요한 작업이 충실하게 이루어지기를 기대하며, 한국고전번역총서의 간행을 지원해 주신 단국대학교와 학자원 출판사의 사장 김병환 출판이사님께 다시 한 번 깊은 감사의 마음을 전합니다.

2023년 10월

단국대학교 부설 한국고전문학텍스트연구소장

서문

『동양시학원류』는 1900년대 초기의 학자인 이승규(1882~1954)가 편찬한 책이다. 저자에 대해 알려진 것이 거의 없기 때문에 명확하게 밝혀 말하기는 어렵지만, 이승규는 충청남도 보령 출신으로 한학에 조예가 깊었으며 동아일보 창간기자, 보성학교 교사, 휘문학교 교사, 서울시립 농과대학 교수 등을 역임했다고 한다. 그런 점에서 『동양시학원류』는 그가 학생들을 교육하기 위해 편찬한 책이라고 생각된다. 『동양시학원류』는 2편으로 구성되어 있는데, 이 책은 그중 제1편에 해당하는 「중국시학」편을 번역한 것이다.

한국고전번역총서의 두 번째 책으로 『동양시학원류』를 번역하게 된 가장 큰 이유는 연구소 활동에 참여하는 대학원생들과 같이 공부하기 위해서였다. 우리 연구소에서 첫 번째 번역서로 『성수시화』를 출간한 이후 새로운 교수님이 부임하시면서 산문에 대한 공부가 활성화되었고 학생들의 이해가 깊어졌지만, 시에 대해서는 여전히 어려움이 적지 않았다. 시에 대한 학생들의 이해를 높이고 흥미를 유지하기 위해서는 학생들이 시에 조금이라도 쉽게 접근할 수 있는 방법과 자료를 찾아야 했다. 이 과정에서 눈에 든 책이 바로 『동양시학원류』이다.

근대에 편찬된 책이면서 아직까지 거의 알려지지 않았다는 『동양시학원류』의 성격이 학생들의 호기심과 승부욕을 자극할 수 있을 것이라고 생각했다. 학습면에서도 『동양시학원류』의 제1편 「중국시학」은 한시에 관한 기초 이론과 한시의 변천에 관한 개략적인 내용을 모두 담고 있기 때문에 이 책을 통해 한시를 공부할 때 꼭 알아야 할 기초적인 내용을 모두 익힐 수 있을 것이라고 생각했다.

이미 한 권의 번역서를 출간해 보았고, 한시를 공부한 시간도 짧지 않으니 이 책을 읽어 나가는데 이전과 같은 큰 어려움은 없을 것이라고 생각했다. 하지만 늘 그렇듯이 세상일은 생각같이 되지 않았다. 이전 책을 번역하면서 느꼈던 어려움이 내용의 이해에 있었다면 이 책은 글자의 판독에서부터 쉽게 길을 열어주지 않았다. 필사 프린터본으로 보존 상태까지 양호하지 않아 글자를 알아볼 수 없는 부분이 적지 않았고, 인용된 글과 저자의 이야기가 뒤섞여 인용문을 파악하기도 쉽지 않았다. 또 인용된 글들이 출처의 글과 일치하지 않는 경우가 많아 인용된 내용을 온전히 이해하기도 쉽지 않았다.

1년 정도면 최소한 1편은 다 읽을 수 있을 것이라고 생각하고 시작했지만, 시간이 지나도 남은 양이 줄어들지 않았다. 줄어들기는커녕 오히려 남은 양이 자꾸 많아져 간다는 생각까지 들었다. 이러다가는 이 책을 다 읽을 수나 있을까 하는 걱정이 들기 시작했다. 학생들은 지쳐갔고, 호기심과 승부욕을 자극할 수 있을 것이라고 여겼던 생각은 이러다가는 한시에 대한 흥미까지 사라지는 것이 아닐까 하는 걱정으로 바뀌어 갔다.

하지만 마부작침磨斧作針 · 우공이산愚公移山이라는 말처럼 쉬지 않고 계속해 나가면 어떤 일도 언젠가는 반드시 끝을 맺게 된다. 1년이면 끝날 것이라고 생각했던 계획과는 너무나도 어긋났지만, 한 해 두 해 시간이 지나면서 조금씩 끝이 보이기 시작했다. 남은 양보다 읽은 양이 조금씩 많아지면서 지쳐 보이기만 했던 학생들의 얼굴이 달라지기 시작했다. 미소가 보이고 희망이 감돌았다. 그리고 마침내 완독이라는 불가능하게만 보였던 산 위에 오를 수 있었다.

이제 다 끝났다고 생각했는데, 학생들에게는 완독이 끝이 아니라 새로운 고통의 시작이었다. 이전과 달리 이 책을 읽으면서는 처음부터 출간을 계획했었는데, 강독의 시간이 길어지면서 정리한 내용이 달라졌고 체재와 형식이 계속 바뀌었다. 더구나 이 책을 학생들이 자신들의 힘으로 번역하게 만들고 싶다는 욕심은 강독 이후 책의 출간을 위한 모든 과정을 학생들이 스스로의 힘만으로 감당하게 강요했다. 불안한 마음도 없지 않았지만, 할 수 있을 것이라는 주문만 외우면서 늘 한 걸음 물러서 있었다.

최종 출판 원고를 출판사로 보내기 전 마지막 감수를 위해 학생들이 원고를 가지고 왔을 때 두려운 마음이 없지 않았지만, 막상 원고를 열어 보니 학생들을 믿고 맡기기를 잘했다는 생각이 들었다. 강독해 나가면서 논란이 되었던 부분과 미심쩍은 부분이 깔끔하게 정리되었고, 읽기가 훨씬 편안했다. 물론 이 번역서가 완벽하다고 생각하지는 않는다. 감수를 하면서도 자신 없는 부분이 적지 않다. 그런 만큼 이 책의 가치에 대해서 자신 있게 말하기 힘들다. 하지만 이 책은 지금까지 간행된 다른 번역서들과 비교해 번역 어투를 지양하여 일반 대중들까지 수월하게 읽을 수 있도록 했고, 주석과 교감을 별도로 배치하여 원문을 읽은 때 느낄 수 있는 불편함을 최소화했으며, 인용된 작품들의 원문을 첨부하였다는 형식상의 장점과 함께 학생들이 스스로 해냈다는 자부심을 가질 수 있게 한다는 더 큰 장점을 가진다. 아마 이것이 이 책의 가장 큰 의미가 아닐까 생각된다.

이 책의 출간을 준비하면서 새로운 자료를 학생들과 읽고 있다. 지금 읽는 자료의 강독이 끝나면 역시 이 책처럼 학생들이 스스로의 힘으로 책을 출간하게 할 것이다. 그 책은 이 책보다 조금 더 나은, 조금 더 수월한 책이 되지 않을까 생각한다. 『동양시학원류』를 읽기 시작했을 때와 비교해 많은 부분에서 달라진 학생들을 바라보면서 여러 가지 생각이 든다. 그리고 이 책을 출간하기까지 수많은 시간을 고통 속에서 보냈던 학생의 노력을 되돌아보면서, 이 책을 접하는 모든 분이 이 책으로 인해 조금은 즐겁고 행복한 시간이 되기를 기대해 본다.

2023년 10월
죽전 연구실에서
윤재환

일러두기

1. 이 책의 번역 대본은 단국대학교 석주선기념박물관 연민문고본 『동양시학원류東洋詩學源流』로 책의 뒷부분에 수록하였다. 다만 판독이 어려운 일부에 한해 영남대학교 도남본으로 대체하였다.
2. 이 책의 번역은 단국대학교 한국고전문학텍스트연구소 소속 연구원들의 강독을 바탕으로 하였다.
3. 원문과 원문에 수록된 시의 교감은 사고전서본 『시인옥설詩人玉屑』·『창랑시화滄浪詩話』·『어정전당시御定全唐詩』 및 원저자의 문집 등을 활용하였다.
4. 번역의 분절 단위는 원문의 분절 단위를 따라 아라비아 숫자로 표기하였다.
5. 번역은 최대한 현대국어로 옮기도록 하였다.
6. 현대국어로 옮겨지지 않는 부분과 한자가 반드시 필요한 경우를 제외하고는 한자를 사용하지 않았다. 고유명사의 경우도 원문의 분절 단위를 기준으로 처음 나타날 때만 한자를 병기하여 한자의 사용을 최소화하였다. 한자를 사용할 경우에도 한자의 크기를 줄여 가독성을 높이고자 하였다.
7. 번역문에서 시는 원문을 병기하였다.
8. 원문에서 의미가 전달되지 않는 부분은 교감한 글자로 번역하였다.
9. 교감은 문장과 시 제목의 경우 전체를 교감하였다. 나머지는 글자 단위로 하되 불가피한 경우, 앞·뒤 글자와 함께 교감하였다.

10. 각주의 표제어는 한 어절일 경우 원문에 수록된 한자어를 병기하고 세 어절까지는 표제어를 온전히 밝혔다. 네 어절 이상인 경우 앞·뒤의 한 어절만 밝히고 말줄임표(……)를 사용하였다.

11. 각주의 원문 출처는 최대한 밝히는 것을 원칙으로 하였다. 원문을 번역하여 밝힌 경우 대괄호([ ])로 묶어 원문을 번역한 뒤 원문을 수록하였다.

12. 이 책에서 사용한 부호는 다음과 같다.

- , : 한 문장 안에서 일반적으로 구의 구분이 필요한 곳에 쓴다.
- · : 명사의 병렬이 중첩적인 경우에 쓴다.
- . : 한 문장의 끝에 쓴다.
- " " : 대화와 인용문, 시구에 쓴다.
- ' ' : " " 안의 재인용 또는 대화 문구를 묶는다.
- …… : 각주·교감의 표제어와 각주 인용문의 내용을 줄인다.
- ( ) : 인물의 생몰년과 즉위년을 표시하거나 교감에 활용한 자료의 출처를 표시할 경우에 쓴다.
- [ ] : 번역문과 뜻은 같으나 음이 다른 한자와 모든 인용문의 원문을 묶는다.
- 「 」 : 편명을 묶는다.
- 『 』 : 책명 및 주석의 전거를 묶는다.
- 〈 〉 : 시의 제목을 묶는다. 원저자의 문집과 시의 제목이 다른 경우에도 시의 제목으로 판단되는 경우 왼쪽 부등호와 오른쪽 부등호(〈 〉)로 표시하였다.

목차

제3절 시법론 詩法論

제2장 고시 古詩

제1절 악부와 고시의 시 형식과 기세에 관한 이론 樂府及古詩體勢論

『동양시학원류東洋詩學源流 - 중국시학中國詩學』 해제

김묘정

1. 『동양시학원류東洋詩學源流』의 저자 이승규李昇圭

『동양시학원류東洋詩學源流』의 저자 이승규李昇圭(1882~1954)는 호가 창동滄東이며 충청남도 보령 출신으로 한학에 조예가 깊었다고 하나,[1] 그의 생애에 대한 구체적인 내용을 고증하기는 어렵다. 다만 동아일보 창간기자, 보성학교 교사, 휘문학교 교사, 서울시립 농과대학 교수 등을 거치며[2] 문학에 관심을 가진 것으로 보인다. 이에 이승규와 관련해서는 그의 장남인 이철원李哲源(1900~1979)[3]의 생애만이 확인되어, 이와 관련한 정보만 얻을 수 있을 뿐이다.

2. 『동양시학원류東洋詩學源流 - 중국시학中國詩學』의 구성과 내용

『동양시학원류東洋詩學源流』는 전체 1권으로 구성되어 있으며 단국대

---

1) 이종묵, 「일제강점기의 한문학 연구의 성과」, 『한국한시연구』 13, 한국한시학회, 2005, p.6.

2) 이덕영, 「이승규李昇圭선생의 계원담총桂苑談叢 이야기 소개」, 『保寧文化』 25, 보령문화연구회, 2016, p.269.

3) 이철원李哲源은 1919년 주렴산 3.1운동을 주동한 인물이며, 중국과 미국 등의 국가에서 학업과 독립운동을 계속하였으며, 해방 후에는 제2대, 4대 공보처장을 역임한 것으로 알려져있다.

학교 석주선기념박물관 연민문고본, 영남대학교 도남본, 단국대학교 국어국문학과 윤재환 교수 개인소장본(영남대학교 도남본의 복사본으로 추정)이 전한다. 본 번역총서에서는 단국대학교 석주선기념박물관 연민문고에 소장되어 있는 자료를 저본으로 삼았다. 자료 내용상의 출입이 확인되지 않으므로 동일본으로 간주된다. 다만, 책의 간행 배경을 확인할 수 있는 저자 정보, 서문序文, 발문跋文 등의 자료가 존재하지 않으므로 이 책의 간행 경위를 고증하기는 어렵다. 이에 이승규가 직접 필사한 필사본으로 추정되나 정확한 사항은 확인할 수 없는 상태이다. 『동양시학원류』는 이승규가 온전히 정리해놓은 것은 아니고 초안 형태로 작성한 것이 아닐까 생각되는데, 간혹 오기誤記를 수정하거나 보충한 양상이 보이며, 출처를 잘못 기재한 부분, 원전과 다른 글자를 기재한 부분들이 다수 포착되기 때문이다. 또한 책 표지에 "이승규李昇圭 강술講述"이라고 쓰여져 있는 점을 감안한다면, 강의 교재로 사용되었던 것으로도 추정된다.

『동양시학원류東洋詩學源流』는 프린트본으로 책 크기는 25.5×18.0㎝이고, 광곽匡郭은 없이 판심版心에 책의 제목과 해당 판의 번호가 적혀 있으며, 13행 24자로 원문이 필사되어 있다. 전체 1권으로 구성되어 있으며 이는 다시 편, 장, 절의 형식으로 나눠진다. 그에 따라 제1편이 「중국시학中國詩學」이고, 제2편이 「조선시학고朝鮮詩學考」[4]이다. 여기에서는 「중국시학」의 구성 방식과 목차를 살펴보면 다음과 같다.

「중국시학」의 구성 방식은 다음과 같다.

---

4) 제2편 「조선시학中國詩學」 역시 편, 장, 절의 형식으로 구성되어 있으며, 삼국시대[詩學胚胎時代]부터 통일신라[詩學進步時代], 고려전기 및 중기[詩學勃興時代], 고려후기[詩學正音時代], 조선전기[詩學極盛時代], 조선후기[詩學革命時代], 조선말기[詩學衰微時代]까지의 시학을 전체적으로 개관하였다. 제2편의 구성과 내용은 해당 책의 해제를 참조하기 바란다.

첫째, 내용을 장 · 절로 구분하였다.

둘째, 내용을 형식별로 구분하였으며, 항목을 기술할 때에는 '일一, 이二…'의 형식으로 나누어 작성하였다.

셋째, 절 안에서 내용이 달라질 때에는 줄을 바꾸어 기록하였다.

넷째, 중국 시가詩歌 평론서와 시화집詩話集을 인용할 때에는 대부분 '능양실중어왈陵陽室中語曰'과 같은 형식으로 기록하여 구분하였다.

다섯째, 시 전문을 인용할 때에는 한 칸을 낮추어 기록하였다.

「중국시학」의 목차를 살펴보면, 크게는 '시학통론詩學通論', '고시古詩', '율시律詩' 3장으로 구성되어 있다. 각 장을 살펴보면, '1장 시학통론詩學通論'의 하위 절로는 '제1절 시의 연원詩之淵源', '제2절 시형식론詩體論', '제3절 시법론詩法論'이 있으며, '2장 고시古詩'의 하위 절로는 '제1절 악부와 고시의 체제와 기세에 관한 이론樂府及古詩體勢論'을 수록하였다. '3장 율시律詩'의 하위 절로는 '제1절 성운과 율시 형식의 연원聲韻與律體之淵源', '제2절 구법句法', '제3절 율시실용격식律詩實用格式'으로 구성하였다.

「중국시학中國詩學」의 내용을 살펴보면, 크게 중국 시학 전체를 개관한 부분, 그리고 형식별로 정리해 논의로 정리된다. 이에 먼저 제1장 시학통론詩學通論을 살펴보면, 먼저 제1절에서는 시의 연원이 『시경詩經』에서부터 시작되었음을 기술한 뒤 여러 문헌을 인용하여 시가 나타난 시기를 구체적으로 고증하고 있다. 나아가 오언시五言詩와 칠언시七言詩의 기원을 각각 〈고시십구수古詩十九首〉와 〈백량대柏梁臺〉 시로 규정함으로써 시의 연원을 찾고자 하였다. 이어서 2절에서는 시 형식에 대한 논의를 전개하였다. 3언시三言詩에서부터 9언시九言詩에 이르기까지의 과정을 보여주고, 시구절을 예로 들어 설명하였다. 또한 중국 송宋나라 문인인 엄우嚴羽가 나눈 시 형식을 비롯해 금金나라・원元나라・명明나라・청清나라의 시형식 변화까지도 모두 정리하였다. 이에 시기로 나눈 형식, 풍격으로 나눈 형식, 편장으로 분류한 형식, 제목으로 나눈 형식, 잡체 형식으로 구분하여 수록하였다. 3절에서는 시를 짓는 방법에 대해 기술하였는데, 명의命意・조어造語・하자下字・용사用事・압운壓韻・속대屬對・단란煅煉 총 7가지로 시법詩法을 구분하고 각 항목별로 상세한 내용을 개진하였다. 이와 같은 내용을 서술함에 이어서는 중국 시가詩歌 평론서를 다수 인용하였다. 송나라 시대에 편찬된 비평서를 주로 인용하였으며, 대표적으로 『중산시화中山詩話』・『능양선생실중어陵陽先生室中語』・『잠계시안潛溪詩眼』・『초계어은총화苕溪漁隱叢話』・『석림시화石林詩話』・『서청시화西清詩話』・『시인옥설詩人玉屑』・『만수시화漫叟詩話』・『산호구시화珊瑚鈎詩話』・『이희성시화李希聲詩話』・『죽파시화竹坡詩話』 등을 들 수 있다. 이 절에서는 시법詩法을 논의하면서 시의 병통에 대해서도 개관하였는데, 심약沈約의 8가지 병통을 정리하는 것을 시작으로, 『육일시화六一詩話』 등의 시화집詩話集에서 확인되는 시의 병통에 대해 정리하였다.

다음으로 제2장 고시古詩에서는 악부樂府와 고시古詩의 체제體制와 기세氣勢에 관한 이론을 개진하였다. 이에 먼저 악부樂府의 기원과 시기별 양상을 살피는 동시에 악부와 시를 차이점을 구별하였다. 나아가 고악부古樂府와 한漢나라・위魏나라・육조六朝시대의 여러 시인이 고시古詩의 연원이며 이를 익히지 않을 수 없었다고 보았다. 이어서 한漢나라 오언고시五言古詩로 〈고시십구수古詩十九首〉, 〈소무가 아내와 이별하며蘇武別妻〉, 〈소무가 이릉에게 주다蘇武與李陵〉, 〈이릉이 소무에게 주다李陵與蘇武〉 작품 전문을 인용하였으며, 위魏나라의 오언고시五言古詩로 〈고한행苦寒行〉, 〈미녀편美女篇〉 전문을 인용하였다. 진晉나라 오언고시五言古詩로는 〈음주飮酒〉, 〈석벽정사에서 호중으로 돌아오며 짓다石室精舍 還湖中作〉 등을 인용하면서 점차 오언율시의 형식을 이루게 되었다고 평하였다. 당唐나라 오언고시五言古詩로는 〈회포를 적다述懷〉, 〈계구에서 옛날을 돌아보다薊丘覽古〉 등의 작품을 수록하였고, 송나라 오언고시五言古詩로는 〈유공권의 연구에 더하여足柳公權聯句〉, 〈정기가正氣歌〉 등을 들었다. 명明나라 오언고시五言古詩로는 〈한가롭게 거하는 감회閑居感懷〉, 〈태산을 오르다登泰山〉 등이 있고, 청淸나라 오언고시五言古詩로는 〈충정공 변호의 무덤에서 짓다卞忠貞公墓下作〉, 〈여산에 노닐면서 폭포를 보다遊廬山觀瀑〉 등을 수록하였다.

마지막으로 제3장 율시律詩를 살펴보면, 제1절에서는 성운聲韻과 율시 형식의 연원에 대해 기술하였다. 이에 제나라 영명永明 연간에 처음으로 사성四聲을 문장에 사용하였으므로 이것이 율시 형식의 연원이며 심약沈約·사조謝朓·왕융王融이 이를 이끌었음을 기술하였다. 나아가 시 형식과 관련해 이러한 연원이 서릉徐陵과 유신庾信·상관의上官儀·심전기沈佺期와 송지문宋之問으로 이어져 율시 형식이 유려하게 되었다고 보았다. 성운과 관련하여서는 심약의 『사성보四聲譜』, 수隋나라 육사陸詞가 편찬한 『절운切韻』, 송宋나라 『광운廣韻』, 명明나라의 『홍무정운洪武正韻』, 청淸나라의 『패문운부佩文韻府』를 두루 개관하였다.

다음으로 제2절에서는 구법句法에 대해 서술하였는데 오언시五言詩에서 구를 단련하는 방법으로는 '시안자에 사실을 사용한 형식[시안용사실식詩眼用事實式]'·'시안자에 공들인 글자를 사용한 형식[시안용향자식詩眼用響字式]' 등으로 분류하고 시를 예로 제시하였다. 또한 칠언시七言詩에서 구를 연습하는 방법 역시 형식별로 분류하고 시를 예로 들어 설명하였다.

마지막으로는 제3절에서 율시律詩의 실용實用적인 격식格式에 대해 논의하였는데, 형식별로 나누어 오언절구五言絕句 격식·칠언절구七言絕句 격식·오언율시五言律詩 격식·칠언율시七言律詩 격식을 차례로 살폈다.

대표적으로 오언절구 격식에 대해 논의한 부분을 정리해보면, 오언절구의 평성平聲 운자를 사용한 형식 · 오언절구의 측성仄聲 운자를 사용한 형식 · 오언절구의 평측平仄이 정격正格인 형식 · 오언절구의 평측이 편격偏格인 형식 · 염이 잘못된 형식 · 요체로 구를 짓는 형식 · 각각 평성과 측성을 사용한 형식 · 네 구의 평측이 변하지 않는 형식 · 앞 두 구의 평측이 변하지 않는 형식 · 뒤 두 구의 평측이 변하지 않는 형식 등으로 분류하고 각 형식별로 시를 제시하였다.

3. 『동양시학원류東洋詩學源流 - 중국시학中國詩學』의 종합적 가치

이상에서 『동양시학원류東洋詩學源流』의 저자인 이승규李昇圭에 대한 간략한 소개, 그리고 『동양시학원류』 가운데서도 제1편에 해당하는 「중국시학中國詩學」의 구성과 내용을 구체적으로 살펴보았다. 이를 토대로 『동양시학원류』의 가치를 몇 가지로 나누어 정리하면 다음과 같다.

첫 번째는 『동양시학원류東洋詩學源流』의 서지적 가치이다. 현재 이승규李昇圭의 저서로는 『계원담총桂苑談叢』,[5] 외에 다른 저서가 확인되지 않으며 이와 관련한 정확한 정보를 확인할 수 없는 상황에서 현전하는 『동양시학원류』는 처음 소개되는 그의 유일한 저작물 중 하나라고 할 수 있다. 나아가 『동양시학원류』는 이승규 자신이 직접 필사한 것으로 추정된다는 점에서 기본적으로 유일 친필본이라는 서지학적 가치를 지닌다.

---

5) 『계원담총桂苑談叢』은 시인이나 문장가들의 여러 이야기를 모아 놓은 책으로, 논문을 통해 소개되고 번역이 제시된 바 있다. 이덕영, 「이승규李昇圭선생의 계원담총桂苑談叢 이야기 소개」, 『保寧文化』 25, 보령문화연구회, 2016, pp269~320.

두 번째는 『동양시학원류東洋詩學源流 - 중국시학中國詩學』의 내용적 가치이다. 먼저, 인용 자료의 방대함을 특징으로 꼽을 수 있는데, 중국 시가詩歌 평론서와 시화집詩話集이 두루 인용되고, 논의를 개진함에 있어서 시 전문과 시 구절을 인용하였다. 아울러 송宋나라 · 금金나라 · 원元나라 · 명明나라 · 청淸나라 문인들의 작품들이 망라되어 있다는 점에서 충분한 가치를 지닌다. 다만, 번역 과정에서 이승규李昇圭가 오기誤記한 부분들을 확인하였으며 이를 교감하는 작업을 병행하였다는 점에서 일면 한계를 보이기도 하나, 글자 출입出入에 지나지 않으므로 내용의 진위성 역시 담보할 수 있다고 하겠다.

다음으로는 인용 내용에 대한 철저한 고증 양상을 특징으로 꼽을 수 있다. 이승규李昇圭는 자료를 나열하는데 그치지 않고, 여러 자료를 정리하면서 고증을 병행하고자 하였다.

> 〈초중경처焦仲卿妻〉 시는 한漢나라의 건안建安시기에 지어진 시이고, 〈목란시木蘭詩〉는 처음으로 남조南朝 제齊나라와 양梁나라 연간에 나온 시인데, 간혹 당唐나라 사람이 지었다고 하기도 하지만 잘못이다.[6)]

위 인용문은 『동양시학원류東洋詩學源流 - 중국시학中國詩學』에서 악부樂府와 고시古詩의 체제와 기세에 관한 이론을 개진한 부분 가운데 일부를 인용한 것인데, 이승규는 악부의 법도를 논의하면서 〈초중경처〉와 〈목란시〉를 인용하는 데 그치지 않고, 작시 시기를 비정함으로써 고증에 정교함을 가미하였다.

또한, 이승규의 비평적 안목을 내용적 가치로 들 수 있다. 물론 엄밀하

---

6) 이승규, 「중국시학中國詩學」, 『동양시학원류東洋詩學源流』, "〈焦仲卿妻〉詩, 當作于漢建安詩, 〈木蘭詩〉, 䂊出于齊梁之間, 或以爲唐人作非也."

게 따지면 「중국시학中國詩學」에 대한 서술 자체가 기본적으로 중국시학에 대한 개관 차원에서 작성되었다는 점에서 개인의 비평적 안목을 토대로 새롭게 정리된 것이라고 보기는 어려운 측면이 있으나, 이승규가 한문학에 대한 전문적 식견을 가지고 이러한 저서를 집필하였다는 것 자체로 큰 의미를 지닌다고 하겠다. 중국시학 원류原流에 대한 통시적인 안목을 필두로 하여, '고시古詩'와 '율시律詩'로 나누어 정리하였다는 것은 그가 고체시古體詩와 근체시近體詩 전반에 대한 식견을 가지고 있었음을 시사한다. 「중국시학中國詩學」의 이러한 체재는 왕력王力(1900~1986)의 『중국시율학中國詩律學』[7]과 비교해 보았을 때에도 크게 다르지 않다는 점에서 시사하는 바가 있다.

세 번째는 『동양시학원류東洋詩學源流』는 공시적 관점에서 20세기 한문학 유산을 정리하는 작업의 일환으로 의미를 지닌다. 근대 학문이 본격적으로 우리나라에 들어온 것은 20세기 전후한 시기며, 일제강점기에 본격적인 학술 연구가 이루어지기 시작하였는데[8] 이렇게 본다면 이승규李昇圭의 작업은 정만조鄭萬朝의 〈조선시문변천朝鮮詩文變遷〉, 홍희洪熹의 〈조선문학원류약론朝鮮文學源流略論〉, 김원근金瑗根의 「조선고금시화朝鮮古今詩話」, 나아가 김태준金台俊의 『조선한문학사朝鮮漢文學史』와 비견할만한 성과로 간주된다. 아울러 이승규의 작업은 한국한문학을 정리하기 위한 일환으로 이해 가능하며, 중국시학中國詩學을 서술하면서 조선시학朝鮮詩學에 대한 논의까지 담아냈다는 것은 한문학을 부흥시키고 또 우리의 문학을 정리하고자 한 의식적인 행위라고 생각된다.

---

7) 왕력王力(1900~1986)은 『중국시율학中國詩律學』에서 서설을 필두로 근체시, 고체시, 사詞, 곡曲, 백화시와 유럽화시로 내용을 세분화하여 논의를 진행하였다.

8) 이종묵, 「일제강점기의 한문학 연구의 성과」, 『한국한시연구』 13, 한국한시학회, 2005, p.1.

제1장

시학통론

中國詩學

제1절 시의 연원 詩之淵源

中國詩學 1

자하子夏[1]는 『시경詩經』의 서문에서 다음과 같이 말했다.

"시라는 것은 뜻이 움직여 나타나는 것이니, 마음에 있을 때는 지志가 되고, 말로 나타내면 시가 되는 것이다. 정情이 마음에서 움직여 말로 드러나는데, 말로는 부족하기 때문에 감탄하게 되고, 감탄해도 부족하기 때문에 읊조리고 노래하는 것이고, 읊조리고 노래해도 부족하기 때문에 자신도 모르게 손이 춤추고 발이 구르는 것이다.

정은 소리를 통해 드러나는 것이니 소리가 가락을 이룬 것을 음악이라고 한다. 잘 다스려진 세상의 음악은 편안해서 즐거우니 그 정치가 화목한 것이고, 어지러운 세상의 음악은 원망하여서 노여워하니 그 정치가 어그러진 것이고, 망해가는 나라의 그 음악은 서글퍼서 근심스러우니 그 백성들이 괴로운 것이다. 그러므로 득실得失을 바로하고 천지의 신령함을 움직이고 신령을 감동시키는 것으로 시보다 더한 것은 없다.

선왕께서는 시로서 부부의 도리를 바르게 하고, 효孝와 경敬을 이루고 인륜을 두텁게 하고 교화를 아름답게 하여 풍속을 바로 잡았다. 그러므로 시에는 육의六義가 있으니, 첫째를 풍風, 둘째를 부賦, 셋째를 비比, 넷째를 흥興, 다섯째를 아雅, 여섯째를 송頌이라고 한다. 윗사람은 풍의 방법으로 아랫사람을 교화하고 아랫사람은 풍의 방법으로 윗사람을 깨우치게 하되 비유를 주로 하여 완곡하게 간하니, 말을 하는 사람은 죄를 받지 않고 듣는 사람은 충분히 경계할 수 있다. 그러므로 풍이라고 한다.

왕도王道가 쇠퇴하게 되어서는 예禮와 의義가 폐지되고 정치와 교화가 잘못되며 나라마다 정치를 달리하고 집안마다 풍속을 달리하여, 변풍變風과 변아變雅가 나타났다. 나라의 사관이 득실의 자취에 밝아 인륜이 폐지된 것에 슬퍼하고, 형벌과 정치가 가혹해진 것을 서글퍼하여 정성을 읊어서 윗사람을 풍자하여 사변事變에 통달하고 옛 풍속을 그리워하게 한 것이다. 그러므로 변풍은 백성의 정에서 드러나 예의禮義에서 그쳤으니, 백성의 정情에서 드러난 것은 백성의 본성이고, 예의에 합한 것은 선왕의 은택이다. 이 때문에 한 나라의 정사政事가 시인 한 사람의 본뜻에 얽혀있는 것을 풍이라고 하고, 천하의 일을 말하여 사방의 풍속을 드러내는 것을 아雅라고 한다. 아는 바르다는 것이니 왕정王政이 폐지되고 흥기하는 이유를 말한 것이다. 정치에는 크고 작은 것이 있기 때문에 소아小雅가 있고 대아大雅가 있는 것이다. 송이라는 것은 훌륭한 덕의 형용을 찬미하여서 그 성공을 신명神明에게 알리는 것이다. 풍 · 소아 · 대아 · 송 이것을 사시四始라고 하니 시의 지극함이다."

---

1 자하子夏 : B.C.507~B.C.420 추정. 중국 위나라 문인으로 이름은 복상卜商이다. 공자孔子의 제자로, 공문십철孔門十哲의 한 사람이다. 학문은 시와 예에 통했고, 공자의 『춘추春秋』를 전하여 『공양전公羊傳』과 『곡량전穀梁傳』의 원류를 이루었다.

子夏詩序曰, "詩者志之所之也, 在心爲志, 發言爲詩. 情動乎中而形於言, 言之不足, 故嗟歎之, 嗟歎之不足, 故永歌之, 永歌之不足, 故不知手之舞之足之蹈之也.

情發於聲, 聲成文, 謂之音. 治世之音, 安以樂, 其政和, 亂世之音, 怨以怒, 其政乖, 亡國之音, 哀以思, 其民困. 故正得失, 動天地, 感鬼神, 莫近於詩. 先王以是經夫婦, 成孝敬, 厚人倫, 美教化, 移風俗. 故詩有六義焉, 一曰風, 二曰賦, 三曰比, 四曰興, 五曰雅, 六曰頌. 上以風化下, 下以風刺上, 主文而譎諫, 言之者無罪, 聞之者足以戒. 故曰風. 至於王道衰, 禮義廢 · 政教失 · 國異政 · 家殊俗, 而變風變雅作矣. 國史明乎得失之迹, 傷人倫之廢 · 哀刑政之苛, 吟詠情性, 以風其上, 達於事變而懷其舊俗者也. 故變風, 發乎情, 止乎禮義, 發乎情, 民之性也, 止乎禮義, 先王之澤也. 是以, 一國之事, 繫一人之本, 謂之風, 言天下之事, 形四方之風, 謂之雅. 雅者, 正也, 言王政之所由廢興也. 政有小大, 故有小雅焉, 有大雅焉. 頌者, 美盛德之形容, 以其成功告於神明者也. 是謂四始, 詩之至也."[1]

[1] 詩者志之所之也……詩之至也 : 詩者志之所之也, 在心爲志, 發言爲詩. 情動於中而形於言, 言之不足, 故嗟歎之, 嗟歎之不足, 故永歌之, 永歌之不足, 不知手之舞之足之蹈之也. 情發於聲, 聲成文, 謂之音. 治世之音, 安以樂, 其政和, 亂世之音, 怨以怒, 其政乖, 亡國之音, 哀以思, 其民困. 故正得失, 動天地, 感鬼神, 莫近乎詩. 先王以是經夫婦, 成孝敬, 厚人倫, 美教化, 移風俗. 故詩有六義焉, 一日風, 二日賦, 三日比, 四日興, 五日雅, 六日頌. 上以風化下, 下以風刺上, 主文而譎諫, 言之者無罪, 聞之者足以戒. 故日風, 至于王道衰, 禮義廢 · 政教失 · 國異政 · 家殊俗, 而變風變雅作矣. 國史明乎得失之迹, 傷人倫之變, 哀刑政之苛, 吟詠情性, 以風其上, 達於事變

而懷其舊俗者也. 故變風, 發乎情, 止乎禮義, 發乎情, 民之性也, 止乎禮義, 先王之澤也. 是以, 一國之事, 繫一人之本, 謂之風, 言天下之事, 形四方之風, 謂之雅. 雅者, 正也, 言王政之所由廢興也. 政有小大, 故有小雅焉, 有大雅焉. 頌者, 美盛德之形容, 以其成功告於神明者也. 是謂四始, 詩之至也. (『詩傳大全』)

中國詩學

2

자하子夏의 『시경詩經』 서문을 살펴보면, 시가 언제 나타났는지를 말하지 않았으나 정情과 지志가 움직여 시가 된다고 하였으니 그렇다면 사람은 태어나면서부터 정과 지가 있는 것이다. 그러니 시가 나타난 것은 당연히 오래전일 것이다. 심약沈約[1]은 『송서宋書』[2]의 「사령운전謝靈運傳」[3]을 논한 글에서 "사람들은 천지의 신령함을 받고 오상五常[4]의 덕을 품어 강함과 부드러움을 번갈아 쓰고 기뻐하고 화내는 감정을 각각 가졌다. 대개 뜻이 마음에서 움직이면 노래와 읊조림이 겉으로 드러나는 것이니 육의六義가 연관된 것이고 사시四始가 얽매인 것이다. 가요에 오르내리다 풍의 시편은 어지러이 흩어졌으니 비록 우虞나라 · 하夏나라 이전의 남아 있는 노래를 볼 수 없으나, 부여받은 기운과 품고 있는 신령함은 이치상 혹시라도 다를 수가 없다. 그렇다면 당연히 노래하고 읊조리는 것은 마땅히 백성이 생겨나면서부터 시작된 것이다."라고 하였다. 이 말은 『시경』의 서문을 이어서 시의 기원에 대해 말한 것이다.

---

1 심약沈約 : 441~513. 중국 송나라의 문인으로, 자는 휴문休文, 시호는 은隱이다. 염정艷情을 노래하는데 뛰어나 궁체시宮體詩의 선구先驅로 인정받았으며, 시의 팔병설八病說을 제창하였다. 『사성보四聲譜』 · 『진서晉書』 · 『송서宋書』 · 『제기齊記』 · 『송세문장지宋世文章志』 등을 저술하였는데, 현재 『송서』만 전한다.

2 송서宋書 : 중국 남조 송나라의 정사正史이다. 『제기帝紀』 10권, 『지志』 30권, 『열전列傳』 60권으로 총 100권이다. 487년 남제南齊 무제武帝의 칙명勅命에 따라 심약沈約이

488년에 편찬을 완성한 것으로 송나라 60년의 역사를 기록하였으며, 중국의 사서史書 중 가장 권위 있는 25정사에 들어간다.

3 사령운전謝靈運傳 : 심약의 『송서宋書』에 수록된 글이다. 이 글의 문미文尾에 수록된 사론史論에는 선진先秦시대부터 송대宋代에 이르는 주요 문인들의 풍격과 문학사가 상세하게 소개되어 있다.

4 오상五常 : 수水, 화火, 목木, 금金, 토土의 오행五行을 말한다.

按子夏詩序, 未言詩起於何時, 然謂情志動而爲詩, 則人生而有情志. 詩之興固宜至早. 沈約『宋書』「謝靈運傳論」曰, "民稟天地之靈 · 含五常之德, 剛柔迭用, 喜慍分情. 夫志動於中, 則歌詠外發, 六義所因, 四始攸繫. 升降謳謠, 紛披風什, 雖虞夏以前, 遺文不覩, 稟氣懷靈, 理無或異. 然則歌詠, 宜自生民始也."[1] 此承詩序而論詩之起原也.

[1] 民稟天地之靈……宜自生民始也 : 民稟天地之靈 · 含五常之德, 剛柔迭用, 喜慍分情. 夫志動於中, 則歌詠外發, 六義所因, 四始攸繫. 升降謳謠, 紛披風什, 雖虞夏以前, 遺文不覩, 稟氣懷靈, 理無或異, 然則歌詠所興, 宜自生民始也. (『宋書』 卷67)

3

정현鄭玄[1]은 『시보詩譜』[2]의 서문에서 "시가 나타난 것은 상황의 시대[3]는 아닌 것 같다. 대정大庭[4] · 헌원軒轅[5] 그리고 고신高辛[6]에 이르기까지, 그 시기에 시가 있었는지 없었는지는 문헌에 기록된 것도 없다."라고 하였다. 「우서虞書」[7]에 "시는 뜻을 말한 것이요, 노래는 말을 길게 읊조린 것이며, 소리는 길게 읊조림을 따르고, 음률은 소리를 조화롭게 한 것이다."라고 하였는데, 그렇다면 시의 도는 이것을 따르는 것인가?

『정의正義』[8]의 풀이에서는 "상황의 시대는 온 세상이 순박해서 물고기를 잡아먹었고 짐승과 다름이 없었다. 윗자리에 있는 사람은 말을 해도 도道에 전혀 어긋나지 않았고, 아래에 있는 사람은 무리지어 거주해도 어지럽지 않았다. 예의의 가르침이나 형벌의 위엄이라는 것이 없어서 선을 행해도 그것이 선하다는 것을 알지 못했고, 악을 행해도 그것이 악하다는 것을 알지 못했다. 그러므로 그 마음에 느끼는 바가 없었으니, 그 뜻에 무슨 말할 것이 있었겠는가. 그러므로 이때에는 아직 시가詩歌가 없었다는 것을 알 수 있다."라고 하였다.

『예기禮記』[9] 「명당위明堂位」[10]편에는 "토고土鼓[11] · 괴부蕢桴[12] · 위약葦籥[13]은 이기씨伊耆氏[14]의 음악이다."라고 하였고, 「예운禮運」[15]에서는 "예의 처음은 음식에서 시작하는 것이니 괴부와 토고이다."라고 하였다. 「교특생郊特牲」[16]에서는 "이기씨가 처음으로 〈사蜡〉를 만들었다."라고 하였는데, 〈사〉라는 것은 토지에서 보제報祭를 지낼 때 쓰는 것이다. 그 가사는 "흙은 있던 땅으로 되돌아가고, 물은 있던 골짜기로 되돌아가고,

곤충은 나타나지 않고, 초목은 있던 곳으로 돌아가라."이다.

『정의』에서는 "이 노래가 신농神農의 시대에 나왔는데【이기는 아마도 신농일 것이다.】 이때 이미 운자韻字를 사용하였으니 이것이 시의 기원인 것이다. 악기가 있은 뒤라면 분명히 현絃만을 타지 않았을 것이니 현에 얹히는 노래가 바로 이것이 시이다."라고 하였다.

『고사고古史考』[17]에서는 "복희伏羲가 슬瑟을 만들었다."라고 하였고, 『예기』에 "여와女媧[18] 시대의 생황笙簧"이라고 하였으니, 신농 이전에 이미 악기가 있었기 때문에 복희에게 가변의 노래[19]【『초사楚辭』 주註에 나온다】와 강고의 노래[20]【『수서隋書』 악지樂志에 나온다】가 있었다. 그 음악을 '입기立基'라고도 하고 '부래扶來'【『효경孝經』 위緯에 나온다】라고도 하며, 신농의 음악은 '하모下謀'[21]라고도 하고 '부지扶持'라고 하니 그렇다면 시가 일어난 것이 지극히 오래되었으나 그 노랫말이 전하지 않을 뿐이다.

『여람呂覽』[22]에 "갈천씨葛天氏의 음악은 세 사람이 소의 꼬리를 잡고 발을 내딛으며 여덟 편을 노래한 것인데 첫째는 재민載民, 둘째는 현조玄鳥, 셋째는 축초목逐草木, 넷째는 분오곡奮五穀, 다섯째는 경천상敬天常, 여섯째는 달제공達帝功, 일곱째는 의제덕依帝德, 여덟 번째는 총만물지극總萬物之極"이라고 하였다. 단지 편의 제목만 남아있고 그 가사는 또 없어졌다.

그러므로 황제 시대의 시가로 전하는 것은 이기씨의 〈사〉뿐인데 가사가 아마도 신농에게서 나온 듯하다. 백성들이 서럽고 하소연하고 싶은 감정이 있으면 소리에 드러나는 것이니 자연스럽게 빠르고 느리며 길고 짧으며 읊조리고 감탄하며 주고받는 조화가 있다. 이 때문에 문학의 기원은 운문이 반드시 산문보다 먼저인 것이고, 음악은 또 시를 따라 나타나는 것이다.

황제의 시대에 서계書契가 점차 갖추어지고 문체가 날로 다양해져서 후세의 책에 황제에 대해 기록한 것이 많아지게 되었다.

『대대기大戴記』[23]에 수록된 황제의 「단서丹書」[24]에 "공경함이 게으름을 이기는 자는 길하고, 게으름이 공경을 이기는 자는 망하고, 의로움이 욕심을 이기는 자는 나아가고 욕심이 의로움을 이기는 자는 흉하리라." 라고 하였다. 『장자莊子』에는 황제 시대 염씨焱氏[25]의 송頌이 실려있고, 『한서漢書』「예문지藝文志」[26]에서는 황제의 명銘 6편이 실려있고, 채옹蔡邕[27]의 「명론銘論」에서는 황제에게는 건궤巾几의 법이 있다고 하였고, 『황왕대기皇王大紀』[28]에서는 헌원씨軒轅氏가 수레 안석에 경계의 잠箴을 지었다고 하였으니 이것들은 모두 운문이다. 요순의 시대에 이르러서는 시가가 더 많아졌으니 요임금에게는 대당大唐의 노래가 있고, 순임금은 기夔를 악관으로 명하였으니[29] 이것이 시교詩教의 시작이고, 〈갱가賡歌〉[30]의 가사가 「우서虞書」에 수록되어 있다. 『시자尸子』[31]에는 또 순임금의 〈남풍가南風歌〉[32]가 있으니 비比 · 흥興 · 부賦 · 송頌이 이때부터 나타났다. 하나라 · 상나라가 그 흐름을 이었으니, 망한 주나라 예교의 시가 바로 시의 육의六義이다.

공자께서 시를 기록하실 때는 상나라부터 하셨고, 『육예론六藝論』에는 "당우唐虞시대에 처음으로 시가 나왔고 주나라에 이르러서 나뉘어 육시六詩가 되었다고 하지만, 주례周禮에 근거하여 말하자면 시의 육의六義는 주나라에서 나온 것이 아니다." 이것이 시가 나타나면서부터 육의가 나오기까지의 대략이다.

---

1 정현鄭玄 : 127~200. 중국 후한의 경학가로, 자는 강성康成이다. 일찍이 태학에 들어가 『경씨역京氏易』 · 『공양춘추公羊春秋』 · 『주례周禮』 · 『좌씨춘추左氏春秋』 · 『고문상서古文尚書』 등을 배웠다. 일생을 재야 학자로 지냈으며, 저서에 『모시전毛詩箋』과 『주례周禮』 · 『의례儀禮』 · 『예기禮記』에 대한 주해註解가 전한다.

2 시보詩譜 : 정현이 『시경詩經』의 15개 국풍과 대아 · 소아 및 삼송三頌의 계통으로 나누고 시대순으로 배열한 것이다. 『시보』의 원전은 전하지 않고, 공영달孔穎達의 『모시정의毛詩正義』에 실려 전한다.

3 상황의 시대[上皇之世] : 태고시대를 가리키는 것으로 상황은 복희씨를 말한다. 공영달은 『모시정의毛詩正義』에서 "상황은 복희를 말하는데, 삼황 가운데서 가장 앞선 사람이다[上皇, 謂伏羲, 三皇之最先者]."라고 하였다.

4 대정大庭 : 전설상의 임금 삼황三皇중 한 명인 신농씨神農氏의 별호이다. 염제신농씨炎帝神農氏라고도 불린다. 사람 몸에 소의 머리를 한 형상으로 사람들에게 처음으로 농사를 가르쳤다고 한다.

5 헌원軒轅 : 전설상의 임금 오제五帝 중 첫 번째 왕인 황제黃帝의 이름이다. 『사기史記』에 의하면, 헌원은 소전少典의 아들로 신농神農에 이어 제왕이 되었다. 의복과 수레 그리고 문자, 60갑자, 한의학 등의 학문과 기예를 창시하였다고 한다.

6 고신高辛 : 전설상의 임금 오제五帝중 한 명인 제곡帝嚳의 호이다. 제곡의 성은 희姬이고, 황제의 증손자로 전욱顓頊의 뒤를 이어 즉위하였다. 절기節氣를 만들어 계절에 따라 편리하게 살 수 있도록 하였다.

7 우서虞書 : 『서경書經』의 제1편명으로 요堯 · 순舜의 치적을 기록한 「요전堯典」 · 「순전舜典」 등이 실려있다.

8 정의正義 : 원문은 『정의正義』는 중국 당나라 문인 공영달孔穎達이 『시경詩經』에 주석한 『모시정의毛詩正義』를 말한다.

9 예기禮記 : 오경五經의 하나로, 『주례周禮』 · 『의례儀禮』와 함께 삼례三禮라고 한다. 한나라 무제 때 하간의 헌왕이 공자孔子와 그 후학後學들이 지은 131편의 책을 모아 대덕戴德이 85편, 대성戴聖이 49편으로 간추렸다. 대덕이 엮은 것을 「대대례大戴禮」라고 하고 대성이 엮은 것을 「소대례小戴禮」라고 한다.

10 명당위明堂位 : 『예기禮記』의 편명이다. 명당明堂은 왕자王者의 태묘太廟로 정교政教를 행하는 당堂이다. 주공周公이 성왕成王을 도와 제후들을 명당明堂에서 조회시킨 일과 성왕이 노나라에 천자의 예악禮樂을 내려 주어서 노나라가 이를 행한 일들이 기록되어 있다.

11 토고土鼓 : 중국 고대 악기로 부고拊鼓라고도 한다. 기와 또는 흙으로 구워 만든 몸통 양면에 가죽을 씌운 북의 일종이다.

12 괴부蕢桴 : 괴초蒯草를 묶어서 만든 북채를 말한다.

13 위약葦籥 : 갈대로 만든 피리의 일종이다.

14 이기씨伊耆氏 : 요堯임금을 가리킨다. 이기伊耆는 요임금의 성이다. 요의 이름은 방훈放勛, 호는 도당씨陶唐氏 · 제요帝堯 · 당요唐堯라고도 한다. 위대한 성군으로 알려져 있으며 118세까지 살았다고 한다.

15 예운禮運 : 『예기禮記』 편명 중 하나로 중국 고대로부터 전해지는 제도와 규정 등에

관한 변천 법칙을 정리한 글이다. 정현鄭玄은 중국 고대 전설의 삼황오제三皇五帝의 연혁과 음양조화의 이치를 기록한 것이라고 하였다.

16 교특생郊特牲 : 『예기禮記』 편명 중 하나로 주로 제사와 관혼冠婚의 예禮가 기록되어 있다.

17 고사고古史考 : 중국 촉나라 초주譙周가 저술하였다. 그는 사서史書 편찬은 경서經書에 의거해야 하는데 『사기史記』는 여기에서 벗어나 제자백가의 설까지 인용했다고 비난을 하며 『고사고古史考』 25편을 지어 『사기』의 오류를 교정하기도 하였다.

18 여와女媧 : 중매의 여신으로 결혼의 규범과 남녀 사이의 행실을 관장하는 신이다. 황제 복희伏羲의 아내 혹은 누이로 알려져 있으며 인간의 얼굴에 몸은 뱀 또는 물고기 모습으로 묘사된다.

19 가변의 음악[駕辨曲] : 복희씨가 창작한 곡으로 사람들의 삶을 풍부하게 만들었다.

20 강고의 노래[網罟歌] : 복희씨가 창작한 곡이다. 복희는 강고를 묶어 그물을 만들고 사냥과 어로를 가르쳤다.

21 하모下謀 : 신농씨의 음악을 뜻한다. 『통전通典』에 "복희伏羲의 음악을 부래扶來 또는 입본立本이라 하고, 신농神農의 음악을 부지扶持 또는 하모下謀라고 하였다[伏羲樂名扶來, 亦日立本. 神農樂名扶持, 亦日下謀.]."라는 말이 있다. 『통전通典』 권141.

22 여람呂覽 : 중국 진秦나라 때의 사론서史論書로 『여씨춘추呂氏春秋』라고도 한다. 여불위呂不韋가 학자들을 모아 편찬하게 한 것으로 유가를 주로 하고 도가道家 · 병가兵家 · 묵가墨家의 설도 다루었다.

23 대대기大戴記 : 중국 전한시대의 학자인 대덕戴德이 편찬한 책으로 『대대례기大戴禮記』라고도 한다. 유향劉向이 엮은 『예기禮記』 214편을 간추려 85편으로 축약하였다.

24 단서丹書 : 전설상의 왕 황제皇帝와 전욱顓頊의 도道가 기재되어 있다는 글로 붉은 주작이 물고 왔다고 한다.

25 염제[焱氏] : 중국 삼황三皇의 하나인 염제炎帝 신농씨를 가리킨다. 황제 헌원씨 이전에 한족에게 농사짓는 방법을 알려주었으며, 한의학의 창시자로 불린다.

26 예문지藝文志 : 반고班固가 편집한 『한서漢書』의 팔지八志 중 1편으로 당시 존재하던 고금의 서적 이름과 편 · 권수를 기재하고 작자와 시대 등을 기록하였다. 예藝는 유가儒家의 경전으로 육경六經 또는 육예六藝라고 불렀다. 문文은 유가를 제외한 제자諸子, 시부詩賦 및 기타 저작들을 말한다.

27 채옹蔡邕 : 133~192. 중국 후한의 문인으로 자는 백개伯喈 · 진류陳留이다. 태부太傅 호광에게서 학문을 배웠고, 거문고를 잘 탔다. 문집에 『채중랑집蔡中郎集』이 있고, 저서에 『독단獨斷』 · 『석회釋誨』 등이 있다.

28 황왕대기皇王大紀 : 중국 송나라 문인 호굉胡宏의 저서로 2권으로 구성되어 있다. 전설상의 임금인 삼황三皇과 오제五帝에 관한 이야기를 담고 있다.

29 순임금이……명하였으니 : 『서경書經』에 순임금은 기夔를 전악典樂에 임명하여 노래로

귀족 자제를 가르치게 하였다[帝曰, 夔命汝典樂, 教胄子, 直而溫, 寬而栗, 剛而無虐, 簡而無傲.].라는 말이 있다. 『서경書經』「순전舜典」

30 갱가賡歌 : 서로 노래를 이어 부른다는 말이다. 『서경書經』에 순임금과 고요皐陶가 노래를 서로 주고받는 내용이 나온다. 『서경書經』「익직益稷」

31 시자尸子 : 중국 진晉나라 문인 시교尸校가 지은 책으로 전체 20편 중 2권이 전한다. 수신修身 · 제가齊家 · 치국治國 · 평천하平天下의 길에 대한 내용을 담고 있다.

32 남풍가南風歌 : 순임금이 지었다는 노래이다. 순임금이 남쪽 지방을 순행巡幸할 때 오현금五絃琴으로 연주하였다는 노래로, 남방 백성들의 생활상을 반영한 최초의 시이다.

鄭康成詩譜序曰, "詩之興也, 諒不於上皇之世. 大庭 · 軒轅, 逮於高辛, 其時有亡, 載籍亦蔑云焉." 虞書曰, "詩言志, 歌永言, 聲依永, 律和聲." 然則詩之道, 做於此乎.[1] 正義釋之曰, "上皇之時, 擧代淳朴, 田漁而食, 與物未殊. 居上者謂言而莫違, 在下者羣居而不亂. 未有禮義之教, 刑罰之威. 爲善則莫知其善, 爲惡則莫知其惡. 其心旣無所感, 其志有何可言. 故知爾時未有詩歌."[2] 禮記明堂位曰, "土鼓 · 蕢桴 · 葦籥, 伊耆氏之樂也."[3], 禮運云, "夫禮之初, 始諸飮食, 蕢桴而土鼓."[4] 郊特牲云, "伊耆氏始爲<蜡>. <蜡>者, 爲田報祭." 其辭 "土反其宅, 水歸其壑, 昆蟲毋作, 草木歸其宅."[5] 正義云, "此辭出於神農時【伊耆疑卽神農】, 此已用韻, 是詩之原. 夫旣有樂器, 必不空絃, 絃之所歌, 卽是詩也."

古史考謂 "伏羲作瑟", 禮云 "女媧之笙簧", 卽神農以前已有樂器, 故伏羲有駕辨之樂【楚辭註】, 網罟之歌【隨書樂志】, 其樂曰, '立基 · 扶來【孝經緯】', 神農樂曰, '下謀', 曰, '扶持', 則詩之所興至遠, 惟其辭不傳耳. 呂覽稱 "葛天氏之樂, 三人摻牛尾, 投足以歌八闋. 一曰載民, 二曰玄鳥, 三曰逐草木, 四曰奮五穀, 五曰敬天常, 六曰達帝功, 七曰依帝德, 八曰總萬物之極."[6] 但有篇名其辭亦亡. 故皇時詩歌之傳者, 惟伊耆氏<蜡>, 辭疑出於神農耳. 蓋民生而有悲愉之情, 其發於聲音, 自然有疾舒 · 長短 · 詠歎 · 往復之和. 是以文學起原, 韻文必先於散文, 樂又由詩而作者也. 黃帝之時書契漸備, 文體日多, 後世書多記於皇帝者.

大戴記載皇帝丹書曰, "敬勝怠者吉, 怠勝敬者滅, 義勝欲者從, 欲勝義者凶."[7] 莊子載皇帝時有焱氏頌, 漢志有黃帝銘六篇, 蔡邕銘論稱, 黃帝有巾几之法, 皇王大紀稱, 帝軒作輿几之箴, 此皆韻文也. 至於堯舜之世, 當益有詩歌, 堯有大唐之歌, 舜之命夔, 是詩教之始, 而<賡歌>之詞載於虞書. 尸子又有舜<南風歌>, 比興賦頌, 自茲而作. 夏商承之其流, 夫泯周禮教之詩, 卽是詩之六義也.

孔子錄詩則自商始, 六藝論云, "唐虞始造其初, 至周分爲六詩", 據周禮, 成文而言之, 詩之六義, 非起於周也. 此自有詩以至六義所起之大略也.

[1] 詩之興也……倣於此乎 : 詩之興也, 諒不於上皇之世. 大庭 · 軒轅, 逮於高辛, 其時有亡, 載籍亦蔑云焉. 虞書曰, 詩言志, 歌永言, 聲依永, 律和聲, 然則詩之道, 放於此乎. (『毛詩註疏』)

[2] 上皇之時……故知爾時未有詩歌 : 上皇之時, 擧代淳朴, 田漁而食, 與物未殊. 居上者設言而莫違, 在下者羣居而不亂, 未有禮義之教, 刑罰之威, 爲善則莫知其善, 爲惡則莫知其惡. 其心旣無所感, 其志有何可言. 故知爾時未有詩詠. (『毛詩註疏』)

[3] 土鼓 · 蕢桴 · 葦籥, 伊耆氏之樂也 : 교감사항없음 (『禮記大全』 卷14)

[4] 夫禮之初, 始諸飮食, 蕢桴而土鼓 : 夫禮之初, 始諸飮食, 其燔黍捭豚, 汙尊而抔飮, 蕢桴而土鼓, 猶若可以致其敬於鬼神. (『禮記大全』 卷9)

[5] 反其宅……草木歸其宅 : 土反其宅, 水歸其壑, 昆蟲毋作, 草木歸其澤. (『禮

記大全』 卷11)

6 葛天氏之樂……八日總萬物之極：昔葛天氏之樂, 三人摻牛尾, 投足以歌八闋. 一日載民, 二日玄鳥, 三日遂草木, 四日奮五穀, 五日敬天常, 六日達帝功, 七日依地德, 八日總萬物之極.(『呂氏春秋』 卷5)

7 敬勝怠者吉……欲勝義者凶：敬勝怠者强, 怠勝敬者亡, 義勝欲者從, 欲勝義者凶.(『大戴禮記』 卷6)

中國詩學 4

시에 비록 육의六義가 있으나 공자孔子께서 기록하신 것은 실제로는 풍風·아雅·송頌뿐이다. 『모시정의毛詩正義』[1]에서 "장일張逸[2]이 정현鄭玄에게 묻기를 '어떤 시가 비比·부賦·흥興 세 가지에 가까운 것입니까?' 라고 하니 '비·부·흥이라는 것은 오吳나라의 계찰季札[3]이 시를 살펴보았을 때도 이미 노래로 불려지지 않았다. 공자께서 시를 기록할 때 이미 풍·아·송 속에 합해 놓아서 다시 바로 지적하여 구별하기가 어려운 것이다. 시편 속에 담긴 뜻은 대체로 흥興이었다.'라고 대답하였다. 장일이 풍·아·송에 나누어짐이 있다는 것을 보고 비·부·흥도 나누어짐이 있을 것이라 여겼다. 전편全篇이 비比가 되는 것이 있을 것이고, 모든 시편이 흥이 되는 것이 있을 것이라고 여겨서 지적하여 말하고자 한 것이다. 정현은 비·부·흥이 단지 이것은 문사文辭의 다름이라 하고 편의 구별은 아니라고 하였다. 그러므로 본래 구별되지 않는다는 뜻에 따라 에둘러 말한 것이다. '오나라의 계찰이 시를 살펴보았을 때도 이미 노래할 수 없는 것이었다.'라고 말한 것은 그 이전에도 별도의 형식이 없어서 노래할 수 없는 것임을 밝힌 것이고 '공자께서 시를 기록할 때에 이미 풍·아·송 속에 합해 놓아서'라고 한 것은 그 이전 시기에 별도의 형식이 없어서 나눌 수 없는 것임을 밝힌 것이다. 원래 합해져서 나뉠 수 없는 것이니 오늘날 다시 지적해 구별하기 어려운 것이다. '시편詩篇 가운데 담긴 뜻은 대부분 흥이었다.'라고 말한 것은 『모전毛傳』의 여러 편 안에서 늘 흥을 말하였는데 흥을 가지고 편 안에서 비와 부를 말한 것은 또한 편 속에 있다는 것이다. 그러므로 흥으로 비와 부를 드러낸 것이다. 만약 그렇다면 비 · 부 · 흥은 원래 나뉘어진 것이 아니니 단지 풍 · 아 · 송 세 시가 있을 뿐이다." 위의 이야기를 근거해보면 육의六義는 모두 시 속에 아울러 있는 것이나, 그 요체는 사시四始[4]라는 것은 풍 · 아 · 송에만 한정될 뿐이고, 풍아가 잠잠해짐에 미친 뒤에 비 · 부 · 흥의 뜻이 또 드러난다.

---

1 모시정의毛詩正義 : 38쪽 주8 참조.

2 장일張逸 : ?~?. 중국 전한의 문인으로 정현鄭玄의 제자이다. 상서좌승尙書左丞을 지냈으나 후에 유우劉虞의 연리掾吏가 되어서 유우와 함께 죽었다.

3 계찰季札 : ?~?. 중국 춘추시대 오왕吳王 수몽壽夢의 네 아들 중 막내이다. 『춘추좌씨전春秋左氏傳』에 수몽이 계찰에게 왕위를 물려주고자 하였으나 계찰은 장자가 상속받아야 한다며 거절하고 세상을 돌아다니다 노魯나라에서 주악周樂을 듣고 여러 나라의 흥망성쇠에 대해 알았다는 내용이 보인다. 『춘추좌씨전春秋左氏傳』 양공襄公 29년 조.

4 사시四始 : 풍風 · 소아小雅 · 대아大雅 · 송頌을 말한다. 『시서詩序』에 "그래서 한 나라의 일이 한 사람의 근본에 딜린 깃을 풍風이라 힌디. 천히의 일을 말하고 사방의 풍을 형용하는 것을 아雅라 한다. 아는 바르게 한다는 것으로 임금의 정치가 어긋난 것과 흥하게 된 이유를 말한 것이다. 정치에는 크고 작은 것이 있으니 소아小雅가 있고, 대아大雅가 있는 것이다. 송頌은 성덕의 형용함을 찬미하여 그 성공으로 신명께 고하는 것이다. 이것을 사시四始라 하니 시의 지극함이다[是一國之事, 繫一人之本, 謂之風. 言天下之事, 形四方之風, 謂之雅. 雅者, 正也, 言王政之所由廢興也. 政有大小, 故有小雅焉, 有大雅焉. 頌者, 美盛德之形容, 以其成功告於神明者也. 是謂四始, 詩之至也.]."라는 구절이 나온다. 『시서詩序』 「대서大序」.

詩雖有六義而孔子所叙實僅風雅頌. 詩正義曰, "張逸問於鄭志曰, '何詩近於比賦興.' 曰, '比賦興, 吳札觀詩已不歌也. 孔子錄詩, 已合風雅頌中, 難復摘別. 篇中義多興.' 逸見風雅頌有分段, 以爲比賦興亦有分段. 謂'有全篇爲比, 全篇爲興.' 欲指摘言之. 鄭以比賦興者, 直是文辭之異, 非篇卷之別. 故遠言從本來不別之意. 言'吳札觀詩已不歌.' 明其先無別體, 不可歌也, '孔子錄詩, 已合風雅頌中.' 明其先無別體, 不可分也. 元來合而不分, 今日難復摘別也. 言'篇中義多興'者, 以毛傳於諸篇之中每言興也, 以興在篇中, 言比賦亦在篇中. 故以興顯比賦也. 若然比賦興元來不分, 則唯有風雅頌三詩而已."[1] 據上說則六義幷在諸詩中, 要所謂四始則僅限於風雅頌, 及風雅寢聲而後, 比賦興之義又顯矣

[1] 張逸問於鄭志曰……則唯有風雅頌三詩而已 : 鄭志, 張逸問, 何詩近於比賦興. 答曰, 比賦興, 吳札觀詩已不歌也. 孔子錄詩, 已合風雅頌中, 難復摘別, 篇中義多興. 逸見風雅頌有分段, 以爲比賦興亦有分段. 謂有全篇爲比, 全篇爲興. 欲鄭指摘言之, 鄭以比賦興者, 直是文辭之異, 非篇卷之別, 故遠言從本來不別之意. 言吳札觀詩已不歌, 明其先無別體, 不可歌也. 孔子錄詩, 已合風雅頌中, 明其先無別體, 不可分也, 元來合而不分, 今日難復摘別也. 言篇中義多興者, 以毛傳於諸篇之中每言興也. 以興在篇中, 明比賦亦在篇中. 故以興顯比賦也. 若然比賦興元來不分, 唯有風雅頌三詩而已. (『毛詩註疏』 卷1)

中國詩學

5

풍아風雅가 사라진 뒤에 굴원屈原[1]이 〈이소離騷〉[2]를 지으니 시에 대해 논하는 사람들이 〈이소〉가 풍아의 뜻을 겸하였다고 여겼다. 그러나 그 형식은 실제 부賦이다. 때문에 『한서漢書』「예문지藝文志」에 굴원의 부 25편을 기록하고서 "부라는 것은 고시古詩가 이어져 온 것이다."라고 하였으니, 부 속에는 모두 비比와 흥興의 뜻을 겸하고 있었는데 후세에 지은 시에는 풍아에는 부족하고 비比·부賦·흥興에 가까우니 이것은 시의 변화이다. 굴원과 송옥宋玉[3]에부터 한나라에 이르기까지 부의 형식이 가장 왕성하였고 당시當時에 또 오언과 칠언이 생겼으나 오언을 짓는 것이 더 보편적이었다. 당나라 이래로는 오언과 칠언이 다 세상에 성행하였으나 특히 오언과 칠언을 명명하여 시詩라 하였고, 부는 별도로 하나의 형식이 되었다. 그렇다면 시 형식의 요체는 비가 아니라 부와 흥에서 나온 것이다.

종영鍾嶸[4]은 『시품詩品』[5]에서 "오언이 문사文辭에서 가장 중요한 것이 되니, 이것은 여러 작품 가운데 더 뛰어난 것이다. 때문에 '세상 사람들이 좋아하는 것이 다 모인 것이다.'라고 한다. 어찌 사건을 가리키고 형상을 만드는 것, 감정을 다 표현하고 사물을 베껴내는 것이 가장 자세한 것이 될 뿐이겠는가. 때문에 시에 육의六義가 있으니 처음은 흥이라 하고, 두 번째는 부라는 것이고, 세 번째는 비이다. 글은 이미 다하였으나 뜻이 남음이 있는 것이 흥이고, 사물에 의탁하여 뜻을 깨우치는 것이 비이고, 그 일을 곧장 서술하고 사물에 의탁하여 말하는 것이 부이다. 이 세 가지 뜻을 넓히고 참작하여 쓰고 풍력風力으로 북돋우고 단채丹彩로 윤색하여 맛보는 이가 끝이 없게 하고, 듣는 이가 마음을 움직이게 하면 이것이 시의 지극함이다. 만약 비와 흥만을 쓴다면 문제가 뜻의 깊이에 있는 것이고 뜻이 깊으면 말이 거칠다. 만약 부의 형식만을 쓴다면 근심은 뜻이 아주 허황한 데에 있으니 뜻이 아주 허황하다면 글은 흩어져서 두서 없이 쉽게 만들어지니 글이라는 것이 어디에 멈춰야 할지 모른다."라고 하였다. 그래서 이것은 오언을 가지고 비 · 부 · 흥을 아울러 쓸 수 있다는 것이다. 대체로 종영은 남조南朝 영명永明[6]연간의 사람으로 이 시기 오언이 한창 왕성하게 지어졌으나 칠언은 아직 세상에 나오지 않았으므로 칠언을 말하지 않은 것이다. 요컨대 후세의 시는 육의 속의 비 · 부 · 흥 세 가지 뜻을 겸한 것이다.

---

1 굴원屈原 : B.C.343 추정~B.C.278 추정. 중국 전국시대 문인으로 자는 원原이며, 어릴 때 이름은 평平이다. 혼란했던 전국 시대 말엽에 정치적으로 불우했던 자신의 신세를 시로 읊었으며, 이런 그의 작품들이 후세에 초사楚辭로 불리게 되었다.

2 이소離騷 : 중국 전국시대의 초나라 문인 굴원屈原의 작품이다. 이소란 근심을 만난다는 뜻이며 초나라의 회왕懷王과 충돌하여 물러나야 했던 실망과 우국의 정을 노래한 것이다.

3 송옥宋玉 : B.C.290 추정~B.C.222 추정. 중국 초나라 문인으로 자는 자연子淵이다. 굴원에 다음가는 부賦의 작가로, 두 시인은 '굴송屈宋'이라 불렸다. 『초사楚辭』 가운데 〈구변九辯〉 · 〈초혼招魂〉을 지은 것으로 알려져 있다.

4 종영鍾嶸 : 468 추정~518. 중국 양나라 문인으로, 자는 중위仲偉이다. 종영은 성률론을 반대하고 기세의 자연스러움을 강조하였다. 저서로 『시품詩品』이 있다.

5 시품詩品 : 종영鍾嶸이 쓴 시 비평서로 513년 이후에 저작된 것으로 추정된다. 한나라에서 양나라에 이르기까지 오언시의 작자 122명을 상 · 중 · 하 3품으로 나누어 품평하였다. 작자에 대한 간단한 비평과 그 문학의 연원에 대하여 언급하고 있다.

6 영명永明 : 중국 남조 제나라 무제武帝의 연호로 483~493년에 걸쳐 10여 년 동안 사용되었다. 이 시기 성행한 유미주의 경향의 새로운 체제의 시를 영명체永明體라고 한다.

風雅旣亡, 屈原作離騷, 說者以爲兼風雅之旨. 然其體實是賦也. 故漢志叙屈原賦二十五篇, 以爲賦者古詩之流也. 賦中每兼有比興義, 後世爲詩, 劣於風雅而近於比賦興, 是詩之變也. 屈宋至於漢世, 賦體最盛, 當時又有五言七言而五言之作尤廣. 唐以來則五七言幷尙於世, 特以五七言名爲詩, 而賦別爲一體. 然則詩之體要不比出賦興也. 鍾嶸詩品曰, "五言居文辭之要, 是衆作之有滋味者也. 故云'會於流俗'. 豈不以指事造形, 窮情寫物, 最爲詳切者耶. 故詩有六義焉, 一曰興, 二曰賦, 三曰比. 文已盡而意有餘, 興也, 因物喩志, 比也, 直書其事, 寓言事物, 賦也. 弘斯三義, 酌而用之, 幹之以風力, 潤之以丹彩, 使味之者無極, 聞之者動心, 是詩之至也. 若專用比興則患在意深, 意深則辭躓. 若但用賦體則患在意浮, 意浮則文散, 嬉成流移, 文無止泊, 有蕪漫之累矣."[1] 此以五言, 能兼用比賦興體也, 蓋鍾嶸在南朝永明時, 五言方盛, 七言未行, 故不及七言也. 要之, 後世之詩, 幷函六義中之比賦興三義者也.

[1] 五言居文辭之要……有蕪漫之累矣 : 五言居文詞之要, 是衆作之有滋味者也. 故云會於流俗. 豈不以指事造形, 窮情寫物, 最爲詳切者邪. 故詩有三義焉, 一曰興, 二曰比, 三曰賦. 文已盡而義有餘, 興也, 因物喻志, 比也, 直書其事, 寓言寫物, 賦也. 弘斯三義, 酌而用之, 幹之以風力, 潤之以丹彩, 使味之者無極, 聞之者動心, 是詩之至也. 若專用比興則患在意深, 意深則詞躓. 若但用賦體則患在意浮, 意浮則文散. 體成流移, 文無止泊, 有蕪漫之累矣. (『詩品』 卷1)

6

시교詩教가 포함하는 것이 지극히 넓고 그 흐름은 더욱 다양하다. 후세에 창작된 오언五言과 칠언七言의 시 속에는 비比·부賦·흥興의 세 가지 뜻이 갖추어져 있다. 그런데 부賦는 별도로 하나의 양식을 이루었는데 한나라 이래로 부의 형식은 또 자주 변하여 절로 법도가 있으나 요즘 창작하는 사람들이 몹시 적기 때문에 다시 논하지 않는다. 『시경詩經』에서는 대체로 사언四言을 사용하여서 논하는 사람들이 후대의 오언시와 칠언시가 나타나게 된 이유라고 하였다.

공자孔子는 "시는 관찰할 수 있으며, 의지意志를 흥기 시킬 수 있으며, 무리 지을 수 있으며, 원망할 수 있다."라고 하였다. 이것은 비·부·흥이 정에서 드러나는 것을 논한 것이다.

종영鍾嶸은 『시품詩品』에서 "봄바람, 봄 새, 가을 달, 가을 매미, 여름 구름, 여름 비, 겨울 눈, 매서운 추위 이 네 계절에서 느낀 것 같은 것이 시에 드러나는 것이다. 즐거운 모임에서는 시를 지어서 친근함을 나타내고, 무리를 떠날 때는 시에 붙여서 원망한다. 초나라 신하[1]가 변경으로 내쫓기고, 한나라 여인[2]이 궁을 이별하는 경우에 이르거나, 뼈가 삭막한 들판에 멋대로 뉘이거나, 혼이 날리는 쑥대를 따라 정처 없이 헤매거나, 창을 짊어지고 변방에서 수자리를 살거나, 살기가 변방을 가득 메우거나, 변방의 나그네가 홑적삼을 입고 빈방에 홀로 남은 청상이 눈물이 다 한 경우이다.

선비가 인끈을 풀어헤치고 조정을 떠나 한번 가서는 돌아오기를 잊는 경우가 있고, 여인이 눈썹을 짙게 그려서 총애를 받아 두 번 쳐다보면 나라를 기울일 듯한 경우도 있는데 이와 같은 경우 모두 사람의 마음을 감동하고 흔드니 시를 짓지 않는다면 어떻게 그 뜻을 펼칠 수 있겠으며 길게 노래하지 않는다면 어떻게 그 마음을 풀어낼 수 있겠는가. 그러므로 '시는 무리 지을 수 있으며, 원망할 수 있다.'라고 하였으니 가난하고 천한 사람을 편안하게 하기 쉽고, 숨어 사는 사람들의 번민을 없애주는 것에는 시보다 나은 것이 없다."라고 하였다. 그러므로 비·부·흥은 본래 정情에서 드러나는 것이니, 정은 마음속에 느낀 바가 있은 뒤에야 움직이는 것이다.

사마천司馬遷[3]이 "『시경』 삼백 편은 대체로 성현이 발분하여 지은 것이다."라고 하였으니, 정의 드러남이 바른 것 이것이 시이다. 풍風·아雅·송頌으로 나누어지니 비·부·흥은 본래 풍·아·송 안에 있는 것이고 곧 풍·아·송은 비·부·흥 안에서 나온 것이라고 할 수 있다. 비·부·흥은 그 정을 펼쳐내는 것이니 다하지 않는 것이 없기 때문에 비·부·흥을 시의 성의正義라고 한다.

---

1 초나라 신하[楚臣] : 중국 전국시대 초나라 신하인 굴원屈原을 지칭한 말이다.

2 한나라 여인[漢妾] : 중국 전한시대 원제元帝의 궁녀인 왕소군王昭君을 지칭한 말이다.

3 사마천司馬遷 : B.C.145~B.C.86. 중국 전한의 문인으로 역사가로 자는 자장子長이다. 흉노족과의 전투에서 투항한 이릉李陵 장군의 처분 논의에서 그를 옹호하다 무제의 노여움을 사 궁형을 당했다. 중국 2천여 년의 역사를 담고 있는 최고의 기전체 통사 『사기史記』를 완성했다. 『사기』라는 명칭은 한나라 후기에 붙여진 것으로, 당시에는 『태사공서太史公書』라고 불렸다.

詩教所包至廣, 其流益多. 後世所通行五七言之詩中, 具有比賦興三義. 而賦則別成一體, 漢以來, 賦體亦屢變, 自有法度, 今日爲之者已少, 故不復論. 詩經率用四言, 論者以爲後來五七言之所由興. 孔子曰, "詩可以觀, 可以興, 可以羣, 可以怨."[1] 是論比賦興之發於情者也. 鍾嶸詩品曰, "若乃春風春鳥, 秋月秋蟬, 夏雲暑雨, 冬雪祁寒, 斯四侯之感諸詩者也. 嘉會寄詩以親, 離群托詩以怨. 至於楚臣去境, 漢妾辭宮. 或骨橫朔野, 或魂逐飛蓬. 或負戈外戍, 或殺氣雄邊, 塞客衣單, 孀閨淚盡. 文士有解佩出朝, 一去忘返, 女有揚蛾入寵, 再盼傾國, 凡斯種種, 感蕩心靈, 非陳詩何以展其義, 非長歌何以釋其情. 故曰, '詩可以羣, 可以怨.' 使窮賤易安, 幽居靡悶, 莫尚於詩矣."[2] 然比賦興本發於情, 情有所感而後動. 司馬遷曰, "詩三百, 大抵聖賢發憤之所爲作也."[3] 情之發而正者, 斯其詩. 列於風雅頌, 比賦興固在風雅頌中, 亦卽謂風雅頌, 出於比賦興中可也. 有比賦興則所以宣其情者, 無所不盡. 故曰比賦興, 是詩之正義也.

[1] 詩可以觀……可以怨 : 詩可以興, 可以觀, 可以羣, 可以怨. (『論語集註』 卷9)

[2] 若乃春風春鳥……莫尙於詩矣 : 若乃春風春鳥, 秋月秋蟬, 夏雲暑雨, 冬月祁寒, 斯四候之感諸詩者也. 嘉會寄詩以親, 離羣託詩以怨. 至於楚臣去境, 漢妾辭宮, 或骨橫朔野, 或魂逐飛蓬, 或負戈外戍, 殺氣雄邊, 塞客衣單, 孀閨淚盡. 文士有解佩出朝, 一去忘返, 女有揚娥入寵, 再盼傾國, 凡斯種種, 感蕩心靈, 非陳詩何以展其義, 非長歌何以騁其情. 故日, 詩可以羣, 可以怨. 使窮賤易安, 幽居靡悶, 莫尙於詩矣. (『詩品』 卷1)

[3] 詩三百, 大抵聖賢發憤之所爲作也 : 詩三百篇, 大抵聖賢發憤之所爲作也. (『史記』 卷130)

中國詩學

7

오언시五言詩로 온전한 형식을 갖춘 시는 진한秦漢 즈음에 시작된 듯하지만, 논하는 사람마다 의견이 같지 않고, 칠언시七言詩도 한漢나라 때 일어났다. 그러나 『시경詩經』 안에도 절로 오언시와 칠언시가 있지만 온전한 형식이 아닐 뿐이다.

종영鍾嶸은 『시품詩品』에서 "기는 만물을 움직이고 만물은 사람을 감동시키기 때문에 성정性情을 흔들어 노래하고 시를 읊는 것에 드러내는 것이다. 시는 천지인天地人 삼재三材를 비추어 밝히고 세상의 만물을 환하게 밝히고 영지靈祇[1]는 시를 기다렸다가 흠향하고 그윽하게 숨어있는 것은 그것에 힘입어서 환히 알려준다. 천지 귀신을 감동시키는 것으로는 시보다 가까운 것이 없다.

이전 「남풍南風」의 사辭와 「경운耕耘」의 송頌은 그 뜻이 아주 좋았다. 『서경書經』 「하서夏書」에 실린 노래에 '답답하도다 내 마음이여[鬱陶乎予心.].'[2]라는 구절이 있으며, 『초사楚辭』에 '나를 부르기를 정칙正則이라고 하였다[名余日正則兮.].'[3]라고 하였으니, 비록 시의 형식이 온전하지 않지만 그러나 대략 이런 것들이 오언시의 기원이다. 한나라 이릉李陵[4] 때가 되어서야 비로소 오언시의 조목이 드러났다. 고시古詩는 기원이 아득하여 그 시기를 자세히 하기 어렵지만 그 문체를 미루어 보면 진실로 한나라 전성기 때의 형식이지, 쇠퇴한 주나라의 노래는 아니다."라고 하였다.

대체로 오언시의 시조를 세상에서는 〈고시십구수古詩十九首〉[5]와 소무蘇武[6] · 이릉의 작품이라고 한다. 그러나 이 이전에도 오언시의 온전한 형식을 갖춘 작품이 『초한춘추楚漢春秋』에 우희虞姬[7]의 〈해하가垓下歌〉[8]가 실려있으니, 항우項羽[9]의 〈우혜가虞兮歌〉[10]에 답한 것이다. 그 노래에 "한나라 병사들이 이미 땅을 점령했는지, 사방에서 초나라 노래소리 들리네. 대왕의 의기가 다했으니, 천첩이 어찌 살겠는가."[11]라고 하였는데, 이것이 오언시의 온전한 형식을 갖춘 작품의 시작이다.

---

1 영지靈祇 : 하늘과 땅의 신으로, 신명神明을 말한다.

2 제목 : 「오자지가五子之歌」, 『서경書經』

3 제목 : 굴원屈原, 〈이소離騷〉, 『초사장구楚辭章句』 권1

4 이릉李陵 : ?~B.C.74. 중국 전한의 장수로, 자는 소경少卿이다. 젊어서부터 기마와 궁사에 능하였다. 천한天漢 2년 이사장군貳師將軍 이광리李廣利를 도왔으나 귀로에 무기와 식량이 떨어지면서 8만의 흉노군에게 포위되어 항복하였다.

5 고시십구수古詩十九首 : 『문선文選』에 수록된 작자 미상의 5언고시五言古詩 19수를 가리킨다. 『문선文選』 권29 「잡시부 상雜詩部上」

6 소무蘇武 : B.C.140~B.C.60. 중국 전한의 문인으로 자는 자경子卿이다. B.C.100년에 흉노匈奴에 사신으로 갔다가 구류되었다. 흉노 귀족이 여러 차례 투항할 것을 권유했지만 거절했다. 흉노에서 19년 동안 구류되었지만, 한나라의 사신을 표시하는 지절持節을 지킨 인물로 알려져 있다.

7 우희虞姬 : ?~B.C.202. 중국 진秦나라의 무장 항우項羽의 총희寵姬로 항우가 '사면초가四面楚歌'의 막다른 상황에 다다르자, 최후의 주연을 베풀고 자진自盡했다고 한다.

8 해하가垓下歌 : 중국 초나라 항우項羽가 지은 가사歌辭이다. 우희가 지은 것이 아니다. 항우가 해하垓下에서 한 고조漢高祖에게 포위된 때, 이미 형세가 기울어져 앞날이 다한 것을 슬퍼하며 지은 것이다. 이 〈해하가〉에 우희가 답한 것이 〈답항왕가答項王歌〉이다.

9 항우項羽 : B.C.232~B.C.202. 중국 진秦나라 정치가로 이름은 적籍, 자는 우羽이다. 진을 멸망시켜 '서초西楚 패왕霸王'이라 칭하였으나, 유방에게 포위된 후 자결하였다.

10 우혜가虞兮歌 : 항우가 지은 〈해하가垓下歌〉를 말한다. 가사 마지막 부분에 우미인을 걱정하며 탄식하는 "우 미인아, 우 미인아, 너를 어찌할까[虞兮虞兮奈若何.]."라는 구절 때문에 〈우혜가〉라고 불리기도 한다.

11 제목 : 우희虞姬, 〈답항왕가答項王歌〉, 『고시기古詩紀』 권30.

五言詩全篇, 蓋始於秦漢之際, 而說者不同, 七言詩亦起於漢世. 然詩經中亦自有五七言, 但非全篇耳. 鍾嶸詩品曰, "氣之動物, 物之感人. 故搖蕩性情, 形諸舞詠. 欲以照燭三才, 輝麗萬有, 靈祇待之以致饗, 幽微藉之以昭告. 動天地, 感鬼神, 莫近於詩. 昔南風之辭, 卿雲之頌, 厥義敻矣. 夏歌曰, '鬱陶乎予心.', 楚謠云, '名余曰正則.', 雖詩體未全, 然略是五言之濫觴也. 逮漢李陵, 始著五言之目. 古詩眇邈, 人代難詳, 推其文體, 固是炎漢之制, 非衰周之倡也."[1] 大抵五言之祖, 世稱<古詩十九首>, 及蘇李之作. 然自是以前, 亦有五言全篇. 楚漢春秋載虞姬<垓下歌>, 蓋答項羽<虞兮之歌>也. 其辭曰, "漢兵已略地, 四面楚歌聲. 大王意氣盡, 賤妾何聊生." 右是五言全篇之始.

[1] 氣之動物……非衰周之倡也 : 氣之動物, 物之感人. 故搖蕩性情, 形諸歌詠. 照燭三才, 暉麗萬有, 靈祇待之以致饗, 幽微藉之以昭告. 動天地, 感鬼神, 莫近於詩. 昔南風之詞, 卿雲之頌, 厥義敻矣. 夏歌曰, 鬱陶乎予心, 楚謠曰, 名余曰正則, 雖詩體未全, 然是五言之濫觴也. 逮漢李陵, 始著五言之目矣. 古詩眇邈, 人世難詳, 推其文體, 固是炎漢之製, 非衰周之倡也. (『詩品』 卷1)

中國詩學

8

칠언의 온전한 형식을 갖춘 시는 〈백량대柏梁臺〉[1]에서 비롯되었다. 한무제漢武帝[2] 원봉元封 3년에 백량대를 만들고, 이천석二千石의 녹봉을 받는 신하들을 불러서 칠언시를 잘 짓는 사람에게 바로 윗자리를 주었다. 〈백량대〉 연구聯句를 지었으니, 그 시에

해와 달, 별들이 사계절과 조화한다 (황제)
日月星辰和四時(帝)
네 필 말이 끄는 수레로 양나라에서 왔습니다 (양 효무왕)
驂駕駟馬從梁來(梁孝武王)
온 나라의 군사들이 근위군의 재목입니다 (대사마)
郡國士馬羽林材(大司馬)
온 천하를 이끄는 일은 진실로 다스리기 어렵습니다 (승상 우경)
總領天下誠難治(丞相右慶)
사방 오랑캐 어루만지고 달래는 것 쉽지 않았습니다 (대장군 위청)
和撫四夷不易哉(大將軍衛靑)
문서 담당 관리는 신이 총괄합니다 (어사대부 예관)
刀筆之吏臣執之(御史大夫倪寬)
종을 울리고 북치는 소리 속에도 시를 씁니다 (태상 주건덕)
撞鐘伐鼓聲中詩(太常周建德)
넓고 큰 종실이 날로 번창합니다 (종정 유안국)
宗室廣大日益滋(宗正劉安國)

근위대는 창을 엇갈고 항상 궁을 지킵니다 (위위로 박덕)

周衛交戟禁不時(衛尉路博德)

백량대에서 시종 관리 모두 이끌고 있습니다 (광록훈 서자위)

總領從官柏梁臺(光祿勳徐自爲)

공평하게 다스려 죄를 결정해 의심을 해결합니다 (정위 두주)

平理淸讞決嫌疑(廷尉杜周)

수레와 말 장식해 천자의 가마 오기를 기다립니다 (태복 공손하)

修飾輿馬待駕來(太僕公孫賀)

온나라 관리의 공은 등급에 따라 서열을 정합니다 (대홍려 호충국)

郡國吏功差次之(大鴻臚壺充國)

황제의 수레와 물건을 주관하여 다스립니다 (소부 왕온서)

乘輿御物主治之(少府王溫舒)

묵은 곡식 만 섬을 키로 까부립니다 (대사농 장성)

陳粟萬石揚以箕(大司農張成)

궁궐 아래 길을 순찰해 죄에 따라 벌하고 다스립니다 (집금오 중위표)

徼道宮下隨討治(執金吾中尉豹)

경기의 도적들이 천하를 위태롭게 합니다 (좌풍익 성선)

三輔盜賊天下危(左馮翊盛宣)

남산 막고 도둑질해 백성들의 재앙이 되었습니다 (우부풍 이성신)

盜阻南山爲民災(右扶風李成信)

외척과 공주를 다스릴 수 없습니다 (경조윤)

外家公主不可治(京兆尹)

왕후전의 솔경령이 인재를 다스립니다 (첨사 진장)

椒房率更領其材(詹事陳掌)

오랑캐들 조회 와서는 늘 만나기를 기다립니다 (전속국)

蠻夷朝賀常舍其(典屬國)

기둥과 두공이 서로 떠받치고 있습니다 (대장)

柱枅欂櫨相枝持(大匠)

비파 · 귤 · 밤나무 · 복숭아꽃 · 오얏꽃 · 매화가 풍성합니다 (태관령)

枇杷橘栗桃李梅(太官令)

사냥개 몰아 토끼 쫓고 덫을 놓습니다 (상림령)

走狗逐兎張罘罳(上林令)

후궁의 입술을 깨무니 달기가 엿과 같습니다 (곽사인)

齧妃女脣甘如飴(郭舍人)

고생이 점점 더 심해지니 얼마나 곤궁한가 (동방삭)

迫窘詰屈幾窮哉(東方朔)

라고 하였다.

---

1 백량대柏梁臺 : 중국 전한 시대 한 무제漢武帝가 장안에 세웠던 백량대라는 누대에서 지은 칠언시를 말한다. 무제는 백량대가 완성되자 잔치를 마련하고 신하들을 참석하게 하여 함께 시를 짓고 즐겼다. 이 시는 연구시聯句詩의 효시이다.

2 한 무제漢武帝 : B.C.156~B.C.87. 중국 전한 시대 제7대 황제로 이름은 유철劉徹, 시호는 세종世宗이다. 문학을 아끼고 악부樂府를 세워 시가詩歌를 짓고 작곡도 하게 하였다. 사마상여司馬相如, 사마천司馬遷 같은 위대한 인물들이 이 시기에 활약하였다.

至於七言全篇詩, 始於<柏梁臺>詩. 漢武帝元封三年, 作柏梁臺, 詔羣臣二千石, 有能爲七言者, 乃得上坐. 作<柏梁臺>聯句, 其詩曰, "日月星辰和四時(帝), 驂駕駟馬從梁來(梁孝武王)[1], 郡國士馬羽林材(大司馬), 總領天下誠難治(丞相右慶), 和撫四夷不易哉(大將軍衛靑), 刀筆之吏臣執之(御史大夫倪寬), 撞鐘伐鼓聲中詩(太常周建德), 宗室廣大日益滋(宗正劉安國), 周衛交戟禁不

時(衛尉路博德), 總領從官[2]柏梁臺(光祿勳徐自爲), 平理清讞決嫌疑(廷尉杜周), 修飾輿馬待駕來(太僕公孫賀), 郡國吏功差次之(大鴻臚壺充國), 乘輿御物主治之(少府王溫舒), 陳粟萬石揚以[3]箕(大司農張成), 徼道宮下隨討治(執金吾中尉豹), 三輔盜賊天下危(左馮翊盛宣), 盜阻南山爲民災(右扶風李成信), 外家公主不可治(京兆尹), 椒房率更領其材(詹事陳掌), 蠻夷朝賀常舍其(典屬國), 柱枅欂櫨相枝持(大匠), 枇杷橘栗桃李梅(太官令), 走狗逐兎張罘罳(上林令), 齧妃女脣甘如飴(郭舍人), 迫窘詰屈幾窮哉(東方朔)."

1 梁孝武王 : 梁王孝王武 (『古詩紀』 卷11 / 『古今詩刪』 卷6)

2 官 : 宗 (『古詩紀』 卷11 / 『古今詩刪』 卷6)

3 以 : 目 (『古詩紀』 卷11)

中國詩學 9

오언시와 칠언시는 모두 한漢나라 때 나왔는데 당시에 또 신성악부新聲樂府의 여러 형식이 있어서 후세 고시의 근원이 되었다. 율시律詩의 근원을 살펴보면 성률聲律이 진보한 뒤이니 대체로 영명永明 연간의 여러 문인 이후에 이루어진 것인데 대체로 화려하고 감각적인 것이 더해진 것이다.

풍風 · 아雅 · 송頌이 그친 뒤 한 번 변해서 〈이소離騷〉가 되었고, 두 번 변해서 서한西漢의 오언시가 되었고 세 번 변하여 가행歌行과 잡체雜體가 되었고, 네 번 변하여 심전기沈佺期[1]와 송지문宋之問[2]의 율시가 되었으니 고금의 시풍과 기운이 다르다는 것을 알 수 있다.

심약沈約의 『송서宋書』 「사령운전謝靈運傳」에서 논하기를 『시경詩經』과 〈이소〉에서부터 한나라와 위나라에 이르기까지 문사가 세 번 변했다고 하고, 송나라의 안연지顔延之[3] · 사령운謝靈運[4]에 이르러서는 종합하여 논하기를 "만약 옷깃을 풀어 헤치고 기탄없이 앞 시기의 문풍을 비교해 본다면 공졸工拙의 수를 말할 수 있다. 다섯 가지 빛깔이 서로를 펼치고 여덟 가지 소리가 화음을 이루어 펼쳐져서 색깔과 음률에 따라서 각기 사물의 마땅함이 있다. 궁상각치우로 변화시켜 높고 낮음을 절도에 맞추고자 할 때 앞에 뜬소리가 있으면 뒷부분은 깎여진 소리가 있게 된다. 한 행 안에서 음운이 다 다르고, 두 구 안에서도 경중이 다 다른 것이니 이 이치를 완전히 통달해야만 비로소 글에 대해서 논할 수 있는 것이다."라고 하였다.

심약과 왕융王融[5] · 사조謝脁[6] 등 여러 사람들이 처음으로 사성을 정밀하게 조화시켜 시를 지었으니 이것이 율시 형식의 시작이다. 요즘 사람들이 시를 지을 때 고체시와 율체시로 크게 구별하기 때문에 여기에서 그 근원에 대해 간략하게 기록한다.

---

1 심전기沈佺期 : 656 추정~717 추정. 중국 당나라 문인으로 자는 운경雲卿이며, 당나라 측천무후則天武后 때부터 중종 시대에 걸쳐서 활약하였다. 송지문과 함께 '심송沈宋'이라 병칭되고, 초당사걸의 뒤를 계승하여 율시라고 하는 신시형의 운율을 완성하였다. 시풍은 청려淸麗하였고, 특히 7언율시에 뛰어났다.

2 송지문宋之問 : 656~712 추정. 중국 당나라 문인으로 자는 연청延淸이다. 문장을 잘 지었고, 시는 심전기와 이름을 나란히 해 사람들이 '심송沈宋'이라 불렀다. 특히 오언시五言詩에 훌륭한 재능이 있었는데, 율시체律詩體 정비에 진력하여 심전기·두심언 등과 더불어 초당 후반의 문단에서 율시 유행의 선구로 공이 컸다. 문집으로 『송지문집宋之問集』이 있다.

3 안연지顔延之 : 384~456. 중국 남조 송나라 문인으로 자는 연년延年이고, 시호는 헌자憲子다. 문장으로 당대 으뜸이었고 사령운謝靈運과 시명이 나란하였으므로 '안사顔謝'라고 불렸다. 『문선文選』에 실린 〈자백마부赭白馬賦〉·〈오군영五君詠〉·〈추호시秋湖詩〉 등이 대표작이다. 『안광록집顔光祿集』 30권을 남겼지만 대부분 없어졌고 일부가 『한위육조백삼명가집漢魏六朝百三名家集』에 실려 있다.

4 사령운謝靈運 : 385~433. 중국 송나라 문인으로 안연지顔延之와 더불어 이름을 날려 '안사顔謝'로 불렸다. 산수시에 뛰어났다. 강남江南 산수의 경색景色을 묘사한 작품들은 시어가 섬세하고 정교하며 화려하다. 문집으로 『사강락집謝康樂集』이 있다.

5 왕융王融 : 467~493. 중국 남조 제나라 문인으로, 자는 원장元長이다. 어려서부터 문재文才가 뛰어났다. 491년 방림원芳林園에서 청명절 연회가 열렸을 때 무제가 「곡수시서曲水詩序」를 짓게 하였는데 문사가 아름답고 풍성하여 크게 칭송을 받았다. 원래 문집 10권이 있었다고 하나 유실되었고, 명나라 사람이 편집한 『왕영삭집王寧朔集』이 남아있다.

6 사조謝朓 : 464~499. 중국 남조 제나라 문인으로, 자는 현휘玄暉이다. 선성태수宣城太守를 지냈으므로 사선성謝宣城으로도 불린다. 송나라의 사령운謝靈運을 대사大謝, 그를 소사小謝라고 한다. 사령운의 동생 사혜련謝惠連과 함께 삼사三謝로 불린다. 문집으로 『사선성시집謝宣城詩集』이 전한다.

五七言詩皆出於漢世，當時又有新聲樂府諸體，爲後世古詩之宗矣. 至於律詩之源，則在聲律進步之後，大率成於永明諸子以後，蓋加綺窟也. 夫風·雅·頌寢聲，一變而爲<離騷>，再變而爲西漢五言，三變而爲歌行雜體，四變而爲沈宋律詩，則其古今風氣之殊可知. 己沈約宋書謝靈運傳論，叙風騷以至漢魏，文詞之三變，逮於宋之顔謝而綜論之曰，"若夫敷衽論心，商榷前藻，工拙之數，如有可言. 夫五色相宣，八音協暢，由乎玄黃律呂，各適物宜. 欲使宮羽相變，低昂互節，若前有浮聲，則後須切響. 一簡之內，音韻盡殊，兩句之中，輕重悉異，妙達此旨，始可言文."[1] 蓋沈約與王融·謝朓諸人，始精協四聲爲詩，是律體所肇也. 今人爲詩，其大別爲古體·律體，故畧述其源於此.

[1] 若夫敷衽論心……始可言文 : 교감사항없음 (『宋書』 卷67)

제2절 시형식론 詩體論

中國詩學 1

당唐나라 원진元稹[1]은 『악부樂府』 서문序文에 "『시경詩經』은 주周나라 때 나왔고, 〈이소離騷〉는 초楚나라 때 나왔는데 이 뒤로 시의 유형은 24가지의 이름으로 불리게 되었다. 부賦 · 송頌 · 명銘 · 찬贊 · 뢰誄 · 잠箴 · 시詩 · 행行 · 영詠 · 금唫 · 제題 · 원怨 · 장章 · 편篇 · 조操 · 인引 · 요謠 · 구謳 · 가歌 · 곡曲 · 사詞 · 조調 · 농弄 · 탄嘆이니 모두 시인詩人의 육의六義의 나머지이다."라고 하였다. 그러나 후세에 확장된 시의 종류가 이 정도에 그치지 않는다. 그렇다면 시의 형식이 다양하다고 할 만하다.

시구詩句 자수字數의 많고 적음은 관해서는 3언시三言詩에서부터 9언시九言詩에 이르기까지 모두 『시경』에서 근원하였다. 지우摯虞[2]의 『문장유별론文章流別論』[3]에 "시의 유형은 3언 · 4언 · 5언 · 6언 · 7언 · 8언 · 9언시가 있는데, 고시는 대체로 4언 형식인데 때로 3언에서 9언까지의 한두 구가 4언 사이에 뒤섞여 들다가 후세에 점차 확대되어 마침내 편篇을 이루게 되었다.

고시 가운데 3언시는 '무리지어 나는 해오라기여, 해오라기가 내려앉

도다[振振鷺, 鷺于下.].'[4] 같은 것이 이것이고, 5언시는 '누가 참새는 뿔이 없다고 하는가, 내 지붕을 뚫을 수 있는데[誰謂雀無角, 可以穿我屋.].'[5] 같은 것이 이것이다. 6언시는 '내 우선 저 금술잔에 술을 따르리라[我姑酌彼金罍.].'[6] 같은 것이 이것이다. 9언시는 '저 멀리 길바닥에 고인 물 퍼다 저기에 붓고 여기에 쏟아도[泂酌彼行潦挹彼注玆.].'[7] 같은 것이 이것이다. 【『문장유별론文章流別論』을 살펴보면 8언시는 예를 들지 않았으나 『시경詩經』에 나오는 '나는 감히 내 친구들 같이 편히 즐기지 못하네[我不敢傚我友自逸.].' 같은 것이 8언시에 속하는 것이다.】

시가 비록 정과 뜻으로 근본을 삼지만 소리로 이루어 수식을 하니 그렇다면 아음雅音의 운韻은 4언구가 바른 것이 되고 그 나머지는 비록 곡절한 형식을 갖추어졌다고 하더라도 시의 바른 형식이 아니다."라고 하였다.

---

1 원진元稹 : 779~831. 중국 당나라 문인으로 자는 미지微之이다. 북위北魏 선비족鮮卑族 탁발부拓跋部의 후예로 793년의 진사과進士科와 명경과明經科에 급제했다. 백거이白居易와 더불어 신악부운동新樂府運動을 제창하여 원백元白으로 일컬어졌고, 그 서체는 원화체元和體로 불린다. 문집으로 『원씨장경집元氏長慶集』이 있다.

2 지우摯虞 : 250 추정~311 추정. 중국 진晉나라 문인으로 자는 중흡仲洽이다. 황보밀皇甫謐에게 사사하였는데, 매우 박식하다고 알려졌으며, 저서로 『족성소목族姓昭穆』, 『문장지文章志』, 『문장유별집文章流別集』이 있다.

3 문장유별론文章流別論 : 중국 진나라 문인 지우摯虞의 저서 『문장유별집文章流別集』의 일부이다. 『문장유별집文章流別集』은 전하지 않고 그 일부가 『문장유별론文章流別論』에 수록되어 있다.

4 제목 : 〈유필有駜〉, 『시경집전詩經集傳』 권8.

5 제목 : 〈행로行露〉, 『시경집전詩經集傳』 권1.

6 제목 : 〈권이卷耳〉, 『시경집전詩經集傳』 권1.

7 제목 : 〈형작泂酌〉, 『시경집전詩經集傳』 권6.

唐元稹序樂府曰, “詩迄於周, 離騷迄於楚. 是後詩之流, 爲二十四名. 賦·頌·銘·贊·誄·箴·詩·行·詠·吟·題·怨·章·篇·操·引·謠·謳·歌·曲·詞·調·弄·嘆, 皆詩人六義之餘.”[1] 而後世廣之, 仍不止此, 則詩之體, 可謂多矣. 至於詩句字數多寡, 由三言以至九言, 皆源於詩經. 摯虞文章流別論曰, “詩之流也, 有三言四言五言六言七言八言九言. 古詩率以四言爲體, 而時有一句二句雜在四言之間, 後世演之遂以爲篇. 古詩之三言者, ‘振振鷺, 鷺于下.’之屬 是也, 五言者 ‘誰謂雀無角, 可以穿我屋.’之屬 是也. 六言者 ‘我姑酌彼金罍.’之屬 是也. 九言者 ‘泂酌彼行潦挹彼注玆.’之屬 是也.【按流別論, 未列八言, 詩經 ‘我不敢傚我友自逸.’ 是八言之屬也.】夫詩雖以情志爲本, 而以成聲爲飾, 然則雅音之韻, 四言爲正, 其餘雖備曲折之體, 而非詩之正也.”[2]

[1] 唐元稹序樂府曰……皆詩人六義之餘 : 元稹自序樂府日, “詩迄于周, 離騷迄于楚, 是後詩之流, 爲二十四名. 賦·頌·銘·贊·誄·箴·詩·行·詠·吟·題·怨·歌·章·篇·操·引·謠·謳·歌·曲·詞·調, 皆詩人六義之餘.” (『古詩紀』 卷146)

[2] 詩之流也……而非詩之正也 : 詩之流也, 有三言四言五言六言七言九言. 古詩率以四言爲體, 而時有一句二句雜在四言之間, 後世演之遂以爲篇. 古詩之三言者, ‘振振鷺, 鷺于飛.’之屬 是也, 五言者, ‘誰謂雀無角, 何以穿我屋.’ 之屬 是也, 六言者, ‘我姑酌彼金罍.’ 之屬 是也, 七言者, ‘交交黃鳥止于桑.’ 之屬 是也, 九言者, ‘泂酌彼行潦挹彼注玆.’ 之屬 是也. 夫詩雖以情志爲本, 而以成聲爲飾, 然則雅音之韻, 四言爲正, 其餘雖備曲折之體, 而非詩之正也. (『古詩紀』 卷146)

中國詩學

2

엄우嚴羽[1]가 고금의 시 형식을 나누어 백여 가지의 형식으로 분류한 것을 살펴보면 한漢나라 · 위魏나라에서 시작하여 조趙나라 · 송宋나라에 멈췄는데 그 글에 기록된 것을 대충 들어보면 아래와 같다.

1. 시기로 나눈 형식

(1) 건안체建安體 : 한나라 말의 연호로 조식曹植[2] 부자父子[3]에서 업중칠자鄴中七子[4]에 이르기까지 시기의 시 형식이다.

(2) 황초체黃初體 : 위나라의 연호로 건안체와 같다.

(3) 정시체正始體 : 위나라의 연호로 혜강嵇康[5]과 완적阮籍[6] 등 이 시기 여러 사람들의 시 형식이다.

(4) 태강체太康體 : 진晉나라의 연호로 좌사左思[7] · 반악潘岳[8] · 육기陸機[9] 등 이 시기 여러 사람들의 시 형식이다.

(5) 원가체元嘉體 : 남조南朝 송宋나라의 연호로 안연지顔延之 · 포조鮑照[10] · 사령운謝靈運 등 여러 사람들의 시 형식이다.

(6) 영명체永明體 : 제齊나라의 연호로 제나라 시기 여러 사람들의 시 형식이다.

(7) 제량체齊梁體 : 남북조를 통틀어 말하지만 북조北朝에는 시인으로 유신庾信[11]밖에 없다.

(8) 초당체初唐體 : 당나라 초기에는 오히려 제齊 · 양梁 · 진陳 · 수隋나라의 시 형식을 그대로 따랐다.

(9) 성당체盛唐體 : 당나라 경운景雲[12] 연간 이후 개원開元[13] · 천보天寶[14] 연간 여러 사람들의 시 형식이다.

(10) 대력체大歷體 : 대력십재자大曆十才子[15]의 시 형식이다.

(11) 원화체元和體 : 원진元稹[16]과 백거이白居易[17] 등 여러 사람들의 시 형식이다.

(12) 만당체晩唐體 : 만당시기 여러 사람들의 시 형식이다.

(13) 원우체元祐體 : 소식蘇軾[18] · 황정견黃庭堅[19] · 진사도陳師道[20] 등 여러 사람들의 시 형식이다.

(14) 강서체江西體 : 황정견이 종장宗匠이다

엄우가 나눈 형식은 이 정도이지만 또 금金 · 원元 · 명明 · 청淸의 형식이 있으니 아래에서 다시 자세하게 논하였다.

---

1 엄우嚴羽 : ?~?. 중국 송나라의 문인으로 자는 의경儀卿, 호는 창랑滄浪이다. 평생 관직에 뜻을 두지 않고 은자의 삶을 살면서 승려와 도사들과 교유하였다. 논시論詩에 뛰어났고, 성당盛唐을 높이 평가하였으며, 송시宋詩의 산문화와 의론화議論化에 반대하였다. 문집으로 『창랑집滄浪集』이 있으며, 저서로 『창랑시화滄浪詩話』가 있다.

2 조식曹植 : 192~232. 중국 위나라 문인으로 자는 자건子建이며, 진사왕陳思王이라고도 불린다. 위 무제魏武帝 조조의 아들이며, 문제文帝 조비의 아우이다. 건안칠자建安七子들과 사귀어 당시의 문학적 중심을 이루었고, 5언시를 서정시로서 완성시켜 문학사상 후세에 끼친 영향이 크다. 문집으로 『조자건집曹子建集』이 있다.

3 조자건 부자 : 조조曹操와 그의 아들인 조비曹丕, 조식曹植을 말한다.

4 업중칠자鄴中七子 : 공융孔融 · 진림陳琳 · 왕찬王粲 · 유정劉楨 · 서간徐幹 · 완우阮瑀 · 응창應瑒을 말한다. 건안칠자建安七子라고도 한다. 이들은 한대 악부를 모방하여 5언의 새로운 시체詩體를 중국시의 대표적인 시체로 발전시켰다.

5 혜강嵇康 : 223~262. 중국 위나라의 문인으로 죽림칠현竹林七賢의 중심인물이다. 문집으로 『혜강집嵇康集』이 있고, 저서로 『고사전高士傳』·『성무애악론聲無哀樂論』·『석사론釋私論』 등이 있다.

6 완적阮籍 : 210~263. 중국 삼국시대 위나라 문인으로 자는 사종嗣宗이다. 아버지는 건안칠자建安七子의 한 사람인 완우阮瑀이다. 혜강嵇康과 함께 죽림칠현竹林七賢의 중심인물로 5언시를 잘 지었다.

7 좌사左思 : ?~?. 중국 서진西晉의 문인으로 자는 태충太沖이다. 5언시에 뛰어났다. 문집으로 『좌태충집左太沖集』이 있다.

8 반악潘岳 : 247~300. 중국 서진西晉의 문인으로, 자는 안인安仁이다. 아내의 죽음을 겪고 지은 〈도망시悼亡詩〉가 유명하다. 문집으로 『반황문집潘黃門集』이 있다.

9 육기陸機 : 261~303. 중국 서진西晉의 문인으로 자는 사형士衡이다. 진 무제晉武帝 태강太康 말에 동생 육운陸雲과 함께 문재文才로 이름이 났다. 〈문부文賦〉는 그의 문학비평의 방법을 논한 내용으로 유명하다. 문집으로 『육사형집陸士衡集』이 있다.

10 포조鮑照 : 421 추정~465. 중국 남조 송나라 문인으로 자는 명원明遠이다. 부賦와 변문變文에도 뛰어났지만 시에 가장 능하였다. 그의 시는 사령운謝靈運과 안연지顔延之에 비해 서민적이고 사회성이 짙다. 문집으로 『포참군집鮑參軍集』이 있다.

11 유신庾信 : 513~581. 중국 남북조시대 문인으로 자는 자산子山이다. 문장이 빼어나 서릉徐陵과 이름을 나란히 해 '서유체徐庾體'로 불렸다. 문집으로 『유자산문집庾子山文集』이 전한다.

12 경운景雲 : 중국 당나라 예종睿宗 재위 시의 연호로 710~712년까지 사용되었다.

13 개원開元 : 중국 당나라 현종玄宗 재위 시의 연호로 713~741년까지 사용되었다.

14 천보天寶 : 중국 당나라 현종玄宗 재위 시의 연호로 742~756년까지 사용되었다.

15 대력십재자大曆十才子 : 중국 당나라 대종代宗 대력大曆(776~779) 연간에 활동했던 시인 10명을 지칭하는 것으로 노륜盧綸·길중부吉中孚·한굉韓翃·전기錢起·사공서司空曙·묘발苗發·최동崔峒·경위耿湋·하후심夏侯審·이단李端 등 10명을 말한다.

16 원진元稹 : 779~831. 중국 당나라 문인으로 자는 미지微之이다. 백거이白居易와 이름을 나란히 해 '원백元白'으로 불렸고, 시풍을 원화체元和體라 했으며, 궁중에서는 원재자元才子로 불렸다. 문집으로 『원씨장경집元氏長慶集』이 있다.

17 백거이白居易 : 772~846. 중국 당나라 문인으로 자는 낙천樂天, 호는 취음선생醉吟先生 또는 향산거사香山居士이다. 시를 잘 지어 원진元稹과 이름을 나란히 해 '원백元白'으로 불렸다. 만년에는 유우석劉禹錫과 수창하여 '유백劉白'으로도 불렸다. 문집으로 『백씨장경집白氏長慶集』이 있다.

18 소식蘇軾 : 1037~1101. 중국 송나라 문인으로 자는 자첨子瞻·화중和仲이고, 호는 동파거사東坡居士이다. 소순蘇洵의 아들이고 소철蘇轍의 형으로 대소大蘇라고도 불렸다. 당

송팔대가唐宋八大家의 한 사람으로 구양수歐陽脩에게 인정을 받아 문단에 입성했다. 문집으로 『동파칠집東坡七集』·『동파지림東坡志林』·『동파악부東坡樂府』 등이 있다.

19 황정견黃庭堅 : 1045~1105. 중국 송나라 문인으로 자는 노직魯直, 호는 산곡山谷·부옹涪翁이다. 『신종실록神宗實錄』의 검수관이 되었으나 실록 수찬에 불성실하다는 죄명으로 부주涪州로 좌천당하여 죽었다. 강서시파江西詩派의 원조로 시에 뛰어났으며 초서를 즐겨 썼다. 문집으로 『예장선생문집豫章先生文集』·『산곡전집山谷全集』·『산곡금취외편山谷琴趣外篇』 등이 있다.

20 진사도陳師道 : 1053~1101. 중국 송나라 문인으로 자는 무기無己·이상履常, 호는 후산거사後山居士이다. 그의 시풍은 황정견黃庭堅의 영향을 받았다. 나중에 두보杜甫의 시풍을 본받으려 했지만 황정견의 시풍에서 벗어나지 못했다. 강서시파江西詩派를 대표하는 시인이며 문집으로 『후산집後山集』이 있고 저서로 『후산담총後山談叢』·『후산시화後山詩話』 등이 있다.

按嚴滄浪分古今詩體, 製百餘體, 始於漢魏至趙宋而止, 然茲篇所錄, 只擧其大綱如下.

一. 以時分體

(一). 建安體 漢末年號. 曹子建父子, 及鄴中七子之詩.

(二). 黃初體 魏年號. 與建安體同.[1]

(三). 正始體 魏年號. 嵇·阮諸公之詩.

(四). 太康體 晉年號. 左·潘·陸諸公之詩.[2]

(五). 元嘉體 宋年號. 顔·鮑·謝諸公之詩.

(六). 永明體 齊年號. 齊諸公之詩.

(七). 齊梁體 通南北朝言之. 然北朝則只有庾信而已.[3]

(八). 初唐體 唐初猶襲齊梁陳隋之體.[4]

(九).[5] 盛唐體 景雲以後, 開元天寶諸公之詩.

(十). 大歷體 大歷十才子之詩.

(十一). 元和體 元白諸公之詩.[6]

(十二). 晩唐體 晩唐諸公之詩.[7]

(十三). 元祐體 蘇黃陳諸公之詩.[8]

(十四). 江西體 山谷爲之宗.[9]

嚴滄浪之分體止此, 而又有金元明淸體, 下更詳論.

[1] 黃初體……與建安體同 : 黃初體 魏年號. 與建安相接, 其體一也. (『滄浪詩話』)

[2] 太康體……陸諸公之詩 : 太康體 晉年號, 左思 · 潘岳 · 二張 · 二陸諸公之詩. (『滄浪詩話』)

[3] 齊梁體……然北朝則只有庚信而已 : 南北朝體 通魏周而言之. 與齊梁體一也. (『滄浪詩話』)

[4] 初唐體 唐初猶襲齊梁陳隋之體 : 唐初體 唐初猶襲陳隋之體. (『滄浪詩話』)

[5] 九 : 원문에 九가 누락되고 十으로 표기되어 순서에 맞추어 수정하였다.

[6] 元和體 元白諸公之詩 : 元和體 元白諸公. (『滄浪詩話』)

[7] 晩唐體 晩唐諸公之詩 : 晩唐體 (『滄浪詩話』)

[8] 元祐體 蘇黃陳諸公之詩 : 元祐體 蘇黃陳諸公. (『滄浪詩話』)

[9] 江西體 山谷爲之宗 : 江西宗派體 山谷爲之宗. (『滄浪詩話』)

2. 풍격으로 나눈 형식

(1) 선체選體 : 선체의 시는 시대가 같지 않고 체제도 다르지만 요즘 사람들은 으레 오언고시를 선체라고 한다.

(2) 백량대체柏梁臺體 : 칠언으로 구마다 운자를 사용하는데 후대 사람들은 이 형식을 백량대체라고 한다.

(3) 옥대체玉臺體 : 『옥대집玉臺集』[1]은 서릉徐陵[2]이 서문을 쓰고 한漢 · 위魏 · 육조六朝의 시를 편집한 것인데 요즘 사람들은 곱고 화려한 것을 옥대체라고 한다.

(4) 서곤체西崑體 : 이상은李商隱[3]의 시 형식이다. 그러나 온정균溫庭筠[4]과 송나라 양억楊億[5]과 유균劉筠[6] 등 여러 사람들을 포함하여 이들 각각의 시 형식을 말한다.

(5) 향렴체香奩體 : 한악韓偓[7]의 시로 여인의 옷과 화장품에 관한 시어들이 들어있으며, 『향렴집香奩集』에 들어있다.

(6) 궁체宮體 : 양梁나라 간문제簡文帝[8]가 가볍고 화려한 시형식에 빠져 잘못되었는데, 이때의 시형식을 궁체라고 부른다.

---

1 『옥대집玉臺集』 : 중국 양梁나라 문인 서릉(徐陵, 507~583)이 편찬한 시집으로 한대漢代에서 양대梁代까지 시 656수를 수록하고 있다. 『옥대신영玉臺新詠』이라고도 한다.

2 서릉徐陵 : 507~583. 중국 남조 진陳나라 문인으로 자는 효목孝穆, 시호는 장章이다. 8살 때 시문을 지을 정도로 재주가 뛰어났다. 북제와 북주의 문인들과도 교유가 잦았다. 문집으로 『서효목집徐孝穆集』이 있으며, 『옥대신영玉臺新詠』을 편집했다.

3 이상은李商隱 : 813 추정~858 추정. 중국 당나라 문인으로 자는 의산義山, 호는 옥계생玉溪生 · 번남생樊南生이다. 만당晩唐 시기의 저명한 시인으로 장시가長詩歌와 변려문에 뛰어났다. 두목과 더불어 '소이두小李杜'로 일컬어지고, 온정균과 더불어 '온이溫李'로도 불렸다. 문집으로 『이의산시집李義山詩集』이 있다.

4 온정균溫庭筠 : 812 추정~870 추정. 중국 당나라 문인으로 자는 비경飛卿이다. 문재文才에 뛰어나 과거 시험장에서 여덟 번 팔짱을 끼니 팔운시八韻詩가 완성되었다고 하여 '온팔차溫八叉' 또는 '온팔음溫八吟'이라 불렸다. 이상은李商隱과 이름을 나란히 해 '온이溫李'로 불렸다. 문집으로 『온비경시집溫飛卿詩集』이 있다.

5 양억楊億 : 974~1020. 중국 송나라 문인으로 자는 대년大年, 시호는 문공文公이다. 시는 이상은李商隱을 배워 수식이 많고 화려한 것이 특징이다. 전유연錢惟演 등과 즐긴 시 200여 수를 모아 『서곤수창집西崑酬唱集』을 편찬한 것에서 유래하여 서곤체西崑體로 알려졌다.

6 유균劉筠 : 971~1031. 중국 송나라 문인으로 자는 자의子儀다. 서곤파西崑派의 양억, 전유연錢惟演 등과 교유하였다. 문장은 대우對偶를 숭상했고, 시에도 뛰어났다. 문집으로 『옥당집玉堂集』이 있다.

7 한악韓偓 : 840~923. 중국 당나라 문인으로 자는 치요致堯 · 치광致光 · 치원致元, 소자는 동랑冬郎, 호는 옥산초인玉山樵人이다. 889년 진사에 급제하여 중서사인中書舍人과 병부시랑兵符侍郎, 한림학사 승지翰林學士承旨를 역임했다. 시에 뛰어났으며 염정豔情을 직설적으로 표현한 시가 많아 향렴체香奩體로 불렸다. 저서로 『한내한별집韓內翰別集』 · 『향렴집香奩集』 · 『금란밀기金鑾密記』 등이 있다.

8 간문제簡文帝 : 503~551. 중국 남조 양나라의 제2대 황제로 자는 세찬世纘 · 세찬世贊, 어릴 때 이름은 육통六通이다. 태자 시절 서리徐摛, 유견오庾肩吾 등과 교유하면서 가볍고 염려豔麗한 문체로 궁정 생활을 묘사한 작품을 썼는데, 이를 궁체시宮體詩라 불렀다. 명나라 사람이 편집한 『양간문제집梁簡文帝集』이 있다.

二. 以風格分體

(一). 選體 選詩時代不同, 體製隨異, 今人例用五言古詩, 爲選體.[1]

(二). 柏梁臺體 七言每句用韻. 後人謂此爲柏梁臺體.[2]

(三). 玉臺體 玉臺集乃徐陵所序, 漢魏六朝之詩. 今人謂纖艶者爲玉臺體.[3]

(四). 西崑體 卽李商隱體. 然兼溫庭筠及宋之楊劉諸公而名之也.[4]

(五). 香奩體 韓偓之詩, 有裾裾脂粉之語, 有香奩集.[5]

(六). 宮體 梁簡文, 傷於輕靡, 時號宮體.[6]

[1] 選體……爲選體 : 選體 選詩時代不同, 體製隨異, 今人例謂五言古詩, 爲選體, 非也. (『滄浪詩話』)

[2] 柏梁臺體 後人謂此爲柏梁臺體 : 柏梁體 漢武帝與羣臣共賦. 七言每句用韻. 後人謂此體爲柏梁體. (『滄浪詩話』)

[3] 玉臺體……今人謂纖艶者爲玉臺體 : 玉臺體 玉臺集乃徐陵所序, 漢魏六朝之詩, 皆有之. 或者, 但謂纖艶者爲玉臺體, 其實則不然. (『滄浪詩話』)

[4] 西崑體……然兼溫庭筠及宋之本朝楊劉諸公而名之也 : 西崑體 卽李商隱體. 然兼溫庭筠及本朝楊劉諸公而名之也. (『滄浪詩話』)

[5] 香奩體……有香奩集 : 香奩體 韓偓之詩, 皆裾裾脂粉之語, 有香奩集. (『滄浪詩話』)

[6] 宮體……號宮體 : 宮體 梁簡文, 傷於輕靡, 時號宮體. 其他體製, 尙或不一, 然大槩不出此耳. (『滄浪詩話』)

3. 편장으로 분류한 형식

(1) 고시古詩 : 즉 고체시이다.

(2) 근체近體 : 즉 율시이다.【또 고율체古律體와 금율체今律體로 나눈다.】

(3) 절요체折腰體 : 시 중간에 실점失粘한 것을 말하는데 의미는 끊어지지 않는다. 왕유王維[1]의 "위성 아침 비에 가벼운 먼지 젖어 들고[渭城朝雨浥輕塵]"[2]라는 한 수와 같은 것이 이것인데 요즘 사람들은 양관점陽關黏이라고 한다.

(4) 의고체擬古體 : 위진魏晉 시대 이후로 의고작이 많다.

(5) 연구체聯句體 : 〈백량대柏梁臺〉 연구聯句에서 시작된 것이다.

(6) 집구체集句體 : 옛 사람이 이루어 놓은 구절을 모아 시를 짓는 것이다. 이 작법은 부함傅咸[3]의 칠현시七絃詩[4]에서 시작되었다. 그러나 옛 사람이 구를 이룬 것은 구의 의경이 각각 다른데, 모아서 시 한 편을 만드는 것은 한갓 기억하고 외우는 것이 풍부하다는 것을 과시하는 것뿐이다. 어찌 작자의 정신을 볼 수 있겠는가. 그러므로 시를 아끼는 사람들은 이런 형식을 취하지 않는다.

(7) 분제체分題體 : 옛 사람은 제목을 나누어 각각 하나의 사물을 읊기도 하였는데 예를 들어 어떤 사람의 제목을 나누어 어떤 사물을 얻었다고 하는 것과 같은 것이다. 혹은 탐제探題라고도 한다.【분운체分韻體도 같은 것이다.】

1 왕유王維 : 699 추정~759. 중국 당나라 문인으로 자는 마힐摩詰이다. 시서화詩書畫 및 음악에 조예가 깊었으며, 당대에 대표적인 산수전원파 시인으로서 맹호연과 더불어 '왕맹王孟'으로도 불린다. 문집으로 『왕마힐문집王摩詰文集』이 있다.

2 제목 : 왕유王維, 〈안서에 사신가는 원씨 집안 둘째를 전송하며送元二使安西〉, 『왕우승집전주王右丞集箋注』 권14.

3 부함傅咸 : 239~294. 중국 진晉나라 문인으로 자는 장우長虞이다. 강직하고 절의가 있기로 유명하다. 집구시集句詩를 처음 쓴 사람으로 알려져 있다.

4 칠현시七絃詩 : 칠경시七經詩의 오류이다. 최초의 집구시集句詩로, 이 시를 통해 집구시의 기본적인 형식이 처음 만들어졌다.

三. 以編章分體

(一). 古詩 卽古體詩.

(二). 近體 卽律詩.【亦分古律體, 今律體.】

(三). 折腰體 謂中失粘而意不斷. 如王維"渭城朝雨浥輕塵"一首是也. 今人謂之陽關黏.[1]

(四). 擬古體 魏晉以下, 多擬古之作.

(五). 聯句體 始於柏梁臺聯句.

(六). 集句體 集古人成句爲詩. 此法始於傅咸七絃詩. 然古人成句, 意境各異者. 集以成篇, 徒誇其記誦之富也. 安見其作者之精神也. 故詩家不取.

(七). 分題體 古人分題 或賦一物 如云某人分題得某物也. 亦曰探題【分韻體亦同.】[2]

[1] 折腰體……今人謂之陽關黏 : 折腰體 謂中失粘而意不斷. "渭城朝雨裛輕塵, 客舍靑靑柳色新. 勸君更盡一杯酒, 西出陽關無故人." (『詩人玉屑』 卷2)

2 分題體……亦日深題(分韻體亦同.) : 有分題, 古人分題, 或各賦一物, 如云送某人分題得某物也. 或日探題. (『滄浪詩話』)

4. 제목으로 나눈 형식

(1) 구호口號 : 4구이거나 8구이다.

(2) 가행歌行 : 그 예가 매우 많은데 가歌라고만 부르거나, 행行이라고만 부르는 것이 있다.

(3) 악부樂府 : 한 무제漢武帝가 교제사를 정하고 악부를 설립하여 제齊나라 · 초楚나라 · 조趙나라 · 위魏나라의 음악을 모아서 악부에 편입하였는데, 그 음조가 노래하거나 악기로 연주할 수 있는 것이었다. 악부에는 여러 형식이 다 갖추어 있는데 모든 명칭을 겸하여 부른 것이다.

(4) 초사楚辭 : 굴원屈原 · 송옥宋玉 이후로 초사체楚詞體를 모방한 시들을 모두 초사楚辭라고 한다.

(5) 금조琴操 : 옛날에 〈수선조水仙操〉【신덕원辛德源 지음.】와 〈별학조別鶴操〉【고릉목자高陵牧子 지음.】

(6) 요謠 : 심형沈炯[1]의 〈독작요獨酌謠〉, 왕창령王昌齡[2]의 〈공후요箜篌謠〉가 있으며, 『목천자지전穆天子之傳』[3]에 〈백운요白雲謠〉가 나온다.

(7) 음吟 : 고사古詞에 〈용두음隴頭吟〉, 악부에 〈양보음梁甫吟〉이 있으며, 사마상여司馬相如[4]가 지은 〈백두음白頭吟〉이 있다.

(8) 사詞 : 『문선文選』[5]에 한 무제가 지은 〈추풍사秋風詞〉가 있으며, 악부에 〈목란사木蘭詞〉가 있다.

(9) 인引 : 옛 곡조에 〈벽력인霹靂引〉·〈주마인走馬引〉·〈비룡인飛龍引〉이 있다.

(10) 영詠 : 『문선』에 〈오군영五君詠〉이 나오고, 당唐나라 저광희儲光羲[6]가 지은 〈군홍영羣鴻詠〉이 있다.

(11) 곡曲 : 옛날에 〈대제곡大堤曲〉이 있으며, 양梁나라 간문제簡文帝가 지은 〈오서곡烏棲曲〉이 있다.

(12) 편篇 : 『문선』에 〈명도편名都篇〉·〈경락편京洛篇〉·〈백마편白馬篇〉이 있다.

(13) 창唱 : 위魏나라 무제武帝가 지은 〈기출창氣出唱〉이 있다.

(14) 농弄 : 고악부古樂府에 〈강남농江南弄〉이 있다.

(15) 탄嘆 : 고사古詞에 〈초비탄楚妃嘆〉·〈명군탄明君嘆〉이 있다.

(16) 원怨 : 『문선』에 〈사원四怨〉이 있고, 악부에 〈독처원獨處怨〉이 있다.

(17) 악樂 : 제齊나라 무제武帝가 지은 〈고가악估家樂〉, 주장질朱藏質이 지은 〈석성악石城樂〉이 있다.

(18) 별別 : 두보杜甫[7]가 지은 〈무가별無家別〉·〈신혼별新婚別〉·〈수노별垂老別〉이 있다.

(19) 사思 : 이백李白[8]이 지은 〈정야사靜夜思〉가 있다.

---

1 심형沈炯 : 502~560. 중국 남조 진陳나라 문인으로, 자는 예명禮明·초명初明이다. 원제元帝 때는 급사황문시랑給事黃門侍郎이 되고 상서좌승尙書左丞에 올랐다. 명나라 사람이 모은 『심시중집沈侍中集』만이 전한다.

2 왕창령王昌齡 : 698~755 추정. 중국 당나라 문인으로 자는 소백少伯이다. 727년 진사에 급제하였으며 왕강녕王江寧·왕용표王龍標라고도 하였다. 안녹산安祿山의 난을 피해 낙향하였다가 자사刺史 염효구閭曉丘에게 살해되었다. 시가詩家의 천자天子라 불렸으며 문집으로 『왕창령집王昌齡集』이 있다.

3 목천자지전穆天子之傳 : 중국에서 가장 오래된 역사소설로 『목천자전穆天子傳』이라고도

한다. 위나라 때 작품으로 작가는 미상이다. 6권으로 구성되어 있으며 중국 고대의 지리나 종교 의례를 엿볼 수 있다.

4 사마상여司馬相如 : B.C.179~B.C.117. 중국 전한의 문인으로 자는 장경長卿이다. 부賦에 있어 가장 아름답고 뛰어나, 초사楚辭를 조술祖述한 송옥宋玉 · 가의賈誼 · 매승枚乘 등에 이어 '이소재변離騷再變의 부賦'라고도 일컬어진다. 수사존중修辭尊重의 풍風이 육조문학六朝文學에 끼친 영향이 크다. 대표작으로 〈자허부子虛賦〉가 있다.

5 문선文選 : 중국 남조 양나라 무제武帝의 태자인 소통蕭統이 찬한 것으로, 주나라에서 양나라에 이르기까지 천여 년간의 작가 수백 명의 시부詩賦와 문장 약 8백 편을 뽑아 수록한 것으로 현존하는 시문집詩文集 가운데 가장 오래된 것이다.

6 저광희儲光羲 : 707 추정~760 추정. 중국 당나라 문인으로 현종 때 감찰어사를 역임하였고, 종남산終南山에 은거하였다. 전원산수시파의 대표적인 시인이다. 저서로 『정론正論』 · 『구경외의소九經外議疏』가 있다.

7 두보杜甫 : 712~770. 중국 당나라 문인으로 자는 자미子美, 호는 소릉少陵이다. 성당시대盛唐時代의 시인으로 시성詩聖이라 불렸으며 이백李白과 함께 이두李杜라고 일컬어진다. 그의 시는 당대의 부조리한 사회성을 사실적으로 묘사하였으며, 시로 표현된 역사라는 의미인 시사詩史로 불린다. 문집으로 『두공부집杜工部集』이 있다.

8 이백李白 : 701~762. 중국 당나라 문인으로 자는 태백太白, 호는 청련거사靑蓮居士이다. 이백은 시선詩仙이라 불리며, 적선인謫仙人 또는 벼슬 이름을 따서 이한림李翰林이라고도 한다. 문집으로 『이태백집李太白集』이 있다.

四. 以題目分體

(一). 口號 或四句, 或八句.[1]

(二). 歌行 其例甚多, 又有單以歌名, 單以行名者.[2]

(三). 樂府 漢武帝定郊祀立樂府, 採齊 · 楚 · 趙 · 魏之聲以入樂府, 以其音操可被於歌絃也. 樂府俱備諸體, 兼統衆名也.[3]

(四). 楚辭 屈 · 宋以下倣楚詞體者, 皆謂之楚辭.[4]

(五). 琴操 古有<水仙操>【辛德源作】, <別鶴操>【高陵牧子作】.[5]

(六). 謠 沈炯有<獨酌謠>, 王昌齡有<箜篌謠>, 『穆天子之傳』 有<白雲謠>.[6]

(七). 吟 古詞有<隴頭吟>, 樂府有<梁甫吟>, 相如有<白頭吟>.[7]

(八). 詞 文選有漢武<秋風詞>, 樂府有<木蘭詞>.[8]

(九). 引 古曲有<霹靂引> · <走馬引> · <飛龍引>.[9]

(十). 詠 文選 <五君詠>, 唐儲光義有<羣鴟詠>.[10]

(十一). 曲 古有<大堤曲>, 梁簡文有<烏棲曲>.[11]

(十二). 篇 文選有<名都篇> · <京洛篇> · <白馬篇>.[12]

(十三). 唱 魏明帝有<氣出唱>.[13]

(十四). 弄 古樂府有<江南弄>.[14]

(十五). 嘆 古詞有<楚妃嘆> · <明君嘆>.[15]

(十六). 怨 文選有<四怨>, 樂府有<獨處怨>.[16]

(十七). 樂 齊武帝<估家樂>, 朱藏質有<石城樂>.[17]

(十八). 別 杜子美有<無家別> · <新婚別> · <垂老別>.[18]

(十九). 思 李太白有<靜夜思>.[19]

[1] 口號……或八句 : 有口號 或四句, 或八句. (『滄浪詩話』)

[2] 歌行……單以行名者 : 有歌行 古有鞠歌行, 放歌行, 長歌行, 短歌行. 又有單以歌名者, 行名者, 不可枚述. (『滄浪詩話』)

[3] 樂府……兼統衆名也 : 有樂府 漢成帝定郊祀立樂府, 採齊楚趙魏之聲以入樂府, 以其音詞可被於絃歌也. 樂府俱備諸體, 兼統衆名也. (『滄浪詩話』)

[4] 楚辭……皆謂之楚辭 : 有楚詞 屈原以下彷楚詞者, 皆謂之楚詞. (『滄浪詩話』)

[5] 琴操……高陵牧子作 : 有琴操 古有水仙操, 辛德源所作, 別鶴操, 商陵牧子所作. (『滄浪詩話』)

[6] 謠……穆天子之傳有白雲謠 : 有謠 沈炯有獨酌謠, 王昌齡有箜篌謠, 穆天子之傳有白雲謠也. (『滄浪詩話』)

7 吟……相如有白頭吟：日吟 古詞有隴頭吟, 孔明有梁父吟, 相如有白頭吟. (『滄浪詩話』)

8 詞……樂府有木蘭詞：日詞 選有漢武秋風詞, 樂府有木蘭詞. (『滄浪詩話』)

9 引……飛龍引：日引 古曲有霹靂引·走馬引·飛龍引. (『滄浪詩話』)

10 詠……唐儲光羲有羣鵶詠：日詠, 選有五君詠, 唐儲光羲有群鴻詠. (『滄浪詩話』)

11 曲……梁間文有烏棲曲：日曲 古有大堤曲, 梁間文有烏棲曲. (『滄浪詩話』)

12 篇……白馬篇：日篇 選有名都篇·京洛篇·白馬篇. (『滄浪詩話』)

13 唱 魏武帝有氣出唱：日唱 魏武帝有氣出唱. (『滄浪詩話』)

14 弄 古樂府有江南弄：日弄 古樂府有江南弄. (『滄浪詩話』)

15 嘆……明君嘆：又有以歎名者 古詞有楚妃歎·明君歎. (『滄浪詩話』)

16 怨……樂府有獨處怨：以怨名者 古詞有寒夜怨·玉階怨. (『滄浪詩話』)

17 樂……朱藏質有石城樂：以樂名者 齊武帝有估客樂, 宋臧質有石城樂. (『滄浪詩話』)

18 別……垂老別：以別名者 子美有無家別·垂老別·新婚別. (『滄浪詩話』)

19 思 李太白有靜夜思：以思名者 太白有靜夜思. (『滄浪詩話』)

5. 여러 가지 형식

(1) 회문체廻文體 : 회문체[1]는 두도竇滔[2]의 아내 소혜蘇蕙가 비단에 시를 수놓아서 그 남편에게 보낸 것에서 시작되었다.

(2) 녹로운轆轤韻 : 짝지어 들고 짝지어 나가는 형식이다.【그 규칙은 뒷장의 격식格式에 나온다.】

(3) 진퇴격進退格 : 한 번 나아가고 한 번 물러나는 형식이다.

(4) 선대체扇對體 : 그 형식은 첫 번째 구가 세 번째 구와 대를 이루고, 두 번째 구가 네 번째 구와 대를 이루는 것이다. 또 율시에서 처음부터 끝까시 대를 사용하는 형식이 있는데 두보杜甫에게서 이 형식의 시가 많다. 율시에서 첫 구에 대를 쓰지 않는 형식은 성당盛唐의 여러 시인들 예를 들어 맹호연孟浩然[3], 이백李白과 같은 시인에게서 이와 같은 형식이 있지만 요즘은 대체로 쓰지 않기 때문에 생략한다.

---

1 회문체回文體 : 바로 읽거나 거꾸로 읽어도 시가 되는 시를 말한다. 『진서晉書』에 진주자사秦州刺史였던 두도가 귀양을 가자 그의 아내 소씨가 남편을 그리워하며 비단에 회문선도시回文旋圖詩를 수놓아 보냈다는 데서 나온 말이다. 『진서晉書』 권96, 「두도처소씨전竇滔妻蘇氏傳」.

2 두도竇滔 : ?~?. 중국 당나라 문인으로 회문시回文詩의 시초와 관련된 일화만이 전한

다. 두도가 집을 버리고 먼 곳에 가서 여러 해 동안 돌아오지 않자, 그의 아내 진약란秦若蘭이 시詩를 지어 비단에 수놓아 보내었는데, 바로 읽어도 시가 되고 거꾸로 읽어도 시가 되었다. 두도는 그것을 보고 감동하여 집으로 돌아갔다고 한다.

3 맹호연孟浩然 : 689~740. 중국 당나라 문인으로 본래의 이름은 호浩이다. 왕유와 더불어 '왕맹王孟'으로도 불렸다. 맹호연의 생활 경력이 비교적 간단하고 시의 내용도 풍부하지 않지만, 그의 산수전원시는 자연스럽고 맑을 뿐만 아니라 시의 정취가 담아하고 곱다. 문집으로 『맹호연집孟浩然集』이 있다.

五. 雜體

(一). 廻文體 廻文, 起於竇滔妻蘇蕙, 織錦以寄其夫也.[1]

(二). 轆轤韻 雙入雙出[2]【其式見後章格式】.

(三). 進退格 一進一退.[3]

(四). 扇對體 其法以第一句對第三句, 以第二句對第四句. 又有律詩徹首尾用對體, 少陵多此體. 律詩徹首不用對體, 盛唐諸公, 如孟浩然 · 李太白有此體. 然今多不用, 故略之.[4]

[1] 廻文體 ……織錦以寄其夫也 : 廻文, 起於竇滔之妻, 織錦以寄其夫也. (『滄浪詩話』)

[2] 轆轤韻 雙入雙出 : 교감사항없음 (『滄浪詩話』)

[3] 進退格 一進一退 : 有進有退韻者, 一進一退. (『滄浪詩話』)

[4] 扇對體…… 故略之: 有扇對, 又謂之隔句對, 如鄭都官, "昔年共照松溪影, 松折碑荒僧巳無, 今日還思錦城事, 雪消花謝夢何如." 是也. 蓋以第壹句對第三句, 第二句對第四句. (『滄浪詩話』)

7

엄우嚴羽가 나눈 여러 형식들은 위에서 열거한 것에 그치지 않고 그 병통은 너무나 번잡하기 때문에 우선은 줄이니 사람으로 나눈 형식, 구법으로 나눈 형식, 운으로 나눈 형식, 대구로 나눈 형식 같은 경우에 이르러서는 더욱 번잡하다고 할 만하기 때문에 다시 거론하지 않는다. 엄우가 논하지 않은 것으로 예컨대 육방옹체陸放翁體[1], 범석호체范石湖體[2], 송나라 말의 월천금사체月泉唫社體[3], 금나라의 원유산체元遺山體[4], 원나라의 우양범게虞楊范揭 사가체四家體[5], 명나라의 오중사걸체吳中四傑體[6], 이동양체李東陽體[7], 이공동하대복체李崆峒何大復體[8], 왕이칠자체王李七子體[9], 원굉도元宏道[10]의 공안체公安體[11], 종성鍾惺[12] · 담원춘譚元春[13]의 경릉체竟陵體[14], 청나라의 오매촌체吳梅村體[15], 왕어양체王漁洋體[16]가 있으니 이것이 가장 좋은 것들이고, 그 나머지 자잘한 것들은 이루 다 셀 수도 없다.

---

1 육방옹체陸放翁體 : 중국 송나라 문인 육유陸游의 시체를 말한다.

2 범석호체范石湖體 : 중국 송나라 문인 범성대范成大의 시체를 말한다.

3 월천금사체月泉唫社體 : 중국 송나라 문인 오위吳渭가 주도했던 월천음사月泉吟社의 시체를 말한다.

4 원유산체元遺山體 : 중국 금나라 문인 원호문元好問의 시체를 말한다.

5 우양범게 사가체 : 중국 원나라 문인 우집虞集 · 양재楊載 · 범곽范槨 · 게해사揭奚斯 등 4명의 시체를 말한다.

6 오중사걸체吳中四傑體 : 중국 명나라 문인 고계高啓 · 양기楊基 · 장우張羽 · 서분徐賁 등 4명의 시체를 말한다.

7 이동양체李東陽體 : 중국 명나라 문인 이동양李東陽의 시체를 말한다.
8 이공동하대복체李崆峒何大復體 : 중국 명나라 문인 이몽양李夢陽과 하경명何景明의 시체를 말한다.
9 왕이칠자체王李七子體 : 중국 명나라 문인 이반룡李攀龍 · 왕세정王世貞 · 사진謝榛 · 종신宗臣 · 양유예梁有譽 · 서중행徐中行 · 오국론吳國倫 등 7명의 시체를 말한다.
10 원굉도元宏道 : 1568~1610. 중국 명나라 문인으로 자는 중랑中郞, 호는 석공石公이다. 형인 종도宗道, 아우인 중도中道와 함께 공안파로 불린다. '성령설'이라고 불리는 그의 문학론은 후세에까지 영향을 미쳤다. 문집으로 『원중랑집袁中郎集』이 있다.
11 공안체公安體 : 중국 명나라 문인 원종도袁宗道 · 원굉도袁宏道 · 원중도袁中道의 시체를 말한다.
12 종성鍾惺 : 1574~1624. 중국 명나라 문인으로 자는 백경伯敬, 호는 퇴곡退穀이다. 동향同鄕 친구 담원춘譚元春과 함께 경릉파竟陵派를 형성하였다. 담원춘과 함께 『고시귀古詩歸』와 『당시귀唐詩歸』를 편찬하면서 선별한 시인과 시에 비평을 달았다. 문집으로 『은수헌집隱秀軒集』이 있으며, 저서로 『시합고詩合考』 · 『모시해毛詩解』 등이 있다.
13 담원춘譚元春 : ?~1631. 중국 명나라 문인으로 자는 우하友夏이다. 종성鍾惺과 함께 경릉파竟陵派라고 불린다. '참다운 시'를 선별한다는 명분을 내세워 스스로의 독자적인 감상을 통하여 옛 시인의 순수한 시정신을 탐구하려고 시도하였다. 문집으로 『담우하합집譚友夏合集』이 있다.
14 경릉체竟陵體 : 중국 명나라 문인 종성鍾惺과 담원춘譚元春의 시체를 말한다.
15 오매촌체吳梅村體 : 중국 청나라 문인 오위업吳偉業의 시체를 말한다.
16 왕어양체王漁洋體 : 중국 청나라 문인 왕사정王士禎의 시체를 말한다.

滄浪所分諸體, 不止如上所列擧者, 而病其太煩, 姑略之, 至如以人分體者, 以句法分體者【以句法分軆者】, 以韻分體者, 以對句分體者, 尤謂繁雜, 故不復擧論. 滄浪之未及論者, 如陸放翁體, 范石湖體, 宋末有月泉吟社體, 金有元遺山體, 元有虞楊范揭四家體. 明有吳中四傑體, 有李東陽體, 有李崆峒何大復體, 有王李七子體, 有宏道之公安體, 有鐘譚之竟陵體, 淸有吳梅村體, 有王漁洋體. 此其最善者, 其餘紛紛不可勝數也.

8

당唐나라 초기의 여러 시인들은 오히려 수隨나라 · 진晉나라의 시 형식을 본떴었는데 진자앙陳子昂[1]은 오로지 고체를 숭상하였다. 이백李白과 두보杜甫가 나오게 나와서는 마침내 이전 시기의 여러 시 형식들을 다 포괄하여 나란히 이름이 났다.

당시 원진元稹이 두보의 묘지명[2]을 지어 두보를 높이고 이백을 낮추었는데, 그 묘지명에서 "내가 시를 읽다가 두보에 이르러서 옛사람의 재주를 모두 갖추고 있다는 것을 알았다. 저 옛날 요순시대에 임금과 신하가 〈갱가賡歌〉로 서로 화답하였는데, 이 뒤로 시인들이 이어 나와 하夏 · 상商 · 주周 천여 년을 지나 공자께서 정치와 교화에 관계되는 것이 큰 것을 가려 삼백 편을 모으고 선별하였으니 그 나머지는 들을 수 없었다.

시인들이 시를 지었으나 원망하고 분히 여기는 모습이 많았다. 그런데도 오히려 풍아風雅와의 거리가 멀지 않았고, 그런대로 서로 비교할 만했다. 진秦나라 · 한漢나라 이후로 시를 채집하는 관청이 이미 폐지되었고, 세상에는 참요와 민요, 기리고 풍자하고 노래하고 장난치는 이야기들이 또 때에 따라 간간히 지어졌는데 한 무제漢武帝가 〈백량대柏梁臺〉를 지음에 이르러 칠언시의 형식이 갖추어졌다.

소무蘇武와 이릉李陵의 무리들은 오언시에 더욱 뛰어났으니 비록 구두와 운율이 각기 다르고 아雅와 정鄭나라의 소리도 뒤섞였으나 그 시의 뜻이 간결하지만 심원하여 일을 가리키고 감정을 말한 것이 절로 하려고 하지 않았어도 하게 되는 것이니 그 시는 멋대로 지어진 것이 아니다.

건안建安[3] 이후로 천하의 선비들이 전란을 겪게 되었고, 조씨 부자가 말안장 위에서 글을 짓거나 때때로 창을 비껴들고 시를 지었기[4] 때문에 그 억양과 원망하고 슬퍼하는 이별을 서러워하는 시가 더욱 옛날보다 심하였으니 진나라 시대의 풍상이 조금 남아있었다.

송宋나라 · 제齊나라 시기에 교화가 근본을 잃어 선비들이 게으름과 방탕함, 화려하게 꾸민 것을 숭상하여, 문장은 아름답고 화려하며 호탕하고 맑고 깨끗함을 높이 여겼으니 대체로 성령을 읊고 묘사하면서도 풍경에 빠져 헤어 나오지 못한 글이어서 그 뜻과 격조를 취할 것이 없었다.

점점 쇠퇴하여 양梁나라 · 진陳나라에 이르러서는 농염하게 꾸미고 기교만 부리는 자잘한 글들이 극에 달했으니 송나라 · 제나라에서도 볼 수 없는 것이다. 당나라가 일어나 학관이 크게 떨쳐져 역대의 문장에 뛰어난 사람들이 이어 나타났고 심전기沈佺期 · 송지문宋之問과 같은 무리들이 정밀하고 절실하게 익히고 소리의 기세를 편안히 다듬어 율시를 만들었다고 한다. 이 뒤로 시 형식의 변화가 다하였다. 그러나 고체시를 좋아하는 사람들은 근체시를 팽개쳐버리고 화려한 시를 힘쓰는 사람들은 실질을 다 버리고 제나라 · 양나라의 시 형식을 본뜨며 위魏나라 · 진晉나라의 시 형식에 미치지 못하였다. 악부에 뛰어난 능력을 보이면 오언시에는 힘이 딸렸고, 율시에 뛰어나면 골격이 남아있지 않았고, 한가하고 여유 있으면 곱고 깊은 맛이 갖추어지지 않았다.

두보에 이르러서는 대체로 위로는 풍아에 다가섰고 아래로는 심전기 · 송지문의 장점을 갖추었으며 시어는 소무 · 이릉의 경지를 빼앗았고, 기개는 조식曹植 · 유정劉楨[5]을 삼켰으며, 안연지顔延之 · 사령운謝靈運의 고고함을 뒤덮었으면서도 서릉徐陵 · 유신庾信의 유려함을 겸비하고 있어 고금의 시 형식과 기세를 모두 가져 옛사람들이 홀로 가지고 있던 장점을 모두 겸비하였다고 이야기한다. 공자孔子께서 요지를 살펴보게 하더라도 오히려 귀한 것을 알지 못함이 많겠느냐 하겠는가? 진실로 할 수 없는 것도 해내고 가한 것과 불가한 것의 구분이 없는 사람은 시인이 등장한 이래로 두보와 같은 사람이 없었다.

이때 산동사람 이백도 기이한 글솜씨로 칭양을 받아서 당시 사람들이 이두李杜라고 하였다. 내가 그 굳센 기세와 자유분방함을 살펴보니 구속을 벗어던지고, 만물을 묘사해 내는 것과 악부와 시가들을 살펴보니 진실로 이백도 두보와 어깨를 나란히 할 만하다. 예를 들어 처음부터 끝까지를 구상하고 성운聲韻을 배열하는 데에 있어서 장편은 천 마디 정도에 이르고 그 다음으로도 수백 마디의 말이니, 시어의 기세가 호탕하고 고상하며 풍격과 절조가 맑고 깊으며 대를 맞추고 격률에 딱 들어맞아서 보통 사람의 경지를 벗어났으니, 이백도 오히려 겉으로 드러난 범주를 따져볼 수 없는데 그 정수를 넘볼 수 있겠는가."

이 논의가 나왔을 때 당시 사람들 가운데 그렇지 여기지 않다고 여기는 사람들이 있으니, 한유韓愈[6]가 시를 짓기를 "이백과 두보의 문장이 남아 있어, 광염이 만장 높이 뻗었는데 뭇 아이들 어리석음을 알지 못하고 어찌 멋대로 비방하고 헐뜯는가. 하루살이 큰 나무를 흔드는 격이니, 스스로를 헤아리지 못하는 것이 가소롭구나."[7]라고 하였으니, 이것은 몰래 숨겨서 나무라는 것이 있는 것이다.

이백과 두보 이후로 대력십재자와 한유 · 유종원柳宗元[8] · 원진元稹 · 백거이白居易의 여러 시 형식이 나왔고, 이하李賀[9] · 가도賈島[10] · 이상은李商隱도 각각 일가一家를 이루었으며 두목杜牧[11]도 호탕한 기운이 있었다. 송나라 초기에 양억楊億과 유균劉筠이 이상은을 으뜸으로 삼았는데 이들의 시 형식을 서곤체西崑體라고 불렀다. 구양수歐陽脩와 왕안석王安石 시대에 다시 곱게 꾸미는 풍습이 한번 변하였고, 소식蘇軾 · 황정견黃庭堅이 일어남에 이르러서는 시의 격조가 또 변하였다.

1 진자앙陳子昻 : 659 추정~700 추정. 중국 당나라 문인으로 자는 백옥伯玉이다. 684년 진사에 급제하여 시정時政에 대해 상소한 것이 측천무후則天武后의 눈에 들어 인대정자麟臺正字에 오르고 우습유右拾遺를 지냈다. 한위漢魏의 풍골風骨을 중시하여 강건중후剛健重厚한 시를 주로 지었다. 초당初唐에서 성당盛唐으로 넘어가는 시풍 전환에 큰 영향을 끼쳤다. 문집으로 『진백옥문집陳伯玉文集』이 있다.

2 두보의 묘지명 : 원진이 지은 「당나라의 고故 공부 원외랑工部員外郞 두군杜君의 묘계명唐故工部員外郎杜君墓係銘」으로 『원씨장경집元氏長慶集』 권56에 보인다.

3 건안建安 : 196년부터 220년 3월까지 사용된 중국의 연호로, 중국 후한後漢의 마지막 왕인 헌제獻帝의 재위 기간에 다섯 번째로 사용된 연호이다.

4 말안장……지었기 : 원문의 횡삭부시橫槊賦詩는 정벌 가는 도중 말 위에서 긴 창을 차고 읊조리는 시를 말한다. 글도 잘하고 무술도 잘하는 이의 호방하고 씩씩하며, 기운이 맑고 깨끗한 풍도를 형용한 것이 많다. 『삼국지연의三國志演義』에 적벽대전을 앞둔 조조가 문무 신료들을 모아놓고 연회를 베푼 자리에서 취기가 오르자 긴 창을 비껴들고 시를 읊는 장면이 있다.

5 유정劉楨 : 186~217. 중국 후한의 문인으로 자는 공간公幹이고, 후한 말 건안칠자의 한 사람이다. 박학다식하고 재능이 많았는데, 문학적 재능이 출중할 뿐만 아니라 기민한 웅변적 재능이 있어 당대의 칭송을 받았다. 5언시에 능했고, 문장에 힘이 넘쳤으며 언어가 소박했다. 문집으로 『유공간집劉公幹集』이 있다.

6 한유韓愈 : 768~824. 중국 당나라 문인으로 자는 퇴지退之, 호는 창려昌黎, 시호는 문공文公이다. 당송팔대가唐宋八大家의 한 사람이다. 노老 · 불佛을 배척하고 유가儒家를 존숭하는 고문복고운동古文復古運動을 주장하였다. 문장으로는 유종원柳宗元과 함께 한유韓柳라 불렸고, 시로는 백거이白居易과 한백韓白이라 불렸다. 문집으로 『창려선생집昌黎先生集』이 있다.

7 제목 : 한유韓愈, 〈장적을 비웃다調張籍〉, 『오백가주창려문집五百家注昌黎文集』 권5.

8 유종원柳宗元 : 773~819. 중국 당나라 문인으로 자는 자후子厚이다. 감찰 어사監察御史 · 유주 자사柳州刺史 등을 역임하였고, 당송팔대가唐宋八大家의 한 사람으로 한유韓愈와 함께 고문古文의 부흥을 제창하였다. 문집으로 『유하동집柳河東集』이 있다.

9 이하李賀 : 790~816. 중국 당나라 문인으로 자는 장길長吉이다. 두보杜甫의 먼 친척이기도 하다. 그의 시는 낭만적이고 상상력이 풍부하며 초자연적 제재를 이용하는 것에 뛰어나 '귀재鬼才'라고 불렸다. 문집으로 『이하가시편李賀歌詩篇』 · 『외집外集』이 있다.

10 가도賈島 : 779~843. 중국 당나라 문인으로 자는 낭선浪仙, 호는 갈석산인碣石山人이다. 출가하여 스님이 되었다가 한유韓愈와 교유하면서 환속還俗하였다. 가도의 시는 슬

프기로 이름 높았다. 그는 시를 지을 때 구절마다 오랜 시간 고심하여 지었으므로 참신하고 독특한 것이 많아 한유에게 시재詩才를 인정받았다. 한유와의 '퇴고推敲' 일화는 유명하다. 문집으로 『장강집長江集』이 있다.

11 두목杜牧 : 803~852. 중국 당나라 문인으로 자는 목지牧之, 호는 번천樊川이다. 828년 진사에 급제하여 중서사인中書舍人을 역임했다. 당나라 말기의 뛰어난 시인으로 부드럽고 아름다운 풍격의 시를 주로 창작하였으며 두보杜甫와 비교하여 소두小杜라고 한다.

唐初諸家猶襲隋 · 陳體, 而陳子昂專尙古體, 至李 · 杜出而遂奄有前古諸體, 齊名. 當世元微之作, 杜子美墓誌, 優杜而劣李, 其說曰, "余讀詩至杜子美, 而知古人之才有所總聚焉. 始唐虞時, 君臣以<賡歌>相和, 是後風人繼作, 歷夏 · 商 · 周千餘年, 仲尼緝拾選練, 取其干預政敎之尤者三百篇, 其餘無聞焉. 騷人作而怨憤之態繁, 然猶去風雅日近, 尙相比擬. 秦 · 漢以來, 采詩之官旣廢, 天下俗謠 · 民謳 · 歌頌 · 風賦 · 曲度 · 嬉戲之詞, 亦隨時間作. 至漢武帝賦柏梁詩, 而七言之體具. 蘇子卿, 李少卿之徒, 尤工爲五言, 雖句讀 · 文律各異, 雅 · 鄭之音亦雜, 而詞意閒遠, 指事言情, 自非有爲而爲, 則文不妄作. 建安之後, 天下之士, 遭罹兵戰, 曹氏父子鞍馬間爲文, 往往橫槊賦詩. 故其遒壯, 抑揚冤哀, 悲離之作, 尤極於古, 晉世風概稍存. 宋 · 齊之間, 敎失根本, 士以簡慢 · 矯飾相尙, 文章以風容 · 色澤 · 放曠 · 精淸爲高, 蓋吟寫性情, 流連光景之文也, 意義 · 格力無取焉. 陵遲至梁陳, 淫艶刻飾, 佻巧小碎之極, 又宋齊之所不取也. 唐興, 學官大振, 而又沈宋之流, 研練精切, 穩順聲勢, 謂之律詩. 由是而後, 文體之變極焉. 而又好古者遺近, 務華者去實, 效齊梁則不逮於晉魏, 工樂府則力屈於五言, 律切則骨格不存, 閒暇則纖穠莫備. 至於子美, 所謂上薄風雅, 下該沈宋, 言奪蘇李, 氣呑曹劉, 掩顔謝之孤高, 雜徐庾之流麗, 盡得古今之體勢, 而兼人之所獨專. 則詩人已來, 未有如子美者. 是時山東人李白, 亦以奇文取稱, 時人謂之李杜. 余觀其壯浪縱恣, 擺去拘束, 模寫物象, 及樂府歌詩, 誠以差肩於子美矣. 至若鋪陳終始, 排比聲韻, 大或千言, 次猶數百, 詞氣奮邁而風調淸深, 屬對律切而脫棄凡近, 則李尙不能歷其藩翰, 況堂奧乎."[1] 此論出, 時人有不以爲然者, 韓退之有詩曰, "李杜文章在, 光焰萬丈長. 不知群兒愚, 那用故謗傷. 蚍蜉撼大樹, 可笑不自量." 此似隱微之也. 李杜以後, 有大歷十才子韓柳元白諸體, 李昌谷賈浪仙李義山亦各成一家, 杜牧之亦有豪氣. 宋初楊劉, 宗義山, 號西崑體. 歐陽永叔王荊公, 復一變縟麗之習, 至於蘇黃崛起, 詩格又變矣.

[1] 余讀詩至杜子美……況堂奧乎 : 敘曰予讀詩至杜子美. 而知小大之有所總萃焉. 始堯舜時, 君臣以賡歌相和, 是後詩人繼作, 歷夏 · 殷 · 周千餘年, 仲尼緝拾選揀, 其干預教化之尤者三百, 其餘無聞焉. 騷人作而怨憤之態繁, 然猶去風雅日近, 尙相比擬. 秦 · 漢以還, 詩之官旣廢, 天下妖謠 · 民謳 · 歌頌 · 諷賦 · 曲度 · 嬉戲之詞, 亦隨時間作. 逮至漢武賦栢梁, 而七言之體具. 蘇子卿, 李少卿之徒, 尤工爲五言, 雖句讀 · 文律各異, 雅 · 鄭之音亦雜, 而詞意簡遠, 指事言情, 自非有爲而爲, 則文不妄作. 建安之後, 天下文士, 遭罹兵戰, 曹氏父子鞍馬間爲文, 往往橫槊賦詩. 故其抑揚寃哀, 悲離之作, 尤極於古, 晉世風槩稍存. 宋 · 齊之間, 教失根本, 士以簡慢, 歙習舒徐相尙, 文章以風容 · 色澤 · 放曠 · 精淸爲高, 蓋吟寫性靈, 流連光景之文也. 意義 · 格力無取焉. 陵遲至於梁陳, 淫艶刻飾, 佻巧小碎之詞劇, 又宋齊之所不取也. 唐興, 官學大振, 歷世之文能者互出, 而又沈宋之流, 研練精切, 穩順聲勢, 謂之爲律詩. 由是而後, 文變之體極焉. 然而莫不好古者遺近, 務華者去實, 効齊梁則不逮於魏晉, 工樂府則力屈於五言, 律切則骨格不存,

閒暇則纖穠莫備. 至於子美, 蓋所謂上薄風騷, 下該沈宋, 古傍蘇李, 氣奪曹劉, 掩顔謝之孤高, 雜徐庾之流麗, 盡得古今之體勢, 而兼昔人之所獨專矣. 使仲尼考鍛其旨要, 尙不知貴其多乎哉. 苟以爲能所不能無可不可, 則詩人以來, 未有如子美者. 時山東人李白, 亦以奇文取稱, 時人謂之李杜. 予觀其壯浪縱恣, 擺去拘束, 摸寫物象, 及樂府歌詩, 誠亦差肩於子美矣. 至若鋪陳終始, 排比聲韻, 大或千言, 次猶數百, 詞氣豪邁而風調淸深, 屬對律切而脫棄凡近, 則李尙不能歷其藩翰, 況堂奧乎. (『元氏長慶集』 卷56)

中國詩學 9

송宋나라에 와서 이루어진 시 형식의 변화가 원元나라 때 와서는 거의 다 끝나버려 다투어 감각적이고 화려한 것을 숭상하여 우집虞集[1]이 홀로 대가가 되었다. 왕사정王士禎[2]은 "우집과 같은 사람의 원나라 시는 만당晩唐의 시로도 따라갈 수 있는 정도가 아니고, 양유정楊維楨[3] 때에도 온정균溫庭筠 · 이상은李商隱을 넘어섰으며 그의 소악부小樂府도 만당을 넘어선 것이다."라고 하였다.

명明나라 초기에 고계高啟[4]가 사걸四傑의 으뜸이 되었고 하경명何景明[5] · 이몽양李夢陽[6]이 나온 뒤로는, 고체시古體詩는 반드시 한漢나라 · 위魏나라의 시로 하고, 율시律詩는 반드시 성당盛唐의 시로 하였다. 그러나 단지 이것은 베끼는 데 뛰어날 뿐이었다. 그 후에 왕세정王世貞[7]과 이반룡李攀龍[8]이 하경명 · 이몽양의 단서를 계승하였으니, 당시에 사람들이 추앙하는 것이 아주 지나쳤다. 그 시의 규모를 살펴보면 몹시 좋지만 역시 쉽게 미칠 수 있는 것이 아니었다.

청淸나라 초의 오위업吳偉業[9]은 특히 가행歌行에 뛰어나 비록 원백체元白體를 사용하였으나 화려함이 지나쳤고, 왕사정은 특히 신운설神韻說을 주장하여 이반룡이 맑고 빼어나다고 비꼬기도 하였지만 그 시의 체재와 격조, 의미를 살펴보면 초연하여 절로 뛰어나 청나라 때에도 그와 견줄만한 사람을 보기 어렵다.

1 우집虞集 : 1272~1348. 중국 원나라 문인으로 자는 백생伯生, 호는 도원道園·소암邵庵, 시호는 문정文靖이다. 오징吳澄과 친하게 지냈으며 오징의 영향을 받아 주희朱熹와 육구연陸九淵의 학문을 종합하려는 성향을 보였다. 문집으로 『도원유고道園遺稿』가 있다.

2 왕사정王士禎 : 1634~1711. 중국 청나라 문인으로 이상貽上·자진子眞, 호는 완정阮亭·어양산인漁洋山人, 시호는 문간文簡이다. 본명은 사진士禛이나 건륭제가 사정士禎이라는 이름을 하사했다. 당송의 시풍을 받아 신운神韻을 중시하였다.

3 양유정楊維楨 : 1296~1370. 중국 원나라 문인으로 자는 염부廉夫, 호는 철애鐵厓·동유자東維子이다. 고악부古樂府에 뛰어났으며, 장려괴기壯麗怪奇한 그의 시체를 철애체鐵崖體라고 불렀다. 문집으로 『동유자집東維子集』이 있으며, 저서로 『철애고악부鐵厓古樂府』가 있다.

4 고계高啟 : 1136~1373. 중국 명나라 문인으로 자는 계적季迪, 호는 사헌槎軒이다. 양기楊基·장우張羽·서분徐賁과 함께 오중사걸吳中四傑·명초사걸明初四傑로 불렸다. 문집으로 『고태사대전집高太史大全集』·『부조집鳧藻集』 등이 있다.

5 하경명何景明 : 1483~1521. 중국 명나라 문인으로 이몽양李夢陽 등과 함께 "문장은 반드시 선진양한을 본받고, 시는 반드시 성당을 본받아야 한다[文必秦漢, 詩必盛唐.]."라고 하는 고전주의 문학운동을 제창하여, 전칠자前七子라 불렸다. 이몽양과 나란히 '하리何李'로 일컬어졌다. 문집으로 『하대복선생집何大復先生集』이 있다.

6 이몽양李夢陽 : 1475~1529. 중국 명나라 문인으로 자는 헌길獻吉, 호는 공동자空同子이다. 전칠자前七子의 필두로서 명나라 초기에 싹튼 복고주의를 강화하고 제창자가 되어 일세를 풍미했다. 문집으로 『공동자집空同子集』이 있다.

7 왕세정王世貞 : 1526~1590. 중국 명나라 문인으로 자는 원미元美, 호는 봉주鳳州·엄주弇州·엄주산인弇州山人이다. 젊을 때부터 문명이 높아 후칠자後七子로 불리는 가정칠재자嘉靖七才子의 한 사람으로 손꼽혔다. 후칠자의 맹주격인 이반룡李攀龍과 함께 이왕李王이라 불려 명대 후기 고문사파古文辭派의 지도자가 되었다. 저서로 『엄주산인사부고弇州山人四部考』가 있다.

8 이반룡李攀龍 : 1514~1570. 중국 명나라 문인으로 자는 우린于鱗, 호는 창명滄溟이다. 이몽양李夢陽·하경명何景明을 경모하였으며, 복고설復古說을 계승했다. 선진양한의 고문古文을 모범으로 삼고, 한漢·위魏·성당盛唐 시의 격조를 중시하였으며, 이백李白·두보杜甫를 추앙하였다. 문집으로 『이창명선생전집李滄溟先生全集』이 있고, 저서로 『고금시산古今詩刪』이 있다.

9 오위업吳偉業 : 1609~1671. 중국 청나라 문인으로 자는 준공駿公, 호는 매촌梅村이다. 서화에도 뛰어났으며, 전겸익錢謙益·공정자龔鼎孶와 함께 강좌江左의 3대 시인이라 불

렸다. 문집으로 『매촌집梅村集』이 있다.

至宋而詩體之變, 幾盡元時. 競尙穠麗而虞伯生獨爲大家, 王漁洋曰, "元詩虞道園便非晩唐所及, 楊鐵厓時, 涉溫李. 其小樂府亦過晩唐."[1] 明初高青卽爲, 四傑之冠, 何李旣出, 則古體必漢魏, 律體必盛唐. 然但是工於墣擬耳. 其後王世貞李于鱗承何李之緖, 當時推之太過, 要其規模甚好, 亦未易及也. 淸初吳梅村特善歌行, 雖用元白體而縟麗過之, 漁洋特主神韻, 或譏爲淸秀李于鱗, 顧其體格意味超然, 自遠淸時亦未見其比也.

[1] 元詩虞道園便非晩唐所及……其小樂府亦過晩唐 : 元詩如虞道園便非晩唐所及, 楊鐵厓時, 涉溫李. 其小樂府亦過晩唐. (『師友詩傳錄』 續錄)

제3절 시법론詩法論

1

시를 짓는 방법에 대해서 옛날부터 지금까지 이야기 한 사람들은 매우 많다. 『문심조룡文心調龍』[1]의 「체성體性」 편에서는 "시에는 여덟 가지 형식이 있으니 첫 번째 전아典雅, 두 번째 원오遠奧, 세 번째 정약精約, 네 번째 현부顯附, 다섯 번째 번욕繁縟, 여섯 번째 장려壯麗, 일곱 번째 신기新奇, 여덟 번째 경미輕靡이다."라고 하였다.

그 나머지 「통변通變」·「정채情采」·「비여比興」·「물색物色」·「여사麗辭」 등의 편은 모두 시 짓는 방법을 논한 것인데, 이것이 시를 비평하는 근원이 된다. 이 뒤로 여러 사람들이 각각 좋아하는 것을 가지고 논의를 세웠다. 송나라 이후로 문학을 비판하고 평가하는 풍습이 크게 일어나, 시 짓는 방법을 논하는 사람들이 더욱 상세히 하였으니 이때부터 저술에 시화의 형식이 생겼다. 시 짓는 방법을 요약해보면 크게 7가지로 나눌 수 있는데, 첫 번째 명의命意, 두 번째 조어造語, 세 번째 하자下字, 네 번째 용사用事, 다섯 번째 압운壓韻, 여섯 번째 속대屬對, 일곱 번째 단련煅煉이다. 아래에 다시 이어서 논한다.

1 문심조룡文心調龍 : 중국에서 가장 오래된 시문詩文 평서로 10권 50편으로 이루어 있다. 유협劉勰이 499~501년에 저작한 것으로 추정된다. 전반前半 25편에서는 문학의 근본원리를 논술하고, 각 문체文體에 관한 문체론을 폈다. 후반後半 25편에서는 문장 작법과 창작론에 관하여 논술하였다.

作詩之法, 古今論者, 甚多. 文心雕龍』, 體性篇言, "詩有八體, 一曰典雅, 二曰遠奧, 三曰精約, 四曰顯附, 五曰繁縟, 六曰壯麗, 七曰新奇, 八曰輕靡."[1] 其餘通變 · 情采 · 比興 · 物色 · 麗辭等篇, 皆論詩法, 此爲評詩之濫觴, 自後諸家各以所好立論. 宋以來, 識評文學之風大盛, 而論詩法者益詳, 自是, 著述有詩話之體. 要之作詩之法, 大別有七, 一曰命意, 二曰造語, 三曰下字, 四曰用事, 五曰壓韻, 六曰排粘, 七曰煉格. 下更遂次論之.

[1] 詩有八體……八日輕靡 : 若總其歸塗, 則數窮八體. 一日典雅, 二日遠奧, 三日精約, 四日顯附, 五日繁縟, 六日壯麗, 七日新奇, 八日輕靡. (『文心雕龍』 卷6)

中國詩學 2

1. 명의命意

시를 지을 때는 반드시 주제 설정[命意]을 먼저 해야 한다. 이제 화가가 사물을 그릴 때, 비단을 펼친 뒤 단청을 갖춘 후 붓에 먹을 묻혀서 뜻대로 그리려고 한다. 화가가 마음속의 괴로움으로 꽉 막혀서 가슴 속에 있는 것을 쉽게 꺼내기 어렵다면 잠시 붓을 놓고 비단으로부터 서너 걸음 떨어져서 다시 전체의 윤곽을 살펴서 마음속의 의경意境과 합치되기를 기다린 뒤에 다시 붓을 쥐고 휘두르는 것이 좋으니 그런 뒤에야 비로소 좋은 작품을 만들 수 있다. 시를 짓는 것도 이와 같은 것이다.

유반劉攽[1]은 『시화詩話』[2]에서 "시는 주제[意]와 내용[義]을 위주로 하고 문사文詞는 다음이니 주제가 깊고 내용이 높으면 비록 문사가 평이하더라도 절로 뛰어난 작품이 된다. 세상 사람들은 옛사람들의 어구가 평이하다는 것을 보고 본뜨지만 그 주제와 내용을 터득하지 못하여 곧 비루하고 속된 경지에 떨어지니 가소롭구나."라고 하였다.

소식蘇軾은 "시는 시어에서 구하여 터득할 수 있는 것이 아니니 반드시 그 주제와 내용을 보아야 한다. 그러므로 어떤 사람을 비난하고 풍자하려면 그 사람이 한 악행을 말하지 않고 그 사람의 작위의 높음, 수레와 의복의 화려한 것을 말해야 하는 것이다. 그러면 백성들이 미워하여 그가 견디지 못하는 것을 보게 된다. '군자와 백년해로해야 하니, 비녀에 여섯 개의 옥을 더하네[君子偕老, 副笄六珈.].'[3]와 '빛나고 빛나는 태사 윤씨여,

백성들이 모두 그대만을 쳐다보고 있도다[赫赫師尹, 民具爾瞻.].'[4]라고 하는 것이 이것이다. 어떤 사람을 칭송하고 찬미하려면 그 사람이 한 선한 행동을 말하지 않고 그 용모의 아름다움과 관과 패물의 화려함을 말해야 하니, 그러면 백성들이 편안하게 여겨 그가 부끄러워함이 없는 것을 보게 된다. '검은 옷이 참으로 어울리는 분이시여, 해지면 내가 다시 지어 드리리다[緇衣之宜兮, 敝予又改爲兮.].'[5] '천자께서 주신 옷 입고, 붉은 폐슬 반짝이네[服其命服, 朱芾斯煌.].'[6]라고 하는 것이 바로 이것이다."라고 하였다.

『능양실중어陵陽室中語』[7]에 "시를 지을 때는 마지막까지 이어지는 주제를 잡아야 하니 먼저 한 구나 한 연을 얻었다고 해서 이것으로 시 전체를 만들어서는 절대로 안 된다. 이와 같이 한다면 대체로 그 주제가 이어지지 않는다. 그렇지만 옛사람들도 이와 같은 경우를 면치 못하였으니 예를 들어 〈회포를 적다述懷〉나 〈즉흥으로 짓다卽事〉 같은 제목의 시들은 모두 먼저 시를 지은 뒤에 제목을 붙인 것이다."라고 하였다.

또 "시를 지을 때는 반드시 주제 설정을 먼저 해야 하는 것이니 주제가 바르면 시상이 생겨난다. 그런 뒤에 운자韻字를 골라 쓰면 마치 종을 부리는 것 같으니 이것은 바로 운자로 주제를 잇는 것이기 때문에 처음부터 끝까지 질서가 있다. 요즘 사람들은 운자를 가져와 시를 짓지 않고 주제를 바꿔놓고 운자를 취하고, 운자에 따라 내용을 찾아서 소설이나 불가佛家의 서적에서 찾아내는 것이 대부분인 지경에 이르렀으니 시를 읽는 사람들에게 멍하니 그 내용을 알지 못하게 하는 것이 진실로 당연한 것이다."라고 하였다.

주희朱熹[8]와 진문울陳文蔚[9]은 시에 대해 "공이 문의文義를 이해하지 못하면 터득할 수 없는 것이라고 하였으니 단지 이것이 어찌 좋은 구절을 보지 못해서이겠는가? 예를 들어 옛사람이 매화에 대해 '맑고 얕은 물

위로 성긴 그림자 비끼고, 어스름한 달빛 속에 은은한 향기 떠도는구나[疏影橫斜水淸淺, 暗香浮動月黃昏.].'[10]라고 읊었는데 이 열네 글자를 누가 이해하지 못하겠는가? 그러나 이전 사람들은 단지 칭찬하기를 매화의 묘사가 몹시 좋다고만 하였으니 이것은 무엇 때문인가? 이것은 설명하기 어려운 것이니 반드시 스스로 언외言外의 뜻을 터득해야 그제야 알 수 있는 것이다. 반드시 그 물사物事에 정신이 있는 것을 터득해 본다면 참 좋은 것이다. 만약 정신이 있는 것을 터득해 낸다면 절로 모든 움직임에 생각을 담게 되는 것이니 저절로 자신도 모르게 손이 춤추고 발이 구르게 되는 것이다. 여기에는 두 가지 중요한 것이 있으니 문의를 터득하는 것이 한 가지 중요한 것이고, 생각의 좋은 것을 터득해 아는 것이 한 가지 중요한 것이다."라고 하였다.

또 "구양수歐陽脩[11]가 매요신梅堯臣[12]의 시를 좋아했던 것은 고고枯槁하고 담박淡泊한 가운데 생각이 담겨있기 때문이다. 구양수가 가장 좋아했던 조사朝士를 전송한 시의 두 구에 '새벽빛 도성 문 앞 길을 비추고, 서늘한 바람에 정원의 나무 가을 들었네[曉日都門道, 微凉苑樹秋.].'[13]라고 하였다. 또 상달常達[14]의 두 구를 몹시 좋아하였는데 '구불구불한 길은 그윽한 곳으로 나 있고, 선방엔 꽃나무 무성하구나[曲徑通幽處, 禪房花木深.].'[15]라고 하였다. 구양수가 '스스로 평생동안 배우기를 구하였으나 터득하지 못했다.'라고 했는데 요즘 사람들은 전혀 이 뜻을 알지 못하고 단지 전고를 끼워 넣고 어려운 글자를 사용하는 것을 곧 좋은 글이라고 본다."라고 하였다.

대체로 명의는 수미상관首尾相關 해야 하는 것이고, 언외의 뜻은 더욱 어려운 것이다.

1 유반劉攽 : 1023~1089. 중국 송나라 문인으로 자는 공보貢父 · 공보贛父 · 당보贛父이며, 호는 공비公非이다. 1046년 진사에 급제하여 20년간 관직에 있었다. 사학에 뛰어나 사마광司馬光을 도와 『자치통감資治通鑑』을 편찬하였다. 문집으로 『팽성집彭城集』 · 『공비집公非集』 등이 있으며, 저서로 『중산시화中山詩話』가 있다.

2 시화詩話 : 중국 송나라 문인 유반劉攽이 저술한 중국 시가詩歌 평론서인 『중산시화中山詩話』를 말한다.

3 제목 : 〈군자해로君子偕老〉, 『시경집전詩經集傳』 권2.

4 제목 : 〈절남산節南山〉, 『시경집전詩經集傳』 권5.

5 제목 : 〈치의緇衣〉, 『시경집전詩經集傳』 권3.

6 제목 : 〈채기采芑〉, 『시경집전詩經集傳』 권5.

7 능양실중어陵陽室中語 : 중국 송나라 문인 범계수范季隨가 한구韓駒가 시론에 대해 논한 것을 기록한 책인 『능양선생실중어陵陽先生室中語』를 말한다. 현재 그 책은 전하지 않고, 『설부說郛』 · 『시인옥설詩人玉屑』 등에서 그 일부를 확인할 수 있다.

8 주희朱熹 : 1130~1200. 중국 송나라 사상가로 자는 원회元晦 · 중회仲晦, 호는 회암晦庵 · 회옹晦翁 · 운곡산인雲谷山人 등이 있다. 성리학을 확립시켜 유학사와 동아시아 사상사에 큰 영향을 미쳤다. 저서로 『논어요의論語要義』 · 『근사록近思錄』 등이 있다.

9 진문울陳文蔚 : 1154~1293. 중국 송나라 학자로 자는 자경才卿, 호는 극재克齋이다. 주희 만년의 문인으로, 진사시에 급제하였으나 벼슬하지 않고 연산鉛山에 은거한 채 주자의 학문을 연구하며 저작활동에 전념하였다. 문집으로 『극재집克齋集』이 있다.

10 제목 : 임포林逋, 〈동산의 작은 매화 2수山園小梅 二首〉, 『임화정집林和靖集』 권2.

11 구양수歐陽脩 : 1007~1072. 중국 송나라 문인으로 자는 영숙永叔, 호는 취옹醉翁, 시호는 문충文忠이다. 서곤체西崑體를 개혁하고, 당나라의 한유를 모범으로 하는 시문을 지었다. 당송팔대가唐宋八大家의 한 사람이었으며, 후배들에게 많은 영향을 주었다. 문집으로 『구양문충공집歐陽文忠公集』이 있다.

12 매요신梅堯臣 : 1002~1060. 중국 송나라 문인으로 자는 성유聖兪, 호는 원릉宛陵이다. 친구인 소순흠蘇舜欽 · 구양수歐陽脩 등과 함께 당시 유행하던 서곤체의 시풍을 일소하고 새로운 시풍을 일으켰다. 세련되고 정밀한 구법句法이 특징이다. 문집으로 『원릉집宛陵集』이 있다.

13 제목 : 미상未詳.

14 상달常達 : 801~874. 중국 당나라 승려로 자는 문거文擧이다. 강회江淮의 여러 절에 머물며 『남산율초南山律鈔』를 강의했고, 또 『음부陰符』 · 『노자老子』 · 『장자莊子』 등 백가서百家書에도 정통했다. 시를 잘 지었고 원화체元和體에 능했다.

15 제목 : 상건常建, 〈파산사 뒤 선원에 쓰다題破山寺後禪院〉, 『상건시常建詩』 권3.

一. 命意

凡爲詩必先命意. 今夫畫家模寫物境, 藳本已陳, 丹靑畢具, 染筆欲揮意. 匠澁滯於胸中苦, 難容易按出, 則不如暫時擱筆, 離藳本三四步, 更觀全體輪郭, 以待胸中意境合致然後, 更執筆揮灑, 始成好品也. 作詩者, 亦若是也. 劉貢夫詩話曰, "詩以意義爲主, 文詞次之, 意深義高, 雖文詞平易, 自是奇作. 世人見古人語句平易倣傚之, 而不得其意義, 便入野鄙可笑."[1] 蘇子瞻曰, "詩不可言語求而得, 必將觀其意焉. 故其譏刺是人也, 不言其所爲之惡, 而言其爵位之尊 · 車服之美. 而民疾之, 以見其不堪也. '君子偕老, 副笄六珈.', '赫赫師尹, 民具爾瞻.' 是也. 其頌美是人也, 不言其所爲之善, 而言其容貌之盛 · 冠佩之華. 而民安之, 以見其無愧也. '緇衣之宜兮, 敝予又改爲兮.', '服其命服, 朱芾斯煌.' 是也."[2] 陵陽, 室中語曰, "凡作詩須命終篇之意, 切勿以先得一句一聯, 因而成章. 如此則意多不屬. 然古人亦不免如此, 如述懷, 卽事之類, 皆先成詩, 而後命題者也."[3] 又曰, "作詩必先命意, 意正則思生. 然後擇韻而用, 如驅奴隷, 此乃以韻承意. 故首尾有序. 今人非借韻詩, 則遷意就韻, 因韻求事, 至於搜求小說佛書殆盡, 使讀之者, 惘然不知其所以, 良有自也."[4] 朱晦庵與陳文蔚說詩曰, "渭公不曉文義, 則不得, 只是不見那好處. 如昔人賦梅云, '疏影橫斜水淸淺, 暗香浮動月黃昏.' 這十四字, 誰人不曉得. 然而前輩直恁地稱嘆, 說他形容得好, 是如何. 這箇便是難說, 須要自得他言外之意.

須是看得他物事有精神, 方好. 若看得有精神, 自是活動有意思, 跳擲叫喚, 自然不知手之舞之足之蹈之. 這箇有兩重, 曉得文義是一重, 識得意思好處是一重."[5] 又曰, "歐公喜梅聖俞詩, 蓋枯淡之中自有意思. 歐公最喜朝士送行兩句云, '曉日都門道, 微涼苑樹秋.' 又喜常達兩句云, '曲徑通幽處, 禪房花木深.' 自言平生要學不得. 今人都不識此意, 只是要硬用事, 使難字, 便謂之好文字."[6] 蓋命意, 須首尾相貫而言外之意尤難也.

[1] 詩以意義爲主……便入野鄙可笑 : 詩以意爲主, 文詞次之, 或意深義高, 雖文詞平易, 自是奇作. 世效古人平易句, 而不得其意義, 翻成鄙野可笑.(『中山詩話』)

[2] 蘇子瞻曰……是也 : 詩者不可以言語求而得, 必將深觀其意焉. 故其譏刺是人也, 不言其所爲之惡, 而言其爵位之尊 · 車服之美. 而民疾之, 以見其不堪也. '君子偕老, 副笄六珈.', '赫赫師尹, 民具爾瞻.' 是也. 其頌美是人也, 不言其所爲之善, 而言其冠佩之華 · 容貌之盛. 而民安之, 以見其無媿也. '緇衣之宜兮, 敝予又改爲兮.', '服其命服, 朱芾斯皇.' 是也. (『東坡全集』 卷40)

[3] 凡作詩須命終篇之意……而後命題者也 : 凡作詩須命終篇之意, 切勿以先得一句一聯, 因而成章. 如此則意多不屬. 然古人亦不免如此, 如述懷, 卽事之類, 皆先成詩, 而後命題者也. (『詩人玉屑』 卷6)

[4] 作詩必先命意……良有自也 : 作詩必先命意, 意正則思生, 然後擇韻而用, 如驅奴隸. 此乃以韻承意, 故首尾有序. 今人遷意就韻, 因韻求事, 所以失之. (『唐音癸籤』 卷4)

[5] 朱晦庵與陳文蔚說詩曰……識得意思好處是一重 : 陳才卿說詩先生曰, "謂公不曉文義, 則不得, 只是不見那好處.……如昔人賦梅云, '踈影橫斜水淸淺, 暗香浮動月黃昏.' 這十四箇字, 誰人不曉得. 然而前輩直恁地稱歎, 說他形容得好, 是如何. 這箇便是難說, 須要自得言外之意. 始得, 須是看得那物事有精神, 方好. 若看得有精神, 自是活動有意思, 跳躑叫喚, 自然不知手之舞足之蹈. 這箇有兩重, 曉得文義是一重, 識得意思好處是一重. (『朱子

語類』 卷114)

6 又曰……便謂之好文字 : 歐公詩自好, 所以他喜梅聖俞詩, 蓋枯淡中有意思. 歐公最喜一人送別詩兩句云,“曉日都門道, 微敍草樹秋.” 又喜王建詩, “曲徑通幽處, 禪房花木深.” 歐公自言平生要道此語不得. 今人都不識這意思, 只要嵌字, 使難字, 便云好, 稚. (『朱子語類』 卷140)

2. 조어造語

의사意思를 세운 뒤에는 곧 조어를 말해야 하니 대체로 시를 지을 때의 조어는 간결함과 오묘함을 귀하게 여기고 경책警責[1]은 더욱 귀하게 여긴다. 『당자서어록唐子西語錄』[2]에 "당인唐人의 시에 '산속 스님 갑자를 헤아리지 못해도, 한 잎 지자 천하에 가을 든 것 안다네[山僧不解數甲子, 一葉落知天下秋.].'[3]라고 하였고, 도잠陶潛[4]의 시에 '비록 달력 없어도, 네 계절이 절로 한 해를 이룬다네[雖無紀歷記, 四時自成歲.].'[5]라고 한 것을 보면 곧 당唐나라 사람들이 힘을 쏟은 것을 알게 된다. 예를 들어 「도화원기桃花源記」에 '오히려 한漢나라도 알지 못하니 위魏나라 · 진晉나라는 논할 것도 없다.'라고 한 것에서 조어의 간결함과 오묘함을 볼 수 있다. 대체로 진나라 사람들이 조어에 뛰어났는데 도잠은 그중에서도 뛰어났다."라고 하였다.

여본중呂本中[6]은 『동몽훈童蒙訓』[7]에서 "시어는 경책警策해야 한다. 육기陸機의 『문부文賦』[8]에 '한마디 말이 요점에 딱 들어맞으면 한 편의 경책이 된다.'고 하였으니 이것은 중요한 논의이다. 문장에 경책이 없으면 세상에 전해지기 부족한 것이니 대체로 세상 사람들을 놀라게 할 수 없다.

예를 들어 두보杜甫와 당나라 시인들의 여러 시는 이와 같지 않음이 없었는데 단지 진晉나라와 송宋나라 시기의 사람들은 오로지 여기에 힘을 쏟았기 때문에 화려하고 고운 것에 잘못되어 우뚝하고 예스러운 기운과 맛이 없었다. 두보의 시에 이르기를 '내 시가 남들을 놀래키지 못하면 죽어도 시 쓰기를 멈추지 않으리[語不驚人死不休.].'[9]라고 하였는데, 사람들을 놀라게 하는 말이니, 즉 경책이다."라고 하였다.

그러나 또 공교롭게 하는 것이 너무 지나친 것은 꺼려야 한다. 『채관부시화蔡寬夫詩話』[10]에 "시어는 공교롭게 하는 것이 너무 지나친 것을 몹시 꺼리니 대체로 시구의 단련이 뛰어나면 뜻이 반드시 부족하고, 시어가 공교로우면 뜻이 부족해져 격조와 기력이 반드시 약해지는 것이니 이것이 자연스러운 이치이다. '붉은 벼 앵무새 쪼던 나락만 남아있고, 벽오동 봉황새 깃들던 가지는 늙어가네[紅稻啄餘鸚鵡粒, 碧梧棲老鳳凰枝.].'[11]라는 구절은 정밀하고 적절하다고 할 만 하지만 문집 속에 두면 본래 뛰어난 곳이 아니었으니 '잠시 머물다 나는 까마귀 새끼 몇 마리를 이끌고, 자주 와서 지저귀던 제비 새 둥지를 정했네[暫止飛烏將數子, 頻來語燕定新巢.].'[12] 라는 구절처럼 자연스러운 것만 못하다.

용사用事 가운데 '복자가 거문고 타며[13] 읍재로 있던 날, 종군이 신표를 버리던[14] 패기 넘치던 시절[宓子彈琴邑宰日, 終軍棄繻英妙時.].'[15]이라는 구절은 비록 글자마다 모두 출처에 근본하고 있지만, 그러나 '요즘 조정은 급암이 필요하고, 중원의 장수는 염파를 떠올리네[今日朝廷須汲黯, 中原將帥憶廉頗.].'[16]와 같은 구절과 비교해 보면 비록 한 글자도 출처가 없는 곳에서 나왔지만 그 시어의 뜻이 자연스럽게 와 닿는다. 그러므로 조어와 용사가 같이 한 사람의 손에 달려 있지만 우열이 다르다는 것을 알 수 있으니 시가 어렵다는 것은 믿을 만한 것이다."라고 하였다.

『시안詩眼』[17]에서 "구를 만들 때는 진부한 시어를 버리는 데 힘써야 한다."라고 하였는데, 『잠계시안』에 "어떤 선비 하나가 시를 가지고 와 보여주었는데 첫 편의 첫 번째 구가 '시월한十月寒'이라고 되어 있었다. 내가 '그대도 두보의 시를 읽었는가, 두보의 시를 읽고 그가 '월月'자를 쓴 것을 살펴보아라. 두보가 '이월에 벌써 풍랑이 이네[二月已風濤.].'[18]라고 한 것은 바람과 물결이 일찍이 이는 것을 쓴 것이다. '사월 빗소리 시린 것에 놀라고[因驚四月雨聲寒.].'[19], '오월 강 깊은데 초가집 차갑고[五月江深草閣寒.].'[20]라고 한 것은 대체로 '한寒'자가 적당하지 않은 것이고, '오월 찬바람에 불상은 시리고[五月風寒冷佛骨.].'[21], '유월 날씨 서늘하고[六月風日冷.].'[22]라고 한 것은 대체로 '냉冷'자가 적당하지 않은 것이고, '섣달 오늘 아침에 봄뜻이 움직이고[今朝臘月春意動.].'[23]라고 하였는데 대체로 아직 '춘의春意'가 있지 않은 것이다.

그러나 모두 이와 같지 않으니 예를 들어 '삼월 복사꽃 물결[三月桃花浪.].'[24], '팔월 가을 하늘 높고 바람은 급하고[八月秋高風怒濤.].[25], '윤팔월 초하루에[八月秋高風怒濤.].'[26], '시월 강 잔잔하고 고요하네[十月江平穩.].'[27] 같은 것은 모두 '월月'자를 엮지 않는다면 한때의 일을 실제로 기록하기에 부족한 것이다. '시월지한十月之寒' 같은 것은 그 경지를 드러내 밝힐 것이 없으니 또 쓰기에 부족하다.

한유韓愈가 '오직 진부한 말을 버리기에 힘써야 한다.'라고 한 것은 반드시 세속의 말이 아니라 단지 무익한 말을 이른 것일 뿐이다. 그러나 우리들 문자에는 '시월한十月寒'과 같은 것이 많으니, 이제 다함께 경계로 삼아야 한다."라고 하였다.

---

1 경책警責 : 문구가 정련되고 함축적이며 사람의 눈을 끄는 것을 말한다.

2 당자서어록唐子西語錄 : 원문의 『당자서어록唐子西語錄』은 중국 송나라 당경唐庚의 저서 가운데 하나인 『당자서문록唐子西文錄』의 오류이다.

3 제목 : 미상未詳.

4 도잠陶潛 : 384~456. 중국 동진東晉 사람으로 자는 연명淵明 · 원량元亮인데 문 앞에 버드나무 다섯 그루를 심어 놓고 스스로 오류선생五柳先生이라 했다. 술을 좋아했으며

시문을 잘 지어 후대에 큰 영향을 미쳤다. 대표작으로 〈귀거래사歸去來辭〉와 「도화원기桃花源記」·「오류선생전五柳先生傳」이 있으며, 문집으로 『도연명집陶淵明集』이 있다.

5 제목 : 도잠陶潛, 「도화원기桃花源記」, 『도연명집陶淵明集』 권5.

6 여본중呂本中 : 1084~1145. 중국 송나라 문인으로 자는 거인居仁, 시호는 문청文淸이다. 시문에 능하였으며 동래선생東萊先生으로 불렸다. 황정견·진사도의 영향을 받은 것으로 알려져 있다. 문집으로 『동래선생시집東萊先生詩集』이 있으며, 저서로 『동몽훈童蒙訓』·『자미시화紫微詩話』 등이 있다.

7 동몽훈童蒙訓 : 여본중呂本中이 아이들을 가르치기 위해 만든 책으로 상·중·하 3권으로 되어 있다.

8 문부文賦 : 육기陸機의 저서 가운데 하나로 문체를 10종류로 나누고 각 문체의 특징을 설명한 문학 비평서이다.

9 제목 : 두보杜甫, 〈강가에서 바다와 같은 기세의 물을 만나 짧게 짓다江上値水如海勢聊短述〉, 『두시상주杜詩詳註』 권26.

10 채관부시화蔡寬夫詩話 : 중국 송나라 채거후蔡居厚의 저서 가운데 하나이다.

11 제목 : 두보杜甫, 〈가을의 흥 8수秋興 八首〉, 『두시상주杜詩詳註』 권17.

12 제목 : 두보杜甫, 〈당성堂成〉, 『두시상주杜詩詳註』 권21.

13 복자가 거문고 타며 : 원문의 '복자탄금宓子彈琴'은 지방관의 너그럽고 맑은 다스림을 칭송한 것이다. 『여씨춘추呂氏春秋』에 "복자천이 선보를 다스리면서, 거문고를 연주할 뿐 자신은 당 아래에 내려오지 않았지만 선보가 잘 다스려졌다[宓子賤治單父, 彈鳴琴, 身不下堂而單父治.]."라는 말이 있다. 『여씨춘추呂氏春秋』 「찰현察賢」

14 종군이 신표를 버리던 : 원문의 '종군기수終軍棄繻'는 확고한 결심을 뜻한다. 『한서漢書』에 종군終軍이 지방에서 서울로 가기 위해 관關을 통과할 때, 국경의 관리가 비단 신표인 수繻를 주었는데 종군이 그 수繻을 버리고 떠났다고 한다. 그 후 종군이 군국郡國 순행 차 부절符節을 갖고 다시 동쪽으로 관문을 나가려 하자, 관리가 그를 알아보고 "이 사자가 바로 전에 수繻를 버린 사람이다[此使者乃前棄繻生也.]."라고 한데서 온 말이다. 『한서漢書』 권64 「종군전終軍傳」

15 제목 : 두보杜甫, 〈7월 1일 종명부의 수루에 짓다 2수七月一日題終明府水樓 二首〉, 『두시상주杜詩詳註』 권19.

16 제목 : 두보杜甫, 〈고상시에게 부치다奉寄高常侍〉, 『두시상주杜詩詳註』 권13.

17 시안詩眼 : 중국 송나라 문인 범온範溫의 저서인 『잠계시안潛溪詩眼』을 말한다.

18 제목 : 두보杜甫, 〈강을 건너며渡江〉, 『두시상주杜詩詳註』 권25.

19 제목 : 두보杜甫, 〈절구 4수絶句 四首〉, 『두시상주杜詩詳註』 권13.

20 제목 : 두보杜甫, 〈엄공이 한여름에 술과 안주를 가지고 초당에 오다嚴公仲夏枉駕草堂兼攜酒饌〉, 『두시상주杜詩詳註』 권11.

21 제목 : 두보杜甫, 〈악록산사와 도림사에 가며岳麓山道林二寺行〉, 『두시상주杜詩詳註』 권22.
22 제목 : 두보杜甫, 〈미피의 서남대에서渼陂西南臺〉, 『두시상주杜詩詳註』 권3.
23 제목 : 두보杜甫, 〈12월 1일 3수十二月一日 三首〉, 『두시상주杜詩詳註』 권14.
24 제목 : 두보杜甫, 〈봄물결春水〉, 『두시상주杜詩詳註』 권10.
25 제목 : 두보杜甫, 〈초가집이 가을바람에 무너진 것을 읊다茅屋爲秋風所破歌〉, 『두시상주杜詩詳註』 권10.
26 제목 : 두보杜甫, 〈북정北征〉, 『두시상주杜詩詳註』 권5.
27 제목 : 두보杜甫, 〈맑은 가을秋淸〉, 『두시상주杜詩詳註』 권19.

二. 造語

意思旣立乃言造語, 凡作詩造語貴簡妙, 尤貴警責. 唐子西語錄曰, "唐人詩云, '山僧不解數甲子, 一葉落知天下秋.' 及觀元亮詩云, '雖無紀歷記, 四時自成歲.' 便覺唐人費力. 如桃花源記言'尙不知有漢, 無論魏 · 晉." 可見造語之簡妙. 蓋晉人工造語, 而元亮其尤也.[1] 呂氏童蒙訓曰, "詩語當警策. 陸士衡文賦云, '立片言而居要, 乃一篇之警策.' 文章無警策, 則不足以傳世, 蓋不能竦動世人.. 如老杜及唐人諸詩, 無不如此. 但晉 · 宋間人專致力於此, 故失於綺靡, 而無高古氣味. 老杜詩云, '語不驚人死不休', 所謂驚人語, 卽警策也."[2] 然又忌用工太過. 蔡寬夫詩話云, "詩語大忌用工太過, 蓋鍊句勝則意必不足, 語工而意不足, 則格力必弱, 此自然之理也. '紅稻啄餘鸚鵡粒, 碧梧棲老鳳凰枝' 可謂精切, 而在其集中, 本非佳處, 不若 '暫止飛烏將數子, 頻來語燕定新巢', 爲天然自在. 其用事, '宓子彈琴邑宰日, 終軍棄繻英妙時', 雖字字皆本出處, 然比 '今日朝廷須汲黯, 中原將帥憶廉頗', 雖無出處一字, 而語意自到. 故知造語用事, 同在一人之手, 而優劣自異, 信乎詩之難也."[3] 詩眼, 論造句務去陳言. 曰, "有一士人携詩相示, 首篇第一句曰, '十月寒'者. 余曰, '君亦讀老杜詩, 觀其用月字乎.' 其曰, '二月已風濤', 則記風流之早也. 曰, '因驚四月雨聲寒', '五月江深草閣寒', 蓋不當'寒', '五月風寒冷佛骨', '六月風日冷', 蓋不當'冷', '今朝臘月春意動', 蓋未嘗有'春意'. 雖不盡如此, 如'三月桃花浪', '八月秋高風怒濤', '閏八月初吉', '十月江平穩'之類, 皆不繫'月', 則不足以實錄一時之事. 若'十月之寒', 境無所發明, 又不足記錄. 退之謂, '惟陳言之務去', 非必塵俗之言, 止爲無益之語耳. 然吾輩文字, 如'十月寒'者, 多矣. 方當共以爲戒也."[4]

[1] 唐人詩云……而元亮其尤也 : 唐人有詩云, "山僧不解數甲子, 一葉落天知下秋.." 及觀元亮詩云, "雖無紀歷志, 四時自成歲." 便覺唐人費力. 如桃源記言 "尚不知有漢, 無論魏 · 晉." 可見造語之簡妙. 蓋晉人工造語, 而元亮其尤也. (『詩人玉屑』 卷6)

[2] 詩語當警策……卽警策也 : 陸士衡文賦云, "立片言以居要, 乃一篇之警策." 此要論也. 文章無警策, 則不足以傳世, 蓋不能竦動世人. 如老杜及唐人諸詩, 無不如此. 但晉 · 宋間人專致力於此, 故失於綺靡, 而無高古氣味. 老杜詩云, '語不驚人死不休.' 所謂驚人語, 卽警策也. (『詩人玉屑』 卷6)

[3] 詩語大忌用工太過……信乎詩之難也 : 詩語大忌用工太過, 蓋鍊句勝則意必不足, 語工而意不足, 則格力必弱, 此自然之理也. "紅稻啄餘鸚鵡粒, 碧梧棲老鳳凰枝." 可謂精切, 而在其集中, 本非佳處, 不若 "暫止飛烏將數子, 頻來語燕定新巢.", 爲天然自在. 其用事, 若 "宓子彈琴邑宰日, 終軍棄繻英妙時.", 雖字字皆本出處, 然比 "今日朝廷須汲黯, 中原將帥憶廉頗.", 雖無出處一字, 而語意自到. 故知造語用事, 雖同出一人之手, 而優劣自異, 信乎詩之難也. (『詩人玉屑』 卷6)

[4] 有一士人携詩相示……方當共以爲戒也 : 有一士人携詩相示, 首篇第一句云, 十月寒者. 余日, "君亦讀老杜詩, 觀其用月字乎." 其日, "二月已風濤",

則記風流之蚤也. 日, "因驚四月雨聲寒", "五月江深草閣寒", 蓋不當寒, "五月風寒冷佛骨", "六月風日冷", 蓋不當冷, "今朝臘月春意動", 蓋未當有春意. 雖不盡如此, 如 "三月桃花浪", "八月秋高風怒濤", "閏八月初吉", "十月江平穩"之類, 皆不繫月, 則不足以實錄一時之事. 若十月之寒, 境無所發明, 又不足記錄. 退之謂, 惟陳言之務去者, 非必塵俗之言, 止爲無益之語耳. 然吾輩文字, 如十月寒者, 多矣. 方當共以爲戒也. (『詩人玉屑』 卷6)

3. 하자下字

조어造語 가운데 글자를 쓰는 것은 더욱 중요하다. 『어은총화漁隱叢話』[1]에 "시구는 한 글자로 공교로워지는 것이니 자연스럽게 빼어나 평범하지 않은 것이 영단靈丹 한 알을 써서 쇳덩이를 녹여 황금을 만드는 일과 같다. 맹호연孟浩然의 시에 '옅은 구름 은하수에 어리고, 성긴 비는 오동잎에 방울지네[微雲淡河漢, 疎雨滴梧桐.].'[2]라고 하였는데, 위 구의 공교로움은 '담淡'자 하나에 있고 아래 구의 공교로움은 '적滴'자 하나에 있으니 이 두 글자가 아닐 것 같으면 어떻게 좋은 구가 되겠는가.

예를 들어 사인舍人 진종이陳從易[3]는 우연히 두보의 문집 구본舊本을 얻었는데 그 글에 빠지고 잘못된 부분이 많았다. 채도위蔡都尉를 전송하며 지은 시[4]에 '신경일조身輕一鳥' 아래에 한 글자가 빠져 있어서 진공陳公이 이것 때문에 몇 사람과 각각 한 글자를 써서 보충하였는데 어떤 사람은 '질疾'이라 하고, 어떤 사람은 '낙落'이라 하고, 어떤 사람은 '기起'라 하고, 어떤 사람은 '하下'라고 하여 결정할 수가 없었다. 그 뒤에 선본 하나를 얻었으니 바로 '신경일조과身輕一鳥過' 여서 진공이 탄복하였다.

예를 들어 『종산어록鍾山語錄』[5]에 "'땅거미 지자 봄 근심 밀려오네[暝色赴春愁.].'[6]에서 '부赴'자를 둔 것이 가장 좋으니 만약 '기起'자를 두었다면 곧 아이들의 말이 된다. '오가는 거 아는 사람 없으니[無人覺來往.].'[7]에서 '각覺'자를 얻은 것이 가장 좋으니 시를 읊을 때 한두 자의 공부가 중요하다는 것을 보기에 충분하다.'라고 하였으니 이를 살펴보면 내가 논한 것이 근거없는 말이 아님을 알 수 있다."라고 하였다.【여기까지 『어은총화』이다.】

글자를 두는 것에는 반드시 또 소리가 중요하니, 여본중呂本中의 『동몽훈童蒙訓』에 "반대림潘大臨[8]은 '칠언시의 다섯 번째 글자의 소리가 중요하니 예컨대 '석양빛 강에 들어 석벽에 일렁이고, 되가는 구름 숲에 엉겨 산촌을 잃었네[返照入江翻石壁, 歸雲擁樹失山村.].'[9]에서 '번翻'자와 '실失'자가 소리글자이다. 오언시의 세 번째 글자는 소리가 중요하니 예를 들어 '둥근 연은 작은 잎을 띄우고, 가는 보리 가벼운 꽃은 떨구네[圓荷浮小葉, 細麥落輕花.].'[10]라는 구에서 '부浮'자와 '낙落'자가 소리글자이다. 소리라고 하는 것은 힘을 써야 할 곳이다.'라고 하였다. 내가 생각하기에 글자마다 생동감이 있어야 하는 것이니 그렇다면 글자마다 절로 소리를 가질 것이다."라고 하였다.

또 첩자를 두는 것이 몹시 어려우니, 『석림시화石林詩話』[11]에 "시에서 첩자[雙字]를 두는 것은 몹시 어려우니 칠언시나 오언시에서 다섯 글자나 세 글자를 없애버린 이외의 글자에 정신과 흥취 두 글자에 다 드러나게 해야 곧 공교롭게 뛰어난 시가 된다. 당나라 사람의 기록에 '논에는 백로가 날고, 여름 나무에는 꾀꼬리 지저귀네[水田飛白鷺, 夏木囀黃鸝.].'[12]라고 한 것에 이가우李嘉祐[13]의 시를 왕유王維가 몰래 가져다 썼다고 했는데 아니다. 이 두 구절의 좋은 곳은 바로 '막막漠漠', '음음陰陰' 네 글자를 더한 것에 있으니 이것이 곧 왕유가 이가우의 시를 점화해서 스스로 그 묘처를 드러낸 것이니 예를 들어 이광필李光弼[14]이 곽자의郭子儀[15]의 군대를 이끌어 한 번 호령하여 활발한 생기를 몇 배나 더한 것과 같다.

그렇지 않다면 이가우의 본래 시 구절이 경물을 읊었을 뿐이니 사람들이 모두 이를 수 있는 것이다. 요컨대 두보의 '가없는 숲에 낙엽은 우수수 떨어지고, 끝없는 장강은 쉼없이 흐르네[無邊落木蕭蕭下, 不盡長江滾滾來.].'[16] 와 '아득한 강과 하늘을 새는 짝지어 날고, 때때로 비바람에 용은 한 번 우네[江天漠漠鳥雙去, 風雨時時龍一吟.].'[17] 등과 같이 되어야 뛰어난 구절이 된다.

근세近世에 왕안석王安石[18]은 '서리 내린 갯벌은 끝도 없이 희고, 저물녘 산 숲은 이따금씩 푸르네[新霜浦溆綿綿白, 薄晩林巒往往靑.].'[19]와 소식蘇軾의 '향긋한 향로 향기 첫 밤들자 피어오르고, 곱디고운 꽃 그림자 봄 되려는지 흔들리네[浥浥爐香初泛夜, 離離光影欲搖春.].'[20]라고 한 이것들은 앞서 지은 것들을 좇아 짝할 만한 것이다."라고 하였다.

---

1 어은총화漁隱叢話 : 중국 송나라 문인 호자胡仔가 북송 이전의 시화를 망라하여 엮은 시론서로, 본래 명칭은 『초계어은총화苕溪漁隱叢話』이다.

2 제목 : 『맹호연집孟浩然集』 서序에서 이 구절을 확인할 수 있으나, 제목은 전하지 않는다.

3 진종이陳從易 : 966~1031. 중국 송나라 문인으로, 자는 간부簡夫이다. 박학하고 기억력이 뛰어났으며 문풍이 질박했다. 양대아楊大雅와 함께 지제고가 되었으므로, 당시에 '양진楊陳'이라고 일컬어졌다. 문집으로 『천산집泉山集』이 있으며, 저서로 『서청주의西淸奏議』가 있다.

4 제목 : 두보杜甫, 〈도위 채희로가 농우로 돌아가는 것을 전송하며 그 편에 서기 고적에게 부치다送蔡希魯都尉還隴右, 因寄高三十五書記〉, 『두시상주杜詩詳註』 권3.

5 종산어록鍾山語錄 : 미상未詳.

6 제목 : 황보염皇甫冉, 〈낙수를 건너 돌아가며歸渡洛水〉, 『이황보집二皇甫集』 권3.

7 제목 : 두보杜甫, 〈서교西郊〉, 『두시상주杜詩詳註』 권9.

8 반대림潘大臨 : ?~?. 중국 송나라 문인으로 자는 빈노邠老이다. 동생 반대관潘大觀과 함께 시명詩名을 떨쳤으며, 소식蘇軾 · 황정견黃庭堅 · 장뢰張耒 등과 교유했다. 문집으로 『가산집柯山集』이 있다.

9 제목 : 두보杜甫, 〈석양返照〉, 『두시상주杜詩詳註』 권15.

10 제목 : 두보杜甫, 〈농사를 지으며爲農〉, 『두시상주杜詩詳註』 권9.

11 석림시화石林詩話 : 중국 송나라 문인 섭몽득葉夢得이 지은 저서 가운데 하나이다.

12 제목 : 왕유王維, 〈장마 속에 망천장에서 짓다積雨輞川莊作〉, 『왕우승집전주王右丞集箋注』

권10.

13 이가우李嘉祐 : ?~?. 중국 당나라 문인으로 자는 종일從一이다. 엄유嚴維 · 유장경劉長卿, · 냉조양冷朝陽 등과 교유했으며, 화려한 시풍詩風을 구사했다.

14 이광필李光弼 : 708~764. 중국 당나라 문인으로 시호諡號는 무목武穆이다. 안사安史의 난亂을 평정하는 데 큰 공을 세워, 곽자의郭子儀와 함께 '이곽李郭'으로 불렸다. 저서로 『장률將律』 · 『통군령할비책統軍靈轄秘策』 등이 있다.

15 곽자의郭子儀 : 697~781. 중국 당나라 장수로, 자는 자의子儀이다. 안록산安祿山의 난이 일어나자 군사를 거느리고 이광필李光弼과 함께 중원中原의 반란군을 토벌하였다. 무공武功을 인정받아 분양왕汾陽王에 봉해졌다.

16 제목 : 두보杜甫, 〈높은 곳에 올라登高〉, 『두시상주杜詩詳註』 권20.

17 제목 : 두보杜甫, 〈염여灩澦〉, 『두시상주杜詩詳註』 권19.

18 왕안석王安石 : 1021~1086. 중국 송나라 문인으로 자는 개보介甫, 호는 반산半山, 시호는 문文이다. 왕문공王文公 · 왕형공王荊公으로도 불린다. 산문散文에 뛰어나 당송팔대가唐宋八大家로 일컬어진다. 문집으로 『왕임천집王臨川集』 · 『임천집습유臨川集拾遺』 등이 있다.

19 제목 : 왕안석王安石, 〈우화대雨花臺〉, 『왕형공시주王荊公詩注』 권27.

20 제목 : 소식蘇軾, 〈대두사에서 달빛을 밟으며 인자를 얻어 짓다臺頭寺步月得人字〉, 『동파전집東坡全集』 권10.

三. 下字

造語之中, 下字尤要. 漁隱叢話曰, "詩句以一字爲工, 自然穎異不凡, 如靈丹一粒, 點鐵成金也. 孟浩然詩, '微雲淡河漢, 疎雨滴梧桐.' 上句之工, 在一淡字, 下句之工, 在一滴字, 若非此兩字, 則烏得爲佳句也. 如陳舍人從易, 偶得杜集舊本, 文多脫誤. 至送蔡都尉云, '身輕一鳥'其下脫一字, 陳公因與數客各用一字補之, 或云疾, 或云落, 或云起, 或云下, 莫能定. 其後得一善本, 乃是, '身輕一鳥過.' 陳公嘆服."[1] 如鍾山語錄云, "'暝色赴春愁' 下得赴字最好, 若下起字, 便是小兒語也. '無人覺來往' 下得覺字大好, 足見吟詩要一兩字工夫.' 觀此, 知余之所論, 非鑿空而言也."[2]

【漁隱叢話[3]止此】下字又須要響, 呂氏童蒙訓曰, "潘邠老云, '七言詩第五字要響. 如 '返照入江翻石壁, 歸雲擁樹失山村.' 翻字失字, 是響字也. 五言詩第三字要響, 如 '圓荷浮小葉, 細麥落輕花.' 浮字落字, 是響字也. 所謂響字, 致力處也. 予竊以爲字當活活, 則字字自響."[4] 又下雙字極難, 石林詩話曰, "詩下雙字極難, 須使七言五言之間, 除去五字三字外, 精神興致, 全見於兩言, 方爲工妙. 唐人記, '水田飛白鷺, 夏木囀黃鸝.' 爲李嘉祐詩, 摩詰竊取之, 非也. 此兩句好處, 正在添漠漠陰陰四字, 此乃摩詰爲李嘉祐點化, 以自見其妙, 如李光弼將郭子儀軍, 一號令之, 精彩數倍. 不然, 嘉祐本句, 但是詠景, 人皆可致, 要之當令如老杜 '無邊落木蕭蕭下, 不盡長江滾滾來.' 與 '江天漠漠鳥雙去, 風雨時時龍一吟.' 等, 乃爲超絶. 近世王荊公 '新霜浦溆綿綿白, 薄晩林巒往往青' 與蘇子瞻 '浥浥爐香初泛夜, 離離光影欲摇春.' 此可以追配前作也."[5]

[1] 如陳舍人從易……陳公歎服 : 陳公時偶得杜集舊本, 文多脫誤. 至送蔡都尉詩云, 身輕一鳥, 其下脫一字, 陳公因與數客各用一字補之, 或云疾, 或云落, 或云起, 或云下, 莫能定. 其後得一善本乃是, 身輕一鳥過, 陳公歎服. (『六一詩話』)

[2] 詩句以一字爲工……陳公歎服 : 詩句以一字爲工, 自然顯異不凡, 如靈丹一粒, 點石成金也. 浩然云, '微雲澹河漢, 疎雨滴梧桐.' 上句之工, 在一淡字, 下句之工, 在一滴字, 若非此二字, 亦烏得而爲佳句哉. 如六一居士詩話云, 陳舍人從易, 偶得杜集舊本, 文多脫誤. 至送蔡都尉云, 身輕一鳥, 其下脫一字, 陳公因與數客論各以一字補之, 或云疾, 或云落, 或云起, 或云下, 或云

度, 莫能定. 其後得一善本, 乃是, 身輕一鳥過, 陳公歎服.……又如鍾山語錄云, 暝色赴春愁, 下得赴字最好, 若下起字, 便是小兒語也. 無人覺來往, 下得覺字大好, 足見吟詩要一兩字工夫, 觀此, 則知余之所論, 非鑿空而言也. (『漁隱叢話』 後集卷9)

3 漁隱叢話 : 원문에 漁洋叢話로 되어있는 것을 수정하였다.

4 潘邠老云……則字字自響 : 潘邠老云, "七言詩第五字要響, 如 '返照入江翻石壁, 歸雲擁樹失山村.' 翻字失字, 是響字也. 五言詩第三字要響, 如 '圓荷浮小葉, 細麥落輕花.' 浮字落字, 是響字也. 所謂響者, 致力處也." 予竊以爲字字當活活, 則字字自響"(『詩人玉屑』 卷6)

5 詩下雙字極難……皆可以追配前作也 : 詩下雙字極難, 須使七言五言之間, 除去五字三字外, 精神興致, 全見於兩言, 方爲工妙. 唐人記, '水田飛白鷺, 夏木囀黃鸝.' 爲李嘉祐詩, 王摩詰竊取之, 非也. 此兩句好處, 正好添漠漠陰陰四字, 此乃摩詰爲嘉祐點化, 以自見其妙, 如李光弼將郭子儀軍, 一號令之, 精彩數倍. 不然, 如嘉祐本句, 但是詠景耳, 人皆可到, 要之當令如老杜, '無邊落木蕭蕭下, 不盡長江袞袞來.' 與 '江天漠漠鳥雙去, 風雨時時龍一吟.' 等, 乃爲超絕. 近世王荆公, '新秋浦溆綿綿靜, 薄晩園林往往靑.' 與蘇子瞻, '浥浥爐香初泛夜, 離離花影欲謠春.' 皆可以追配前作也. (『石林詩話』)

4. 용사用事

시에서 용사用事는 가장 조심스러워야 하는 것이지만, 용사를 사용할 때는 또 거스름이 없는 것을 뛰어난 것으로 삼는다. 『서청시화西清詩話』[1]에서 "두보杜甫가 '용사는 요컨대 선가禪家의 말과 같아야 하는 것이니 물속에 소금이 있어도 물을 마셔야 소금물인 것을 아는 것과 같다.'라고 하였으니, 이 말에 시인들의 비법이 감추어져 있는 것이다. 예를 들어 '오경 고각 소리 비장하게 들리고, 삼협의 은하수 물에 비쳐 흔들리네[五更鼓角聲悲壯, 三峽星河影動搖.].'[2]와 같은 구절에서 사람들은 조물주의 공을 업신여겨 볼 뿐 용사임을 알지 못한다. 「예형전禰衡傳」[3]에서 '〈어양조漁陽操〉[4]를 연주하는 소리가 비장했다.'라고 했고, 『한무고사漢武故事』[5]에 '별이 흔들리는 것은 동방삭이 백성의 수고로움에 응한 것이다.'라고 한 것이라고 했다. 용사를 잘하는 것은 바람을 붙잡고 그림자를 묶어 놓은 것 같으니 어찌 흔적이 있겠는가."라고 하였다.

『시인옥설詩人玉屑』에 "이상은李商隱은 시를 지을 때 고사를 많이 사용하는 것을 좋아했으니, 예를 들어 〈눈 오는 것을 기뻐하며喜雪〉에서 '반선班扇[6]은 흰 비단 마름질에 게으르고, 조의曺衣[7]를 어찌 베옷에 견줄 것인가. 왕희지王羲之[8]의 집으로 거위 돌아가고, 정령위丁令威의 집에는 학들이 가득하네[班扇慵裁素, 曺衣詎比麻. 鵝歸逸少宅, 鶴滿令威家.].' 또 '낙수의 왕비 질투 부질없고, 고사산의 나그네 잘난 척하네. 이어진 말씀 비록 감사를 구하니, 화답하는 곡조 본래 파땅에 부끄럽네[洛水妃虛妬, 姑山客謾誇. 聯辭雖許謝, 和曲本慙巴.].'라고 하였으니, 한 편 안에 용사가 열에 일곱 여덟이나 되어서 화작和作하려는 사람들에게 재료로 삼기에 충분하다."라고 하였다.

『어은총화漁隱叢話』에 "시를 지을 때 옛사람의 이름을 많이 사용하는 것을 점귀부點鬼簿[9]라 하였는데, 그 말이 비록 이와 같지만 이 또한 사용하는 것이 어떤가에 달려있을 뿐이니 정론定論이라고 고집해서는 안 된다. 예를 들어 황정견黃庭堅의 〈대나무를 심으며種竹〉에 '정영程嬰과 공손저구公孫杵臼는 아이를 지키기 어려웠고, 백이伯夷와 숙제叔齊는 고사리를 먹고 야위었네[程嬰杵臼立孤難, 伯夷叔齊食薇瘦.].'[10]라고 한 것과 〈꽃을 접붙이며接花〉에서 '염옹冉雍은 본래 얼룩소 새끼[11]였고, 자로子路는 원래 비천한 출신이었네[雍也本犁子, 仲由元鄙人.].'[12]라고 하였으니 이 시들은 비록 고사를 많이 사용하였으나 비유를 잘하였으니 좋은 구절이라고 하기에 무슨 해가 있겠는가."라고 하였다.【여기까지 『어은총화』이다.】

내가 살펴보니 시의 용사는 두 가지 의미가 있으니 첫 번째는, 옛사람의 일을 사용하여서 시를 읊는 사람의 마음을 부친 것이다. 예를 들어 두보의 시에 "병 많은 사마상여 일어날 날이 없고, 길이 막힌 완적은 술 깰 때가 언제인가[多病馬卿無日起, 窮途阮籍幾時醒.]."[13]라고 하였으니 사마상여와 완적으로 자신의 병들고 곤궁함을 비유한 것이다. 유장경劉長卿[14]의 〈원중승에게 부치다寄元中丞〉라는 시에서 "가의賈誼[15]가 올린 글은 한나라 왕실을 걱정한 것이고, 장사로 귀양 간 것은 예나 지금이나 서럽구나[賈誼上書憂漢室, 長沙謫去古今憐.]."[16]라고 하였으니 가의로 자신이 귀양 간 것을 비유한 것이다.

두 번째는, 눈앞의 풍경을 사용하여서 느낀 일을 드러내는 것이다. 예를 들어 왕유王維의 〈배적[17]과 술을 마시며酌酒與裴迪〉라는 시에 "가랑비 젖은 뒤에 풀빛은 온전해지고, 봄바람 차가운 속에 꽃가지 움트려하네[草色全徑細雨濕, 花枝欲動春風寒.]."[18]라고 하였으니 위 구의 '초색草色'은 소인小人이 득의양양한 것은 비유한 것이고, '세우細雨'는 임금의 은택을 비유한 것이며, 아래 구절의 '화지花枝'는 군자를 비유한 것이고, '춘풍한春風寒'은 군자가 나아가고자 하지만 음사陰邪한 것에 막히게 되었음을 비유한 것이다.

유장경의 〈엄사원과 이별하며別嚴士元〉라는 시에 "가랑비에 옷 젖는데도 비는 보이지 않고, 무성한 꽃 땅에 떨어져도 소리 들리지 않는구나[細雨濕衣看不見, 閒花落地聽無聲.]."[19]라고 하였는데 위 구는 모함하는 말이 점점 들어와도 사람들이 깨닫지 못함을 비유한 것이고, 아래 구는 군자가 모함을 받아 쫓겨났으나 사람들이 마음에 두지 않는 것을 비유한 것이다. 그러므로 용사가 정밀하고 실상에 가까운 것이 시를 짓는 데 가장 중요한 것이다.

위에서 논한 명의命意·조어造語·하자下字·용사用事 네 가지는 시를 짓는 방법의 요점이 대략 갖추진 것이다. 또 압운壓韻·비점批黏·연격煉格의 요점은 뒷장에서 논할 것이다. 종합해 보면 시를 지을 때에는 마음대로 해서는 안 되고 반드시 단련해야 하는 것이다. 종합해보면 시를 지을 때는 마음대로 하면 안 되는 것이고 반드시 단련해야 하는 것이다.

『당자서어록唐子西語錄』에 "시를 짓는 것이 가장 어려운 일이니 내가 다른 글에 있어서는 더듬거리고 어려워하지 않았으나 시를 짓는 것 만큼은 몹시 어려운 일이니 아주 서럽게 읊기를 며칠을 하여야 겨우 한 편을 이룰 수 있는데 처음 읽었을 때는 부끄러워할 만한 곳을 발견하지 못하면 우선 두었다가 다음날 가져다 읽어보면 잘못된 곳이 끝도 없이 나와 그때마다 슬피 읊기를 여러 날 하여서 반복하여 바르게 고치면 앞에 지었을 때와 비교했을 때 조금씩 나아짐이 있었다.

다시 며칠 뒤에 가져다가 읽어보면 잘못된 것들이 다시 나온다. 이와 같이 서너 번 하고서야 감히 남들에게 보여주니 끝내 기이할 수 없었다. 이하李賀의 어머니가 일찍이 이하를 꾸짖기를 '이 아이는 반드시 자신의 심장까지를 끄집어낸 뒤에야 그만두려고 한다.'[20]라고 하였으니 지나친 말이 아니다. 지금의 군자들은 걸핏하면 천 마디 백 마디 말을 하지만 대체로 그 말에 마음을 두지 않으니 진실로 귀하겠는가."라고 하였다.

『능양선생실중어陵陽先生室中語』에 "열 수의 시를 짓는 것이 한 수의 시를 고치는 것만 못하니 두보의 '새로 지은 시를 고친 뒤에 홀로 길게 읊조린다[新詩改罷自長吟.].'[21]라는 구절은 비록 두보의 재주라고 하더라도 반드시 또한 고쳐야 하는 것이다."라고 하였다.

『만수시화漫叟詩話』[22]에 "'복사꽃 가늘게 버들꽃 따라 지고, 꾀꼬리 때때로 해오라기와 나네[桃花細逐楊花落, 黃鳥時兼白鳥飛.].'[23]라고 하였는데, 이상로李商老[24]가 '이전에 서부徐俯[25]가 이야기한 것을 보니 어떤 사대부 집에 두보의 친필이 있었으니 그 초고에는 '복사꽃 버들꽃과 이야기하려 하고[桃花欲共楊花語.].'라고 되어있는데 스스로 담묵으로 세 글자를 고쳤다.'라고 하니 곧 옛사람들이 고치는 것을 싫어하지 않았다는 것을 알 수 있다."라고 하였으니, 대체로 시는 반드시 여러 번 고쳐야 뛰어난 경지에 이를 수 있는 것이다.

가도의 시에 "두 구절을 삼 년에 얻으니, 한 번 읊조림에 두 줄기 눈물이 떨어지네[二句三年得, 一吟雙淚垂.]."[26]라고 하였으니 옛사람의 시 짓는 괴로움을 볼 수 있다.

---

1 서청시화西清詩話 : 중국 송나라 문인 채조蔡絛가 저술한 시화서로, 3권으로 구성되어 있다. 채조의 자는 약지約之이며 호는 백납거사百衲居士이다.

2 제목 : 두보杜甫, 〈서각의 밤閣夜〉, 『두시상주杜詩詳註』 권18.

3 예형전禰衡傳 : 중국 후한의 문인 예형禰衡의 전傳으로 『후한서後漢書』에 수록되어 있다. 예형은 공융孔融에게 비상한 재능을 인정받아 조조曹操에게 추천되었으나, 조조와 황조黃祖를 모욕하다 죽임을 당하였다.

4 어양조漁陽操 : 중국 후한 시대 예형禰衡이 만든 고곡鼓曲의 이름이다. 『후한서後漢書』에 조조曹操가 예형에게 모욕 주기 위하여 고리鼓吏로 삼자, 여러 사람이 앞에서 부모가 물려준 결백한 몸을 보여준다고 하면서 속옷만 걸치고 북을 치며 〈어양곡漁陽曲〉을 노래하였다는 일화가 전한다. 『후한서後漢書』 권80 하下, 「예형禰衡」.

5 한무고사漢武故事 : 중국 후한後漢 시대 반고班固(32~92)가 찬撰한 저서이다. 일설에는 남제南齊의 왕검王儉이 지었다고도 하는데, 내용은 『사기史記』·『한서漢書』와 서로 출입이 있으며 허탄한 말들이 섞여 있다.

6 반선班扇 : 자신의 처지를 쓸모없는 가을 부채에 비유한 것이다. 반 첩여가 허태후許太后와 함께 조비연趙飛燕의 참소를 받고 물러나 장신궁長信宮에서 폐위된 태후를 모시고 시부詩賦를 읊으며 슬픈 나날을 보냈는데, 단선시團扇詩를 지어서 여름철에는 사랑을 받다가 가을이 되면 버려지는 이 둥근 부채에 자신의 처지를 비유해 작품을 지은 데서 온 말이다. 『문선文選』 권27, 〈원가행怨歌行〉

7 조의曹衣 : 몸에 찰싹 붙어있는 옷을 말한다. 북제北齊의 화가 조중달曹仲達이 물에 빠진 듯 몸에 딱 붙은 옷을 입은 인물들을 그렸는데 이 기법을 조의요曹衣描라고 하였다.

8 왕희지王羲之 : 307 추정~365 추정. 중국 동진東晉의 문인으로 자는 일소逸少이며, 우군장군右軍將軍의 벼슬을 하였으므로 왕우군王右軍이라고도 한다. 예서隸書를 잘 썼고, 당시 아직 성숙하지 못하였던 해서·행서·초서의 서체를 완성하였다. 대표작으로 「난정집서蘭亭集序」가 있다.

9 점귀부點鬼簿 : 고인古人의 이름을 많이 따다가 지은 시문詩文을 조롱嘲弄하는 말이다.

10 제목 : 황정견黃庭堅, 〈영주 조원대사의 차군헌에 쓰다題榮州祖元大師此君軒〉, 『산곡집山谷集』 권6.

11 얼룩소 새끼[犁子] : 원문의 이자犁子는 천한 부모에게서 태어난 훌륭한 자식을 말한다. 『논어論語』 「옹야雍也」에는 "얼룩소 새끼가 색깔이 붉고 또 뿔이 제대로 났다면 비록 쓰지 않고자 하나 산천의 신이 어찌 그것을 버리겠는가[仲尼稱, 犁牛之子騂且角, 雖欲勿用, 山川其舍諸, 言士不系於世類也.]."라는 말이 있다 『논어論語』 권43, 「옹야雍也」

12 제목 : 황정견黃庭堅, 〈사후께서 꽃을 접붙이며 지으신 시에 화답하다和師厚接花〉, 『산곡집山谷集』 외집 권6.

13 제목 : 두보杜甫, 〈즉흥으로 짓다卽事〉, 『두시상주杜詩詳注』 권20.

14 유장경劉長卿 : 726 추정~789 추정. 중국 당나라 문인으로 자는 문방文房이다. 733년(현종 개원 21)에 진사가 되었고 말년에 수주자사隨州刺史를 지내 유수주劉隨州라고 불

렸다. 5언시에 뛰어나서 '오언장성五言長城'이라고 불렸다. 문집으로 『유수주시집劉隨州詩集』·『외집外集』이 있다.

15 가의賈誼 : B.C.200~B.C.168. 중국 전한의 문인으로 가생 賈生이라고 불렸다. 시문에 뛰어나고 제자백가諸子百家에 정통하여 18살 때 문명文名을 떨쳤다. 문제文帝의 총애를 받았으나, 고관들의 시기를 받아 장사왕長沙王의 태부太傅로 좌천되었다. 불우한 자신의 운명을 굴원屈原에 견주어 〈복조부鵩鳥賦〉와 〈조굴원부弔屈原賦〉를 지었다. 저서로 『신서新書』·『가장사집賈長沙集』 등이 있다.

16 제목 : 유장경劉長卿, 〈하구성에서 앵무주로 가서 저녁에 악양을 바라보며 원 중승에게 부치다自夏口至鸚鵡洲, 夕望岳陽寄元中丞.〉, 『유수주집劉隨州集』 권9.

17 배적裵迪 : 716?~?. 중국 당나라 문인으로 현종玄宗 천보天寶 연간에 왕유王維와 함께 남전망천藍田輞川에 은거하면서 항상 유람하며 시를 짓고 거문고와 술을 즐겼다.

18 제목 : 왕유王維, 〈배적과 술을 마시며酌酒與裴廸〉, 『왕우승집전주王右丞集箋注』 권10.

19 제목 : 유장경劉長卿, 〈엄사원과 이별하며別嚴士元〉, 『유수주집劉隨州集』 권9.

20 이 아이는……한다 : 중국 당나라 시인 이하李賀가 종일토록 밖에 나가 지은 시를 금낭錦囊에 넣어 가지고 집에 들어오곤 하였는데, 모친이 그 시들을 보고는 "이 아이는 자기 심장까지 토해 낼 정도가 되어야만 이 일을 그만둘 것이다[是兒要當嘔出心始已耳.]." 라고 한데서 온 말이다. 『이의산문집전주李義山文集箋註』 권10, 「이하소전李賀小傳」

21 제목 : 두보杜甫, 〈근심을 풀다 12수解悶 十二首〉, 『두시상주杜詩詳注』 권30.

22 만수시화漫叟詩話 : 중국 송나라의 시화집으로 작자는 미상未詳이다.

23 제목 : 두보杜甫, 〈곡강을 마주하고 술을 마시며曲江對酒〉, 『두시상주杜詩詳註』 권6.

24 이상로李商老 : 중국 남송南宋의 사람으로 보이나 누구인지 정확하지 않다. 악가岳珂의 시에 〈이상로가 수답한 시첩李商老酬答時帖〉이라는 시가 있다.

25 서부徐俯 : 1074~1140. 중국 송나라 문인으로 자는 사천俯川, 호는 동호거사東湖居士이다. 어려서부터 시명詩名이 있었고, 한구韓駒, 홍적洪適·홍준洪遵·홍매洪邁 삼형제와 여본중呂本中 등과 교유하며 시를 수창하였다. 문집으로 『동호거사시집東湖居士詩集』이 있었으나 전하지 않는다.

26 제목 : 가도賈島, 〈시를 지은 뒤에題詩後〉, 『어정전당시御定全唐詩』 권574.

四. 用事

詩中用事, 最要審愼, 然就使用事, 亦要無逆者爲上. 西清詩話曰, "杜少陵云, '作詩用事, 要如禪家語. 水中著鹽, 飮水乃知鹽味.' 此說詩家秘要藏也. 如 '五更鼓角聲悲壯, 三峽星河影動搖.' 人徒見淩轢造化之工, 不知乃用事也. 禰衡傳'撾<漁陽操>聲悲壯.', 漢武故事 '星辰動搖, 東方朔謂民勞之應.' 則善用事者, 如繫風捕影, 豈有迹耶."[1] 詩人玉屑曰, "李商隱詩如積故實, 如<喜雪>詩 '班扇慵裁素, 曹衣詎比麻. 鵝歸逸少宅, 鶴滿令成家.' 又 '洛水妃虛妬, 姑山客謾誇. 聯辭雖許謝, 和曲本慚巴.' 一篇中用事者十七八, 以是和作者, 須飽材料."[2] 漁隱叢話曰, "作詩多用古人名姓, 謂之點鬼簿, 其語雖然如此, 亦在用之如何耳, 不可執以爲定論也. 如山谷<種竹>[3]曰, '程嬰杵臼立孤難, 伯夷叔齊食薇瘦.' <接花>[4]云, '雍也本犁子, 仲由元鄙人.' 此雖多用古事, 善于譬喩, 何害其爲好句也."[5] 【漁隱叢話止此】 愚按詩中用事者, 有二義. 一曰, 用古人事, 以寄所咏之懷. 如老杜詩, "多病馬卿無日起, 窮途阮籍幾時醒." 以馬卿 · 阮籍, 喻己之病且窮也. 劉長卿<寄阮中丞>[6]詩, "賈誼上書憂漢室, 長沙謫去古今憐." 以賈誼喻己之遷謫. 二曰, 用目前景, 以興所感之事. 如王維<酌酒與裴廸>詩, "草色全經細雨濕, 花枝欲動春風寒." 上句'草色'比小人得色, '細雨'比君之恩澤. 下句'花枝'比君子, '春風寒'比君子欲進, 而爲陰邪所沮也. 劉長卿<別嚴士元>詩, "細雨濕衣看不見, 閒花落地聽無聲." 上句比讒言漸入而人自不覺, 不句比君子被讒斥逐而人無留意也. 故用事精切, 爲詩之最要者也. 以上所論, 命意 · 造語 · 下字 · 用事 四者, 詩法之要略已具矣. 又有壓韻 · 批黏 · 煉格之要, 當于後章論之. 總之爲詩, 不可率意, 須要煆煉. 唐子西語錄曰, "詩最難事也, 吾于他文不至蹇澀, 惟作詩甚苦, 悲吟累日, 僅能成篇. 初讀時未見可羞處, 姑置之, 明日取讀, 瑕疵百出, 輒復悲吟累日, 反復改正, 比之前時, 稍稍有加焉. 復數日, 取出讀之, 疵病復出. 凡如此數四, 方敢示人, 終不能奇. 李賀母嘗責曰, '是兒必欲嘔出心乃已.' 非過論也. 今之君子, 動輒百千言, 略不經意, 其可貴哉."[7] 陵陽室中語曰, "賦詩十首, 不若改詩一首. 少陵有, '新詩改罷自長吟'之句, 雖少陵之才, 亦須改定."[8] 漫叟詩話曰, "'桃花細逐楊花落, 黃鳥時兼白鳥飛.' 李商老云, 嘗見徐師川說, 一士大夫家, 有老杜墨跡, 其初云, '桃花欲共楊花語', 自以淡墨改三字, 乃知古人不厭改也."[9] 蓋詩必屢改乃能致工. 賈島詩曰, "二句三年得, 一吟雙淚垂." 可見古人之苦吟也.

[1] 杜少陵云…… 豈有迹耶 : 교감사항없음 (『詩人玉屑』 卷7)

[2] 李商隱詩如積故實……須飽材料 : 李商隱詩好積故實, 如喜雪詩, '班扇慵裁素, 曹衣詎比麻. 鵝歸逸少宅, 鶴滿令威家.' 又 '洛水妃虛妬, 姑山客謾誇. 聯辭雖許謝, 和曲本慚巴.' 一篇中用事者十七八, 以是知凡作者, 須飽材料. (『詩人玉屑』 卷7)

[3] 種竹 : 題滎州祖元大師此君軒 (『山谷集』 卷6)

[4] 接花 : 和師厚接花 (『山谷集』 外集 卷6)

[5] 作詩多用古人名姓……何害其爲好句也 : 作詩多用古人姓名, 謂之點鬼簿, 其語雖然如此, 亦在用之何如耳, 不可執以爲定論也. 如山谷種竹云, '程嬰杵臼立孤難, 伯夷叔齊食薇瘦.' 梅花云, '雍也本犁子, 仲由元鄙人.' 善於比喻, 何害其爲好句也. (『漁隱叢話』 後集卷31)

[6] 寄阮中丞 : 自夏口至鸚鵡洲夕望岳陽寄元中丞 (『劉隨州集』 卷9)

[7] 詩最難事也……其可貴哉 : 詩最難事也, 吾於他文不至蹇澀, 惟作詩甚苦, 悲吟累日, 僅能成篇. 初讀時未見可羞處, 姑置之, 明日取讀, 瑕疵百出, 輒

復悲吟累日, 反復改正, 比之前時, 稍稍有加焉. 復數日, 取出讀之, 疵病復出. 凡如此數四, 方敢示人, 然終不能奇. 李賀母責賀日, '是兒必欲嘔出心乃已.' 非過論也. 今之君子, 動輒千百言, 略不經意, 眞可貴哉. (『詩人玉屑』 卷8)

8 賦詩十首……亦須改定 : 賦詩十首, 不若改詩一首. 少陵有, '新詩改罷自長吟'之句, 雖少陵之才, 亦須改定. (『詩人玉屑』 卷8)

9 桃花細逐楊花落……乃知古人不厭改也 : 교감사항없음 (『詩人玉屑』 卷8)

中國詩學

6

시는 본래 온후돈후溫厚敦厚함으로 가르쳐야 하니 그 전편의 뜻을 논할 때 가장 중요한 것이 함축含蓄에 달려있다. 『산호구시화珊瑚鉤詩話』[1]에 "한 편, 한 장은 함축이 자연스러운 것을 상등上等으로 삼고, 자잘하게 부수고 조각해 다듬는 것을 하등下等으로 삼아야 한다. 양억楊億[2]의 서곤체西崑體[3]가 곱지 않은 것은 아니지만 다듬는 것이 너무 심하기 때문에 혼돈사混沌死[4]라고 말하는 것이다. 평이하고 담백한 것을 상등으로 삼고, 괴이하고 험벽하며 이리저리 내달리는 것을 하등으로 삼는다. 예를 들어 이하李賀의 〈금낭錦囊〉 시구가 기이하지 않은 것은 아니지만 소대가리에 뱀 몸뚱아리 같이 허황한 것이 너무 심하기 때문에 사당에 풀어놓으면 놀라게 된다고 하는 것이다."라고 하였다.

『만재어록漫齋語錄』[5]에 "시문은 함축이 드러나지 않는 것을 요구하니 곧 이것이 좋은 것이다. 옛 사람이 '웅심아건雄深雅健'[6]이라고 하였으니 이것이 바로 함축이 드러나지 않은 것이다. 시 짓는 의도가 100일 때 시어를 활용한 것이 30이면 거의 풍아風雅에 가깝고, 60이면 이백李白과 두보杜甫를 쫓을 수 있고, 시어를 활용한 것이 100이면 만당晩唐의 작품이다."라고 하였다.

『시인옥설詩人玉屑』에 "시에는 구의 함축이 있으니 두보의 시에 '공을 세울 생각하며 자주 거울을 보고, 나가고 물러남에 홀로 누각에 기대네[勳業頻看鏡, 行藏獨倚樓.].'[7]와 정오鄭遨[8]의 시에 '마주 보며 먼 강을 찾아가고, 홀로 외로운 배에 오르네[相看臨遠水, 獨自上孤舟.].'[9]라고 한 것이 이것이다. 시어의 함축이 있으니 예컨대 궁사宮詞에 '가을밤 은촛대는 빛처럼 고운 병풍 차갑게 하고, 가벼운 비단 작은 부채로 반딧불 쫓네. 하늘가 밤빛 강처럼 차가운데, 누워서 견우직녀성을 바라보네[銀燭秋光冷畫屛, 輕羅小扇撲流螢. 天階夜色凉如水, 臥看牽牛織女星.].'[10] 또 '괴이하구나 장각은 닫혀있는데, 조회 마치고도 맞이하지 않고, 모두 다 봄동산 그 속으로 갔는지, 꽃 사이에서 웃음소리 들리는구나[怪來妝閣閉, 朝下不相迎. 總向春園裏, 花間笑語聲.].'[11]라고 한 것이 이것이다. 또 시구와 시의가 모두 함축된 것이 있으니 예를 들어 〈구일九日〉[12] 시에 '내년 이 모임에 누가 이상 없을 줄 알겠는가. 취한 채로 수유꽃 쥐고 자세히 보네[明年此會知誰健, 醉把茱萸子細看.].'라고 하였고, 또 궁원宮怨에 '의장대 이른 아침 궁궐 문 여니, 잠시 부채 쥐고 함께 서성이네. 고운 모습 겨울 까마귀 색만 못하지만, 그래도 너는 소양궁의 햇빛 받고 오는구나[寶仗平明宮殿開, 暫將紈扇共徘徊. 玉容不及寒鴉色, 猶帶昭陽日影來.].'[13]라고 한 것이 이것이다."라고 하였다.

---

1 산호구시화珊瑚鉤詩話 : 중국 송나라 문인 장표신張表臣이 편찬한 시화집으로 3권으로 이루어져 있다.

2 양억楊億 : 974~1020. 중국 송나라 문인으로 자는 대년大年이다. 시부詩賦에 능해 11세에 비서성왕자秘書省王者가 되고, 지제고知制誥를 지냈다. 문집으로 『무이집武夷集』이 있다.

3 서곤체西崑體 : 중국 오대五代에서 송나라 초기에 당나라 시인 이의산李義山의 시풍을 모방하여 지은 시 형식이다. 화려한 수사修辭와 대구對句, 전고典故 사용이 특징적이다. 북송北宋의 한림학사翰林學士 17명이 창화唱和한 시를 수록한 『서곤수창집西崑酬唱集』에서 유래하였다.

4 혼돈사混沌死 : 혼돈混沌은 천지가 나뉘어지기 이전의 원기 즉 자연을 말한다. 혼돈이 죽었다는 것은 인간의 작위作爲와 분별分別 따위가 참된 자연을 파괴시켰음을 의미한다. 『장자莊子』에 "남해의 제왕을 숙이라 하고, 북해의 제왕을 홀이라 하고, 중앙의

제왕을 혼돈이라 하였다. 숙과 홀이 혼돈의 땅에서 만남에, 혼돈이 이들을 매우 잘 대해 주자 숙과 홀은 혼돈의 덕에 보답할 것을 의논하였다. 사람들은 7개의 구멍을 갖고 있어 그것으로 보고, 듣고, 먹고, 숨 쉬는데 이 혼돈에게만 없으니 마땅히 구멍을 뚫어줍시다. 하루에 한 개의 구멍을 뚫어주었는데 7일 만에 혼돈은 죽고 말았다[南海之帝爲儵, 北海之帝爲忽, 中央之帝爲混沌. 儵與忽時與相遇於混沌之地, 混沌待之甚善. 儵與忽謀報混沌之德曰, 人皆有七竅, 以視聽食息, 此獨無有, 嘗試鑿之. 日鑿一竅, 七日而混沌死.]."라는 말이 있다. 『장자莊子』「응제왕應帝王」.

5 만재어록漫齋語錄 : 미상未詳.

6 웅심아건雄深雅健 : 문장에 힘이 있고 함축성이 있어 품위가 빼어남을 말한다. 한유韓愈는 『사기史記』의 문장을 웅심아건이라고 칭찬하고 유종원柳宗元의 문장이 사마천司馬遷의 문장과 같다고 하였다. 『신당서新唐書』 권168 「유종원전柳宗元傳」.

7 제목 : 두보杜甫, 〈강가에서江上〉, 『두시상주杜詩詳註』 권15.

8 정오鄭遨 : 원문의 운수雲叟는 정오(866~939)의 자이지만, 시는 정곡(851 추정~910 추정)의 시이기에 정오라고 한 것은 정곡의 오류로 보인다.

9 제목 : 정곡鄭谷, 〈동지와 이별하며別同志〉, 『운대편雲臺編』 권상上.

10 제목 : 두목杜牧, 〈추석秋夕〉, 『어정전당시御定全唐詩』 권524.

11 제목 : 왕유王維, 〈임금 수레金輿〉, 『왕우승집전주王右丞集箋注』 권13.

12 제목 : 두보杜甫, 〈9일에 남전의 최씨 별장에서九日藍田崔氏莊〉, 『두시상주杜詩詳註』 권6.

13 제목 : 왕창령王昌齡, 〈장신원長信怨〉, 『어정전당시御定全唐詩』 권20.

詩本以溫厚敦厚爲教, 故論其全篇之旨, 尤要在含蓄. 珊瑚鉤詩話曰, "篇章以含蓄天成爲上, 破碎雕鎪爲下. 楊大年西崑體, 非不佳也, 而弄沂操斧太甚, 所謂'混沌死'也. 以平夷恬澹爲上, 怪險蹶趨爲下. 如李長吉<錦囊>句, 非不奇也. 而牛鬼蛇神太甚, 所謂施諸廓廟則駭矣."[1] 漫齋語錄曰, "詩文要含蓄不露, 便是好處. 古人說雄深雅健, 此便是含蓄不露也. 用意十分, 下語三分, 可幾風雅, 下語六分, 可追李杜, 下語十分, 晚唐之作也."[2] 詩人玉屑曰, "詩有句含蓄者, 老杜詩, '勳業頻看鏡, 行藏獨倚樓.' 鄭雲叟

詩, '相看臨遠水, 獨自上孤舟.' 是也. 有意含蓄者, 宮詞曰, '銀燭秋光冷畫屛, 輕羅小扇撲流螢. 天階夜色凉如水, 臥看牽牛織女星.' 又 '怪來妝閣閉, 朝下不相迎. 總向春園裏, 花間笑語聲.' 是也. 有句意俱含蓄者, 如<九日>詩, '明年此會知誰健, 醉把茱萸子細看.' 又宮怨曰,'寶仗平明宮殿開, 暫將紈扇共徘徊. 玉容不及寒鴉色, 猶帶昭陽日影來.' 是也."[3]

[1] 篇章以含蓄天成爲上……所謂施諸廊廟則駭矣 : 篇章以含蓄天成爲上, 破碎雕鎪爲下. 如楊大年西崑體, 非不佳也, 而弄斤操斧太甚, 所謂'七日而混沌死'也. 以平夷恬淡爲上, 怪險蹶趨爲下. 如李長吉錦囊句, 非不奇也, 而牛鬼蛇神太甚, 所謂'施諸廊廟則駭'矣. (『珊瑚鈎詩話』卷1, 『詩人玉屑』卷10)

[2] 詩文要含蓄不露……晚唐之作也 : 교감사항없음 (『詩人玉屑』卷10)

[3] 詩有句含蓄者……是也 : 詩有句含蓄者, 老杜曰, '勳業頻看鏡, 行藏獨倚樓.' 鄭雲叟曰, '相看臨遠水, 獨自上孤舟.' 是也. 有意含蓄者. 如宮詞曰, '銀燭秋光冷畫屛, 輕羅小扇撲流螢. 天堦夜色凉如水, 臥看牽牛織女星.' 又嘲人詩曰, '怪來粧閣閉, 朝下不相迎. 總向春園裏, 花間笑語聲.' 是也. 有句意俱含蓄者, 如九日詩曰, '明年此會知誰健, 更把茱萸仔細看.' 又宮怨曰, '寶仗平明宮殿開, 暫將紈扇共徘徊. 玉容不及寒鴉色, 猶帶昭陽日影來.' 是也. (『詩人玉屑』卷10)

7

시에는 귀한 기취奇趣가 있다. 『시인옥설詩人玉屑』에 "소식蘇軾이 '도잠陶潛의 시는 처음 보았을 때 평범하고 별 볼일 없는 것 같지만 자세히 읽어보면 기취가 있다. 시에 '해 질 무렵 땔감 수레 덮어놓고, 길은 어둑하니 빛은 이미 저녁인데. 돌아가는 사람 연기불 오르는 것 바라보니, 어린아이들 처마 끝에서 기다리고 있구나[日暮巾柴車, 路暗光已夕. 歸人望烟火, 稚子候簷隙.].'[1] 또 '동쪽 울타리 아래서 국화를 따다가, 아무 생각 없이 남산을 바라보네[採菊東籬下, 悠然見南山.].'[2]와 또 '멀리 있는 마을은 흐릿하고, 아스라한 마을에선 밥 짓는 연기 피어오르네. 개는 거리에서 짖어대고, 닭은 뽕나무 꼭대기에서 우네[藹藹遠人村, 依依墟里烟. 犬吠深巷中, 鷄鳴桑樹巔.].'[3]는 재주와 뜻이 높고 멀며, 말을 만든 정밀함이 이 정도까지 이르니 마치 뛰어난 장인이 도끼를 써도 도끼질한 흔적이 없는 것과 같으니 알지 못하는 사람은 정력을 죽을 때까지 쓰더라도 깨닫지 못할 것이다.'라고 하였다. 또 유종원柳宗元의 시에 '어부는 밤새도록 서암 곁에서 자다가, 새벽되자 상수湘水를 길어 초죽楚竹[4]으로 밥했는데. 안개 걷히고 해가 떠도 사람은 보이지 않고, 뱃노래 한 소리만 짙푸른 산수에 들려오네. 하늘가 고개 돌려 중류를 내려오니 바윗가 무심한 구름만 쫓는구나[漁翁夜傍西巖宿, 曉汲淸湘燃楚竹. 烟消日出不見人, 欸乃一聲山水綠. 回看天際下中流, 巖上無心雲相逐.].'[5]라고 하였다. 소식은 '기취를 으뜸으로 삼고, 상식을 뒤집어 도에 합하는 것을 취趣라고 한다. 이 시를 자세히 맛보면 기취가 있으니, 끝의 두 구는 비록 꼭 필요한 것은 아니지만 있어도 괜찮다.'"라고 하였다.

---

1 제목 : 도잠陶潛, 〈전원에 돌아가 살며 6수歸園田居 六首〉, 『도연명집陶淵明集』 권2.
2 제목 : 도잠陶潛, 〈술을 마시며 20수飮酒 二十首〉, 『도연명집陶淵明集』 권2.
3 제목 : 도잠陶潛, 〈전원에 돌아가 살며 6수歸園田居 六首〉, 『도연명집陶淵明集』 권2.
4 초죽楚竹 : 중국 초楚 땅에서 나는 대나무를 말한다. 여기에서는 땔감을 말한다.
5 제목 : 유종원柳宗元, 〈어옹漁翁〉, 『유하동집柳河東集』 권43.

詩貴有奇趣., 詩人玉屑曰, "東坡云, '淵明詩初看若散緩, 熟讀有奇趣. 曰, '日暮巾柴車, 路暗光已夕. 歸人望烟火, 稚子候簷隙.' 又曰, '採菊東籬下, 悠然見南山.' 又曰, '藹藹遠人村, 依依墟里烟. 犬吠深巷中, 鷄鳴桑樹巔.' 才意高遠, 造語精到如此, 如大匠運斤, 無斧鑿痕, 不知者疲精力至死不悟.' 又子厚詩曰, '漁翁夜傍西巖宿, 曉汲清湘燃楚竹. 烟消日出不見人, 欸乃一聲山水綠. 回看天際下中流, 巖上無心雲相逐.' 東坡云, '以奇趣爲宗, 以反常合道爲趣. 熟味之此詩有奇趣, 其尾兩句, 雖不必有亦可.'"[1]

[1] 東坡云……雖不必亦可 : 東坡曰, '淵明詩初看若散緩, 熟讀有奇趣. 如日, '日莫巾柴車, 路暗光已夕. 歸人望烟火, 稚子候簷隙.' 又曰, '採菊東籬下, 悠然見南山.' 又曰, '藹藹遠人村, 依依墟里烟. 犬吠深巷中, 雞鳴桑樹顚.' 才意高遠, 造語精到如此, 如大匠運斤, 無斧鑿痕, 不知者疲精力至死不悟.' ……柳子厚詩曰, '漁翁夜傍西巖宿, 曉汲清湘燃楚竹. 烟消日出不見人, 欸乃一聲山水綠. 回看天際下中流, 巖上無心雲相逐.' 東坡云, '以奇趣爲宗, 反常合道爲趣, 熟味之此詩有奇趣. 其尾兩句, 雖不必亦可.' (『詩人玉屑』 卷10)

中國詩學

8

매요신梅堯臣의 『금침격金針格』에는 “구句를 연마하는 것은 글자를 연마하는 것만 못하고, 글자를 연마하는 것은 뜻을 연마하는 것만 못하고, 뜻을 연마하는 것은 격格을 연마하는 것만 못하다. 성률聲律로 외면을 삼고, 사물의 형상으로 뼈대를 삼고, 의격意格으로 골수를 삼아야 한다.”라고 하였다. 대체로 한 편 전체는 풍격과 격조를 이루기 어렵다.

『이희성시화李希聲詩話』[1]에 “옛사람들은 시를 지을 때 풍격과 격조가 고고高古한 것을 위주로 하였으니, 비록 뜻이 우활하고 말이 엉성하더라고 풍격과 격조가 고고하면 모두 뛰어난 작품이라고 하였다. 후대 사람들은 실제와 가깝고 적당하여 기격氣格이 떨어지는 경우가 있어서 끝내 사람들이 싫어하게 되었다.”라고 하였다. 그러므로 격조格調는 먼저 살피지 않을 수 없는 것이다.

설능薛能[2]은 만당晩唐의 시인으로 격조가 높지 않으면서도 멋대로 스스로를 높고 크게 여겼다. 〈유지사오음柳枝詞五音〉에 있는 가장 마지막 장에 “유우석劉禹錫[3]과 백거이白居易가 소주자사를 지낸 것은 모두 가까운 시기였는데 그때 지은 시 구절은 누가 더 좋은가. 봄버들의 가는 가지 모두 다 춤췄건만 그 향한 한 수의 시조차 짓지 않았네[劉白蘇臺總近時, 當初章句是誰推, 纖腰舞盡春楊柳, 未有儂家一首詩.].”라고 하였는데, 스스로 단 주註에 “유우석과 백거이 두 상서尙書가 이어서 소주蘇州의 자사刺史를 지냈고 모두 〈양류지사楊柳枝詞〉를 지어 세상에 많이 전해져 불려졌는데 다만 문자가 너무 치우쳐서 음률이 뛰어나지 못할 뿐이다.”라고 하였다.

설능이 이와 같이 큰소리를 쳤지만 지금 그의 시를 읽어보면 참으로 우습기만 하다. 유우석과 백거이의 사詞는 결코 설능이 미칠 수 있는 것이 아니다. 유우석의 사에 "성 밖 봄바람 술집 깃발에 불어오고, 나그네는 해질녘 이별하는데. 장안 길가의 끝없는 나무 중에, 버들만이 이별을 도맡아 하네[城外春風吹酒旗, 行人揮袂日西時. 長安陌上無窮樹, 惟有垂楊管別離.]."[4]라고 하였고, 백거이의 사에 "붉게 칠한 강 다리 옆 청루의 깃발 걸려있고, 관왜궁[5]에 따뜻한 속 해지는 때에. 가련하구나 비 그친 뒤 봄바람도 잔잔해지니, 무수한 나무 온 가지들 절로 늘어지네[紅板江橋青酒旗, 官娃宮暖日斜時. 可憐雨歇東風靜, 萬樹千條各自垂.]."[6]라고 하였으니, 그 풍류와 기개를 어찌 설능이 비슷하게라도 할 수 있겠는가.

『육노陸魯』[7]에 "내가 젊었을 때에 노래와 시에 힘써 조물주와 우열을 다투고자 하였으니, 상황을 만나면 곧 변화하여 일정한 모습을 가지지 않았는데 그 체재體裁가 처음에는 파도를 타 넘고 험난하고 단단한 곳에 구멍을 뚫어 괴이한 것을 가두어내고 적진을 깨뜨려 부술 것 같았지만 마지막에는 평담平淡함에 나아갈 뿐이었다."라고 하였다.

『죽파시화竹坡詩話』[8]에 "시를 지을 때 평담한 곳에 이르는 것은 요체가 힘쓴다고 할 수 있는 것이 아닌 듯하다. 소식蘇軾이 일찍이 그 조카에게 편지를 준 일이 있었는데 그 편지에 '대체로 글을 지을 때에는 기상이 우뚝하여 오색으로 찬란하게 해서 점차 노련해지고 익숙해져야 평담에 이를 수 있다.'라고 하였는데, 나는 문장을 지을 때 뿐만 아니라, 시를 지을 때 더욱 여기에서 방법을 찾아야 한다고 생각한다."라고 하였다.

대개 풍격과 격조는 반드시 높고 또 반드시 평담해야 한다. 그러나 만약 먼저 끝없이 험난하고 굳세며 끝없이 곤궁하고 괴로운 경지를 거치지 않았다면 이런 상황에 대해 말할 수 없다.

1 이희성시화李希聲詩話 : 중국 송나라 문인 이순李錞이 지은 시화집이다.

2 설능薛能 : 817~880. 중국 당나라 문인으로 자는 대졸大拙이다. 시를 잘 지었는데, 날마다 부賦 한 편씩을 지었다고 한다. 문집으로 『설능시집薛能詩集』이 있고, 저서로 『번성집繁城集』·『강산집江山集』 등이 있다.

3 유우석劉禹錫 : 772~842. 중국 당나라 문인으로 자는 몽득夢得, 는 여산인廬山人이다. 유종원柳宗元, 진간陳諫, 한엽韓曄 등과 교유하였다. 유종원과 더불어 '유유劉柳', 백거이白居易와 더불어 '유백劉白'으로 일컬어졌고, 위응물韋應物, 백거이와 더불어 '삼걸三傑'로 불렸다. 문집으로 『유몽득문집劉夢得文集』, 『외집外集』 이 있다.

4 제목 : 유우석劉禹錫, 〈양류지사 9수楊柳枝詞 九首〉 9수 중 8번째 수, 『유빈객문집劉賓客文集』 권27.

5 관왜궁館娃宮 : 중국 전국시대 오나라 왕 부차夫差가 서시西施를 위해 지은 궁궐로 영암산靈巖山 위에 위치하였는데 구리로 도랑을 만들고 옥을 깎아 난간에 달아 화려하게 치장하였다.

6 제목 : 백거이白居易, 〈양류지사 8수楊柳枝詞 八首〉 8수 중 4번째 수, 『백씨장경집白氏長慶集』 권31.

7 육노陸魯 : 중국 당나라 문인 육구몽陸龜蒙(?~881)의 시문집인 『육노망집陸魯望集』 말한다. 육구몽의 자는 노망魯望, 호는 천수자天隨子·보리선생甫里先生·강호산인江湖散人이다. 육경六經에 능통했으며 『춘추春秋』에 조예가 깊었다고 한다.

8 죽파시화竹坡詩話 : 중국 송나라 문인 주자지周紫芝의 저서로 1권 82칙으로 구성되어 있다.

梅聖兪金針格曰, "煉句不如煉字, 煉字不如煉意, 煉意不如煉格. 以聲律爲竅, 物象爲骨, 意格爲髓."[1] 蓋詩之全篇以風調爲難. 李希聲詩話曰, "古人作詩, 正以風調高古爲主, 雖意遠語疎, 皆爲佳作. 後人有切近的當, 氣格凡下者, 終使人可憎." 故格調不可不先辨也.[2] "薛能晚唐詩人也, 格調不高而妄自尊大. 有<柳枝詞五音>, 最後一章曰, "劉白蘇臺總近時, 當初章句是誰推, 纖腰舞盡春楊柳, 未有儂家一首詩." 自註云, "劉白二尚書, 繼爲蘇州刺史, 皆賦<楊柳枝詞>, 世多傳唱, 但文字太僻, 宮商不高耳." 能之大言如此, 今讀其詩, 眞堪一笑. 劉白之詞, 則絶非能所逮. 劉之詞曰, "城外春風吹酒旗, 行人揮袂日西時. 長安陌上無窮樹, 惟有垂楊管別離." 白之詞云, "紅板江橋青酒旗, 官娃宮暖日斜時. 可憐雨歇東風靜, 萬樹千條各自垂." 其風流氣槪, 豈能所可髣髴哉.[3]

陸魯曰, "余少攻歌詩, 欲與造物者爭柄, 遇事輒變化不一, 其體裁始則凌轢波濤, 穿穴險固, 囚鏁怪異, 破碎敵陣, 卒造平淡而已."[4]

竹坡詩話曰, "作到平淡處, 要似非力所能. 東坡嘗有書與其姪云, '大凡爲文, 當使氣象峥嶸, 五色絢爛, 漸老漸熟, 乃造平淡.' 余以謂不但爲文, 作詩者尤當取法于此."[5] 蓋風調須高又須平淡. 然若非先經, 無限險固, 無限困苦之境者, 不可以語此也.

[1] 煉句不如煉字……意格爲髓 : 교감사항없음 (『詩人玉屑』 卷8)

[2] 古人作詩……終使人可憎 : 교감사항없음 (『詩人玉屑』 卷10)

[3] 薛能晚唐詩人也……豈能所可髣髴哉 : 薛能晚唐詩人, 格調不高而妄自尊大. 有柳枝詞五首, 最後一章曰, '劉白蘇臺總近時, 當初章句是誰推, 纖腰舞盡春陽柳, 未有儂家一首詩.' 自注云, '劉白二尚書, 繼爲蘇州刺史, 皆賦楊柳枝詞, 世多傳唱, 但文字太僻, 宮商不高耳.' 能之大言如此, 但稍推杜陵, 視劉白蔑如也. 今讀其詩, 正堪一笑. 劉之詞云, '城外春風吹酒旗, 行人揮袂日西時. 長安陌上無窮樹, 惟有垂楊管別離.' 白之詞云, '紅板江橋青酒旗, 館娃宮暖日斜時. 可憐雨歇東風定, 萬樹千條各自垂.' 其風流氣槩, 豈能所可髣髴哉. (『詩人玉屑』 卷10)

[4] 余少攻歌詩……卒造平淡而已 : 少攻謌詩, 欲與造物者爭柄, 遇事輒變化不一, 其體裁始則翰轢波濤, 穿穴險固, 囚鎖怪異, 破碎陣敵, 卒造平澹而後已. (『甫裡集』 卷16)

[5] 作到平淡處……作詩者尤當取法于此 : 作詩到平淡處, 要似非力所能. 東坡

嘗有書與其姪云, '大凡爲文, 當使氣象崢嶸, 五色絢爛, 漸老漸熟, 乃造平澹.' 余以不但爲文, 作詩者尤當取法於此. (『竹坡詩話』)

中國詩學

9

이상에서 시를 짓는 세 가지 요체에 대하여 나누어 설명하였다. 시를 짓는 방법에 대하여 통틀어 논한 경우는 예부터 몹시 많았는데 엄우嚴羽만이 선의 이치로 시를 설명하였는데 근세의 왕사정王士禎의 이야기와 서로 비슷하니 그 대략은 "대체로 선의 도는 오직 묘오妙悟에 있을 뿐이니 시의 도道도 묘오에 있다. 깨달은 뒤에 그제서야 행할 수 있는 것이고 그래야 본색이 되는 것이다. 그러나 깨달음에는 깊고 옅은 것이 있으니, 분수가 한정된 깨달음이 있고, 투철한 깨달음이 있으며, 하나를 알았으나 절반만 이해하는 깨달음이 있는 것이니 정법안正法眼[1]을 갖추는 그것이 제일 첫 번째 뛰어난 것이 된다.

시는 성정을 읊는 것이니 성당의 시인들은 흥취에 중점을 두어 영양이 뿔을 걸어 두는 것과 같아 흔적을 찾을 수 없었다. 그러므로 그 오묘한 곳이 환하고 영롱하여 한정할 수가 없으니 예를 들어 공중의 소리나 형상의 빛깔, 물에 비친 달, 거울 속의 형상과 같아 말은 다함이 있으나 뜻은 끝이 없는 것이다.

근대 여러 사람들이【모두 남송의 사람들이다.】이성적이고 논리적인 시를 지어 문자로 시를 짓고, 의론으로 시를 짓고, 재주와 학식으로 시를 지어 이것을 시라고 여겼다. 어찌 공교롭지 않겠느냐마는 끝내 옛사람의 시는 아닌 것이다. 대체로 한 번 노래하고 세 번 감탄하는 소리에도 부족함이 있었다. 또 그 시를 지을 때에는 용사에 힘썼으니 흥취를 묻지 않고 글자를 쓸 때에는 반드시 유래를 따지고 압운할 때 반드시 출처를 따져 마지막까지 읽어서도 왜 지었는지 알지 못한다. 그 말류에 심한 것은 시끄럽게 떠들면서 화풀이를 해서 충후忠厚한 풍속을 어그러뜨리고 거의 욕하고 꾸짖는 것을 시라고 하니 시가 이 지경에 이르러 한 번 재앙을 만났다고 할 수 있고 불행하다고 할 만 하다. 아, 정법안이 전하지 않은 지 오래되었다."라고 하였다.

그러므로 내가 스스로를 헤아리지 않고 곧 시의 종지를 정하고 또 선도를 가져다가 그 근원을 미루어 밝혀내고 한漢·위魏 이래로 확연하게 성당으로 법을 삼아야만 한다고 하였으니, 비록 세상의 군자들에게 죄를 얻는다고 하더라도 피하지 않겠다.

---

1 정법안正法眼 : 석가가 성각한 비밀의 극의極意로, 직지直指·인심人心·견성見性·성불成佛의 묘리妙理를 말한다.

以上, 于作詩三要, 分別論之, 至于統論詩法者, 古來尤多, 嚴滄浪獨以禪理說詩, 與近世王漁洋之說相近, 其略曰, "大抵禪道, 惟在妙悟, 詩道亦在妙悟. 惟悟乃爲當行, 乃爲本色. 然悟有淺深, 有分限之悟, 有透徹之悟, 有但得一知半解之悟, 具正法眼藏, 是爲第一義.[1] 詩者, 吟咏性情也, 盛唐詩人惟在興趣, 羚羊挂角, 無跡可求. 故其妙處瑩徹玲瓏, 不可湊泊, 如空中之音, 相中之色, 水中之月, 鏡中之象, 言有盡而意無窮.[2] 近代諸公【皆南宋】作奇特解會, 以文字爲詩, 以議論爲詩, 以才學爲詩, 以是爲詩. 夫豈不工, 終非古人之詩也. 蓋于一唱三嘆之音, 有所歉焉. 且其作多務

使事, 不問興趣, 用字必有來歷, 押韻必有出處, 讀之終篇, 不知著到何在. 其末流甚者, 叫噪怒張, 殊乖忠厚之風, 殆以詈罵爲詩, 詩而至此可謂一厄也, 可謂不幸也.[3] 嗟乎, 正法眼之無傳久矣.[4] 故予不自量度, 輒定詩之宗旨, 且借禪以爲喻推原, 漢魏以來而截然謂當以盛唐爲法, 雖獲罪于世之君子不辭也.

[1] 大抵禪道……是爲第一義 : 大抵禪道, 惟在妙悟, 詩道亦在妙悟. 且孟襄陽學力下韓退之遠甚, 而其詩獨出退之之上者, 一味妙悟而已. 惟悟乃爲當行, 乃爲本色. 然悟有淺深, 有分限, 有透徹之悟, 有但得一知半解之悟. 漢魏尙矣, 不假悟也. 謝靈運至盛唐諸公, 透徹之悟也. 他雖有悟者, 皆非第一義也. (『滄浪詩話』) / 大抵禪道, 惟在妙悟, 詩道亦在妙悟. 且孟襄陽學力下韓退之遠甚, 而其詩獨出退之之上者, 一味妙悟故也. 惟悟乃爲當行, 乃爲本色. 然悟有淺深, 有分限之悟. 有透徹之悟, 有但得一知半解之悟. 漢魏尙矣, 不假悟也. 謝靈運至盛唐諸公, 透徹之悟也. 他雖有悟者, 皆非第一義也. (『詩人玉屑』 卷1)

[2] 詩者……言有盡而意無窮 : 詩者, 吟詠情性也, 盛唐諸人惟在興趣, 羚羊掛角, 無跡可求. 故其妙處透徹玲瓏, 不可湊泊, 如空中之音, 相中之色, 水中之月, 鏡中之象, 言有盡而意無窮. (『滄浪詩話』) / 교감사항없음 (『詩人玉屑』 卷1)

[3] 近代諸公(皆南宋)作奇特解會……可謂不幸也 : 近代諸公乃作奇特解會, 遂以文字爲詩, 以才學爲詩, 以議論爲詩, 夫豈不工, 終非古人之詩也. 蓋於一唱三歎之音, 有所歉焉. 且其作多務使事, 不問興致, 用字必有來歷, 押韻必有出處, 讀之反覆終篇, 不知着到何在. 其末流甚者, 叫噪怒張, 殊乖忠厚之風, 殆以罵詈爲詩, 詩而至此可謂一厄也. (『滄浪詩話』) / 近代諸公作奇特解會, 以文字爲詩, 以議論爲詩, 以才學爲詩, 以是爲詩, 夫豈不工, 終非古人之詩也. 蓋於一唱三嘆之音, 有所歉焉. 且其作多務使事, 不問興致, 用字必有來歷, 押韻必有出處, 讀之終篇, 不知着到何在. 其末流甚者, 叫噪怒張, 殊乖忠厚之風, 殆以罵詈爲詩, 詩而至此可謂一厄也, 可謂不幸也. (『詩人玉屑』 卷1)

[4] 嗟乎, 正法眼之無傳久矣 : 교감사항없음 (『滄浪詩話』, 『詩人玉屑』 卷1)

10

왕사정王士禎이 시를 공부하는 방법에 대해 논하면서 성정과 학문이 상호 보완해야 한다고 했다. 그가 "사공도司空圖[1]가 '한 글자도 두지 않아도 풍류를 다 표현할 수 있다.'라고 하였으니 이것은 성정性情을 말한 것이다. 양웅揚雄[2]이 '천 편의 부賦를 읽어야 부를 잘 지을 수 있다.'라고 하였으니 이것은 학문을 말한 것이다. 두 가지를 상호 보완하여 행해야지 하나만 힘쓰거나 버려서는 안된다. 만약 성정이 없으면서 학문에 대해서만 이야기한다면 옛 사람의 점귀부點鬼簿와 수달이 물고기를 잡아 제사 지내는[3]것과 같은 것이다. 학문에 조예가 깊어야 비로소 성정을 볼 수 있는 것이니 이 한마디 말이 은미하지만 딱 들어맞는 논의이다."라고 하였다.

또 "엄우嚴羽가 말한 '거울 속의 꽃 · 물 위의 달 · 바닷물의 짠맛 · 영양이 뿔을 걸어 둔 것'과 같은 것은 흔적을 찾을 수 없으니 모두 선禪의 이치로 시를 비유한 것으로 불교의 경전에서 말한 '같은 것도 아니지만 다른 것도 아니고, 붙어 있는 것도 아니지만 떨어져 있는 것도 아니다."라고 한 것이 이것이다. 왕사정이 『당현삼매집唐賢三昧集』[4]에서 선별한 시가 대체로 이러한 뜻에 바탕을 둔 것이니 그러므로 왕사정이 주장한 신운神韻도 바로 성정을 말하는 것이다.

---

1 사공도司空圖 : 837~908. 중국 당나라 문인으로 자는 표성表聖이다. 869년 진사進士

에 급제하여, 제관諸官을 거쳐 예부낭중禮部郞中이 되었다. 문집으로 『사공표성문집司空表聖文集』이 있고, 저서로 『이십사시품二十四詩品』이 있다.

2 양웅揚雄 : B.C.53~B.C.18. 중국 전한의 문인으로 자는 자운子雲이다. 청년 시절에 동향의 선배인 사마상여司馬相如의 작품을 통하여 배운 문장력을 인정받아, 성제成帝 때 궁정문인의 한 사람이 되었다. 저서로 『방언方言』·『태현경太玄經』·『법언法言』이 있다.

3 수달이……지내는 : 원문의 달제어獺祭魚는 수달水獺이 물고기를 잡아다가 제사祭祀를 지내듯 늘어놓는다는 말로 글을 짓는 사람이 시문詩文을 지을 때에 많은 참고문헌을 벌여 놓음을 풍자諷刺하거나 비유하여 이르는 말이다.

4 당현삼매집唐賢三昧集 : 1689년 편찬한 왕사정王士禎의 시선집이다. 중국 문인文人들이 시관詩觀이 잘 드러나 있다.

王漁洋論學詩之法, 當以性情學問相輔. 其言曰, "司空表聖云, '不著一字, 盡得風流.' 此性情之說也. 楊子雲云, '讀千賦, 則能賦.' 此學問之說也. 二者相輔而行, 不可偏廢. 若無性情而侈言學問, 則昔人有點鬼簿, 獺祭魚者矣. 學力深, 始能見性情. 此一語是造微破格之論."[1] 又曰, "嚴儀卿所謂, 如鏡中花, 如水中月, 如水中鹽味, 如羚羊挂角, 無跡可求. 皆以禪喻詩, 內典所云, "不卽不離, 不粘不脫." 是也.[2] 漁洋選唐賢三昧集, 頗本此旨, 故漁洋主神韻, 亦卽所謂性情之說也.

[1] 司空表聖云……此一語是造微破格之論 : 司空表聖云, "不著一字, 盡得風流." 此性情之說也. 揚子雲云, "讀千賦, 則能賦." 此學問之說也. 二者相輔而行, 不可偏廢. 若無性情而侈言學問, 則昔人有譏點鬼簿, 獺祭魚者矣. 學力深, 始能見性情. 此一語是造微破的之論. (『師友詩傳錄』 續錄)

[2] 嚴儀卿所謂……是也 : 嚴儀卿所謂 "如鏡中花, 如水中月, 如水中鹽味, 如羚羊挂角, 無跡可求." 皆以禪喻詩, 內典所云,"不卽不離, 不粘不脫." 曹洞宗所云參活句, 是也. (『師友詩傳錄』 續錄)

中國詩學 11

이미 시법詩法에 대해 논한다고 하였으니 시의 병통에 대해 몰라서는 안 된다. 강기姜夔[1]의 『시설詩說』[2]에 “시의 병통을 알지 못하고 어떻게 시에 능할 수 있으며 시법을 알지 못하고 어떻게 시의 병에 대해 알 수 알겠는가. 시에 이름난 사람들도 각각 한 가지 병통을 가짐을 면치 못하였으니 큰 것이 좋으면 작은 것은 약간의 병통이 있어도 괜찮은 것이다.”라고 하였다.

심약沈約이 시의 8가지 병통을 논하였는데 첫 번째는 평두平頭[6] · 두 번째는 상미上尾[4] · 세 번째는 봉요蜂腰[5] · 네 번째는 학슬鶴膝[6] · 다섯 번째는 대운大韻[7] · 여섯 번째는 소운小韻[8] · 일곱 번째는 방뉴旁紐[9] · 여덟 번째는 정뉴正紐[10]이다. 심약이 논한 여러 병통은 오로지 성운聲韻에서 말미암았음을 말한 것이다. 아래에서 그 자세한 것을 서술하여 일반적인 병통에까지 이르게 하였다.

엄우嚴羽가 논하길, “시를 배울 때 먼저 다섯 가지 속된 것을 제거해야 하니 첫째는 비속한 형태이고, 둘째는 비속한 뜻이며, 셋째는 비속한 구절이고, 넷째는 비속한 글자이며, 다섯째는 비속한 소리이다.”라고 하였다. 또 “시어에는 꺼리는 시어가 있고, 병통이 되는 시어가 있는데 병통이 되는 시어는 제거하기 쉽지만 꺼리는 시어는 제거하기 어렵다.”라고 하였고, 또 “시의詩意는 뚜렷하고 철저한 것을 귀하게 여기니 신발을 신고 가려운 데를 긁듯이 해서는 안 되고, 시어는 깔끔함을 귀하게 여기니 시어가 간단명료하지 않아서는 안 된다.”라고 하였다. 또 “시어는 직설적인 것을 꺼리고, 시의는 천근한 것을 꺼리고, 시맥은 드러남을 꺼리고, 시의 음운은 흩어져 느슨한 것을 꺼려하고 촉박한 것을 꺼린다." 라고 하였다.

시는 또 이치에 막힘이 없어야 하는 것이니 시구는 좋으나 이치가 바르지 못한 것이 있다. 예를 들어 장계張繼[11]의 시에 "고소성 밖 한산사, 한밤중 종소리 나그네 배에 들려오네[姑蘇城外寒山寺, 夜半鐘聲到客船.]."[12]와 같은 구절은 아름답다. 그러나 삼경은 종을 칠 때가 아니다.

또 백거이白居易의 〈장한가長恨歌〉에 "아미산 기슭을 다니는 사람 없고[峨眉山下少人行.]."라고 하였는데 아미산은 가주嘉州에 있으니 촉蜀으로 가면서 만날 일이 절대 없다. 두보의 시에 "빗물 흐르는 서리 맞은 껍데기 사십 아름, 하늘로 치솟은 검푸른 빛 이천 척이라[霜皮溜雨四十圍, 黛色參天二千尺.]."[13]라고 하였는데 사십 아름은 바로 지름이 열 자이니 너무 가늘고 또 긴 것이 아니겠는가. 이것이 모두 시의 병통이다.

옛사람들은 일찍이 시의 병통을 자잘하게 따졌으니 『육일시화六一詩話』[14]에서 매요신梅堯臣이 나에게 "엄유嚴維[15]의 시에 '버들 핀 못에는 봄물 가득하고, 꽃 핀 둑에는 저녁 해 더디네[柳塘春水慢, 花塢夕陽遲.].'[16]라고 하였으니, 계절의 모습이 융화하여 자연스럽게 펼쳐져 마치 눈앞에 있는 것 같다."라고 하였다.

또 유반劉攽의 『시화詩話』에 "이 한 연을 세밀하게 따져보면 '저녁 빛이 더디다[夕陽遲.].'는 것은 꽃과 관계가 있는 것이지만 '봄물 가득하다[春水慢.].'라는 것은 버들과 관계없는 것이다. 예를 들어 두보의 '깊은 산은 짧은 해를 재촉하고, 높다란 나무는 높이 부는 바람을 쉬이 느끼네[深山催短景, 喬木易高風.].'[17]라고 한 것은 끝내 잘못된 점이 없는 것이다."라고 하였고, 『초계어은苕溪漁隱』[18]에 "'봄 물 가득하다.'라는 것은 '버들'과 관계없는 것이라고 하였으니 이것은 참으로 정확한 논의이다. 다만 '저녁

빛 더디다.'는 것은 '꽃'과 관계가 있으니 이 논의는 절대로 옳은 것이 아니다. '저녁 빛이 더디다.'는 것은 '둑'과 관계된 것이지 절대로 '꽃'과 관계된 것이 아니다. 이것을 가지고 말하면 '봄물이 가득하다.'라는 것은 '버들 핀 못'이 필요 없는 것이니 '저녁 빛이 더디다.'는 것이 어찌 유독 '꽃 핀 둑' 때문이겠는가."라고 하였다.

『서청시화西淸詩話』에 "오나라 월왕越王 때 재상 피광업皮光業[19]이 늘 시를 짓는 것을 자신의 일로 여겼었는데 일찍이 한 연을 얻고서 '나그네 버들 꺾으니 가벼운 버들 솜 날리고, 나는 제비 진흙을 머금으니 떨어진 꽃을 물고 가네[行人折柳和輕絮, 飛燕銜泥帶落花.].'[20]라는 구절을 스스로 놀랄만한 구절이라 자부하여서 동료들에게 보여주니 모두들 다투어 칭찬하였는데 배광약裴光約[21]이 '두 구가 고르지 않아서 공교롭지 못하다. 대체로 버들은 버들 솜이 있으나 제비가 진흙을 머금을 때는 꽃이 없기도 하다.'라고 하였다."라고 하였으니 이 논의가 바로 시의 병폐를 얻은 것이다. 그러므로 시를 논할 때에는 더욱 살피지 않을 수 없다.

---

1 강기姜夔 : ?~?. 중국 송나라 문인으로 자는 요장堯章, 호는 백석도인白石道人이다. 무강武康에 우거寓居하여 백석동천白石洞天과 더불어 이웃을 하였으므로 호를 백석도인白石道人이라 하였다. 그의 시는 풍격이 고수高秀하며 사詞는 더욱 정심화묘精深華妙하였다고 알려져있다.

2 시설詩說 : 강기姜夔의 저서 가운데 하나로 시의 이론과 기교에 대해 서술하였다.『백석도인시설白石道人詩說』·『백석시설白石詩說』이라고도 한다.

3 평두平頭 : 각 행의 첫 자가 모두 평성平聲일 경우, 첫째 자와 여섯째 자 또는 둘째 자와 일곱째 자가 동성同聲일 경우를 피한다.

4 상미上尾 : 5언시에서 첫째 구와 둘째 구의 끝 자 곧 제5자와 제10자가 동성이어서는 안 된다.

5 봉요蜂腰 : 7언에서는 바깥짝의 다섯째 자가, 5언에서는 셋째 자가 평성이 되는 평측법이다.

6 학슬鶴膝 : 7언에서 다섯째 자가, 5언에서 셋째 자에 측성仄聲을 쓰는 평측법이다.

7 대운大韻 : 한 연 안에서 압운한 글자와 같은 운에 속하는 자를 다시 쓰지 못한다.

8 소운小韻 : 한 연 안에서 압운을 제외한 글자 중에서 동운同韻의 글자가 중복될 수 없다.

9 방뉴旁紐 : 한 구 안에서 쌍성雙聲을 피한다.

10 정뉴正紐 : 한 구나 연 안에서 한 유紐의 동일한 음을 쓸 수 없다.

11 장계張繼 : ?~779 추정. 중국 당나라 문인으로 자는 의손懿孫이다. 서정적인 시를 주로 썼고, 삶의 소중함이나 백성들의 간고艱苦한 생활을 소재로 하여 작품 활동을 펼쳤다. 문집으로 『장사부시집張祠部詩集』이 있다.

12 제목 : 장계張繼, 〈밤에 풍교에 배를 대고楓橋夜泊〉, 『어정전당시御定全唐詩』 권242.

13 제목 : 두보杜甫, 〈고백행古柏行〉, 『두시상주杜詩詳註』 권15.

14 육일시화六一詩話 : 중국 송나라 문인 구양수歐陽修가 지은 저서로 중국 문학사상 최초의 시화詩話이다. 이 책의 원래 이름은 『시화詩話』였는데, 훗날 『육일시화』·『육일거사시화六一居士詩話』·『구공시화歐公詩話』·『구양영숙시화歐陽永叔詩話』·『구양문충공시화歐陽文忠公詩話』 등으로 불리게 되었다.

15 엄유嚴維 : ?~?. 중국 당나라 문인으로 자는 정문正文이다. 동려桐廬에 은거하면서 유장경劉長卿과 친하게 지냈다. 『전당시全唐詩』에 작품이 전한다.

16 제목 : 엄유嚴維, 〈유원외에게 받은 시에 수창하여酬劉員外見寄〉, 『어정전당시御定全唐詩』 권263.

17 제목 : 두보杜甫, 〈저녁이 되어向夕〉, 『두시상주杜詩詳註』, 권20.

18 초계어은苕溪漁隱 : 원문의 『초계어은苕溪漁隱』은 중국 송나라 문인 호자胡仔가 북송 이전의 시화를 망라하여 엮은 시론서로, 본래 명칭은 『초계어은총화苕溪漁隱叢話』이다.

19 피광업皮光業 : 876~943. 중국 오대의 문인으로 자는 문통文通이다. 저서로는 『피씨견문록皮氏見聞錄』·『요괴록妖怪錄』이 있다고 하나 전하지 않고 『전당시全唐詩』에 짧은 시 2수의 일부 구절이 전한다.

20 제목 : 『어정전당시御定全唐詩』 권795에 피광업皮光業의 작품으로 이 구절이 소개되어 있으나 제목은 확인할 수 없다.

21 배광약裴光約 : 미상未詳.

旣論詩法, 不可不知詩病. 姜白石詩說曰, 不知詩病, 何由能詩, 不視詩法, 何由知病. 名家者亦不免各有一病, 大醇小疵差可耳.

沈約論詩有八病, 一曰平頭, 二曰上尾, 三曰蜂腰, 四曰鶴膝, 五曰大韻, 六曰小韻, 七曰旁紐, 八曰正紐.[1] 沈約所論諸病, 專由聲韻言之. 當述其詳于下, 至于通常之病. 嚴滄浪論之曰, "學詩先除五俗, 一曰俗體, 二曰俗意, 三曰俗句, 四曰俗字, 五曰俗韻. 又曰, 有語忌, 有語病, 語病易除, 語忌難除. 又曰, 意貴透, 不可隔靴搔癢, 語貴洒脫, 不可拖泥帶水. 又曰, 語忌直, 意忌淺, 脈忌露, 音韻忌散緩, 亦忌促迫."[2] 詩又不可礙理. 有句好而理未是者, 如張繼詩, "姑蘇城外寒山寺, 夜半鐘聲到客船." 句則佳矣. 然三更不是撞鍾時.[3] 又白樂天<長恨歌>云, "峨眉山下少人行." 峨眉山在嘉州, 與幸蜀全無交涉. 杜詩云, "霜皮溜雨四十圍, 黛色參天二千尺." 四十圍乃是徑十尺, 無乃太細長乎. 此皆詩之病也.[4] 古人嘗細較詩病. 六一詩話, 梅聖俞語曰, "嚴維詩, '柳塘春水慢, 花塢夕陽遲.' 則天容時態, 融和駘蕩, 如在目前."[5] 又劉貢父詩話云, "此一聯細細較之, '夕陽遲'則繫'花', '春水慢' 不須'柳'也. 如老杜, '深山催短景, 喬木易高風.' 則了無瑕纇." 苕溪漁隱曰, "'春水慢' 不須'柳', 此眞確論. 但'夕陽遲'則繫'花', 此論殊非是. 蓋'夕陽遲'乃繫於'塢', 殊不繫'花'. 以此言之, 則'春水慢'不必'柳塘', '夕陽遲'豈獨'花塢'哉."[6] 西清詩話載, "吳越王時, 宰相皮光業, 每以詩爲己任, 嘗得一聯云, '行人折柳和輕絮, 飛燕銜泥帶落花.' 自負警策, 以示同僚. 衆爭嘆譽, 裴光約曰, '二句偏枯, 不爲工. 蓋柳當有絮, 燕或無花.'" 此論乃得詩之膏盲矣.[7] 故論詩不可不審也.

[1] 詩有八病……八日正紐 : 詩病有八, 一日平頭, 二日上尾, 三日蜂腰, 四日鶴膝, 五日大韻, 六日小韻, 七日旁紐, 八日正紐. (『詩人玉屑』 卷11)

[2] 學詩先除五俗……亦忌促迫 : 學詩先除五俗, 一日俗體, 二日俗意, 三日俗

句, 四日俗字, 五日俗韻. 有語忌, 有語病, 語病易除, 語忌難除. …(중략)…意貴透徹, 不可隔靴搔癢, 語貴脫洒, 不可拖泥帶水.…(중략)…語忌直, 意忌淺, 脉忌露, 味忌短, 音韻忌散緩, 亦忌廹促.(『滄浪詩話』) / 學詩先除五俗, 一日俗體, 二日俗意, 三日俗句, 四日俗字, 五日俗韻, 有語忌, 有語病, 語病易除, 語忌難變. …(중략)… 意貴透, 不可隔靴搔癢, 語貴脫洒, 不可拖泥帶水 …(중략)… 語忌直, 意忌淺, 脉忌露, 味忌短, 音韻忌散緩, 亦忌廹促. (『詩人玉屑』 卷1)

3 如張繼詩……然三更不是埵鍾時：唐人有云, "姑蘇臺下寒山寺, 半夜鐘聲到客船." 說者亦云句則佳矣. 其如三更不是打鐘時. (『六一詩話』) / 唐人有云, "姑蘇城外寒山寺, 夜半鐘聲到客船." 說者亦云句則佳矣. 其如三更不是撞鐘時. (『詩人玉屑』 卷11)

4 又白樂天長恨歌云……此皆詩之病也：白樂天長恨歌云, "峨眉山下少人行." 峨眉在嘉州, 與幸蜀全無交涉. 杜詩云, "霜皮溜雨四十圍, 黛色參天二千尺." 四十圍乃是徑十尺, 無乃太細長乎. 皆文章之病也. (『詩人玉屑』 卷11)

5 梅聖俞語予日……如在目前：聖俞常語予日, …(중략)… "若嚴維, '柳塘春水慢, 花塢夕陽遲.' 則天容時態, 融和駘蕩, 豈不如在目前乎." (『六一詩話』) / 聖俞語予日, "嚴維詩, '柳塘春水漫, 花塢夕陽遲.' 則天容時態, 融和駘蕩, 如在目前."(『詩人玉屑』 卷11)

6 又劉貢父詩話云……夕陽遲豈獨花塢哉：교감사항없음 (『詩人玉屑』 卷11)

7 又劉貢父詩話云……此論乃得詩之膏肓矣：又劉貢父詩話云, "此一聯細細較之, '夕陽遲' 則繫'花', '春水漫' 須'柳'也. 如老杜, '深山催短景, 喬木易高風.' 則了無瑕纇." 苕溪漁隱日, "'春水漫'不須'柳', 此眞確論. 但'夕陽遲'則繫'花', 此論殊非是. 蓋'夕陽遲'乃繫於'塢', 初不繫'花'. 以此言之, 則'春水漫'不必'柳塘', '夕陽遲' 豈獨'花塢'哉. 余嘗愛西淸詩話載, 吳越王時, 宰相皮光業, 每以詩爲已任, 嘗得一聯云, "行人折柳和輕絮, 飛燕銜泥帶落花." 自負警策, 以示同僚, 衆爭嘆譽. 裴光約日, "二句偏枯, 不爲工. 蓋柳當有絮, 泥或無花." 此論乃得詩之膏肓矣. (『詩人玉屑』 卷11)

中國詩學

12

시인들은 표절을 몹시 꺼리지만 그러나 옛사람도 이전 사람들을 답습하는 경우가 있었다. 『시인옥설詩人玉屑』에서 양만리楊萬里[1]가 "시구에는 우연히 옛사람과 같은 것이 있고 또 이어 짓는 것이 있다."라고 하였다. 두보杜甫의 〈무후의 사당武候廟〉 시에 '섬돌에 비친 푸른 풀은 절로 봄빛이요, 잎에 가린 꾀꼬리는 부질없이 우는구나[映堦碧草自春色, 隔葉黃鸝空好音.].'라고 하였는데 이것은 하손何遜[2]이 〈손씨의 무덤으로 가며行孫氏陵〉에서 '산 꾀꼬리 부질없이 나무에서 울고, 밝은 달은 절로 가을빛을 뿌리네[山鶯空樹響, 明月自秋暉.].'라고 한 것이다.

'옅은 구름은 바위 틈에서 자고, 외로운 달은 물결 속에서 번득이네[薄雲岩際宿, 孤月浪中翻.].'[3]라고 했는데 이것은 유신庾信이 '흰 구름은 바위틈에서 나오고, 맑은 달은 물결 속에서 오르네[白雲岩際出, 淸月波中上.].'[4]라고 하였으니 '출出'·'상上' 두 글자가 낫다. 음갱陰鏗[5]이 '꾀꼬리는 집 어귀 나무를 좇고, 꽃은 산 아래 부는 바람을 좇네[鶯隨入戶樹, 花逐山下風.].'[6]라고 하였고 두보는 '달은 잎에 띤 이슬에 밝게 빛나고, 구름은 시냇가 바람을 좇아 건너네[月明垂露葉, 雲逐渡溪風.].'[7]라고 하였고 또 '땅 위를 가던 해는 물길 따라 들고, 산을 건너간 구름은 강으로 드네[水流行地日, 江入度山雲.].'[8]라고 했으니 이 한 연이 낫다.

유신은 '삼척의 검 영원히 감추고, 전포를 길이 말아두었네[永韜三尺劍, 長捲一戎衣.].'[9]라고 하였는데 두보가 '삼척 검으로 풍진을 잠재우고, 한 벌의 전포로 사직을 지키네[風塵三尺劍, 社稷一戎衣.].'[10]라고 하였으니 유신보다 낫다. 남조 소무蘇武의 〈매화〉시에 '꽃을 눈이라고만 하였으니, 향기 스미는 줄 깨닫지 못했네[秖言花是雪, 不悟有香來.].'라고 하였고, 왕안석王安石이 '눈 아닌 줄 알 것 같은 것은, 그윽한 향기 다가오는 것 있기 때문이지[遙知不是雪, 爲有暗香來.].'[11]라고 했으니 따라 짓는 사람은 애초에 지은 사람을 따라잡지 못한다. 그 요체는 시는 반드시 자기에서 나와야 하는 것이고 앞 사람을 답습하는 것을 귀하게 여기지 않는 것이다."라고 하였다.

---

1 양만리楊萬里 : 1124~1206. 중국 송나라 문인으로 자는 정수廷秀, 호는 성재誠齋이다. 다작의 작가로 살면서 20,000여 수의 시를 지었다고 하나 현재 4,200여 수만이 전한다. 강서시파를 배웠으나 후에 독특한 시체를 형성하였다. 문집으로 『성재집誠齋集이 있다.

2 하손何遜 : ?~518년 추정. 중국 양나라 문인으로 자는 중언仲言이다. 시문을 잘 지었고, 문장은 유효작劉孝綽과 함께 인정을 받아 '하유何劉'로 불렸다. 청신淸新한 시풍의 작품을 남겼다. 저서에 명나라 사람이 편집한 『하기실집何記室集』이 있다.

3 제목 : 두보杜甫, 〈강가의 누각에서 묵으며宿江邊閣〉, 『두시상주杜詩詳註』 권17.

4 제목 : 『성재시화誠齋詩話』에 유신庾信의 작품으로 이 구절이 소개되어 있으나 제목은 확인할 수 없다.

5 음갱陰鏗 : ?~?. 중국 진陳나라 문인으로 자는 자견子堅이다. 사전史傳에 정통했고, 5언시를 잘 지어 당시 인정을 받았다. 문집 3권이 있었는데, 지금은 남아있지 않다.

6 제목 : 음갱陰鏗, 〈개선사開善寺〉, 『고시기古詩紀』 권109.

7 제목 : 두보杜甫, 〈진주잡시 20수秦州雜詩 二十首〉 20수 중 2번째 수, 『두시상주杜詩詳註』 권7.

8 제목 : 두보杜甫, 〈강가 누각에서 비를 마주하고 행영의 배이단공을 그리워하며江閣對雨, 有懷行營裴二端公.〉, 『두시상주杜詩詳註』 권23.

9 제목 : 『성재시화誠齋詩話』에 유신庾信의 작품으로 이 구절이 소개되어 있으나 제목은 확인할 수 없다.

10 제목 : 두보杜甫, 〈다시 소릉을 지나며重經昭陵〉, 『두시상주杜詩詳註』 권5.

11 제목 : 왕안석王安石, 〈매화梅花〉, 『임천문집臨川文集』 권26.

詩家甚忌剽竊, 然古人亦有沿襲前人者. 詩人玉屑, 楊誠齋云, "句有偶似古人者, 亦有述之者. 杜子美, <武候廟>詩, '映堦碧草自春色, 隔葉黃鸝空好音.' 此何遜<行孫氏陵>云, '山鶯空樹響, 明月自秋暉'也. '薄雲岩際宿, 孤月浪中翻.' 此庾信, '白雲岩際出, 淸月波中上.' 出上二字勝矣. 陰鏗云, '鶯隨入戶樹, 花逐山下風.' 杜云, '月明垂露葉, 雲逐渡溪風.' 又云, '水流行地日, 江入度山雲' 此一聯勝. 庾信云, '永韜三尺劍, 長捲一戎衣.' 杜云, '風塵三尺劍, 社稷一戎衣.' 亦勝庾矣. 南朝蘇子卿<梅>詩云, '秖言花是雪, 不悟有香來.' 王介甫云, '遙知不是雪, 爲有暗香來.' 述者不及作者. 要當詞必出己, 不貴沿襲前人也.[1]

[1] 有偶似古人者……述者不及作者：句有偶似古人者, 亦有述之者, 杜子美, 武侯廟詩云, "映堦碧草自春色, 隔葉黃鸝空好音." 此何遜行孫氏陵云, "山鶯空樹響, 壠月自秋暉"也. 杜云, "薄雲岩際宿, 孤月浪中翻." 此庾信, "白雲岩際出, 淸月波中上"出上二字勝矣. 陰鏗云, "鶯隨入戶樹, 花逐下山風." 杜云, "月明垂葉露, 雲逐渡溪風." 又云, "水流行地日, 江入度山雲." 此一聯勝. 庾信云, "永韜三尺劍, 長捲一戎衣." 杜云, "風塵三尺劍, 社稷一戎衣." 亦勝庾矣. 南朝蘇子卿梅詩云, "秖言花是雪, 不悟有香來." 介甫云, "遙知不是雪, 爲有暗香來." 述者不及作者. (『詩人玉屑』 卷8)

제2장

고시

古詩

제1절 악부와 고시의 시 형식과 기세에 관한 이론

樂府及古詩體勢論

1

시와 음악은 고대에 본래 하나였으니 읊조릴 수 있는 것은 대체로 음악에 올릴 수 있는 것이 많았다. 한 무제漢武帝 때 처음으로 악부樂府를 세웠고 또 이때 오언이 있었으니, 이때부터 시와 악부가 마침내 나뉘어졌다. 후대의 악부에 이르러서는 또 이전의 가사가 없어져서 그 음절을 후대 사람들이 그 음절을 익힐 수 없어 그 음절 혹은 그 자구를 취하여 흉내 내거나 그 제목을 본뜨기도 하였으니 악부 또한 노래할 수 없어서 단지 시의 한 종류가 되었을 뿐이다. 그러므로 지금 악부와 고시를 합하여서 논하는데 고시 연원의 변화는 앞장에서 간략하게 보였으니 이제 먼저 다시 악부가 일어난 바를 서술하고, 아래에서 고시의 체제와 기세를 논할 것이다.

詩樂古本是一, 凡有吟咏多可被於聲律. 漢武始立樂府, 又有五言, 自是詩與樂府遂分. 及後樂府, 又亡前日之歌辭, 後人不能習, 其音節或擬其字句就其題目而效之, 則樂府亦不可歌但爲詩之一種而已. 故今以樂府與古詩合而論之, 古詩源變略見前章. 今更先述樂府所起, 次論古詩體勢於下.

2

악부樂府라는 것은 소리를 길게 내고 음률과 소리를 조화한다고 하는 것이 그것이다. 균천의 구주악[鈞天九奏][1], 갈천씨 팔결악[葛天八闋][2]에서부터 이후 은殷나라 · 주周나라에 이르기까지 성음聲音의 추이를 또한 하나로 개괄할 수 없다. 필부서부匹夫庶婦가 풍속을 노래하면 채관采官이 가사를 채집하고 악관樂官이 음률에 올리니 뜻은 생황의 연주를 통해 감동시키고, 기개는 금석金石에 올라 변한다. 그렇기 때문에 사광師曠[3]이 성쇠를 풍요로 점치고, 계찰季札이 흥망을 은미한 것에서 살펴보았으니 정밀함이 지극한 것이다.

음악은 마음을 근본으로 하기 때문에 그 소리가 살과 골수에 젖어드니 선왕이 삼가 음탕한 노래가 퍼지는 것을 힘써 막았고 자식[胄子][4] 가르칠 때에 반드시 구덕九德[5]을 노래하였다. 그러므로 천하와 사계절이 감동하고 교화는 온 세상의 풍속을 감동시킬 수 있었다. 아성雅聲이 점점 미약해지면서부터 음탕한 소리가 점점 비등해지다 진秦나라가 악경樂經을 불태우는 지경에 이르러서는 아성이 마침내 없어졌다. 한 무제漢武帝 때에 이르러 예를 숭상하여 처음으로 악부를 세워 조趙나라 · 대代나라의 소리와 제齊나라 · 초楚나라의 기개를 모았으니 〈천마天馬〉 · 〈적안赤雁〉 등의 노래가 뒤섞이어 나란히 나타났다. 이로부터 따라 짓고 대대로 흥기하여 〈고한행苦寒行〉 · 〈맹호행猛虎行〉 · 〈단가행短歌行〉과 같은 위魏나라 조조曹操의 악부에 이르러서는 그 소리가 대체로 비장하여 대체로 후대 사람들에게 전해졌다. 조식曹植 · 조비曹丕 형제도 악부를 지었으니 문인들의 문집 속에 이로부터 악부가 있었다.

그러나 끝내 민간에서 전하는 정의情意와 질박質樸 같지 않아서 언외言外의 뜻이 있었으니 〈당상행塘上行〉·〈자야가子夜歌〉·〈백저가白苧歌〉 같은 종류는 진晉나라·송宋나라 사이의 악부는 때때로 처량하여 읊을 만했다. 남조南朝에서는 포조鮑照와 오균吳均[6]이 악부를 가장 잘하였으며 양梁나라·진陳나라의 여러 왕들도 대체로 스스로 악부를 지었으나 새로운 곡조는 지극히 가볍고 농염하며 애통함이 지나쳤다. 이 뒤로부터 악부 또한 없어져 그 소리와 곡조가 어떠했는지를 알 수 없고 단지 제목만 후대에 전함이 있을 뿐이었다.

대체로 악부와 시의 구별에는 두 가지가 있으니 시는 대부분 감정을 펼치는 것이고, 악부는 대체로 일을 서술한다는 것이 첫째이다. 시와 사詞의 구는 정밀하고 우아하지만 악부는 당시의 속된 말을 쓰기도 하고 혹 소리는 남아 있지만 가사는 없어지기도 하여 음악 속의 소리를 보충할 뿐인 것이 둘째이다.【예를 들어 '비호희妃呼稀'가 사용된 여러 편들은 단지 음악의 소리를 보충할 뿐이다.】 제나라·양나라 이래로 문사들이 모두 악부의 가사를 지었으나 본뜨는 것이 오래되자 때때로 제목을 잘못 붙여서 본뜻은 매우 비슷하지만 그 제목이 잘못되는 경우도 있었으니 예를 들어 〈상부연相府蓮〉은 소리가 잘못되어 〈상부연想夫憐〉이 되었고, 〈양자아楊姿兒〉는 그 소리가 잘못되어 〈양반아楊叛兒〉가 된 것과 같은 것이 그것이다. 당나라 사람 이백李白은 고악부를 본뜨는 것을 좋아하였으나 두보杜甫는 스스로 제목을 지었으니 예를 들어 〈병거행兵車行〉·〈비청판悲靑坂〉·〈무가별無家別〉 등 여러 편들이 모두 일에 따라 자신의 뜻에서 나왔으니 제목을 세우는 것이 조금도 다시 앞사람들이 이전에 지은 것을 본뜨지 않았으니 참으로 호걸이다.

한漢나라에서부터 육조六朝에 이르러 악부의 노래들이 모두 풍격이 있었으니 후대 사람들이 좋아하였다. 그러나 대부분 전대前代를 본뜬 작품들은 대체로 옛것에 미치지 못하였다. 왕사정王士禎이 말하기를 "악부라는 명칭은 한나라 초기에 시작되었으니 교사류郊祀類의 송요가頌鐃歌 · 고취류鼓吹類의 아금곡雅琴曲 · 잡시류雜詩類의 국풍國風 같은 것들이다. 그러므로 악부라고 하는 것은 『시경詩經』 삼백 편을 이어 나타난 것이다.

당나라 사람들의 악부 가운데는 한유韓愈의 〈금조琴操〉가 가장 고고高古[7]하고, 이백의 〈원별리遠別離〉 · 〈촉도난蜀道難〉 · 〈오야제烏夜啼〉와 두보의 〈신혼별新婚別〉 · 〈무가별無家別〉 여러 편들, 〈석호리石壕吏〉 · 〈신안리新安吏〉 여러 편들, 〈애강두哀江頭〉 · 〈병거행兵車行〉 여러 편들은 모두 악부가 변한 것이다.

원진元稹 · 백거이白居易 등 여러 사람에 와서는 변화가 심해졌다. 원결元結[8]은 고악장古樂章을 보완하였으니 그 뜻은 높지만 도리어 예전의 악부와 같고 다른지 알 수 없다. 당나라 사람의 절구 가운데 '위성 아침 비에 가벼운 먼지 젖어 들고[渭城朝雨浥輕塵.].'[9], '황하는 멀리 흰 구름 사이로 오르네[黃河遠上白雲間.].'[10]와 같은 여러 편들이 대부분 악부의 영향을 입었으니 바로 풍風【민요】의 한 형식을 얻은 것이다.

이반룡李攀龍은 시명詩名으로 한 시대에 으뜸이었으나 다만 악부를 본떠서 이리저리 찢어서 작품을 창작하여 후대 사람의 비난을 받았으니 악부는 차라리 변할 수는 있을지언정 자구字句를 가지고 흉내 낼 수 없는 것이 분명하다."라고 하였다.

옛사람들 가운데 악부를 논한 사람들이 몹시 많으나, 왕사정의 말이 대체로 요점을 얻은 것이기 때문에 기록한다.

1 균천의 구주악[鈞天九奏] : 상제의 궁전에서 연주하던 음악을 말한다. 균천鈞天은 구천九天의 하나로서 하늘의 중앙에 위치한 상제의 궁전이다. 여기에서 연주하는 천상의 음악을 균천광악鈞天廣樂이라고 하는데 광악을 구주만무九奏萬舞라고도 한다. 『사기史記』에 조간자趙簡子가 자신의 꾼 꿈 이야기를 하면서 꿈속에서 하늘나라에 갔는데 그곳에서 구주악을 들었다라는 내용이 보인다. 『사기史記』 「조세가趙世家」

2 팔결악[葛天八闋] : 팔결八闋은 갈천씨葛天氏가 지은 곡으로 세 사람이 소의 꼬리를 잡고 발을 내딛으며 여덟 개의 곡을 노래한 것이다. 첫째는 재민載民, 둘째는 현조玄鳥, 셋째는 축초목逐草木, 넷째는 분오곡奮五穀, 다섯째는 경천상敬天常, 여섯째는 달제공達帝功, 일곱째는 의제덕依帝德, 여덟 번째는 총만물지극總萬物之極이다.

3 사광師曠 : ?~? 중국 진晉나라의 악사로 자는 자야子野이다. 진 평공晉平公 때 악사樂師를 지냈는데 음을 잘 분별하고 거문고에 뛰어났다. 소리로 길흉吉凶까지 점쳤다고 한다.

4 자식[胄子] : 원문의 주자胄子는 경대부卿大夫의 자제, 또는 자손을 의미한다.

5 구덕九德 : 『서경書經』 「고요모皐陶謨」에서 나온 말로 너그럽되 씩씩하고, 유순하되 주견을 세우고, 순박하되 공손하고, 일을 잘 처리하되 공경하고, 남의 말을 잘 받아들이되 과감하고, 정직하되 온화하고, 간결하되 청렴하고, 강단이 있되 착실하고, 흔들림이 없되 옳게 하는 아홉 가지 덕을 말한다.

6 오균吳均 : 469~520. 중국 양나라 문인으로 시문에 뛰어나 명성을 떨쳤으며, 그의 문체를 오균체라고 한다. 문집으로 『오균집吳均集』 20권이 있었다고 하나 모두 없어졌다. 명나라 때 그의 시문을 모아 『오조청집吳朝請集』 1권을 간행하였고, 많은 역사서를 편찬하였으나 모두 망실되고 「속제해기續齊諧記」만 전한다.

7 고고高古 : 풍격이 높고 내용이 예스러움을 말한다.

8 원결元結 : 719~772. 중국 당나라 문인으로 자는 차산 次山, 호는 만수漫叟 · 성수聱叟 · 낭사浪士 · 만랑漫郎이다. 세속의 부박浮薄한 시를 싫어하였다. 그의 시는 풍아風雅한 고도古道에 돌아갔으며, 문장은 대구對句의 화려한 아름다움을 배척하였다. 문집으로 『차산집次山集』이 있다.

9 제목 : 왕유王維, 〈안서에 사신가는 원씨 집안 둘째를 전송하며送元二使安西〉, 『왕우승집전주王右丞集箋注』 권14.

10 제목 : 왕지환王之渙, 〈양주사 2수凉州词 二首〉, 『어정전당시御定全唐詩』 권253.

樂府者所謂聲依永, 律和聲者是也. 自鈞天九奏, 葛天八闋, 以後降至殷周, 聲音推移, 亦不一概矣. 匹夫庶婦, 謳吟土風, 詩官采言, 樂盲被律, 志感笙篁, 氣變金石. 是以師曠占風於盛衰, 季札鑑微於興廢, 精之至也. 夫樂本心術, 故響浹肥髓, 先王愼焉, 務塞淫濫. 敎訓冑子, 必歌九德. 故能情感七始, 化動八風. 自雅聲浸微, 溺音騰沸, 至秦而燔樂經, 雅聲遂亡. 及夫漢武崇禮, 始立樂府, 總趙·代之音, 撮齊·楚之氣,[1] <天馬>·<赤雁>之歌雜然幷陳. 自是之後, 迭作而代興, 至於魏曹孟德樂府, 如<苦寒行>·<猛虎行>·<短歌行>之類, 音節悲壯, 頗爲後人所傳. 子桓·子建兄弟, 亦爲樂府, 文人集中, 自是多有樂府矣. 然終不如民間所傳情意·質樸, 有言外之意, 晉·宋間, 如<塘上行>·<子夜歌>·<白苧歌>之類, 往往悽惋可誦, 南朝則鮑照·吳均最擅爲樂府, 梁·陳諸主, 亦多自作, 新調極輕艶哀動之致矣. 自是之後樂府亦亡, 未知聲調之如何, 而惟有題目傳後耳. 大抵樂府與詩之別有二, 詩多以宣情, 而樂府多以敍事一也. 詩詞句精雅, 而樂府兼用當時俗語, 或有聲亡辭, 但補樂中之音二也【如, '妃呼豨'諸篇, 但補樂音也.】. 齊·梁以來, 文士並爲樂府辭, 而沿襲之久, 往往失其命題本意, 甚有並其題失之者, 如<相府蓮>訛爲<想夫憐>, <揚姿兒>訛爲<陽叛兒>之類, 是也. 唐人惟李太白喜擬古樂府, 杜子美則自作題目, 如<兵車行>·<悲青坂>·<無家別>等數篇, 皆因事自出己意立題, 略不更蹈前人前述, 眞豪傑也.

自漢至六朝, 樂府小歌, 每有風神, 爲後人所好. 然擬作多不逮古. 王漁洋曰, "樂府之名, 始于漢初. 郊祀類頌鐃歌·鼓吹類雅琴曲·雜詩類國風, 故樂府者, 繼三百篇而起者也. 唐人惟韓退之

<琴操>最爲高古, 李太白之<遠別離>·<蜀道難>·<烏夜啼>, 杜子美之新婚·無家諸別, 石壕·新安諸吏, <哀江頭>·<兵車行>諸篇, 皆樂府之變也. 降而元白諸子變極矣. 元次山補古樂章, 志則高矣, 顧其離合, 未可知也. 唐人絶句如 '渭城朝雨浥輕塵', '黃河遠上白雲間'諸作多被樂府, 正得風之一體耳. 李滄溟詩名冠代, 秖以樂府模擬, 割裂遂生, 後人詆毁, 則樂府寧爲其變, 而不可以字句比擬也, 明矣."[2] 昔人論樂府者甚多, 漁洋之詞, 頗爲得要, 故錄之.

[1] 樂府者所謂聲依永……撮齊楚之氣 : 樂府者, 聲依永, 律和聲也. 鈞天九奏, 旣其上帝, 葛天八闋, …(중략)… 音聲推移, 亦不一概矣. 匹夫庶婦, 謳吟土風, 詩官採言, 樂盲被律, 志感絲篁, 氣變金石, 是以師曠覘風於盛衰, 季札鑒微於興廢, 精之至也. 夫樂本心術, 故響浹肌髓, 先王愼焉, 務塞淫濫. 敷訓胄子, 必歌九德, 故能情感七始, 化動八風. 自雅聲寖微, 溺音騰沸, 秦燔樂經, …(중략)… 曁武帝崇禮, 始立樂府, 總趙代之音, 撮齊楚之氣.(『古詩紀』 卷145)

[2] 樂府之名……明矣 : 樂府之名, 始于漢初. 如高帝之"三侯, 唐山夫人之房中"是也. 郊祀類頌鐃歌·鼓吹類雅琴曲·雜詩類國風, 故樂府者, 繼三百而起者也. 唐人惟韓之琴操最爲高古, 李之遠別離·蜀道難·烏夜啼, 杜之新婚·無家諸別, 石壕·新安諸吏, 哀江頭·兵車行諸篇, 皆樂府之變也. 降而元白張王變極矣. 元次山皮襲美補古樂章, 志則高矣, 顧其離合, 未可知也. 唐人絕句如'渭城朝雨', '黃河遠上.' 諸作多被樂府, 正得風之一體耳. …(중략)… 李滄溟詩名冠代, 祗以樂府摹擬, 割裂遂生, 後人詆毁. 則樂府寧爲其變, 而不可以字句比擬也, 明矣. (『師友詩傳錄』)

후대의 사람들이 시집을 편집하면서 옛사람들이 창작한 악부樂府의 원제목을 그대로 사용한 것은 별도로 구별하여 악부라고 하고, 그 나머지 가歌 · 행行 · 곡曲 · 인引 등은 본래 모두 악부의 형식이지만 대체로 고시에 집어넣어 혹 악부라고 부르지 않기도 한다.

악부는 본래 일을 기록한 것과 관계되는 것이니 〈초중경처焦仲卿妻〉와 〈목란사木蘭詞〉는 서사체로 지어져 시작과 끝이 있으며 비록 그 가사가 대체로 거칠고 질박하지만 이전 시기 악부를 지었던 본 뜻이 담겨있으니 악부의 법도로 삼을 만한 가장 좋은 것이다.

〈초중경처焦仲卿妻〉시는 전편이 357구로 이루어져서 예부터 지금까지 가장 긴 시이다. 그러므로 지금 여기에서는 간략한 〈목란시木蘭詩〉를 인용하니 아래와 같다.

〈목란시木蘭詩〉

휴우 또 휴우	唧唧復唧唧
목란이 방안에서 베를 짜는데	木蘭當戶織
베틀 소리 북소리 들리지 않고	不聞機杼聲
여인의 탄식 소리만 들리네	惟聞女歎息
여인은 무엇을 생각하나 물어보고	問女何所思
여인은 무엇을 걱정하나 물어보니	問女何所憶
여인은 생각하는 것 없다 하고	女亦無所思

여인은 걱정하는 것 없다 하는데	女亦無所憶
지난밤 군적을 보니	昨夜見軍帖
황제가 크게 군사 점호한다하고	可汗大點兵
군서 열두 권에	軍書十二卷
책마다 아버지의 이름이 있네	卷卷有爺名
아버지는 큰 아들이 없고	阿爺無大兒
목란은 큰 오빠 없어	木蘭無長兄
시장에서 안장과 말을 사	願爲市鞍馬
이것으로 아버지의 군역을 대신하길 바라네	從此替爺征
동쪽 시장에서 좋은 말을 사고	東市買駿馬
서쪽 시장에서 안장을 사고	西市買鞍韉
남쪽 시장에서 고삐를 사고	南市買轡頭
북쪽 시장에서 긴 채찍을 사서	北市買長鞭
아침에 부모님께 인사를 드리고 떠나	朝辭爺孃去
저녁에 황하 가에서 머무니	暮宿黃河邊
부모님이 딸 부르는 소리 들리지 않고	不聞爺孃喚女聲
황하 흐르는 콸콸 물소리만 들리네	但聞黃河流水鳴濺濺
아침에 황하를 이별하고 떠나	旦辭黃河去
저녁에 흑수 어귀에 이르니	暮至黑水頭
부모님이 딸 부르는 소리 들리지 않고	不聞爺孃喚女聲
연산의 오랑캐 말 우는 소리만 들리네	但聞燕山胡騎聲啾啾
만 리 멀리 전쟁터로 달려가	萬里赴戎機
관산을 날 듯이 지나니	關山度若飛
변방의 바람은 징과 꽹과리에 들고	朔氣傳金柝
시린 달빛은 갑옷을 비추네	寒光照鐵衣
수많은 전투 속에 장군은 전사하고	將軍百戰死
십 년이 지나서야 장사는 돌아가니	壯士十年歸
돌아와 천자를 뵈니	歸來見天子

천자는 명당에 앉아	天子坐明堂
공훈을 따져 열두 등급을 올리고	策勳十二轉
백배 천배 상을 내리네	賞賜百千彊
황제께서 원하는 것 물으시니	可汗問所欲
목란은 상서랑도 필요 없고	木蘭不用尙書郎
천리 길을 달려	願馳千里足
나를 고향으로 돌려보내 달라 하네	送兒還故鄕
부모님은 딸이 온다는 소식을 듣고	爺孃聞女來
마을을 나와 맞잡고 기다리시며	出郭相扶將
언니는 동생 온다는 소식을 듣고	阿姊聞妹來

【'여동생은 언니가 온다는 소식을 듣고'라고 되어있는 곳도 있다.(一作阿妹聞姊來)】

방 안에서 단장을 하고	當戶理紅粧
남동생은 누나가 온다는 소식을 듣고	小弟聞姊來
번쩍이는 칼로 돼지와 양을 잡네	磨刀霍霍向猪羊
그 집 동쪽의 문을 열고	開我東閣門
그 집 서쪽의 침상에 앉아	坐我西閣牀
그대 전투에 입었던 갑옷 벗어두고	脫我戰時袍
그대 옛날 입던 치마를 입고서	着我舊時裳
창가에 앉아 구름 같은 머릿결을 정돈하고	當窓理雲鬢
거울 보며 꽃 같은 단장을 하고	對鏡帖花黃
문을 나서 전우들 바라보니	出門看火伴
전우들은 모두 깜짝 놀라	火伴皆驚惶
십이 년을 함께 했지만	同行十二年
목란이 여자였다는 것을 몰랐으니	不知木蘭是女郎
숫토끼는 두 다리털 더부룩하고	雄兎脚撲朔
암토끼는 눈동자 가늘게 뜨고 있는데	雌兎眼迷離
두 토끼 짝지어 나란히 땅 달릴 때	兩兎傍地走
우리가 암수를 어찌 구별하겠는가	安能辨我是雄雌

後人編次詩集, 惟用古人樂府本題者, 則別謂之樂府, 其餘歌·行·曲·引等, 本皆樂府體而或多以入之古詩, 不謂之樂府也. 樂府本係紀事, 而<焦仲卿妻>詩·<木蘭詞>, 作敍事體, 有始有卒, 雖詞多俚質, 然有古意. 最是樂府之可式者也.

<焦仲卿妻>詩, 全篇以三百五十七句成篇, 爲古今最長之詩. 故今略之玆擧木蘭詩, 如下.

<木蘭詩>

"喞喞復喞喞, 木蘭當戶織. 不聞機杼聲, 惟聞女歎息. 問女何所思, 問女何所憶. 女亦無所思, 女亦無所憶. 昨夜見軍帖, 可汗大點兵. 軍書十二卷, 卷卷有爺名. 阿爺無大兒, 木蘭無長兄. 願爲市鞍馬, 從此替爺征. 東市買駿馬, 西市買鞍韉. 南市買轡頭, 北市買長鞭. 朝[1]辭爺孃[2]去, 暮宿黃河邊. 不聞爺孃[3]喚女聲, 但聞黃河流水鳴濺濺. 旦辭黃河去, 暮至黑水頭. 不聞爺孃[4]喚女聲, 但聞燕山胡騎聲啾啾. 萬里赴戎機, 關山度若飛. 朔氣傳金柝, 寒光照鐵衣. 將軍百戰死, 壯士十年歸. 歸來見天子, 天子坐明堂. 策勳十二轉, 賞賜百千强. 可汗問所欲, 木蘭不用尙書郞. 願馳千里足, 送兒還故鄕. 爺孃[5]聞女來, 出郭相扶將. 阿姊[6]聞妹[7]來, 【一作阿妹聞姊來】 當戶理紅粧. 小弟聞姊來, 磨刀霍霍向猪羊. 開我東閣門, 坐我西閣牀. 脫我戰時袍, 着我舊時裳. 當窓理雲鬢, 對[8]鏡帖花黃. 出門看火伴, 火伴皆驚惶. 同行十二年, 不知木蘭是女郞. 雄兎脚撲朔, 雌兎眼迷離. 兩[9]兎傍地走, 安能辨我是雄雌."

[1] 朝 : 旦 (『古今詩刪』 卷13)

[2] 孃 : 娘 (『古今詩刪』 卷13)

[3] 孃 : 娘 (『古今詩刪』 卷13)

[4] 孃 : 娘 (『古今詩刪』 卷13)

[5] 孃 : 娘 (『古今詩刪』 卷13)

[6] 姊 : 妹 (『古今詩刪』 卷13)

[7] 妹 : 姊 (『古今詩刪』 卷13)

[8] 對 : 挂 (『古今詩刪』 卷13)

[9] 兩 : 雙 (『古今詩刪』 卷13)

4

〈초중경처焦仲卿妻〉 시는 한漢나라의 건안建安시기에 지어진 시이고, 〈목란시木蘭詩〉는 처음으로 남조南朝 제齊나라와 양梁나라 연간에 나온 시인데, 간혹 당唐나라 사람이 지었다고 하기도 하지만 잘못이다. 두보杜甫의 〈초당草堂〉 한 편의 후반부는 모두 〈목란시〉의 장법章法을 사용하였으니, 후대의 서사시는 대체로 고악부古樂府를 근본으로 한다. 당나라 때 서사시 가운데 뛰어난 작품이 3편 있으니 백거이白居易의 〈장한가長恨歌〉, 원진元稹의 〈연창궁사連昌宮詞〉, 정우鄭嵎의 〈진양문시津陽門詩〉이다.

<焦仲卿妻>詩, 當作于漢建安詩, <木蘭詩>, 殆出于齊梁之間, 或以爲唐人作非也. 杜子美<草堂>一篇後半篇全用木蘭詩章法, 後來敍事詩, 大抵本古樂府. 唐時敍事詩長者三篇, 卽白居易之<長恨歌>, 元稹之<連昌宮詞>, 鄭嵎之<津陽門詩>也.

5

소騷와 부賦가 쇠퇴하자 오언시가 왕성해졌고, 오언시가 쇠퇴하자 칠언시가 왕성해졌다. 오언시의 연원은 앞에서 이미 논하였는데, 대체로 소무蘇武·이릉李陵의 시와 〈고시십구수古詩十九首〉가 하나의 형식이 되었다. 건안제자建安諸子[1]들이 그 남은 시풍을 이어 시를 지은 것이 고묘高妙[2]하여 자연히 화려하고 아름다웠다.

이후로 오언시 중에 뛰어난 것으로는 종영鍾嶸의 『시품詩品』에서 언급한 완적阮籍의 〈영회詠懷〉, 혜강嵇康이 두 마리의 난새를 노래한 작품[3], 반악潘岳[4]이 지루한 더위를 묘사한 작품[5], 사령운謝靈運의 〈업중鄴中〉, 육기陸機의 〈의고擬古〉, 유곤劉琨[6]이 전란에 대한 감상을 노래한 작품[7], 포조鮑照가 변방을 수비하는 병사들을 묘사한 작품[8], 좌사左思의 〈영사詠史〉, 안연지顔延之가 낙양洛陽으로 들어갈 때의 감회를 노래한 작품[9], 도잠陶潛이 가난함을 노래한 작품[10], 사혜련謝惠連[11]이 다듬이질하는 것을 묘사한 작품[12] 등이 있으니 모두 오언시 가운데 뛰어난 작품이 된다.

육조六朝시대 오언시 가운데 뛰어난 것들은 이 정도에 그치지 않아, 『문선文選』에 실린 것들이 이미 적지 않은데 완적·도잠·사령운·사조謝脁는 더욱 후대의 사람들이 으뜸으로 여기게 되었다. 당나라 사람들도 처음에는 『문선』을 좋아하여, 이백李白과 두보杜甫의 문집 중에 『문선』의 형식[13]에 가깝게 지어진 것들이 많다.

그러므로 두보 시에 "『문선』의 이치를 정밀히 익혔다."라고 하였는데, 한유韓愈가 나옴에 이르러 풍기가 크게 변하였으며 소식蘇軾은 소통蕭統을 배척하여 어린아이가 억지로 뜯어 맞춰 지은 것이라고 하는 지경에 이르렀으니 모두 당나라에 이르러 오언시의 체격이 한번 변한 것이니 『문선』 안의 오언시를 구별하여 문선체文選體라고 하였으나 그 실상은 문선 안에 하나의 형식만 있는 것이 아니다.

이반룡李攀龍이 일찍이 "당나라 사람들에게는 오언고시는 없고, 칠언고시가 있다."라고 하였는데 왕사진王士珍이 정론으로 여겼으니 요컨대 당나라 오언고시는 진실로 오묘한 부분이 많아서 〈고시십구수〉와 조식·도잠·사령운과 비교해 놓고 보면 자연스럽게 구분이 된다. 칠언고시는 당나라 사람들만이 앞 시대보다 뛰어났으니 왕사정王士禎이 말한 이백·두보·한유 세 사람의 칠언고시는 만고에 뛰어났는데, 후대의 사람들 가운데 이 세 사람의 시풍을 좇고 본받은 사람은 소식 한 사람뿐이다.

---

1 건안제자建安諸子 : 중국 한漢나라 건안建安 시대에 활약한 건안칠자建安七子를 일컫는다. 건안칠자는 조조曹操 부자父子를 중심으로 모인 문학 동호인들로 공융孔融·진림陳琳·왕찬王粲·서간徐幹·완우阮瑀·응창應瑒·유정劉楨 등 7명이다.

2 고묘高妙 : 매우 뛰어나서 우수한 것을 말한다.

3 혜강이……작품 : 혜강嵇康의 〈수재로 임미된 형 공목인 군에 입대함에 보내는 시 19수兄秀才公穆入軍贈詩十九首〉를 말한다.

4 반악潘岳 : 247~300. 중국 진晉나라 문인으로 자는 안인安仁이다. 문학적 재능이 뛰어나 육기陸機와 함께 서진 문학의 대표적 작가로 병칭되었다. 〈도망시悼亡詩〉·〈서정부西征賦〉 등이 유명하다. 문집으로 『반황문집潘黃門集』이 있다.

5 반악이……작품 : 미상未詳.

6 유곤劉琨 : 271~318. 중국 진晉나라 문인으로 자는 월석越石이다. 호방함으로 이름을 떨쳐 문장이 당시 인정을 받았다. 영가永嘉의 난을 거친 뒤에는 시풍이 크게 변해 강개한 음조를 띠었다. 문집으로 『유월석집劉越石集』이 있다.

7 유곤이……작품 : 유곤劉琨의 〈부풍가扶風歌〉 또는 〈다시 노심에게 주다重贈盧諶〉를 말한다.

8 포조가……작품 : 포조鮑照의 〈계주의 북쪽 문을 나서며出自薊北門行〉를 말한다.

9 안연지가……작품 : 안연지顔延之의 〈낙양으로 사신가서 쓰다北使洛陽詩〉를 말한다.

10 도잠이……작품 : 도잠陶潛의 〈가난한 선비를 노래하며詠貧士〉를 말한다.

11 사혜련謝惠連 : 397~433. 중국 송나라 문인으로 족형族兄인 사령운謝靈運과 함께 '대소사大小謝'로 병칭되었다. 어려서부터 문장을 잘했으며, 하장유何長瑜에게서 시를 배웠다.

12 사혜련이……작품 : 사혜련謝惠連의 〈옷을 다듬이질하다擣衣〉를 말한다.

13 문선文選의 형식 : 『문선文選』에 실린 시문의 문체文體 혹은 후대에 이를 본받아 지은 시문의 문체를 이르는 말이다.

騷賦衰而五言盛, 五言衰而七言盛, 五言之源, 前已論之, 蓋蘇李與古詩十九首, 爲一體. 建安諸子, 承其餘風, 出言高妙, 自然華美. 此後五言之美者, 鍾嶸詩品, 所謂有阮籍<詠懷>, 嵇康雙鸞, 安仁倦署, 靈運<鄴中>, 士衡<擬古>, 越石感亂, 明遠戍邊, 太冲<詠史>, 延之入洛, 陶公詠貧之製, 惠連擣衣之作, 以爲皆五言之警策者也.[1] 六朝五言之工者, 不止于此, 文選所錄已不少. 阮陶二謝尤爲後人所宗. 唐人始亦好文選, 李杜集中多近于選體之作.

故杜詩曰, "精熟文選理"[2] 至韓退之出, 則風氣大變. 蘇子瞻斥昭明 至以爲小兒强作解事, 皆至唐而五言之體格一變. 別以文選中之五言爲選體 然其實文選中亦不止一體也.

李滄溟嘗言; "唐人無五言古詩, 而有七言古詩."[3] 王漁洋以爲定論. 要之, 唐五言古, 固多妙緒, 較諸<十九首>, 陳思陶謝, 自然區別. 七言古, 則唐人獨掩前代 漁洋謂李太白, 杜子美, 韓退之三家, 七古橫絶萬古, 後之追風躡景, 惟蘇長公一人耳.

[1] 阮籍詠懷……以爲皆五言之警策者也 : 阮籍詠懷, 子卿雙鳧, 叔夜雙鸞, 茂先寒夕, 平叔衣單, 安仁倦暑, 景陽苦雨, 靈運鄴中, 士衡擬古, 越石感亂, 景純詠僊, 王微風月, 謝客山泉, 叔源離宴, 鮑照戍邊, 太冲詠史, 顔延入洛,

陶公詠貧之製, 惠連擣衣之作, 斯皆五言之警策者也. (『詩品』 卷3) / 阮籍詠懷, 子卿雙鳧, 稽康雙鸞, 茂先寒食, 平叔單衣, 安仁倦暑, 景陽苦雨, 靈運鄴中, 士衡擬古, 越石感亂, 景純游仙, 王微風月, 謝客山水, 叔元離燕, 明遠戍邊, 太冲詠史, 延之入洛, 陶公詠貧之製, 惠連搗衣之作, 斯皆五言之警策者也. (『詩人玉屑』 卷13)

2 精熟文選理 : 熟精文選理 (『杜詩詳註』 卷17)

3 唐人無五言古詩, 而有七言古詩. : 唐無五言古詩, 而有其古詩. (『滄溟集』 卷15)

6

송宋나라 정위丁謂[1]는 “두보杜甫는 시세계를 열고 모은 사람이다.”라고 했는데, 두보의 시는 실로 이전의 시체詩體를 모아놓은 것이다. 당唐나라 헌종憲宗 원화元和 이후 시인들이 몹시 많은데 비록 그 지은 시의 형태가 두보가 모아놓은 것들과 모두 같지 않지만 편장篇章의 변화에 이르러서는 대체로 두보의 한 형태를 얻은 것이다. 송나라 이후로 시를 배우는 사람들은 이백李白과 두보만을 거론하고 다시 한漢 · 위魏까지 거슬러 올라가지 않았고 다시 이백과 두보가 시체를 모아놓은 집대성이라고 하였다. 또 한유韓愈의 시가 대체로 송나라 시체를 열었는데 한유가 강운强韻을 잘 다루었기에 송나라 사람들은 늘 그를 본받았다.

주희朱熹가 일찍이 “시를 지을 때는 먼저 이백 · 두보의 시를 익혀야 하는 것이니, 마치 선비가 경전을 익히는 것과 같은 것이다. 그렇게 근본이 확립된 뒤에 다음으로 소식蘇軾 · 황정견黃庭堅의 시를 익혀야 하는 것이고 그 다음으로 여러 시인의 시를 익혀야 한다.”라고 하였으니 송나라 시기의 기풍을 볼 수 있다.

도잠陶潛의 시는 평담平淡하고 충원沖遠한 취가 있는데 당나라의 왕유王維 · 맹호연孟浩然 · 위응물韋應物[2] · 유종원柳宗元이 모두 도잠을 종주로 삼았으나 각각 하나의 시파를 이루었고 그 나머지 이름난 시인들도 몹시 많지만 끝내 이백과 두보의 한계를 벗어나지 못했다. 당나라 이상은李商隱의 시는 기려綺麗하다고 이름났지만 그의 시 가운데 뛰어난 것들은 대부분 두보를 배운 것이다. 송나라의 시는 강서종파江西宗派[3]가 가장 큰 세력을 떨쳤는데 황정견黃庭堅과 강서종파의 여러 사람들도 두보를 배운 사람들이고 강서종파의 일조삼가一祖三家[4]라고 하는 것도 두보를 일조一祖로 삼은 것이다.

---

1 정위丁謂 : 966~1037. 중국 송나라 문인으로 자는 위지謂之였는데 후에 공언公言으로 고쳤다. 시 짓기를 좋아했고, 그림이나 장기와 바둑, 음률에도 정통했다. 『송사宋史』 권283에 그의 열전이 전한다.

2 위응물韋應物 : 737~792. 중국 당나라 문인으로 소주자사蘇州刺史를 역임하여 위소주韋蘇州로 불렸다. 산수전원시파山水田園詩派 시인으로, 후세 사람들은 왕유 · 맹호연 · 유종원 등과 함께 '왕맹위류王孟韋柳'라 불렀다. 그의 시풍詩風은 고요하고 담박 · 고원高遠했으며, 경치와 은일 생활을 잘 묘사했다. 문집으로 『위강주집韋江州集』 · 『위소주시집韋蘇州詩集』 · 『위소주집韋蘇州集』이 있다.

3 강서종파江西宗派 : 강서종파江西宗派는 중국 송대 시인의 거벽巨擘인 황정견黃庭堅(1045~1105)을 시종으로 삼은 진사도陳師道(1053~1101) 이하 25인을 일컫는 한 문시단의 한 유파를 말한다. 강서파의 시풍은 당시唐詩의 정통을 이탈하고 기상기구奇想奇句를 숭상함으로써 과감하게 구태舊態에서 신풍으로 추향趨向하였다.

4 일조삼가一祖三家 : 강서종피江西宗派의 개창자는 일조삼종一祖三宗으로 일컬어진다. 일조一祖란 두보杜甫이고, 삼종三宗은 황정견黃庭堅 · 진사도陳師道 · 진여의陳與義를 말한다.

宋丁晉公云, "子美集開詩世界"[1] 杜詩實綜有前古詩體. 元和以後詩家甚衆, 雖其形貌不盡與杜集相同, 至於篇章變化, 率是得杜之一體. 宋以來學詩者 但稱李杜 不復上溯漢魏, 亦以李杜能集詩體之成也. 韓退之詩頗開宋體, 退之善押强韻, 宋人每效之也. 朱晦庵嘗曰, "作詩先用看李杜, 如士人治本經, 然本旣立, 次第方可看蘇黃, 以次諸家詩." 可見宋時風氣也.[2] 陶詩有平淡沖遠之趣,

唐之王孟韋柳, 皆宗之亦別成一派. 其餘名家甚多, 終不出李杜門庭也. 李義山詩號爲綺麗, 其高者多學杜. 宋以江西宗派爲最盛, 山谷諸人亦是學杜者. 江西派所爲一祖三家, 卽以杜爲一祖也.

[1] 宋丁晉公云, 子美集開詩世界 : 丁晉公云, 子美集開詩世界 (『海錄碎事』卷1)

[2] 作詩先用看李杜……以次諸家詩 : 作詩先用看李杜, 如士人治本經, 本旣立, 次第方可看蘇黃, 以次諸家詩. (『朱子語類』卷140) / 교감사항없음 (『詩人玉屑』卷5)

7

육조六朝의 시는 모두 훌륭하지만 형식이 아직 갖춰지지 않았다. 두보杜甫에 이르러 각각의 시 형식이 모여 정밀해졌다. 그렇기 때문에 홀로 후대 사람들이 조종祖宗으로 삼았다. 그러므로 시는 두보에 이르러 한 번 크게 변했고, 송宋나라의 황정견黃庭堅이 또 한 번 변화하였다. 원元나라 시대에는 만당晩唐의 곱고 아름답기만 한 습관을 넘어서지 못했다. 명나라의 하경명何景明·이몽양李夢陽은 옛것을 본뜨는 것에 힘을 썼고, 칠자가 뒤를 이었다. 그러니 오언시는 한漢·위魏 사이부터 육조를 모범으로 삼았고, 그 나머지 칠언고시와 근체의 여러 시들 같은 것은 성당盛唐을 규범으로 배우지 않은 것이 없지만 이백李白과 두보의 범주를 넘어서지 못한 것이다.

그러므로 중국 시의 시격 변화는 송나라에 이르러 이미 끝나버렸고, 송나라의 시 형식에서 부족한 것은 당나라 이전의 시에서 찾았다. 그래서 그 형식을 본떠서 새로운 하나의 시 형식을 만들어내지 못한 것이 오래되었다. 겉모습이 싫증나면 또 송나라 이전에서 본뜨는 것이 반복되었으니 예를 들어 근세에 강서시파가 성행한 것이 바로 이런 것이다.

六朝詩儘佳而體格未備. 至杜集各體皆精. 故獨爲後人所宗. 故詩至杜子美一大變, 宋之黃山谷又一變. 元世不出晩唐穠麗之習. 明之何李力復古, 七子繼之. 惟五言效漢魏間及六朝, 餘如七言古及近體諸詩, 無不規摹盛唐, 不出李杜之範圍也. 故中國詩格之變, 至宋已盡, 其不足于宋者, 乃求之于唐以前. 惟襲其形貌, 莫能創一體久之. 厭其膚廓, 又復返于宋以下, 如近世頗行江西派是也.

8

총괄해 말하면 고악부古樂府와 한漢·위魏·육조六朝의 여러 시인들은 고시古詩의 연원이니, 시를 배우는 사람들은 익히지 않을 수 없다. 만약 넓은 것에서부터 요점으로 되돌아가고자 한다면 또 몇 사람의 시인에게서 배워야 한다. 때때로 익혀서 진실로 그 형태와 모습에 익숙해져야 하는데 더욱 그 신리神理[1]와 합하는 것이 중요하다.

왕사정王士禎은 오언고시를 배우는 것에 대해 "〈고시십구수古詩十九首〉 마치 하늘의 옷은 바느질한 자국이 없는 것 같아 배울 수 없는 것이고, 도잠陶潛은 진솔함을 온전히 맡겨 자신의 가슴속에 담긴 뜻을 묘사해 냈으니 쉬이 배울 수 있는 것이 아니다. 육조에서는 사령운謝靈運·사조謝朓·포조鮑照·하손何遜, 당唐나라 사람으로는 장구령張九齡[2]·위응물韋應物 등 몇 사람이 거의 법으로 높일 만하다. 또 칠언고시를 배우는 것은 당나라의 두보杜甫·잠삼岑參[3]·한유韓愈 세 사람과 송宋나라의 구양수歐陽脩·소식蘇軾·황정견黃庭堅·육유陸游 네 사람의 칠언고시에서 배워야 하는 것이니, 여러 장편 걸작들은 날로 읊조리고 익혀서 그 정수를 스스로 터득해야 하는 것이다."라고 하였다.

이것은 왕사정이 사람들을 가르친 법이다. 그러나 당나라의 진자앙陳子昂과 맹교孟郊[4]와 같은 오언고시, 이백李白·이하李賀·원진元稹·백거이白居易 같은 제가들의 칠언고시도 마음속으로 따져보지 않을 수 없는 것이다. 온정균溫庭筠·이상은李商隱의 칠언고시도 아울러 빼어나고 아름다우니, 비록 모두 법으로 취할 수 있는 것은 아니지만 그 요체는 두루두루 살펴야 한다.

---

1 신리神理 : 시 속에 담긴 정신이나 이치를 말한다.

2 장구령張九齡 : 673~740. 중국 당나라 문인으로 자는 자수子壽, 시호는 문헌文獻·박물博物이다. 문장으로 이름이 났으며 문집으로 『곡강집曲江集』이 있다.

3 잠삼岑參 : 715~770. 중국 당나라 문인으로 북서 변경에서의 종군 체험을 바탕으로 쓴 새외시塞外詩는 이국의 정서를 잘 그려내어 뛰어난 작품으로 평가받는다. 문집으로 『잠가주집岑嘉州集』이 있다.

4 맹교孟郊 : 751~814. 중국 당나라 문인으로 자는 동야東野이다. 50세에 진사에 급제하여 율양위溧陽尉가 되었으나 오래 있지 못하고 평생을 빈곤 속에서 불우하게 지냈다. 한유韓愈와 가까이 지냈으며 가도賈島와 함께 교도郊島라고 불렸다. 그의 시는 당대에 심오하고 우아하다는 칭송을 받았으나 적막감 또한 깊어서 가도의 시와 함께 '맹교는 냉담하고 가도는 메말랐다[郊寒島瘦].'라고 평가받았다. 문집으로 『맹동야집孟東野集』이 있다.

總而言之, 古樂府及漢魏六朝諸家, 是古詩之淵源, 學者不可不習. 若由博返約, 亦當取數家. 時時服膺, 固宜熟其形貌, 尤要會其神理. 漁洋論學五古詩曰, "<古詩十九首>, 如天衣無縫, 不可學, 陶淵明純任眞率, 自寫胸臆, 亦不易學. 六朝則二謝·鮑照·何遜. 唐人則張曲江·韋蘇州數家, 庶可宗法."[1] 又, "所學七言古詩, 當取唐杜岑韓三家·宋歐蘇黃陸四家七古. 諸大篇曰, "吟諷之, 自得其解."[2] 此是漁洋敎人法. 然唐五古若陳子昂·孟郊, 七古若李太白·李昌谷·元白諸家, 亦不可不究心. 飛卿·義山七古並能奇麗, 雖不盡取法, 要宜旁及也.

1 古詩十九首……庶可宗法.：古詩十九首, 如天衣無縫, 不可學. 已陶淵明純任眞率, 自寫胸臆, 亦不易學. 六朝則二謝・鮑照・何遜. 唐人則張曲江・韋蘇州數家, 庶可宗法. (『師友詩傳錄』)

2 漁洋論學五古詩日……自得其解：且此語專爲七言古詩而發, 當取唐杜岑韓三家・宋歐蘇黃陸四家七言. 諸大篇日吟諷之, 自得其解. (『師友詩傳錄』)

中國詩學

9

1. 한나라 오언고시

〈고시십구수古詩十九首〉

기일其一

가고 가고 또 가고 가서	行行重行行
그대와 살아서 이별하여	與君生離別
서로 만 리나 넘게 떨어져	相去萬餘里
각각 하늘 한 쪽 끝에 있네요	各在天一涯
길은 막힌데다가 멀기도 하니	道路阻且長
만날 날을 어찌 알 수 있을까요	會面安可知
오랑캐의 말은 북풍을 그리워하고	胡馬依北風
월나라 새는 남쪽 가지에 둥지 튼다는데	越鳥巢南枝
서로 떨어진 날 이미 오래되었고	相去日已遠
허리띠는 나날이 헐거워지는데	衣帶日已緩
뜬구름이 밝은 해를 가려서인지	浮雲蔽白日
떠난 그대는 되돌아오지 못하고	遊子不顧返
그대 그리움이 나를 늙게 만드니	思君令人老
세월이 어느덧 저물어가네요	歲月忽已晚
버림받았다고 다시 말하지 않으리니	棄捐勿復道
애써 밥이나 더 챙겨드세요	努力加餐飯

이 시는 간사한 신하가 임금을 가려 어진 신하가 나라를 떠났으나 차마 임금을 잊지 못하는 말이다. 이를 읽어서 한 가닥 애틋한 서글픈 감정이 시어詩語 밖에 넘치고 있음을 알아야 한다.

기이其二

푸르고 푸른 강둑의 풀	靑靑河畔草
정원의 버들 울창하고	鬱鬱園中柳
아리따운 누각 위의 여인	盈盈樓上女
달빛 밝은 창가에 기대니	皎皎當窓牖
곱디고운 붉고 흰 화장에	娥娥紅粉粧
여리여리한 흰 손이 드러나는데	纖纖出素手
예전에 기방의 여인이었지만	昔爲倡家女
지금은 탕자의 아내 되었는데	今爲蕩子婦
탕자가 떠나 돌아오지 않으니	蕩子行不歸
빈 침상 홀로 지키기 어렵구나	空牀難獨守

이것은 만난 것이 바르지 않아 끝내 그것을 지키지 못한 것을 탄식한 것이다.

기삼其三

푸르디 푸른 언덕 위의 잣나무	靑靑陵上柏
겹겹 쌓인 시내의 바위	磊磊澗中石
사람이 세상을 사는 것은	人生天地間
홀연히 먼 길 가는 나그네 같으니	忽如遠行客
한 말 술로 즐긴다면	斗酒相娛樂
그런대로 넉넉하여 박하지 않으리니	聊厚不爲薄

수레 몰고 느린 말 채찍질해 驅車策駑馬
완현[1]과 낙양에서 놀아야지 遊戲宛與洛

낙양은 어찌 그리도 화려한가 洛中何鬱鬱
관복 입은 사람들 서로 찾아다니고 冠帶自相索
큰길에는 작은 골목이 벌려 있고 長衢羅夾巷
왕후의 큰집들 많기도 하네 王侯多第宅
두 궁궐은 멀리서 마주보고 兩宮遙相望
두 궐은 백여 척이 넘는다네 雙闕百餘尺
잔치하여 내 마음 끝까지 즐긴다면 極宴娛心意
근심이 어찌 좇아오겠는가 戚戚何所迫

이는 사람이 세상을 사는 것은 홀연히 먼 길을 떠나는 나그네와 같다고 느꼈으니 갈 줄은 알고 돌아올 줄을 모르고 잔치하고 즐기기만 할 생각을 할 뿐이라는 것에 감개한 것이다.

기사其四

오늘의 좋은 연회 今日良宴會
즐거움을 다 말하기 어려우니 歡樂難具陳
쟁을 연주하는 편안한 소리 들으면 彈箏奮逸響
새로운 소리 묘하여 신의 경지 이른 듯하고 新聲妙入神
좋은 덕을 가진 이가 고상한 말을 노래하면 令德唱高言
노래를 아는 자 그 참뜻을 알 수 있네 識曲聽其眞
마음을 나란히 해 바라는 것 같이 하지만 齊心同所願
품은 뜻은 함께 말하지 않네 含意俱未伸
사람이 한 세상 사는 것은 人生寄一世
빠르기가 날리는 먼지와 같으니 奄忽若飇塵

어찌 좋은 말[2] 채찍질 하여 何不策高足
먼저 중요한 길목을 차지하지 않는가 先據要路津
가난과 천함을 지키려 하지 마라 無爲守窮賤
불우한 인생 늘 괴롭고 고통스러운 것이니 轗軻長苦辛

이는 윗 글의 뜻을 이어서 미루어 넓혀 말한 것일 뿐이다.

기오其五

서북쪽에 높은 누대가 있어 西北有高樓
올라보면 구름과 나란한데 上與浮雲齊
창에는 비단으로 꽃무늬 짜 넣었고 交疏結綺窓
누각에는 세 겹 계단을 두었네 阿閣三重階
위에서 거문고 소리 들리는데 上有絃歌聲
그 소리 어찌 그리 슬픈가 音響一何悲
누가 이 곡조를 만들었는가 誰能爲此曲
기량의 처[3]가 아닐까 하네 無乃杞梁妻
청상곡 바람 따라 퍼지다 淸商隨風發
곡조 중간에서 배회하는구나 中曲正徘徊
한 번 튕기고 다시 세 번 두드리니 一彈再三鼓
강개함 속에 슬픔이 있구나 慷慨有餘哀
노래하는 이의 괴로움 애석하지 않지만 不惜歌者苦
다만 알아주는 이 없어 슬프네 但傷知音稀
원컨대 쌍으로 우는 학이 되어 願爲雙鳴鶴
날갯짓하며 일어나 높이 날기 바라는 것이겠지 奮翅起高飛

이것은 지음知音이 드물어 괴로운 마음을 함께 이야기 할 사람이 없음을 탄식한 것이다.

기육其六

강 건너 연꽃을 따니 涉江采芙蓉
난초 핀 연못엔 고운 풀 많기도 하네 蘭澤多芳草
따다가 누구에게 주려고 하나 采之欲遺誰
그리운 이는 먼 곳에 있는데 所思在遠道
고개 돌려 고향을 바라보니 還顧望故鄉
긴 길은 아득히 넓기도 하네 長路漫浩浩
마음은 같으나 떨어져 사니 同心而離居
근심으로 마음 상하며 늙어가겠지 憂傷以終老

이것은 마음을 같이하는 사람이 서로 모일 수 없음을 슬퍼한 것이다.

기칠其七

밝은 달 환히 빛나는데 明月皎夜光
귀뚜라미는 동쪽 벽에서 울고 促織鳴東壁
북극성 자루 초겨울을 가리키며 玉衡指孟冬
뭇 별들은 어찌 그리 또렷한가 衆星何歷歷
흰 이슬이 들풀에 맺히니 白露霑野草
시절은 금세 다시 바뀌어 時節忽復易
가을 매미 숲속에서 울어대고 秋蟬鳴樹間
제비는 어디론가 가버렸네 玄鳥逝安適
그 옛날 나의 동문 친구들은 昔我同門友
높이 날아 두 날개를 떨치지만 高舉振六翮
손잡았던 좋은 날 생각지 않고 不念携手好
남겨진 자국처럼 나를 버렸네 棄我如遺跡
남쪽에 기성 북쪽에 두성 있지만 쓸모없고[4] 南箕北有斗
견우성은 멍에를 지지 못하네 牽牛不負軛

진실로 반석처럼 굳지 못하니　良無磐石固
헛된 이름 다시 또 무슨 보탬이있겠는가　虛名復何益

이것은 시물時物의 변화를 느끼고 헛된 이름을 짊어지고 있는 친구들과 우호를 끝까지 하지 않은 것이다.

기팔其八

축 늘어진 외로운 대나무　冉冉孤生竹
태산 산기슭에 뿌리 내렸네　結根泰山阿
그대와 혼인을 맺어　與君爲新婚
새삼풀이 여라에 감긴 것 같았네　兎絲附女蘿
새삼풀 꽃 피는 때가 있고　兎絲生有時
부부도 만나는 때가 있건만　夫婦會有宜
천 리 멀리 와 결혼했는데　千里遠結婚
아득히 산과 강 두고 떨어진 듯 하네　悠悠隔山陂
그대 그리워하며 나는 늙어 가는데　思君令人老
수레 오는 것 어째서 더딘가　軒車來何遲
마음 상하는데 저 혜초 난초 꽃은　傷彼蕙蘭花
영화로움 머금고 빛나네　含英揚光輝
때가 지나도 꺾이지 않더라도　過時而不采
가을 풀과 함께 시들어 갈 것이니　將隨秋草萎
그대 분명 높은 절개 지키겠지만　君亮執高節
천한 첩은 또 어찌 하리오　賤妾亦何爲

이는 어진 신하가 버림받아 쓰이지 못했기 때문에 부부가 마땅함을 잃어 때가 지났으나 만나지 못하게 되어 상심하게 된 것을 빗대어 말한 것이다.

기구其九

뜰 안 기이한 나무	庭中有奇樹
푸른 잎에 만발한 꽃	綠葉發華滋
가지 당겨서 꽃 꺾어	攀條折其榮
그리운 그대에게 보내려니	將以遺所思
꽃향기 소매 가득 배여도	馨香盈懷袖
길이 멀어 드릴 수 없는데	路遠莫致之
이 꽃 바치는 걸로 어찌 충분하겠냐마는	此物何足貴
다만 이별한 세월에 북받쳐서네	但感別經時

이는 정원 나무에서 봄의 영화로움을 보고, 그리운 이가 멀리 있음을 탄식하고 이별한 세월에 북받친 것이다.

기십其十

아득히 먼 견우성	迢迢牽牛星
하얗게 빛나는 직녀성	皎皎河漢女
섬섬옥수 고운 손 들어	纖纖擢素手
찰칵찰칵 베틀 북 움직이네	札札弄机杼
하루종일 베는 못짜고	終日不成章
눈물만 비오듯이 주륵주륵	泣涕零如雨
은하수는 맑고도 얕으니	河漢淸且淺
두 별 사이 거리는 얼마인가	相去復幾許
찰랑이는 강물 사이에 두고	盈盈一水間
바라보기만 하고 말 한마디 못하네	脈脈不得語

앞부분에서 견우성과 직녀성으로 함께 시작하였으나 직녀성만을 가리

켜서 손을 들어 북을 놀려도 하루종일 베를 짜지 못한다고 한 것은 님 생각이 간절해서 권이를 뜯지 않는다는[5] 뜻과 같은 것이다.

기십일其十一

수레 되돌려 먼 곳으로 몰아	迴車駕言邁
유유히 머나먼 길 떠나며	悠悠涉長道
사방 돌아보니 어찌나 망망한지	四顧何茫茫
봄바람에 온갖 풀만 흔들리네	東風搖百草
마주친 곳마다 예전 그대로가 아니니	所遇非故物
어찌 빨리 늙지 않을 수 있겠는가	焉得不速老
성함과 쇠함에는 각각 때가 있으니	盛衰各有時
입신양명 일찍 못한 것 괴롭네	立身苦不早
인생은 금석 같지 않으니	人生非金石
어찌 오래 살 수 있겠는가	豈能長壽考
갑작스런 죽음 따라 가는 것이니	奄忽隨物化
훌륭한 명성만 보배로 삼으리	榮名以爲寶

수레를 몰아 갈 곳이 없기 때문에 배회하다 또 멍에를 얹어서 아득히 먼 길 가지만 어느 곳에 멍에를 풀어야 할지 모르는 것이니, 마음이 정해진 것이 없는 것이 마치 봄바람에 온갖 풀들이 흔들리는 것과 같은 것이다.

기십이其十二

높고 긴 낙양성 동쪽	東城高且長
구불구불 아득히 서로 잇닿아 있고	逶迤自相屬
회오리 바람 땅 흔들어 일으키는데	迴風動地起
가을 풀 벌써 시들어 처량하네	秋草萋已綠

사계절 다시 계속 바뀐다고 하지만　　四時更變化
세모는 어찌 이리도 빠른가　　歲暮一何速
신풍시는 괴로운 마음 품었고[6]　　晨風懷苦心
실솔시는 몸 움츠려 조심하지만[7]　　蟋蟀傷局促
말끔히 씻어내 마음껏 즐기자　　蕩滌放情志
무엇하여 얽매이는가　　何爲自結束
연 지방, 조 지방에 미인 많다더니　　燕趙多佳人
미인의 얼굴이 옥과 같이 아름답네　　美者顔如玉
비단 치마 저고리 입고　　被服羅衣裳
창문에서 거문곡 연주하는데　　當戶理淸曲
울리는 소리는 어찌 이리도 슬픈가　　音響一何悲
가락이 빠르니 기러기발 높음을 알겠네　　絃急知柱促
뛰는 가슴에 옷매무새 다잡고　　馳情整巾帶
깊은 생각에 잠시 배회하니　　沈吟聊躑躅
생각건대 한 쌍의 제비되어　　思爲雙飛燕
진흙 물고 그대 집에 둥지 틀고 싶네　　銜泥巢君屋

이 장의 뜻이 '말끔히 씻어내 마음껏 즐기자'라는 구절에 있으니, '방放'자에는 서러움을 스스로 터득했다는 뜻을 함축하고 있다.

기십삼其十三

상동문으로 수레 몰아　　驅車上東門
멀리 북망산의 무덤을 바라보니　　遙望郭北墓
백양나무는 쓸쓸히 흔들리고　　白楊何蕭蕭
소나무 측백나무 무덤가는 길 양쪽에 있네　　松栢夾廣路
땅 아래에는 오래전 죽은 자가　　下有陳死人
어둠 속 긴 밤 속에 있으리니　　杳杳卽長暮

황천 아래에서 깊은 잠에 빠져	潛寐黃泉下
천년이 지나도 깨어날 줄 모르네	千載永不寤
끝도 없이 계절은 변화하지만	浩浩陰陽移
사람의 생명은 아침 이슬 같네	年命如朝露
인생은 잠시 머물다 가는 것이니	人生忽如寄
수명에는 금석 같은 영원함 없네	壽無金石固
천 년 만 년 계속 삶과 죽음 반복되니	萬歲更相送
성현도 뛰어넘을 수 없네	聖賢莫能度
단약 먹고 신선이 되길 원하지만	服食求神仙
대체로 단약 먹고 잘못되었으니	多爲藥所誤
좋은 술 마음껏 마시고	不如飲美酒
비단 옷 입는 것만 못하다네	被服紈與素

이 장 이하는 사람의 수명이 짧다는 것을 극언하는 것이니 대체로 갑작스러운 죽음 이래로 반복 영탄한 것이다. 인생이라는 것을 아침 이슬 같다고 탄식한 것에서 입신양명이 빨리야 한다는 것을 보인 깃이다.

기십사其十四

죽은 사람 날이 갈수록 멀어지고	去者日以踈
살아있는 사람 날이 갈수록 친해진다는데	生者日以親
성곽 문을 나서 바로 쳐다보니	出郭門直視
언덕과 무덤만 보이네요	但見丘與墳
오래된 무덤은 쟁기질로 밭이 되고	古墓犁爲田
소나무와 측백은 꺾여서 땔감이 되니	松栢摧爲薪
백양나무에 서글픈 바람이 불어	白楊多悲風
우수수 소리 시름겨워 사람을 잡네요	蕭蕭愁殺人
고향마을 돌아갈 생각하지만	思還故里閭

돌아가려 해도 길이 없어라　欲歸道無因

기십오其十五

한평생 살아도 백 년을 못 채우는데　生年不滿百
천년의 걱정거리를 항상 품고 사네요　常懷千歲憂
낮은 짧고 밤은 길어 괴로운데　晝短苦夜長
어찌 촛불 들고 놀지 않겠어요　何不秉燭遊
즐기는 것 제때에 해야 하는데　爲樂當及時
언제나 할 수 있다고 내년을 기다리는　何能待來玆
어리석은 자들은 돈을 아끼다가　愚者愛惜費
후세 사람들에게 웃음거리만 되었네요　但爲後世嗤
왕자교는 신선이 되었다지만　仙人王子喬
그와 같은 기대는 하기 어려워요　難可與等期

앞 장은 죽음을 슬퍼하는 것이고, 이것은 생을 즐기자는 말이다.

기십육其十六

차가운 추위 속 한 해가 저물어가는데　凜凜歲云暮
땅강아지 저녁되자 서글프게 울어대고　螻蛄夕鳴悲
찬바람 갈수록 맹렬해지는데　涼風率已厲
나그네는 추위에 옷도 없네　遊子寒無衣
내가 보낸 비단 이불 다른 여인[8]에게 주었나　錦衾遺洛浦
부부의 정 나와 어긋났으니　同袍與我違
홀로 잠드는 긴 밤 쌓여만 가고　獨宿累長夜
꿈에서도 그리워 빛나는 모습 보이는데　夢想見容輝
그대는 오래된 즐거움 생각하는지　良人惟古歡
꿈속에 와서 수레 끈[9]을 건네주네요　枉駕惠前綏

바라는 건 언제나 고운 미소 바라보고	願得常巧笑
손잡고 함께 수레 타고 돌아가는 것이지만	携手同車歸
오셨다가 잠시도 있지 않으시고	旣來不須臾
깊은 규방에는 오시지도 않으시네요	又不處重闈
날이 밝아오지만 새매의 날개 없으니	亮無晨風翼
어찌하면 바람 타고 날아갈 수 있을까요	焉能凌風飛
따라갈 마음으로 사방을 둘러보며	眄睞以適意
고개 빼들고 먼 곳을 바라보다가	引領遙相睎
그저 기대어 가슴 아픈 감회 일어나	徙倚感懷傷
눈물 흘려 두 문짝을 적시네요	垂涕沾雙扉

이것은 어진 신하가 버림받은 것을 부인이 남편을 생각하는 말에 의탁한 것이니, 제8수의 뜻과 조금 다르다.

기십칠其十七

초겨울 찬 기운 이르니	孟冬寒氣至
북풍에 얼마나 떨며 지낼까요	北風何慘慄
시름 많으니 밤이 길어짐을 알고	愁多知夜長
고개 들어 보니 뭇별들 늘어서 있는데	仰觀衆星列
보름이면 밝은 달 꽉 차있고	三五明月滿
이십일이면 달은 이지러지는데	四五蟾兎缺
먼 곳에서 손님이 찾아와	客從遠方來
내게 준 편지 한 통	遺我一書札
첫머리엔 긴 그리움 말하고	上言長相思
끝머리엔 오랜 이별 적혀있어	下言久離別
소매 속에 편지 품고 있으니	置書懷袖中
삼년이 지나도 글자 그대로 있네요	三歲字不滅

온 마음으로 진실한 정을 품고 있지만 一心抱區區
그대가 살피고 알아주지 않을까 두려워요 懼君不識察

이것은 시의 뜻이 '그대가 살피고 알아주지 않을까 두려워요[懼君不識察.].'라는 구절에 있으니, 백성과 신하가 임금을 사랑하는 마음이 이미 정성스럽고 절실하여 임금이 살펴 알 수 있다면 무슨 일이든 다스리지 못하겠는가.

기십팔其十八

먼 곳에서 손님이 찾아와 客從遠方來
내게 준 비단 한 필 遺我一端綺
만 리나 서로 떨어져 있는데 相去萬餘里
당신의 마음은 변함이 없네요 故人心尙爾
화려하게 한 쌍의 원앙을 수놓고 文采雙鴛鴦
잘라내어 함께 덮을 이불 만들어 裁爲合歡被
긴 그리움을 채워 놓고 著以長相思
매듭 묶어 풀어지지 않게 하고서는 緣以結不解
아교칠 해 옻을 속에 넣으면 以膠投漆中
누가 이별하게 할 수 있을까요 誰能別離此

만 리에서 비단을 보내주었기 때문에 고인의 마음이 멀다고 여기지 않는 것이다. 이 장은 문세文勢가 한 번 열렸으니 이와 같이 정을 밝혀, 내가 감히 정을 잊지 못한다는 것이다.

기십구其十九

달빛은 어찌 그리 밝고 환한지 明月何皎皎

침상의 비단 휘장 뚫고 나를 비추니 照我羅牀幃
근심 걱정에 잠들지 못해 憂愁不能寐
옷을 걸치고 일어나 배회하네요 攬衣起徘徊
나그네 생활 비록 즐겁다 말하시지만 客行雖云樂
일찍이 돌아옴만 못하니 不如早旋歸
문 밖에 나가 홀로 방황하지만 出戶獨彷徨
시름을 누구에게 하소연하나요 愁思當告誰
먼 곳 바라보다 다시 방에 들어와 引領還入房
눈물 흘려 옷을 적시네요 淚下沾裳衣

이 장은 바로 첫 장과 서로 호응되니, 곧 십구 수를 극대화하는 장법이다. 자세히 완미하면 회선廻旋·완전宛轉·전후前後·기복起伏이 마치 한 사람 손에서 나온 것 같다. 어떤 사람은 한 사람이 쓴 것이 아니라고 하기도 하지만 그렇지 않은 것 같다.

〈소무가 아내와 이별하며蘇武別妻〉

머리 올리고 부부가 되어 結髮爲夫妻
사랑을 서로 의심하지 않았는데 恩愛兩不疑
즐거움은 오늘 밤뿐이고 歡娛在今夕
다정함이 좋은 때가 다 되었지 燕婉及良時
길 떠나는 남편은 갈 길을 걱정하며 征夫懷往路
일어나 밤이 얼마나 되었나 바라보니 起視夜何其
별들은 벌써 다 져 參辰皆已沒
이제는 이별하고 떠나야 하네 去去從此辭
해야 할 일 전장에 있으니 行役在戰場
만날 날을 기약할 수 없어 相見未有期

악수하고 한번 길게 탄식하니	握手一長歎
생이별에 눈물만 넘치네	淚爲生別滋
힘써 청춘을 아껴	努力愛春華
좋았던 때 잊지 말게	莫忘歡樂時
살아 있다면 다시 돌아오겠지만	生當復來歸
죽는다 해도 길이 그리워하리라	死當長相思

〈소무가 이릉에게 주다蘇武與李陵〉

형제 인연은 가지와 잎이고	骨肉緣枝葉
친구도 서로 이어져 있어	結交亦相因
사해가 모두 형제이니	四海皆兄弟
누가 길 가는 나그네 이겠는가	誰爲行路人
하물며 나는 가지 이어진 나무처럼	況我連枝樹
그대와 한 몸을 같이 했는데	與子同一身
예전에는 원앙새가 되었다가	昔爲鴛與鴦
이제는 삼성과 진성[10]이 되겠고	今爲參與辰
예전에는 늘 가까이 있었는데	昔者常相近
오랑캐 땅과 진나라 땅[11]처럼 멀리 있겠지	邈若胡與秦
헤어져 있을 것 생각하면	惟念當乖離
그리워하는 정은 나날이 새로워지네	恩情日以新
사슴이 울면서 들풀을 생각하니	鹿鳴思野草
좋은 손님으로 비유할 만 하네	可以喻嘉賓
나에게 한 잔 술 있으니	我有一樽酒
멀리 가는 그대에게 주고 싶네	欲以贈遠人
원컨대 그대는 머물러 술을 따라	願子留斟酌
이 평생의 친함을 보여주시게	叙此平生親

또 짓다又

고니가 한 번 멀리 이별하면	黃鵠一遠別
천 리 밖에서도 돌아보고 배회하며	千里顧徘徊
오랑캐 말이 무리를 잃어버리면	胡馬非其群
그리운 마음 언제나 연연하는 듯한데	思心常依依
하물며 짝지어 날던 용이	何況雙飛龍
날개 펼쳐 헤어질 때가 되었으니	羽翼臨當乖
다행히 악기와 곡조가 있어	幸有絃歌曲
마음속 회포를 풀 수 있으니	可以喻中懷
유자음 연주를 청하였는데	請爲遊子吟
쓸쓸한 곡조 얼마나 서글픈가	泠泠一何悲
악기는 맑은소리 떨쳐내면서	絲竹厲淸聲
강개하여 남은 슬픔이 있고	慷慨有餘哀
긴 노래가 이제 격렬해지니	長歌正激烈
마음은 근심으로 아파오네	中心愴以摧
청상곡을 연주해 보려고 하지만	欲展淸商曲
그대를 돌아오지 못할까 염려스러워	念子不得歸
둘러보니 속으로 마음만 상해	俛仰內傷心
눈물 흘러도 다 훔쳐낼 수가 없네	淚下不可揮
원컨대 한 쌍의 고니가 되어	願爲雙黃鵠
그대 보내며 함께 멀리 날고 싶구나	送子俱遠飛

〈이릉이 소무에게 주다李陵與蘇武〉

좋은 때는 다시 오지 않는데	良時不再至
이별은 순식간에 있으니	離別在須臾
갈라진 길 한 켠에서 주저하다가	屛營衢路側
손잡고 들판에서 머뭇거리네	執手野踟躕

날리는 뜬구름을 우러러보니 仰視浮雲飛
갑작스레 엇갈려 지나가다가 奄忽互相踰
바람 일자 한 번에 갈 곳을 잃고 風波一失所
각자 하늘 한 모퉁이에 있네 各在天一隅
이제부터 오래도록 이별일지니 長當從此別
다시 잠깐 서 있게 且復立斯須
부는 아침 바람맞으며 欲因晨風發
이 천한 몸으로 그대를 보내고 싶네 送子以賤軀

또 짓다又

손잡고 강가 다리 위에 오르니 攜手上河梁
날 저무는데 그대는 어디로 가려는가 游子暮何之
좁은 길가에서 배회하며 徘徊蹊路側
슬퍼서 이별의 말도 못하네 悢悢不能辭
떠날 이는 오래 머무르기 어려우니 行人難久留
각기 서로 오래도록 그리워하자 말하지만 各言長相思
어찌 알겠나 해와 달이 아니지만 安知非日月
차고 이우는 것 각각 때가 있으니 弦望各有時
힘써 밝은 덕을 높이면서 努力崇明德
흰머리가 되어서도 만나기를 기약하세 皓首以爲期

소무와 이릉은 오언고시의 시조로 추존되니, 두 사람의 이별의 정이 몹시 괴롭지만 처한 상황이 각기 달랐기 때문에 이릉의 시가 슬프고 격렬함이 소무의 시보다 심한 곳이 있다.

1 완현宛縣 : 중국 동한東漢 시대 남양南陽의 완현宛縣을 말한다. 현재의 하남성河南城 남양시南陽市이다.

2 좋은 말[高足] : 원문의 고족高足은 뛰어난 재주를 말하는데, 여기에서는 좋은 말, 준마를 말한다.

3 기량의 처[杞梁妻] : 중국 제나라의 대부 기량杞梁의 부인인 맹강孟姜을 말한다. 기량이 전장에서 죽자 그의 아내가 몹시 슬프게 울어 성이 무너져 내렸다는 이야기가 전한다.

4 남쪽에……쓸모없고[南箕北有斗] : 『시경詩經』에 "남쪽에 기성이 있어도 키질을 할 수 없고, 북쪽에 두성이 있어도 술을 뜰 수가 없네[維南有箕, 不可以簸揚. 維北有斗, 不可以挹酒漿.]."라고 한 데서 온 말이다. 『시경詩經』 〈대동大東〉.

5 권이를 뜯지 않는다는 : 임금을 그리워하는 마음을 의미한다. 『시경詩經』에 "권이를 뜯고 뜯어도 기운 광주리에도 차지 못해, 아, 내 님을 그리워하여 저 큰길가에 버려두노라[采采卷耳, 不盈頃筐. 嗟我懷人, 寘彼周行.]."라는 구절이 보인다. 『시경詩經』 〈권이卷耳〉.

6 신풍시는……품었고 : 군자를 만나지 못하는 괴로운 마음을 의미한다. 『시경詩經』에 "휙휙 나는 저 신풍이여, 울창한 북쪽 숲에 있도다. 군자를 만나지 못해, 마음에 근심 가득하네[鴥彼晨風, 鬱彼北林. 未見君子, 憂心欽欽.]."라는 구절이 보인다. 『시경詩經』 〈신풍晨風〉.

7 실솔시는……조심하지만 : 『시경詩經』에 "귀뚜라미가 마루 밑에서 우니 한 해가 드디어 저물어가네. 지금 우리가 즐기지 않으면 세월이 덧없이 지나가리라. 너무 태평하게 놀지 말 것이니 직분을 맡은 것을 생각하게. 즐겨도 좋아하되 지나치지 말기를 훌륭한 선비는 언제나 조심한다네[蟋蟀在堂, 歲聿其莫. 今我不樂, 日月其除. 無已大康, 職思其居. 好樂無荒, 良士瞿瞿.]."라는 구절이 있다. 『시경詩經』 〈실솔蟋蟀〉.

8 다른 여인[洛浦] : 원문의 낙포洛浦는 낙수의 포구 즉 낙천洛川의 수신水神 복비宓妃를 말하는데 여기에서는 남편이 객지에서 알게 된 여인을 가리킨다. 〈낙신부洛神賦〉에 "아름다운 모습이 노니는 용과 같고……비단 버선에 먼지가 인다[婉若游龍……羅襪生塵.]."라고 한 데서 온 말이다.

9 수레 끈[前綏] : 원문의 전수前綏는 결혼할 때 남편이 수레를 끌고 신부를 맞이하여 데려올 때 주는 손잡이 끈을 말한다. 『예기禮記』 「혼의昏儀」.

10 삼성과 진성 : 원문의 삼여진參與辰은 삼성參星과 진성辰星을 말한다. 삼성은 초저녁에 뜨고 진성은 새벽에 떠서 한 하늘에서 만날 수 없을 정도로 멀리 있음을 말한다.

11 오랑캐……땅 : 원문의 호여진胡與秦은 오랑캐와 진나라 땅이라는 말로 서로의 거리가 매우 멀다는 것을 의미한다.

一. 漢.五言古詩

<古詩十九首>

其一

"行行重行行, 與君生離別[1]. 相去萬餘里[2], 各在天一涯. 道路阻且長, 會面安可知. 胡馬依北風, 越鳥巢南枝. 相去日已遠, 衣帶日已緩. 浮雲蔽白日, 遊子不顧返(反). 思君令人老, 歲月忽已晚. 棄捐勿復道, 努力加餐飯." 此爲邪臣蔽主, 賢臣去國, 而不忍忘君之辭. 讀此覺有一段纏綿悱惻之情, 溢于言外.

其二

"青青河畔草, 鬱鬱園中柳. 盈盈樓上女, 皎皎當窓牖. 娥娥紅粉粧[3], 纖纖出素手. 昔爲倡家女, 今爲蕩子婦. 蕩子行不歸, 空牀難獨守. 此歎所遇之非正, 終不克保其守也."

其三

"青青陵上柏, 磊磊澗中石. 人生天地間, 忽如遠行客. 斗酒相娛樂, 聊厚不爲薄. 驅車策駑馬, 遊[4]戲宛與洛. 洛中何鬱鬱, 冠帶自相索. 長衢羅夾巷, 王侯多第宅. 兩宮遙相望, 雙闕百餘尺. 極宴娛心意, 戚戚何所迫." 此感人生在世, 忽忽如遠行之客, 知去而不知歸, 因思宴娛行樂耳.

其四

"今日良宴會, 歡樂難具陳. 彈箏奮逸響, 新聲妙入神. 令德唱高言,識曲聽其眞. 齊心同所願, 含意俱未伸[5]. 人生寄一世, 奄忽若飇塵. 何不策高足, 先據要路津. 無爲守窮賤, 轗軻長苦辛." 此承上文之意而推廣言之耳.

其五

“西北有高樓, 上與浮雲齊. 交疏結綺窗, 阿閣三重階. 上有絃歌聲, 音響一何悲. 誰能爲此曲, 無乃杞梁妻. 淸商隨風發, 中曲正徘徊. 一彈再三鼓[6], 慷慨有餘哀. 不惜歌者苦, 但傷知音稀. 願爲雙鳴鶴[7], 奮翅起高飛.” 此歎知音稀而苦心無與共白也.

其六

“涉江采芙蓉, 蘭澤多芳草. 采之欲遺誰, 所思在遠道. 還顧望故鄕, 長路漫浩浩. 同心而離居, 憂傷以終老.” 此慨同心人之不得相聚也.

其七

“明月皎夜光, 促織鳴東壁. 玉衡指孟冬, 衆星何歷歷. 白露霑[8]野草, 時節忽復易. 秋蟬鳴樹間, 玄鳥逝安適. 昔我同門友, 高擧振六翮. 不念携手好, 棄我如遺跡. 南箕北有斗, 牽牛不負軛. 良無磐[9]石固, 虛名復何益.” 此感時物之變而負虛名之友, 不終其好也.

其八

“冉冉孤生竹, 結根泰山阿. 與君爲新婚, 兎絲附女蘿. 兎絲生有時, 夫婦會有宜. 千里遠結婚[10], 悠悠隔山陂. 思君令人老, 軒車來何遲. 傷彼蕙蘭花, 含英揚光輝. 過時而不采, 將隨秋草萎. 君亮執高節, 賤妾亦何爲.” 此賢臣被棄不見親用, 故托言夫婦失宜, 而爲過時不遇者傷也.

其九

“庭中有奇樹, 綠葉發華滋. 攀條折其榮, 將以遺所思. 馨香盈懷袖, 路遠莫致之. 此物何足貴, 但感別經時.” 此見庭樹之春榮,歎所思之在遠, 而感別離之經時也.

其十

“迢迢牽牛星, 皎皎河漢女. 纖纖擢素手, 札札弄機杼. 終日不成章, 泣涕零如雨. 河漢清且淺, 相去復幾許. 盈盈一水間, 脈脈不得語.” 首以雙星並起, 而側到織女, 擧手弄机終日而不成章者, 猶懷人切而不采卷耳之意.

其十一

“迴車駕言邁, 悠悠涉長道. 四顧何茫茫, 東風搖百草. 所遇非[11]故物, 焉得不速老. 盛衰各有時, 立身苦不早. 人生非金石, 豈能長壽考. 奄忽隨物化, 榮名以爲寶.” 車無所往故旣迴, 又駕而涉悠悠之長道, 不知何處稅駕. 中心靡定如東風之搖百草.

其十二

“東城高且長, 逶迤自相屬. 迴風動地起, 秋草萋已綠. 四時更變化, 歲暮一何速. 晨風懷苦心, 蟋蟀傷局促. 蕩滌放情志, 何爲自結束. 燕趙多佳人, 美者顔如玉. 被服羅衣裳[12], 當戶理清曲. 音響一何悲, 絃急知柱促. 馳情整巾帶, 沈吟聊躑躅. 思爲雙飛燕, 銜泥巢君屋.” 此章意在蕩滌放情志句, 放字含有怊然自得之意.

其十三

“驅車上東門, 遙望郭北墓. 白楊何蕭蕭, 松柏夾廣路. 下有陳死人, 杳杳卽長暮. 潛寐黃泉下, 千載永不寤. 浩浩陰陽移, 年命如朝露. 人生忽如寄, 壽無金石固. 萬歲更相送, 聖賢莫能度. 服食求神仙, 多爲藥所誤. 不如飮美酒, 被服紈與素.” 此章以下, 極言年命之促, 盖自奄忽物化, 以來反覆詠歎. 人如朝露以見立身宜早也.

其十四

"去者日以疎, 生[13]者日以親. 出郭門直視, 但見丘與墳. 古墓犁爲田, 松栢摧爲薪. 白楊多悲風, 蕭蕭愁殺人. 思還故里閭, 欲歸道無因."

其十五

"生年不滿百, 常懷千歲憂. 晝短苦夜長, 何不秉燭遊[14]. 爲樂當及時, 何能待來玆. 愚者愛惜費, 但爲後世嗤. 仙人王子喬, 難可與等期." 前章悲死, 此乃爲樂生之詞

其十六

"凜凜歲云暮, 螻蛄夕鳴悲. 涼風率已厲, 遊子寒無衣. 錦衾遺洛浦, 同袍與我違. 獨宿累長夜, 夢想見容輝. 良人惟古歡, 枉駕惠前綏. 願得常巧笑, 携手同車歸. 旣來不須臾, 又不處重闈. 亮無晨風翼, 焉能凌風飛. 眄睞以適意, 引領遙相睎. 徒倚感懷傷[15], 垂涕沾雙扉." 此賢臣被棄托爲婦念夫之詞, 與第八首之意稍異.

其十七

"孟冬寒氣至, 北風何慘慄. 愁多知夜長, 仰觀衆星列. 三五明月滿, 四五蟾兔缺. 客從遠方來, 遺我一書札. 上言長相思, 下言久離別. 置書懷袖中, 三歲字不滅. 一心抱區區, 懼君不識察," 此詩意在'懼君不識察'句, 人臣愛君之心. 旣誠且切君能識察, 何事不理也.

其十八

"客從遠方來, 遺我一端綺. 相去萬餘里, 故人心尙爾. 文采[16]雙鴛鴦, 裁爲合歡被. 著以長相思, 緣以結不解. 以膠投漆中, 誰能別離此." 萬里遺綺, 故人之心不以爲遠也. 此章文勢一開明情如

此, 我不敢忘也.

其十九

"明月何皎皎, 照我羅牀幃. 憂愁不能寐, 攬衣起徘徊. 客行雖云樂, 不如早旋歸. 出戶獨彷徨, 愁思當告誰. 引領還入房, 淚下沾裳衣." 此章正與首章相爲呼應, 乃十九首極大章法也. 細玩味之廻旋·宛轉·前後·起伏, 如出一手. 或謂非一人之詞者, 恐未然.

<蘇武別妻>

"結髮爲夫妻, 恩愛兩不疑. 歡娛在今夕, 燕婉及良時. 征夫懷往路, 起視夜何其. 參辰皆[17]已沒, 去去從此辭. 行役在戰場, 相見未有期. 握手一長歎, 淚爲生別滋. 努力愛春華, 莫忘歡樂時. 生當復來歸, 死當長相思."

<蘇武與李陵>

"骨肉緣枝葉, 結交亦相因. 四海[18]兄弟, 誰爲行路人. 況我連枝樹, 與子同一身. 昔爲鴛與鴦, 今爲參與辰. 昔者常相近, 邈若胡與秦. 惟念當乖離, 恩情日以新. 鹿鳴思野草, 可以喻嘉賓. 我有一樽[19], 欲以贈遠人. 願子留斟酌, 叙此平生親."

又

"黃鵠一遠別, 千里顧徘徊. 胡馬非其群, 思心常依依. 何況雙飛龍, 羽翼臨當乖. 幸有絃歌曲, 可以喻中懷. 請爲遊子吟, 泠泠一何悲. 絲竹厲清聲, 慷慨有餘哀. 長歌正激烈, 中心愴以摧. 欲展清商曲, 念子不得歸. 俛仰內傷心, 淚下不可揮. 願爲雙黃鵠, 送子俱遠飛."

<李陵與蘇武>

"良時不再至, 離別在須臾. 屛營衢路側, 執手野踟躕. 仰視浮

雲飛[20], 奄忽互相踰. 風波一失所, 各在天一隅. 長當從此別, 且復立斯須. 欲因晨風發, 送子以賤軀."

又 "攜手上河梁, 游子暮何之. 徘徊蹊路側, 悢悢不能辭. 行人難久留, 各言長相思. 安知非日月, 弦望各[21]有時. 努力崇明德, 皓首以爲期." 蘇李推五言古詩之祖. 二人別情甚苦, 處境各異. 故李詩悽惋激烈, 有甚于蘇.

[1] 離別 : 別離 (『古詩紀』 卷20 / 『古今詩刪』 卷6)
[2] 萬餘里 : 萬里餘 (『古詩紀』 卷20)
[3] 粧 : 妝 (『古今詩刪』 卷6)
[4] 遊 : 游 (『古詩紀』 卷20 / 『古今詩刪』 卷6)
[5] 伸 : 申 (『古今詩刪』 卷6)
[6] 鼓 : 歎 (『古詩紀』 卷20 / 『古今詩刪』 卷6)
[7] 鳴鶴 : 鴻鵠 (『古詩紀』 卷20 / 『古今詩刪』 卷6)
[8] 霑 : 沾 (『古今詩刪』 卷6)
[9] 磐 : 盤 (『古詩紀』 卷20 / 『古今詩刪』 卷6)
[10] 遠結婚 : 結遠婚 (『古詩紀』 卷20)
[11] 非 : 無 (『古詩紀』 卷20 / 『古今詩刪』 卷6)
[12] 衣裳 : 裳衣 (『古詩紀』 卷20 / 『古今詩刪』 卷6)
[13] 生 : 來 (『古詩紀』 卷20 / 『古今詩刪』 卷6)
[14] 遊 : 游 (『古今詩刪』 卷6)
[15] 感懷傷 : 懷感傷 (『古詩紀』 卷20 / 『古今詩刪』 卷6)
[16] 采 : 彩 (『古詩紀』 卷20)
[17] 皆 : 俱 (『古詩紀』 卷12)
[18] 없음 : 皆 (『古詩紀』 卷12 / 『古今詩刪』 卷6)
[19] 없음 : 酒 (『古詩紀』 卷12 / 『古今詩刪』 卷6)
[20] 飛 : 馳 (『古詩紀』 卷12/ 『古今詩刪』 卷6)
[21] 各 : 自 (『古詩紀』 卷12/ 『古今詩刪』 卷6)

2. 위나라 오언고시

〈고한행苦寒行〉 — 조조曹操[1] —

북쪽에 유뚝 솟은 태항산	北上太行山
험하고 높아 오르기 힘드니	艱哉何巍巍
양장처럼 굽이굽이 비탈져	羊腸阪詰屈
수레바퀴마저 꺾여졌구나	車輪爲之摧
나무는 어찌 그리 스산하고	樹木何蕭瑟
북풍 소리는 정녕 서글픈가	北風聲正悲
큰 곰은 나를 보고 달려들고	熊羆對我蹲
호랑이와 표범은 좁은 길에서 울부짖네	虎豹夾路啼
계곡에는 다니는 사람 없고	溪谷少人行
눈만 떨어져 흩날리는데	雪落何霏霏
목을 빼고 길게 탄식하니	延頸長嘆息
먼 원정길에 사무치는 것 많기도 하네	遠行多所懷
내 마음은 어찌 그리 답답한지	我心何怫鬱
동쪽으로 돌아가고픈 생각 가득하지만	思欲一東歸
강물은 깊고 다리는 끊어져	水深橋梁絕
가던 길에서 정녕 머뭇거리니	中道正徘徊
길을 잃어 분간되지 않아	迷惑失故路
저녁 다 되어도 잠잘 곳조차 없는데	薄暮無宿棲

가야 할 길 아직 멀고 行行日已遠
사람과 말이 함께 굶주려 人馬同時饑
짊어진 짐을 풀고 섶을 모아 擔囊行取薪
도끼로 얼음 깨고 죽을 끓이니 斧氷持作糜
저 서글픈 산동의 노래가 悲彼山東詩
울적한 내 마음을 더욱 서럽게 하네 悠悠使我哀

이 시는 조조가 밖에서 주둔하고 있을 때, 마침 괴로움과 추위를 만나 지은 것이다. 전반부는 산과 계곡의 험함을 말하였고, 후반부는 원정길의 괴로움을 말하였다. 격조가 질박하고 굳세니 당나라 오언시의 단서를 연 것이다.

〈미녀편美女篇〉 – 조식曹植 –

아름다운 여인 예쁘고 우아한데 美女妖且閒
갈림길에서 뽕을 따고 있네 采桑歧路間
여린 가지 어지러이 늘어져 있고 柔條紛冉冉
떨어지는 잎은 어찌 이리도 나부끼는지 葉落何翩翩
소매 걷자 하얀 손 드러나는데 攘袖見素手
흰 팔목에 금팔찌 끼고 皓腕約金環
머리에는 참새 모양 금비녀 꽂고 頭上金爵釵
허리에는 푸른 구슬 차고 있는데 腰佩翠琅玕
빛나는 구슬 옥 같은 몸에 둘러있고 明珠交玉體
산호가 목난[2] 구슬 사이에 섞여있네 珊瑚間木難
비단옷은 어찌 이리도 나부끼는지 羅衣何飄飄
가벼운 옷자락 바람 따라 펄럭이네 輕裾隨風還
흘겨보는 눈에는 광채가 흐르고 顧盼遺光彩
긴 휘파람 불면 난초 향기 나니 長嘯氣若蘭

지나가던 이들은 수레를 멈추고	行徒用息駕
쉬던 이들은 먹는 것도 잊어버리네	休者以忘餐
저 여인 어디에 사는지 물으니	借問女安居
성 남쪽 끝에 산다고 하는데	乃在城南端
푸른 누각 길가에 있고	青樓臨大路
높은 문은 겹겹이 닫혀있네	高門結重關
아름다운 얼굴 아침 햇살처럼 빛나니	容華耀朝日
누가 아름다운 얼굴 갖고자 하지 않겠는가	誰不希令顏
중매쟁이 무슨 일을 하는가	媒氏何所營
옥과 비단으로 혼사할 때 정하지 않느냐	玉帛不時安
미인은 높은 의를 지닌 사람 사모하지만	佳人慕高義
어진 사람은 진실로 구하기 어렵네	求賢良獨難
뭇사람들 부질없이 시끄럽게 떠들 뿐이고	衆人徒嗷嗷
어찌 저 미인의 생각을 알겠는가	安知彼所觀
꽃다운 나이 되어서도 규방에만 있으면서	盛年處房室
한밤중에 일어나 길게 탄식하네	中夜起長歎

---

1 조조曹操 : 155~220. 중국 위나라 왕으로 자字는 맹덕孟德, 아명兒名은 아만阿瞞 · 길리吉利이다. 후한 헌제獻帝(189~220) 때 승상丞相을 지냈으며, 위왕魏王으로 봉해졌다. 아들 조비曹丕가 위나라 황제의 지위에 오른 뒤에는 무황제武皇帝로 추존되었다. 시부詩賦에 뛰어난 성취를 보여 두 아들인 조비曹丕, 조식曹植과 함께 '삼조三曹'라고 불렸다.

2 목난木難 : 진주의 일종으로 푸른색을 띤다고 한다.

二. 魏五言古詩

<苦寒行> - 曹孟德

"北上太行山, 艱哉何巍巍. 羊腸阪詰屈, 車輪爲之摧. 樹木何蕭瑟, 北風聲正悲. 熊羆對我蹲, 虎豹夾路啼. 谿谷少人行[1], 雪落何霏霏. 延頸長嘆息, 遠行多所懷. 我心何怫鬱, 思欲一東歸. 水深橋梁絶, 中道[2]正徘徊. 迷惑[3]失故[4]路, 薄暮無宿棲. 行行日已遠, 人馬同時饑. 擔囊行取薪, 斧氷持作糜. 悲彼山東[5]詩, 悠悠使我哀." 此詩蓋孟德屯兵於外, 正値苦寒而作. 前半言山溪之險, 後半言行客之苦, 格調古朴蒼勁, 開唐五言之端.

<美女篇> - 曹子建

"美女妖且閒, 采[6]桑歧路間. 柔條紛冉冉, 葉落何翩翩. 攘袖見素手, 皓腕約金環. 頭上金爵釵, 腰佩翠琅玕. 明珠交玉體, 珊瑚間木難. 羅衣何飄颻, 輕裾隨風還. 顧盼遺光彩, 長嘯[7]氣若蘭. 行徒用息駕, 休者以忘餐. 借問女安居, 乃在城南端. 青樓臨大路, 高門結重關. 容華耀朝日, 誰不希令顔. 媒氏何所營, 玉帛不時安. 佳人慕高義, 求賢良獨難. 衆人徒嗷嗷, 安知彼所觀. 盛年處房室, 中夜起長歎."

[1] 行 : 民 (『古詩紀』 卷21 / 『古今詩刪』 卷3)

[2] 道 : 路 (『古詩紀』 卷21 / 『古今詩刪』 卷3))

[3] 惑 : 或 (『古今詩刪』 卷3)

[4] 故 : 正 (『古詩紀』 卷21)

[5] 山東 : 東山 (『古詩紀』 卷21)

[6] 采 : 採 (『古詩紀』 卷23)

[7] 嘯 : 笑 (『古詩紀』 卷23)

3. 진나라 오언고시

〈술을 마시며飮酒〉 - 도잠陶潛 -

인간 세상 속에 띠집 지어 살고 있지만	結廬在人境
수레와 말 시끄러움 없으니	而無車馬喧
묻노니 그대 어찌 그럴 수 있나	問君何能爾
마음이 멀어지면 땅은 절로 외진다네	心遠地自偏
동쪽 울타리 아래에서 국화꽃을 따다가	采菊東籬下
그냥 남산이 눈에 들어오니	悠然見南山
산 기운은 저녁 들어 더욱 아름답고	山氣日夕佳
나는 새는 짝지어 돌아오는데	飛鳥相與還
이 속에 참다운 뜻 있으나	此中有眞意
말하고 싶어도 이미 말을 잊었네	欲辨已忘言

전편의 뜻이 '심원心遠' 두 자에 있으니 도잠이 귀거래를 읊은 후에, 그 높고 아득하고 넓고 고고한 생각을 스스로 펼친 것이니 조화의 기틀이 흘러가서, 천진天眞이 절로 갖추어졌으니 가장 깊이 완미하는 것이 좋다.

三. 晉五言古詩

<飮酒> - 陶潛

"結廬在人境, 而無車馬喧. 問君何能爾, 心遠地自偏. 采[1]菊東籬下, 悠然見南山. 山氣日夕佳, 飛鳥相與還. 此中有眞意, 欲辨[2]已忘言." 通篇意在心遠二字, 淵明賦歸之後, 自述其高遐曠古之思. 化機流行, 天眞自具, 最宜深玩也.

[1] 采 : 採 (『陶淵明集』 卷3)

[2] 辨 : 辯 (『陶淵明集』 卷3)

4. 육조시대 오언고시

〈석벽정사에서 호중으로 돌아오며 짓다石室精舍 還湖中作〉

－사령운謝靈運－

아침저녁으로 기후 변하지만	昏旦變氣候
산수는 맑은 햇살 머금으니	山水含淸輝
맑은 햇살은 사람을 즐겁게 하여	淸輝能娛人
나그네는 느긋하여 되갈 것을 잊었네	遊子澹忘歸
골짜기 나설 때는 해가 아직 일렀는데	出谷日尚早
배에 오르자 햇살 이미 희미해져	入舟陽已微
숲과 골짜기 어둠이 깃들고	林壑斂暝色
노을 진 하늘 저녁 구름을 거두네	雲霞收夕霏
마름과 연은 무성하게 번갈아 비추고	芰荷迭映蔚
부들과 피는 서로 기대어 있어	蒲稗相因依
숲 헤치고 남쪽 길을 달려 들어가	披拂趨南徑
즐겁게 동쪽 사립문 아래 누워보네	愉悅偃東扉
생각이 담박해지면 욕심 절로 가벼워지고	慮澹物自輕
뜻이 상쾌해지면 이치에 어긋나는 것이 없네	意愜理無違
세상 사람들[1]에게 말을 전하니	寄言攝生客
시험 삼아 이 도를 따라보게나	試用此道推

〈서릉에서 바람을 만나 강락[2]에게 올리다西陵遇風 獻康樂〉 －사혜련謝惠連－

철형은 이별에 마음 상하여	哲兄感仳別
교외 너머까지 전송해 주고	相送越坰林
들에 있는 객사에서 이별의 술잔 기울인 뒤	飮餞野亭舘
맑은 호수가에서 헤어지네	分袂澄湖陰
남겨진 자의 말은 늘 쓸쓸하고	悽悽留子言
떠나는 나그네의 마음은 늘 되돌아보는 것	眷眷浮客心
멀리 보이는 둑에 뱃머리 숨어버려	迴塘隱艫栧
멀리 바라보아도 보이지도 들리지도 않네	遠望絕形音

이 시는 점차 오언율시의 형식을 이루었으니 왕승유王僧儒[3] · 유운柳惲[4]에 이르러 완전히 근체 율시가 되었다.

〈저녁 무렵 삼산에 올라 서울을 뒤돌아보며晩登三山 還京邑〉 －사조謝朓－

파수[5]가에서 장안을 바라보고	灞涘望長安
하양에서 도읍을 바라보니	河陽視京縣
햇살은 나는 듯한 용마루서 아름다우니	白日麗飛甍
들쑥날쑥 모두 볼만하네	參差皆可見
저녁 노을 비단처럼 흩어지고	餘霞散成綺
맑은 강은 명주처럼 잔잔한데	澄江靜如練
지저귀는 새소리 봄 고을을 덮고	喧鳥覆春洲
온갖 꽃들은 풀 우거진 들판에 가득하네	雜英滿芳甸
오래 머물던 곳에서 이제 떠나니	去矣方滯淫
즐거운 잔치 끝난 것 그리워지네	懷哉罷歡宴
슬프구나, 좋은 날은 언제 다시 오려는가	佳期悵何許
눈물은 방울방울 흐르고	淚下如流霰

정들어 고향을 그리워하니	有情知望鄕
누구인들 머리가 세지 않겠는가	誰能鬒不變

〈범안성[6]과 이별하며別范安成〉 – 심약沈約 –

살아생전 젊었을 때는	生平少年日
이별하며 앞날 약속 쉬웠지만	分手易前期
그대와 나 쇠약하고 늙어서는	及爾同衰暮
다시는 이별할 때가 아니네	非復別離時
한잔 술뿐이라고 말하지 말게	勿言一樽酒
내일 되면 다시 잔 들기도 어려울 테니	明日難重持
꿈속에서도 그대 만나러 갈 길 모른다면	夢中不識路
어떻게 그리운 마음 달랠 것인가	何以慰相思

〈옛이별古離別〉 – 강엄江淹[7] –

멀리 그대와 이별했으니	遠與君別者
이내 곧 안문관[8]에 이르겠지	乃在雁門關
누런 구름이 천 리를 덮고 있는데	黃雲蔽千里
님은 어느 때에 돌아오려는가	遊子何時還
님 보낸 것 어제 일 같은데	送君如昨日
처마 앞에 이슬이 이미 둥글게 맺혔네	簷前露已團
혜초[9] 시드는 것 애석하지 않지만	不惜蕙草晩
그대 갈 길 추운 것이 슬프다네	所悲道里寒
님은 하늘 끝에 있어	君在天一涯
나와 오래도록 이별했으니	妾身長別離
얼굴이라도 한번 보고 싶지만	願一見顔色
옥나무 가지와 다르지 않구나[10]	不異瓊樹枝
토사[11]와 부평초처럼	兎絲及水萍

심겨진 곳에서 끝내 옮기지 않는다는데 所寄終不移

〈가을날 규방에서의 원망秋閨怨〉 – 왕승유王僧孺 –

석양은 서쪽 벽에 비추고 斜光隱西壁
저물녘 참새는 남쪽 가지에 오르는데 暮雀上南枝
바람 불어와 가을 부채 접고 風來秋扇屛
달 뜨자 저녁 등을 불어 끄네 月出夜燈吹
깊은 마음 수도 없이 일어나지만 深心起百際
눈물 흘려도 전해지지 않으니 遙淚非一垂
부질없이 첩은 괴로운데 徒勞妾辛苦
말해봐도 님은 알지 못하네 終言君未知

〈도의[12]시擣衣詩〉 – 유운柳惲 –

수자리 길 풍파에 막혀 行役滯風波
나그네 돌아오지 못하는데 遊人淹不歸
정자의 연못에 나뭇잎 떨어지고 亭皋木葉下
언덕 마루 위로 가을 구름 날아가네 隴首秋雲飛
겨울 맞은 뜰에는 저녁 새 모여들고 寒園夕鳥集
그대 그리는 창에는 풀벌레 소리만 서럽네 思牖草蟲悲
아, 당신은 봄옷을 입고 계실테니 嗟矣當春服
어찌하면 겨울옷을 보낼 수 있을까 安見禦冬衣

오른쪽 두 시는 그 형식이 점차 대구를 이루어 율시의 단초를 열었으니, 육조의 시는 여기에 이르러서는 당시唐詩 형식을 따르지 않을 수 없었다.

1 세상 사람들[攝生] : 원문의 섭생攝生은 양생養生과 같은 의미로 생을 영위하는 것을 말한다. 섭생객攝生客은 삶을 살아가는 사람들 즉 세상 사람들을 의미한다.

2 강락康樂 : 중국 남조南朝 송나라 문인 사령운謝靈運을 말한다.

3 왕승유王僧儒 : 464~521. 중국 양나라 문인으로 원문에는 왕승유王僧儒로 되어있으나 『양서梁書』에는 '왕승유王僧孺'로 되어 있다. 어려서부터 글을 지을 줄 알았으며, 고서古書를 좋아해서 만 권의 진귀한 서적을 모았다고 한다. 문집으로 명나라 사람이 편집한 『왕좌승집王左丞集』이 있다.

4 유운柳惲 : 465~517. 중국 양나라 문인으로 자는 문창文暢이다. 양 무제梁武帝가 연회를 베풀 때마다 반드시 불러 시를 짓게 했는데 무제의 〈등경양루登景陽樓〉에 창화한 시는 많은 칭찬을 받은 적이 있다. 본래 문집 12권이 있었지만 전하지 않는다.

5 파수[灞涘] : 여기에서는 장안長安의 남교南郊로 흐르는 파수灞水를 가리킨 것으로 추정된다.

6 범안성范安成 : 440~514. 중국 제나라 문인으로 자는 무빈懋賓이다. 심약沈約과 절친한 친구로 제나라 아성군의 내사內史를 지냈다. 박학하고 여러 방면에 정통했는데, 특히 위진魏晉 이래 길흉吉凶과 관련된 전고에 밝아 심약沈約과 범운范雲의 칭송을 들었다. 저서로 『예론禮論』, 『잡의雜儀』가 있다.

7 강엄江淹 : 444~505. 중국 양나라 문인으로 자는 문통文通이다. 젊어서부터 문장으로 이름이 났고, 의고시擬古詩를 잘 지었다. 문집으로 『강문통집江文通集』이 있다.

8 안문관雁門關 : 중국 산서성 패주 지방에 있는 관문인데 북으로 날아가던 기러기가 이 관문에 앉아 쉬었다가 떠나기 때문에 안문이라는 이름이 생겼다고 한다.

9 혜초蕙草 : 난초과에 속하는 풀로 향기가 아주 짙어 향초로 쓰이며 흔히 은사隱士를 상징한다.

10 옥나무……않구나 : 원문의 경수瓊樹는 신선 세계에 자라는 옥으로 된 나무이다. 여기에서는 곤륜산의 옥나무처럼 그리운 님이 너무 멀리 있다는 의미이다.

11 토사兔絲 : 토사는 콩 덩굴에 엉겨 붙는 새삼으로 뿌리가 없이 나무에 붙어 덩굴을 맺는 기생寄生 식물이다.

12 도의擣衣 : 다듬이질해서 옷을 다듬는 것을 말한다.

四. 六朝五言古詩

<石室精舍 還湖中作> – 謝靈運

"昏旦變氣候, 山水含清輝. 清輝能娛人, 遊子澹[1]忘歸. 出谷日尚早, 入舟陽已微. 林壑斂暝色, 雲霞收夕霏. 芰荷迭映蔚, 蒲稗相因依. 披拂趨南徑[2], 愉悅偃東扉. 慮澹物自輕, 意愜理無違. 寄言攝生客, 試用此道推."

<西陵遇風 獻康樂> – 謝惠連

"哲兄感仳別, 相送越坰林. 飲餞野亭舘, 分袂澄湖陰. 悽悽留子言, 眷眷浮客心. 迴[3]塘隱艫栧, 遠望絕形音." 此詩漸成五律體, 至王僧儒, 柳惲全爲近律矣.

<晚登三山 還[4]京邑> – 謝朓

"灞涘望長安, 河陽視京縣. 白日麗飛甍, 參差皆可見. 餘霞散成綺, 澄江靜如練. 喧鳥覆春洲, 雜英滿芳甸. 去矣方滯淫, 懷哉罷歡宴. 佳期悵何許, 淚下如流霰. 有情知望鄉, 誰能鬒不變."

<別范安成> – 沈約

"生平少年日, 分手易前期. 及爾同衰暮, 非復別離時. 勿言一樽[5]酒, 明日難重持. 夢中不識路, 何以慰相思."

<古離別> – 江淹

"遠與君別者, 乃在[6]雁門關. 黃雲蔽千里, 遊子何時還. 送君如昨日, 簷前露已團. 不惜蕙草晚, 所悲道里寒. 君在天一涯, 妾身長別離. 願一見顔色, 不異瓊樹枝. 兔絲及水萍, 所寄終不移."

<秋閨怨> – 王僧儒

"斜光隱西壁, 暮雀上南枝. 風來秋扇屛, 月出夜燈吹. 深心起百際, 遙淚非一垂. 徒勞妾辛苦, 終言君未知."

<擣衣詩[7]> – 柳惲

"行役滯風波, 遊[8]人淹不歸. 亭皐木葉下, 隴首秋雲飛. 寒園夕鳥集, 思牖草蟲悲. 嗟矣當春服, 安見禦冬衣." 右二詩體格漸爲排偶, 開律詩之端, 六朝詩至此, 不得不爲唐矣.

[1] 澮 : 憎 (『古詩紀』 卷58)

[2] 徑 : 逕 (『古詩紀』 卷58 / 『古今詩刪』 卷8)

[3] 迴 : 廻 (『古詩紀』 卷59)

[4] 없음 : 望 (『古詩紀』 卷69 / 『古今詩刪』 卷8)

[5] 樽 : 尊 (『古今詩刪』 卷8)

[6] 在 : 至 (『古詩紀』 卷86)

[7] 擣衣詩 : 擣衣詩五首 (『古詩紀』 卷89)

[8] 遊 : 游 (『古詩紀』 卷89)

中國詩學 13

5. 당나라 오언고시

〈회포를 적다述懷〉 － 위징魏徵[1] －

중국에서 나라 얻기 위한 싸움이 시작됐을 때	中原初逐鹿
붓을 던지고 전쟁터에 나갔었는데	投筆事戎軒
합종연횡의 계책을 이루지는 못했지만	縱橫計不就
비분강개한 뜻은 여전하네	慷慨志猶存
채찍 쥐고 천자를 알현하고	杖策謁天子
말을 몰아 관문을 나서며	驅馬出關門
남월왕 잡아올 밧줄을 청하고	請纓繫南越
수레에 기대 동쪽 국경으로 내려가	憑軾下東藩
험준한 높은 산에 올라	鬱紆陟高岫
오르내리며 평원을 바라보니	出沒望平原
고목에는 찬 새가 울고	古木鳴寒鳥
텅 빈 산에선 밤에도 원숭이 우네	空山啼夜猿
이미 천 리 길에 상심하고	旣傷千里目
구불거리는 길에 혼도 되려 놀라니	還驚九折魂
어찌 험난한 길 두렵지 않겠냐마는	豈不憚艱險
국사가 된 은혜 깊이 생각하노라	深懷國士恩
계포는 한 번 허락하면 두 말하지 않았고[2]	季布無二諾
후영의 한마디는 중천금이었으니[3]	侯嬴重一言

사람 살면서 의기에 감격하면 그만이지　人生感意氣
공명 따위를 누가 다시 따질 것 있는가　功名誰復論

고정례高廷禮[4]는 "오언시가 일어난 것은 한漢나라에서 시작하여 위魏나라에 들어가 양진兩晉에서 큰 바다를 이루었는데, 양梁나라 · 진陳나라에서 뒤섞여 어지러워져 대아大雅의 음악이 거의 떨치지 못하였다. 당 태종唐太宗 때에 천문이 빼어나게 드러났으니 뛰어난 인재들을 찾아보면 한 시대의 우세남虞世南[5] · 위징魏徵이 노래를 이어부르고, 시를 주고 받으며, 함께 읊으니 이 도道가 당나라 시대 오언 고풍의 시작이다."라고 하였다.

〈계구[6]에서 옛날을 돌아보다薊丘覽古〉[7]　- 진자앙陳子昂 -

남쪽으로 갈석관[8]에 올라　南登碣石館
멀리 황금대[9]를 바라보니　遙望黃金臺
구릉은 높은 나무로 뒤덮였는데　丘陵盡喬木
연나라 소왕은 어디에 있는가　昭王安在哉
패권 잡으려던 생각 슬프구나 이제 그만이니　霸圖悵已矣
말을 몰아 다시 돌아가야겠네　驅馬復歸來

종성鍾惺은 "초당初唐은 진자앙에 이르러 시 속에 하나의 세계가 있다는 것을 그제서야 깨달았다."라고 하였다.

〈하비의 이교[10]를 지나다 장자방을 생각하며經下邳圯橋懷張子房〉　- 이백李白 -

자방[11]이 아직 세상에 이름 날리기 전　子房未虎嘯
재물도 없이 장가도 들지 못했을 때　破產不爲家

창해군[12] 장사를 얻어	滄海得壯士
박량사[13]에서 진시황을 철퇴로 쳤네	椎秦博浪沙
한나라의 보답 비록 이루지 못했으나	報韓雖不成
천지 모두 온통 흔들렸다네	天地皆震動
숨어들어 하비를 떠돌았지만	潛匿遊下邳
어찌 지혜와 용기가 없었다고 말하겠는가	豈曰非智勇
내가 이교 위에 와서	我來圯橋上
옛일을 돌이켜 영웅의 풍모 흠모해보지만	懷古欽英風
푸르른 강물 흘러가는 것만 보일 뿐	惟見碧水流
그 이전 황석공[14]은 자취도 없네	曾無黃石公
탄식하노라 이 사람 떠나간 뒤에	歎息此人去
쓸쓸하게 서주 · 사주[15]가 텅 빈 듯하겠구나	蕭條徐泗空

종성은 "이백의 시를 읽을 때에는 웅쾌한 속에서도 고요하고 멀며 정밀한 것이 나온 곳을 살펴야 하니 힘이 있고 이치가 있다."라고 하였다. 이 한 수의 시는 절묘하니 영사시에서 성당盛唐의 풍격을 볼 수 있다.

〈변방을 나간 후에後出塞〉 - 두보杜甫 -

아침에 동문의 군영에 나아가고	朝進東門營
저물녘에 하양의 다리[16]에 오르니	暮上河陽橋
지는 해는 큰 깃발을 비추는데	落日照大旗
말은 울고 바람은 쓸쓸히 불어오네	馬鳴風蕭蕭
너른 모래펄에 수많은 막사 늘어서고	平沙列萬幕
군진에선 각각 점호를 받는데	部伍各見招
하늘 한가운데 밝은 달 걸리니	中天懸明月
군령은 엄하고 밤은 적막하네	令嚴夜寂寥
슬픈 피리소리 몇 가락 울리니	悲歌數聲動

장사들도 서글퍼 사기가 꺾이는구나 壯士慘不驕
물어보자구나, 대장군이 누구신가 借問大將誰
아마도 표요교위 곽거병[17]이리라 恐是霍嫖姚

시는 성당 시기에 가장 뛰어났었고 두보가 또 그 가운데 가장 뛰어난 자였다. 이 시의 비장하고 침울함 같은 것은 수법이 절묘하여 후대사람 가운데 그 울타리를 살펴 엿볼 수 있는 사람들이 없었다.

〈서시를 읊다詠西施〉 - 왕유王維 -

요염한 미색을 천하가 중히 여겼으니 艶色天下重
서시가 어찌 오랫동안 미천할 수 있겠는가 西施寧久微
아침나절에는 월나라 냇가의 여인이었는데 朝爲越溪女
저녁되자마자 오나라 왕비가 되었네 暮作吳王姬
천했을 때는 뭐가 그리 남들과 달랐겠느냐마는 賤日豈殊衆
귀해지니 그제야 드문 미색임을 알겠다네 貴來方悟稀
시비 불러 연지분 바르고 邀人傅脂粉
비단옷도 혼자 입지 않더니 不自看羅衣
임금이 총애하자 교태 더욱 부리고 君寵益嬌態
임금이 아끼시자 시비소리조차 없어졌네 君憐無是非
빨래하던 그때의 여인들 중 當時浣紗伴
함께 수레타고 돌아온 이 없었으니 莫得同車歸
이웃 여인들에게 서시 이야기 들려준다한들 持謝鄰家子
찡그림 흉내냄을 어찌 바랄 수 있겠는가 效顰安可希

은번殷璠[18]은 "왕유의 시는 그 말이 빼어나고 고우며 뜻이 새롭고 이치가 시원해서 한 글자 한 구절도 모두 평범한 경지를 벗어난 것이다."라고 하였고, 소식蘇軾은 “왕유와 위응물은 맑고 담박하며 정밀하고 고와 격조가 그 속에 들어있다.”[19]라고 하였다.

〈서산西山〉 －상건常建[20]－

이 한 몸 가벼운 배가 되니 一身爲輕舟
지는 해는 서산 저 끝에 걸려 落日西山際
언제나 떠나는 돛단배 그림자를 따라 常隨去帆影
멀리 저 먼 하늘과 접할듯하네 遠接長天勢
만물은 더욱 맑은데로 돌아가고 物象歸餘清
숲과 산은 저녁과 고움을 나누네 林巒分夕麗
아득한 푸른 물은 어두워지고 亭亭碧流暗
해진 뒤 한 조각 노을 이어지니 日入孤霞繼
멀리 섬들은 드러났다 사라지고 洲渚遠陰映
호수 구름은 아직 뚜렷히 보이네 湖雲尙明霽
숲은 어두워져 초나라 빛이 짙어지고 林昏楚色來
멀리 언덕의 사립문은 닫혀 있는데 岸遠荊門閉
밤되어 더욱 맑고 시원하더니 至夜轉清迥
쓸쓸한 북풍은 매섭게 불어 蕭蕭北風厲
모래톱에 기러기 백로 내려앉고 沙邊雁鷺泊
잘 곳엔 갈대가 덮혀있네 宿處蒹葭蔽
둥근 달은 앞 포구에 걸리고 圓月逗前浦
외로운 거문고소리 또 울리는데 孤琴又搖曳
시원한 밤 드디어 깊어져 泠然夜遂深
맑은 이슬이 소매를 적시네 白露沾人袂

경물을 묘사한 것이 몹시 공교롭고 절로 맑은 기운을 갖추었다.

〈자은사 부도에 올라登慈恩寺浮圖〉 – 잠삼岑參 –

탑의 형세 솟아오르는 듯하여　搭勢如涌出
외롭게 하늘로 우뚝한데　孤高聳天宮
올라보니 인간세계를 벗어난 듯　登臨出世界
돌길은 하늘을 떠받치네　蹬道盤虛空
우뚝하게 신주를 누르니　突兀壓神州
높고 높은 모습 귀신의 솜씨인 듯　崢嶸如鬼工
네 모퉁이는 해도 들지 않고　四角礙白日
칠 층의 높이 푸른 하늘을 찌를 듯　七層摩蒼穹
내려다보면 높이 나는 새를 가리키고　下窺指高鳥
고개 숙여 거센 바람 소리를 듣네　俯聽聞驚風
연이은 산은 파도 치는 듯하여　連山若波濤
동쪽으로 흐르는 양 분주하고　奔走似朝東
푸른 솔은 큰 길을 끼고 있으니　青松夾馳道
궁궐은 얼마나 찬란한가　宮觀何玲瓏
가을빛 서쪽에서 와　秋色從西來
가을빛은 물들어 장안에 가득하네　蒼然滿關中
오릉의 북쪽 언덕 위는　五陵北原上
만고에 푸른 빛이 가득하네　萬古青濛濛
맑은 이치 마침내 깨달을 만하고　淨理了可悟
좋은 인연 이전부터 높이던 것이니　勝因夙所宗
맹세컨대 관을 걸어두고 떠나　誓將挂冠去
도를 깨달아 무궁한 진리의 바탕삼으리　覺道資無窮

고정례는 "웅혼하고 비장함이 백 대를 넘어선다."라고 하였다.

〈숨어 살면서幽居〉 – 위응물韋應物 –

귀하고 천한 것 비록 다른 것이지만 貴賤雖異等
문을 나서면 모두가 하는 일 있네 出門皆有營
홀로 세상의 일에 끌린 것이 없으니 獨無外物牽
마침내 숨어살려는 뜻을 이루었다면 遂此幽居情
밤사이 가랑비 내렸으니 微雨夜來過
봄풀 얼마나 자라났을까 不知春草生
푸른 산엔 벌써 새벽이 들어 青山忽已曙
새들이 집을 둘러 울어대고 鳥雀繞舍鳴
때때로 도인들과 어울리거나 時與道人偶
나무꾼을 따라 다니기도하여 或隨樵者行
스스로 둔하고 못난 모습 편안히 여기니 自當安蹇劣
누가 세상의 영화 엷다 말하는가 誰謂薄世榮

하량준何良俊[21]이 "위응물의 성정이 느긋하고 먼것까지 생각하여 풍아風雅에 가장 가까우니 그 편안하고 담백한 취향은 도잠陶潛에게도 떨어지지 않는다."라고 하였다.

〈추회시秋懷詩〉 – 한유韓愈 –

가을밤은 새벽들기 어렵고 秋夜不可晨
가을 해는 쉬이 어두워져 괴로우니 秋日苦已暗
나는 매달리는 뜻 없는데 我無汲汲志
어째서 이런 마음이 일어나는가 何以有此憾
가을 닭이 깃들 곳을 비워 寒鷄空在棲
이우는 달만 번거롭게 자주 바라보네 缺月煩屢瞰
줄 다 갖춘 거문고 있어 有琴具徽絃

다시 연주하니 더욱 맑게 들려 再鼓聽愈淡
옛 소리는 오래전에 묻혀버리고 古聲久埋滅
진위를 구분할 방법이 없어 無由見眞濫
마음 낮춰 시속을 좇아보지만 低心逐時趨
괴로이 힘써보아도 잠시 가능할 뿐이네 苦勉祇能暫
마치 바람 탄 돛단배가 有如乘風船
한 번 풀어두면 묶어둘 수 없는 듯하니 一縱不可纜
글 보는 것만 못하여 不如覷文字
붉은 붓으로 하나하나 살펴 丹鉛事點勘
어찌 반드시 넉넉하기를 구하겠는가 豈必求贏餘
필요한 것은 항아리에 담을 한 섬 곡식뿐인데 所要石與甔

한유가 때의 절실함을 느껴 가을 생각에 의탁하여 스스로 이와 같이 지었다.

〈남쪽 시내南磵〉 – 유종원柳宗元 –

가을 기운 남쪽 시내에 모여 秋氣集南磵
한낮을 홀로 보내는데 獨遊亭午時
회오리바람 불어오니 온통 쓸쓸하고 迴風一蕭瑟
숲은 예전부터 들쭉날쭉하네 林影久參差
처음 왔을 때부터 마음에 들었었는데 始至若有得
점점 깊어져 마침내 피로를 잊었네 稍深遂忘疲
깃든 새소리는 그윽한 골짜기를 울리고 羈禽響幽谷
찬 마름은 잔물결 따라 춤추네 寒藻舞淪漪
고향 떠나 혼도 벌써 멀어졌는데 去國魂已遊
사람 그리며 부질없이 눈물만 흘리니 懷人淚空垂
외로운 삶은 감상에 젖기 쉽고 孤生易爲感

길 잃어 마음에 드는 것 없는데　失路少所宜
쓸쓸하고 막막함 끝내 무슨 일인가　索寞竟何事
이리저리 움직이다보니 스스로 알겠구나　徘徊祗自知
뒤에 오는 그 누군가와　誰爲後來者
이 마음을 함께하기를 기대해보네　當與此心期

소식蘇軾이 "〈남쪽 시내南磵〉시는 근심 속에 즐거움이 있고, 즐거움 속에 근심이 있으니 예나 지금이나 절묘하다."라고 하였다.

〈제비 시를 지어 유씨 늙은이에게 보여주다燕詩示劉叟〉 －백거이白居易－

들보 위 한 쌍의 제비　梁上有雙燕
암수 서로 정다워　翩翩雄與雌
서까래 사이에 진흙을 물어다　銜泥兩椽間
둥지 틀고 네 마리 새끼를 낳았는데　一巢生四兒
네 마리 새끼는 밤낮으로 자라　四兒日夜長
먹이 찾는 소리 부지런도 한데　索食聲孜孜
푸른 벌레 잡기가 쉽지 않아　青蟲不易捕
노란 주둥이는 배부를 때가 없네　黃口無飽期
부리와 발톱 비록 해지려 해도　嘴爪雖欲裂
몸과 마음 피곤한 줄 모르고　心力不知疲
잠깐 사이 열 번이나 왔다 갔다 하지만　須臾十來往
오히려 둥지 속 새끼 배고플까 걱정하네　猶恐巢中飢
고생스레 부지런히 삼십 일 지나　辛勤三十日
어미는 여위고 새끼들은 점점 살찌네　母瘦雛漸肥
지지배배 말을 가르치고　喃喃教言語
하나하나 깃털 손질해주니　一一刷毛衣
하루아침에 날개가 다 자라　一旦羽翼成

뜰의 나뭇가지로 올려다 주니　引上庭樹枝
날개쳐 올라가 돌아보지도 않고　擧翅不回顧
바람 따라 사방으로 흩어져 나는구나　隨風四散飛
어미애비 하늘 향해 울어보지만　雌雄空中鳴
소리 다해 불러보아도 돌아오지 않으니　聲盡呼不歸
다시 텅 빈 둥지 속으로 들어가　却入空巢裏
밤새도록 서글프게 지저귈 뿐이네　啁啾終夜悲
제비야 제비야 슬퍼하지 말고　鷰鷰爾勿悲
너 스스로 돌이켜 보아라　爾當反自思
생각해보면 너도 어렸을 때에　思爾爲雛日
높이 날아 어미를 등질 때 있었지 않냐　高飛背母時
그때 부모의 마음을　當時父母念
이제서야 너도 알겠지　今日爾應知

---

1 위징魏徵 : 580~643. 중국 당나라 관료로 자는 현성玄成, 시호는 문정공文貞公이다. 당 태종唐太宗에게 직간直諫했던 충신으로 주서周書』· 수서階書』·『북제서北齊書』·『양서梁書』·『진서陳事』 등의 편찬에 참여하였다.

2 계포는……않았고 : 계포가 한번 한 약속이라는 뜻의 계포일락季布一諾에서 나온 말로 약속을 반드시 지키는 것을 말한다. 계포季布는 초나라 사람으로 한 번 약속한 것은 반드시 지키는 것으로 유명하였다.

3 후영의……중천금이었으니 : 후영侯嬴은 위魏나라의 은사隱士로 신릉군의 빈객이다. 『사기史記』에 "신릉군이 조나라를 구원하러 떠날 때 자신이 연로하여 따라가지 못하자 신릉군이 진비의 군영에 도착하는 날 북향하고 스스로 자신의 목을 찔러 공자를 전송하겠다고 하였는데 실제로 그날에 목을 찔러 자결함으로써 그 말을 지켰다."라는 일화가 보인다. 『사기史記』 권86 「자객열전刺客列傳」.

4 고정례高廷禮 : 원문의 고연례高延禮는 고정례(1350~1423)의 오류이다. 중국 명나라 문인으로 초명은 병棅, 자는 언회彦恢, 호는 만사漫士이다. 영락永樂 초에 한림원 대조待詔와 전적典籍을 지냈다. 박학능문博學能文했고, 시서화詩書畫에 능해 삼절三絶이라 일컬어졌으며 당시唐詩를 초 · 성 · 중 · 만初盛中晩 네 시기로 분류하였다. 『당시품휘唐詩品

彙』를 편찬했으며, 문집으로 『소대집嘯臺集』·『수천청기집水天淸氣集』이 있다.

5 우세남虞世南 : 558~638. 중국 당나라의 문인으로 자는 백시伯施이다. 구양순歐陽詢, 저수량褚遂良과 함께 당나라 초의 3대가로 일컬어지며 해서楷書에 뛰어났다. 시에서도 당시 궁정시단의 중심을 이루었으며, 문집으로 『우비감집虞祕監集』이 있다.

6 계구薊丘 : 중국 북경 서북에 있는 곳으로 요堯임금 후예의 봉지封地이다. 현재는 토성관土城關이라고 한다.

7 제목 : 진자앙陳子昂, 〈계구에서 옛날을 돌아보며 거사 노장용에게 주다薊丘覽古, 贈盧居士藏用.〉, 『어정전당시御定全唐詩』 권83.

8 갈석관碣石館 : 계구 동남쪽에 있는 언덕이다.

9 황금대黃金臺 : 갈석판 부근에 있는 대이다. 연燕나라 소왕은 여기에 천금을 놓고 어진 사람을 불러 모았다고 한다.

10 하비의 이교[下邳圯橋] : 하비下邳의 흙다리는 뜻으로 하비는 중국 강소성 비현의 서남쪽에 있는 곳이다. 장량張良이 하비下邳의 이교圯橋 아래에서 황석공黃石公으로부터 강태공의 『태공병법太公兵法』을 받아 소하, 한신과 더불어 유방을 도와 한나라를 건국하는 데 큰 공을 세웠다고 한다. 『사기史記』「유후세가留侯世家」.

11 자방子房 : ?~B.C.189. 중국 한나라 건국공신인 장량張良을 말한다. 장량의 자는 자방子房, 시호는 문성文成이다. 뛰어난 지략를 지닌 명참모로 유명하며 한나라 건국에 큰 공을 세웠다.

12 창해군[滄海] : 중국 진秦나라 동이東夷의 군장君長으로 창해역사로 알려져 있다. 장량은 한나라가 진秦나라에게 멸망을 당하자 진시황을 암살하기 위해 창해군을 만나 박랑사에서 철퇴를 던졌으나 실패하고 도망다녔다.

13 박량사博浪沙 : 중국 하남성 무양현에 있는 곳으로 장량이 창해역사와 함께 철퇴로 진시황을 저격했다가 실패한 곳이다.

14 황석공黃石公 : 장량張良이 하비下邳에서 은신할 때 초라한 노인의 모습으로 현신하여 이교圯橋 위에서 장량에게 『태공병법太公兵法』을 전해준 돌을 높여 부르는 말이다.

15 서주·사주[徐泗] : 원문의 서사徐泗는 서주徐州와 사주泗州를 말하는 것으로 유방·항우·소하·장량·번쾌의 고향이며, 공자가 노자를 만났던 장소이기도 하다. 회수淮水의 강물이 천천히 흐르는 땅이라 서주徐州라고 하고 사수泗水의 강물이 흐르는 땅이라 사주泗州라고 불린다.

16 하양의 다리 : 원문의 하양교河陽橋는 낙양洛陽 동북쪽에 있는 황하도교黃河度橋를 말한다.

17 표요교위 곽거병 : 원문의 곽표효霍嫖姚는 한 무제 때 명장인 곽거병霍去病을 말한다. 그는 표요교위嫖姚校尉를 지냈으므로 곽표요로 불렸다. 흉노와의 전쟁에서 승리한 공으로 표기장군驃騎將軍이 되고 후에 관군후冠軍侯에 봉해졌다.

18 은번殷璠 : ?~?. 중국 당나라 문인으로 714~753년에 지어진 시가를 모아 『하악영

령집河嶽英靈集』을 엮었다.

19 왕유와……들어있다 : 소식의 말이라고 되어있으나, 사공도의 말이다. 『사공표성문집司空表聖文集』 권2.

20 상건常建 : ?~?. 중국 당나라 문인으로 727년 진사가 되었으나 벼슬길이 순탄하지 못해 산수가 뛰어난 곳을 유람하며 은일과 표박의 생활을 보냈다. 오언시五言詩에 뛰어났으며 전원과 산림을 주로 읊었다. 문집으로 『상건집常建集』이 있다.

21 하량준何良俊 : 1506~1573. 중국 명나라 문인으로 자는 원랑元朗, 호는 자호거사柘湖居士이다. 어려서부터 그의 동생 양부良傅와 더불어 학문에 뛰어났으므로 사람들은 서진西晉 때의 육기陸機·육운陸雲에 비유했다. 저서로 『사우재총설四友齋叢說』이 있다.

五. 唐五言古詩

<述懷[1]>－魏徵

"中原初[2]逐鹿, 投筆事戎軒. 縱橫計不就, 慷慨志猶存. 杖策[3]謁天子, 驅馬出關門. 請纓繫[4]南越[5], 憑軾下東藩. 鬱紆陟高岫, 出沒望平原. 古木鳴寒鳥, 空山啼夜猿[6]. 旣傷千里目, 還驚九折魂. 豈不憚艱險, 深懷國士恩. 季布無二諾, 侯嬴重一言. 人生感意氣, 功名誰復論." 高廷禮曰, "五言之興, 源於漢, 注於魏, 汪洋乎兩晉, 混濁乎梁陳, 大雅之音, 幾於不振. 唐太宗, 天文秀發, 延覽英賢, 一時虞世南·魏徵賡歌屬和共倡, 斯道爲唐世五言古風之始."[7]

<薊丘覽古[8]>－陳子昂

"南登碣石館[9], 遙望黃金臺. 丘陵盡喬木, 昭王安在哉. 霸圖悵已矣, 驅馬復歸來." 鐘伯敬曰, "初唐至陳子昂, 始覺詩中有一世界."

<經下邳圯橋懷張子房> - 李白

"子房未虎嘯, 破產不爲家. 滄海得壯士, 椎秦博浪沙. 報韓雖不成, 天地皆震動. 潛匿遊下邳, 豈曰非智勇. 我來圯橋上, 懷古欽英風. 惟[10]見碧水流, 曾無黃石公. 歎息此人去, 蕭條徐泗空." 鐘伯敬曰, "讀太白詩, 當於雄快中, 察其靜遠精出處, 有斤兩, 有脈理." 此一首是絶妙, 詠史詩可見盛唐風格.

<後出塞[11]> - 杜甫

"朝進東門營, 暮上河陽橋. 落日照大旗, 馬鳴風蕭蕭. 平沙列萬幕, 部伍各見招. 中天懸明月, 令嚴夜寂寥. 悲歌數聲動, 壯士慘不驕. 借問大將誰, 恐是霍嫖姚." 詩最盛于盛唐, 而子美又其最盛者也. 如此詩悲壯 · 沈鬱, 手法絶妙, 後人無有能窺其藩籬者.

<詠西施[12]> - 王維

"豔色天下重, 西施寧久微. 朝爲越溪女, 暮作吳王姬[13]. 賤日豈殊衆, 貴來方悟稀. 邀人傅脂粉, 不自着[14]羅衣. 君寵益嬌態, 君憐無是非. 當時浣紗伴, 莫得同車歸. 持謝鄰家子, 效顰安可希." 殷璠曰, "維詩詞秀雅, 意新理愜, 一字一句皆出常境."[15] 東坡曰, "王 · 韋澄澹精緻, 格在其中."[16]

<西山> - 常建

"一身爲輕舟, 落日西山際. 常隨去帆影, 遠接長天勢. 物象歸餘淸, 林巒分夕麗. 亭亭碧流暗, 日入孤霞繼. 洲渚遠陰映, 湖雲尙明霽. 林昏楚色來, 岸遠荊門閉. 至夜轉淸迥, 蕭蕭北風厲. 沙邊雁鷺泊, 宿處蒹葭蔽. 圓月逗前浦, 孤琴又搖曳. 泠然夜遂深, 白露沾人袂[17]." 描寫景物甚工而自具淸澈.

<登慈恩寺浮圖[18]>－岑參

"搭[19]勢如涌出, 孤高聳天宮. 登臨出世界, 磴[20]道盤虛空. 突兀壓神州, 崢嶸如鬼工. 四角礙白日, 七層摩蒼穹. 下窺指高鳥, 俯聽聞驚風. 連山若波濤, 奔走[21]似朝東. 青松[22]夾馳道, 宮觀[23]何玲瓏. 秋色從西來, 蒼然滿關中. 五陵北原上, 萬古青濛濛. 淨理了可悟, 勝因夙所宗. 誓將挂冠去, 覺道資無窮." 高廷禮曰, "雄渾悲壯, 凌跨百代."[24]

<幽居>－韋應物

"貴賤雖異等, 出門皆有營. 獨無外物牽, 遂此幽居情. 微雨夜來過, 不知春草生. 青山忽已曙, 鳥雀繞舍鳴. 時與道人偶, 或隨樵者行. 自當安蹇劣, 誰謂薄世榮." 何元朗曰, "左司性情閒遠, 最近風雅, 其恬淡之趣, 不減陶清節."

<秋懷詩[25]>－韓愈

"秋夜不可晨, 秋日苦已[26]暗. 我無汲汲志, 何以有此憾. 寒鷄空在棲, 缺月煩屢瞰. 有琴具徽絃, 再鼓聽愈淡. 古聲久埋滅, 無由見眞濫. 低心逐時趨, 苦勉祇能暫. 有如乘風船, 一縱不可纜. 不如覰文字, 丹鉛事點勘. 豈必求贏餘, 所要石與甔." 文公感時之切, 托之秋懷而自賦若此.

<南磵[27]>－柳宗元

"秋氣集南磵, 獨遊[28]亭午時. 迴風一蕭瑟[29], 林影久參差. 始至若有得, 稍深遂忘疲. 羈禽響幽谷, 寒藻舞淪漪. 去國魂已遊, 懷人淚空垂. 孤生易爲感, 失路少所宜. 索寞竟何事, 徘徊祇自知. 誰爲後來者, 當與此心期." 東坡曰, "南磵詩憂中有樂, 樂中有憂, 妙絶古今."[30]

<燕詩示劉叟> - 白居易

"梁上有雙鷰, 翩翩雄與雌. 銜泥兩椽間, 一巢生四兒. 四兒日夜長, 索食聲孜孜. 青蟲不易捕, 黃口無飽期. 嘴[31]爪雖欲裂[32], 心力不知疲. 須臾十來往, 猶恐巢中飢[33]. 辛勤三十日, 母瘦雛漸肥. 喃喃教言語, 一一刷毛衣. 一旦羽翼成, 引上庭樹枝. 擧翅不回顧, 隨風四散飛. 雌雄空中鳴, 聲盡呼不歸. 却入空巢裏, 啁啾終夜悲. 鷰鷰爾勿悲, 爾當反[34]自思. 思爾爲雛日, 高飛背母時. 當時父母念, 今日爾應知."

[1] 述懷 : 出關 (『御定全唐詩』 卷19)

[2] 初 : 還 (『御定全唐詩』 卷19)

[3] 杖策 : 策杖 (『御定全唐詩』 卷19)

[4] 繫 : 羈 (『御定全唐詩』 卷19)

[5] 越 : 粤 (『御定全唐詩』 卷31)

[6] 猿 : 猨 (『御定全唐詩』 卷19)

[7] 五言之興……斯道爲唐世五言古風之始 : 五言之興, 源於漢, 注於魏, 汪洋乎兩晉, 混濁乎梁陳, 大雅之音, 幾於不振. 唐氏勃興, 文運丕溢. 太宗皇帝龍鳳之姿, 天文秀發, 延覽英賢, 首倡斯道. 其幸慶善宮等作, 時已被之管絃, 明良滿庭, 賡歌贊治. 若夫世南屬和, 匡君以正, 魏徵終篇, 約君以禮. 辭之忠厚, 豈曰文爲. 及乎永徽以還, 四傑並秀於前, 四友齊名於後. 劉氏庭芝古調, 上官儀新體, 雖未遏其微波, 亦稍變乎流靡. 爰自貞觀至垂拱間, 通得二十六人, 擇其詩之頗精粹者, 共六十七首, 列爲唐世五言古風之始. (『唐詩品彙』 叙目)

[8] 薊丘覽古 :燕昭王 (『御定全唐詩』 卷83)

[9] 館 : 坂 (『御定全唐詩』 卷83)

[10] 惟 : 唯 (『李太白文集』 卷19)

[11] 後出塞 : 後出塞五首 (『杜詩詳註』 卷4)

[12] 詠西施 : 西施詠 (『王右丞集箋注』 卷5)

13 王姬 : 宮妃 (『王右丞集箋注』 卷5)

14 着 : 著 (『王右丞集箋注』 卷5)

15 維詩詞秀雅……皆出常境 : 維詩詞秀調雅, 意新理愜, 在泉成珠, 著壁成繪, 一句一字, 皆出常境. (『河嶽英靈集』 卷上)

16 王 · 韋澄澹精緻, 格在其中 : 王右丞 · 韋蘇州, 澄澹精緻, 格在其中. (『司空表聖文集』 卷2)

17 袂 : 衣 (『常建詩』 卷2)

18 登慈恩寺浮圖 : 與高適薛據登慈恩寺浮圖 (『御定全唐詩』 卷198)

19 搭 : 塔 (『御定全唐詩』 卷198)

20 證 : 磴 (『御定全唐詩』 卷198)

21 走 : 湊 (『御定全唐詩』 卷198)

22 松 : 槐 (『御定全唐詩』 卷198)

23 觀 : 館 (『御定全唐詩』 卷198)

24 高廷禮曰, 雄渾悲壯, 凌跨百代. : 高廷禮云……是皆雄渾悲壯, 可以凌跨百代 (『歷代詩話』 卷47)

25 秋懷詩 : 秋懷詩十一首 (『五百家注昌黎文集』 卷1)

26 已 : 易 (『五百家注昌黎文集』 卷1)

27 南磵 : 南磵中題 (『柳河東集』 卷43)

28 遊 : 游 (『柳河東集』 卷43)

29 瑟 : 索 (『柳河東集』 卷43)

30 南磵詩憂中有樂, 樂中有憂, 妙絕古今 : 東坡嘗題此詩後云……南澗詩, 憂中有樂, 樂中有憂, 葢絕妙古今 (『竹莊詩話』 卷8) / 柳儀曹詩, 憂中有樂, 樂中有憂, 蓋絕妙古今矣 (『詩人玉屑』 卷15)

31 嘴 : 觜 (『白氏長慶集』 卷1)

32 裂 : 敝 (『白氏長慶集』 卷1)

33 飢 : 饑 (『白氏長慶集』 卷1)

34 反 : 返 (『白氏長慶集』 卷1)

6. 송나라 오언고시

〈유공권[1]의 연구에 더하여足柳公權聯句〉 －소식蘇軾－

사람들은 모두 더위를 힘들어 하지만 人皆苦炎熱
나는 여름날이 긴 것을 좋아하네 我愛夏日長
훈풍이 남쪽에서 불어오니 薰風自南來
전각엔 맑은 기운 들어오네 殿閣生微涼
한 번 거처를 옮기면 一爲居所移
고락을 영원히 잊어버리니 苦樂永相忘
이 베풂을 고르게 하여 願言均此施
맑은 그늘을 사방에 나누어 주시기를 淸陰分四方

연구체聯句體는 한 무제漢武帝 때 시작되었고 〈백량대柏梁臺〉 시에 이르러 그 경향이 성행하였다. 이 시의 앞 두 구절은 당 문종唐文宗의 시이고, 다음 두 구절은 당나라 유공권柳公權의 시이다. 아래 네 구절은 송나라 소식의 시이다. 소식이 아마도 유공권의 풍자하는 뜻을 좋게 여겼으나 다하지 못한 것이 있다고 여긴 듯하다. 그러므로 네 구절을 덧붙여 이루었을 뿐이다.

〈정기가正氣歌〉 – 문천상文天祥[2] –

천지에 정기가 있어	天地有正氣
이리저리 형체에 부여하니	雜然賦流形
내려가서는 강과 산이 되고	下則爲河嶽
올라가서는 태양과 별이 되었네	上則爲日星
인간에게 부여된 것을 호연지기라고 부르니	於人曰浩然
성대하여 하늘과 바다를 가득 메우네	沛乎塞蒼冥
정도가 태평한 때를 만나면	皇路當淸夷
조화로운 기운을 머금어 조정에 토해내고	含和吐明庭
때가 어려워지면 절개가 드러나	時窮節乃見
하나하나 역사에 드리워지네	一一垂丹靑
제나라에는 태사의 죽간이 있었고[3]	在齊太史簡
진나라에는 동호의 붓이 있었으며[4]	在晉董狐筆
진나라에는 장량의 몽둥이가 있었고[5]	在秦張良椎
한나라에는 소무의 부절이 있었네[6]	在漢蘇武節
엄장군의 머리[7]가 되었고	爲嚴將軍頭
혜시중의 피[8]가 되었고	爲嵇侍中血
장휴양의 이[9]가 되었고	爲張睢陽齒
안상산의 혀[10]가 되기도 했네	爲顏常山舌
때로는 관녕의 모자[11]가 되어	或爲遼東帽
맑은 그 지조가 빙설보다 매서웠고	淸操厲氷雪
때로는 제갈량의 출사표가 되어	或爲出師表
귀신도 그 장렬함에 울었고	鬼神泣壯烈
때로는 조적의 강 건너는 노가 되어[12]	或爲渡江楫
그 강개한 기개가 오랑캐를 삼켰고	慷慨呑胡羯
때로는 단수실이 역적을 친 홀[13]이 되어	或爲擊賊笏
역적의 머리를 깨기도 했네	逆豎頭破裂

이 기운이 천지에 가득하여	是氣所磅礴
늠름하고 장렬함이 만고에 지속되었으니	凜烈萬古存
그것이 해와 달을 뚫을 때	當其貫日月
어찌 생사를 따지겠는가	生死安足論
땅을 맨 밧줄이 이로써 세워지고	地維賴以立
하늘 받친 기둥도 이로써 높아졌으니	天柱賴以尊
삼강도 진실로 여기에 명이 묶여있고	三綱實繫命
도의도 이것을 근본으로 삼았네	道義爲之根
아 나는 아주 미약한 때를 만나	嗟予遘九陽
나라에 묶인 몸인데도 진실로 힘이 없어	隸也實不力
초나라 포로 종의가 관을 벗지 않은양 하여	楚囚纓其冠
수레에 실려서 북쪽으로 보내졌네	傳車送窮北
삶겨 죽이는 것도 달게 받으려 했는데	鼎鑊甘如飴
구하고자 해도 할 수 없었네	求之不可得
음산한 방에는 귀신불만 조용하고	陰房闃鬼火
봄 든 정원도 어둠 속에 갇혀 있네	春院閟天黑
소와 천리마가 한 마구간에 있고	牛驥同一皁
횃대에서 봉황이 모이를 먹는 꼴이네	雞棲鳳凰食
하루아침에 풍토병에 걸리면	一朝蒙霧露
도랑 속 시체로 버려졌는데	分作溝中瘠
이렇게 추위 더위 거듭 지나니	如此再暑寒
온갖 병이 절로 사라지네	百沴自辟易
서글프구나 음습한 이곳이[14]	哀哉沮洳場
나의 안식처가 되었으니	爲我安樂國
어찌 별다른 묘수가 있어서겠는가	豈有他繆巧
음기나 양기도 해칠 수 없어서지	陰陽不能賊
돌아보면 여기도 밝은 정기 있는 곳인데	顧此耿耿在
우러러보면 흰 구름만 떠다니네	仰視浮雲白

끝없는 내 마음의 슬픔　悠悠我心憂
푸른 하늘처럼 어찌 끝이 있겠나　蒼天曷有極
철인들과 날마다 멀어지지만　哲人日已遠
전형이 일찍부터 남아 있어서　典刑在夙昔
바람 부는 처마에서 책을 펼쳐 읽으니　風簷展書讀
옛 성현의 법도가 내 얼굴을 비추네　古道照顔色

문천상의 이 시는 정대하고 삼엄해서 해와 달과 빛을 다툴 만하니 어찌 우둔한 선비와 고루한 선비가 감히 엇비슷하게 엿볼 수 있겠는가.

---

1 유공권柳公權 : 778~865. 중국 당나라의 서예가로 자는 성현誠懸이다. 왕희지王羲之의 서체를 익혀 기초를 닦은 다음, 다시 구양순歐陽詢과 우세남虞世南의 서체를 공부하여 일가를 이루었다.

2 문천상文天祥 : 1236~1282. 중국 송나라 문인으로 자는 이선履善 · 송서宋瑞, 호는 문산文山이다. 20세에 진사가 되어 우승상右丞相까지 이르렀다. 복건福建에서 군대를 조직하여 원나라 군대와 대항해서 싸웠지만, 전투 중에 포로가 되어 대도에 4년 동안 갇혀 있다가 끝내 굴복하지 않아 피살되었다. 시는 비장하고 기백이 있었다.

3 제나라에는……있었고 : 중국 춘추시대 제나라의 사관 태사太史의 고사를 말한다. 제나라 권신 최저崔杼가 영공靈公을 죽였을 때 태사는 최저가 그 임금을 속였다고 기록하였다. 화가 난 최저는 태사를 죽이고 기록을 말소시켰다. 그러나 태사의 동생이 똑같이 기록하여 역사에 남겼다. 『춘추좌씨전春秋左氏傳』 「양공襄公」.

4 진나라에는……있었으며 : 중국 춘추시대 진晉나라의 사관 동호董狐의 고사를 말한다. 동호는 당시 재상이었던 조순趙盾이 영공을 살해한 것처럼 하고 망명하였지만, 친척인 조천趙穿이 영공을 죽이고 순을 불러들였다. 사관 동호는 임금을 죽인 조천을 토벌하지 않은 조순을 비판하며 조순이 임금을 죽였다는 기록을 남겼다. 『춘추좌씨전春秋左氏傳』 「선공宣公」.

5 진나라에는……있었고 : 중국 한나라의 장량張良의 고사를 말한다. 장량은 한韓나라 재상 가문의 출신이지만 진시황제에 의해 한나라가 멸망하게 되자 복수를 하고자 120근이나 되는 철퇴를 시황제에게 던졌으나 실패했다. 『사기史記』 「유후세가留侯世家」.

6 한나라에는……있었네 : 중국 한무제 때 흉노의 포로가 된 소무의 고사를 말한다. 소무는 흉노의 포로가 되어 19년간의 고난 속에 살면서도 끝내 절개를 버리지 않았다. 『한서漢書』 「소무전蘇武傳」.

7 엄장군의 머리 : 원문의 엄장군[嚴將]은 중국 동한의 엄안嚴顔을 말한다. 엄안은 사천四川을 근거지로 한 유장劉璋의 장수였는데 유비가 사천을 침입했을 때 저항하다 장비의 손에 잡혔다. 엄안은 "우리나라에는 목을 잘리는 장군은 있어도 항복하는 장군은 없다."라고 말하자 장비가 감복했다는 고사가 전한다. 『촉지蜀志』 「장비전張飛傳」.

8 혜시중의 피 : 원문의 혜시중嵇侍中은 중국 육조시대 서진西晉의 명신名臣 혜소嵇紹를 말한다. 혜소의 자는 연조延祖, 초부질현譙郡銍縣으로 혜강嵇康의 아들이다. 진나라 혜제가 내란으로 위급에 처했을 때 시중 혜소는 혜제를 향해 날아오는 수많은 화살을 자신의 몸으로 막아냈는데, 그 피가 혜제의 옷을 적셨다고 한다. 내란이 평정되자 신하들이 그 의복을 세탁하려고 하자, 혜제는 "혜시중의 피를 씻어 내지 말라"고 하였다. 『진서晉書』 「혜소전嵇紹傳」.

9 장회양의 이 : 원문의 장회양張睢陽은 안녹산의 난 때 회양성睢陽城을 지키다 죽은 장순張巡을 말한다. 안녹산의 난이 일어나자 다른 성들은 모두 함락되었으나 장순은 2년을 버티며 회양을 지켰으나 결국 성이 함락되어 사로잡혔다. 장순은 회양성을 지키는 동안 전투를 독려하면서 눈을 부릅떠서 눈자위가 찢어져 피가 흘렀고, 이를 악물어 이가 부서졌는데, 포로가 된 뒤에 장순의 입을 칼로 찢어서 보니 남아 있는 이가 서너 개뿐이었다. 『구당서舊唐書』 권187 「충의열전하忠義列傳下」.

10 안상산의 혀 : 원문의 안상산顔常山은 당대 서예가로 유명한 안진경顔眞卿의 사촌형 안고경顔杲卿을 말한다. 안고경은 상산常山 태수로 있을 때 안녹산의 난이 일어나자 6일 동안 격전을 벌이다가 식량과 화살이 떨어져 성이 함락되면서 포로로 붙잡혔다. 갖은 회유와 악형惡刑을 받으면서도 끝까지 굴복하지 않고 안녹산을 꾸짖다가 혀가 잘려 죽음을 당하였다. 『신당서新唐書』 「안고경열전顔杲卿列傳」.

11 관녕의 모자 : 원문의 요동遼東은 관녕管寧이 난리를 피해 은거했던 곳을 말한다. 관녕은 요동으로 건너간 뒤에, 초당을 짓고 은거하면서 조정의 부름에도 일절 응하지 않은 채, 항상 검은 사모紗帽를 쓰고 나무 의자에 앉아 검소하게 생활하며 사람들에게 예절을 가르쳐서 현자賢者의 칭송을 받았다고 한다. 『고사전高士傳』 「관녕管寧」.

12 조적의……되어 : 원문의 도강즙渡江楫은 양자강을 건너며 삿대를 쳤던 조적祖逖의 고사를 말한다. 조적은 중국 동진東晉의 명장名將으로 북방의 이민족에게 빼앗긴 화북 지역의 회복을 꿈꾸며 병사들을 이끌고 양자강을 건널 때, 삿대를 치며 "만일 만족을 무찌르지 못한다면 돌아가지 않겠다."라고 맹세하고는 적군의 대장인 석륵石勒을 토벌하였다. 『진서晉書』 「조적전祖逖傳」.

13 단수실이……홀 : 원문의 격적홀擊賊笏은 상홀象笏을 던져서 해를 당했던 당나라 장수

단수실段秀實의 고사를 말한다. 간신奸臣 주차朱泚는 반란을 꾀한 뒤 단수실의 인망을 듣고서 불렀다. 단수실은 겉으로 따르는 척 하다가 모사하는 자리에서 갑자기 상홀象笏을 빼앗아 주차를 내리쳐서 죽이려 했으나 실패하여 결국 해를 당하였다. 『신당서新唐書』 권153 「단수실열전段秀實列傳」.

14 서글프구나……이곳이 : 문천상은 이 시의 평서竝序에 "내가 원元 나라 감옥인 토실土室에 갇혀 있을 때 7가지 좋지 못한 기운 곧 수기水氣 · 토기土氣 · 일기日氣 · 화기火氣 · 미기米氣 · 인기人氣 · 예기穢氣가 엄습하나, 나는 맹자孟子가 말한 호연지기인 정기正氣 하나로 버티어 내어 〈정기가正氣歌〉 한 수를 짓노라."라고 한 바 있다.

六. 宋五言古詩

<足柳公權聯句[1]> - 蘇軾

"人皆苦炎熱, 我愛夏日長. 薰風自南來, 殿閣生微涼. 一爲居所移, 苦樂永相忘. 願言均此施, 淸陰分四方." 聯句體始於漢武帝. 柏梁臺詩而至 唐甚風 盛行 此詩. 首二句, 唐文宗之詩, 次二句唐柳公權詩. 下四句宋蘇軾詩也. 東坡盖美公權諷諫之意, 而有所未盡, 故足成四句耳.

<正氣歌> - 文天祥

"天地有正氣, 雜然賦流形. 下則爲河嶽, 上則爲日星. 於人曰浩然, 沛乎塞蒼冥. 皇路當淸夷, 含和吐明庭. 時窮節乃見, 一一垂丹靑. 在齊太史簡, 在晉董狐筆. 在秦張良椎, 在漢蘇武節. 爲嚴將軍頭, 爲嵇侍中血. 爲張睢陽齒[2], 爲顔常山舌. 或爲遼東帽, 淸操厲氷雪. 或爲出師表, 鬼神泣壯烈. 或爲渡江楫, 慷慨吞胡羯. 或爲擊賊笏, 逆豎頭破裂. 是氣所磅[3]礴, 凜烈萬古存. 當其貫日月, 生死安足論. 地維賴以立, 天柱賴以尊. 三綱實繫命, 道義爲之根. 嗟予遘九[4]陽九, 隸也實不力. 楚囚嬰其冠, 傳車送窮北. 鼎

鑊甘如飴, 求之不可得. 陰房闐鬼火, 春院閟天黑. 牛驥同一皁, 雞棲鳳凰食. 一朝蒙霧露, 分作溝中瘠. 如此再暑寒, 百沴自辟易. 哀哉沮洳場, 爲我安樂國. 豈有他繆巧, 陰陽不能賊. 顧此耿耿在, 仰視浮雲白. 悠悠我心憂[5], 蒼天曷有極. 哲人日已遠, 典刑在夙昔. 風簷展書讀, 古道照顏色." 文天此詩正大森嚴, 可與日月爭光, 豈迂儒曲士所敢窺其彷佛哉.

[1] 足柳公權聯句 : 補唐文宗柳公權聯句(『東坡全集』卷26)

[2] 齒 : 髯(『文山集』卷12)

[3] 磅 : 旁(『文山集』卷12)

[4] 九 : 없음(『文山集』卷12)

[5] 憂 : 悲(『文山集』卷12)

7. 명나라 오언고시

〈한가롭게 지내는 감회閑居感懷〉 – 방효유方孝孺[1] –

나는 요즘 세상 사람이 아닌데도 我非今世人
쓸데없이 요즘 세상의 근심을 품고 있으니 空懷今世憂
근심하는 것은 다른 것이 아닌지 所憂諒無他
강개한 마음으로 우임금의 구주를 생각해보네 慨想禹九州
상앙은 진나라를 위하였고 商君以爲秦
주공은 주나라를 위했는데 周公以爲周
슬프구나 만 년 뒤에 哀哉萬年後
누가 이 백성 위해 일을 도모하겠는가 誰爲斯民謀

〈태산을 오르며登泰山〉 – 왕수인王守仁[2] –

하늘 문 어찌 그리 높은지 天門何崔嵬
맑은 구름 떠다니는 것도 내려다 보이고 下見青雲浮
아득히 인간 세상과 끊어진 듯한데 泱漭絕人世
저 먼 골짜기는 가을 하늘에 우뚝하네 迥豁高天秋
어둠이 땅에서 일어나니 暝色從地起
밤들어 천상의 누각에서 잠드는데 夜宿天上樓
천상의 닭[3]이 밤중에 울자 天雞鳴半夜
해는 동해 어귀에서 떠오르네 日出東海頭

봉래[4]의 나무 흐릿하고	隱約蓬壺樹
부상[5]은 아득한데	縹緲扶桑洲
호탕한 노래 하늘에서 들려오고	浩歌落青冥
남은 소리는 물결로 드네	遺響入滄流
요순 시대 변하여 초나라 한나라 되어	唐虞變楚漢
물거품처럼 사라졌으니	滅沒如風漚
아득하구나 학산의 신선이여	藐矣鶴山僊
진시황이 어찌 감히 구할 수 있겠는가	秦皇豈堪求
단약으로 세월을 허비했지만	金砂費日月
야윈 얼굴조차도 끝내 머물러두지 못했네	頹顏竟難留
나의 뜻은 은거에 있으니[6]	吾意在龐古
시원스레 서늘한 바람 몰아서	冷然馭涼颸
광성자[7] 되기를 기약하며	相期廣成子
태허에서 노닐고자 하여	太虛顯遨遊
초췌한 모습으로 바위 골짜기로 가지만	枯槁向巖谷
황기[8]에 견주기도 부족하네	黃綺不足儔

1 방효유方孝孺 : 1357~1402. 중국 명나라 문인으로 자는 희직希直 · 희고希古, 호는 손지遜志이다. 방정학方正學이라고도 불렸다. 송렴宋濂의 문하에 들어가 뛰어난 재주로 이름을 떨쳤다.

2 왕수인王守仁 : 1472년~1528. 중국 명나라 대신大臣이자 철학가로 자는 백안伯安, 호는 양명陽明이다. 유불도儒佛道 등 삼교三教에 정통했고, 양명심학陽明心學을 창립했다.

3 천상의 닭 : 원문의 천계天鷄는 중국 동남쪽에 하늘 높이 치솟은 도도桃都라는 이름의 거목巨木 위에 사는 닭을 말한다. 해가 뜨면서 도도를 비추면 천계가 울고, 그러면 천하의 닭들이 모두 뒤따라 울기 시작한다는 전설이 있다. 『술이기述異記』 권하下.

4 봉래蓬萊 : 신선이 산다는 동해의 봉래산을 말한다.

5 부상扶桑 : 해 뜨는 동쪽 바다 속에 있다는 전설상의 신목神木의 이름이다.

6 나의……있으니 : 속세를 떠나 숨어 살 생각이 있음을 말한다. 중국 후한後漢 때 방덕

공龐德公이 처자를 거느리고 녹문산鹿門山에 들어가 약을 캐면서 다시 세상에 돌아오지 않았다고 한다. 『상우록尙友錄』 권1.

7 광성자廣成子 : 전설의 황제黃帝 때의 신선이다. 공동산崆峒山의 석실石室에 은거하였으며, 황제가 일찍이 지극한 도의 요체를 물었다고 한다.

8 황기黃綺 : 상산사호尙山四皓 가운데 하황공夏黃公과 기이계綺里季를 병칭한 말로, 속세를 떠나 산속에 숨어 사는 은자를 의미한다.

七. 明五言古詩

<閑居感懷[1]> - 方孝孺

"我非今世人, 空懷今世憂. 所憂諒無他, 慨想禹九州. 商君以爲秦, 周公以爲周. 哀哉萬年後, 誰爲斯民謀."

<登泰山[2]> - 王守仁

"天門何崔嵬, 下見青雲浮. 泱漭絶人世, 逈豁高天秋. 暝色從地起, 夜宿天上樓. 天雞鳴半夜, 日出東海頭. 隱約蓬壺樹, 縹緲扶桑洲. 浩歌落青冥, 遺響入滄流. 唐虞變楚漢, 滅沒如風漚. 藐矣鶴山仙, 秦皇豈堪求. 金砂費日月, 頹顔竟難留. 吾意在龐古, 冷然馭涼飂. 相期廣成子, 太虛顯遨遊. 枯槁向巖谷, 黃綺不足儔"

[1] 閒居感懷 : 閒居感懷十七首(『遜志齋集』 卷23)

[2] 登泰山 : 登泰山五首(『王文成全書』 卷19)

8. 청나라 오언고시

〈충정공 변호[1]의 무덤에서 짓다卞忠貞公墓下作〉[2] －왕사정王士禎－

소나무와 잣나무 어찌 그리 쓸쓸한가 했더니　松柏何蕭蕭
이곳이 변충정공의 무덤이라네　云是卞公墓
등 뒤로는 쓰러진 야성을 두고　背踞冶城顚
앞으로는 대항 가는 길에 닿아있는데　前臨大桁路
그 옛날 영가[3] 때를 떠올려 보니　緬昔永嘉時
피난가던 사람 다투어 남쪽으로 강을 건너[4]　流人競南渡
온 나라에 쓸데없는 말이 퍼져있고　舉國扇淸言
세련된 것 아끼고 바랐지만　作達相矜慕
공만은 비루한 것까지 지켜서[5]　惟公執鄙吝
우뚝하여 솟은 봉우리처럼 두려워하였지　巖巖畏峰崌
하루 아침에 비루한 소준이 쳐들어오니　一朝荒傖來
나부끼는 만장이 양수에 펄럭이네　旌飛歷陽樹
가진 절개는 왕공을 부끄럽게 했고　取節慚王公
상갓집 노래는 유씨 집안을 비웃네　種薤笑諸庾
당당한 변장군이여　堂堂卞將軍
명을 받아 청계를 건너　授命青溪渡
부자의 충효[6]가 갖추어졌으니　父子忠孝俱
큰 절개는 나라를 빛낸 거름되었네　大節光國步

호쾌한 뜻은 평남을 뒤덮었고　快意溫平南
그의 자취는 뇌지에 미쳤네　履于雷池戍
한번 싸움에 큰 고래를 베니　一戰翦長鯨
종거[7]가 이내 예전과 같았지　鐘簴仍如故
움켜쥔 것에서 충정을 알 수 있고　握爪識忠貞
받아들인 죽음에서[8] 평소의 풍모 드러났네　死綏表風素
맑은 영혼은 운기에 실려있고　英爽載雲旗
신령한 비 오르내리네　陟降神靈雨
가까운 시대의 원사도[9]도　咫尺袁司徒
시대는 달라도 쇠를 부어 만든 듯 똑같네　異代同金鑄

〈여산[10]에 노닐면서 폭포를 보다遊廬山觀瀑〉　- 원매袁枚[11] -

황애폭포 하늘에서 떨어져　黃崖天上生
얼굴을 마주하니 물결 일어나　對面作浪起
머리 감히 들 수 없고　我頭不敢昂
물결 나를 누를까 두려울 뿐이니　誠恐浪壓己
아래 깊은 곳 바라보면　豈知下望深
푸른 하늘이 되려 낮게 깔린 줄 어찌 알랴　青天反作底
산 밖에 산이 서 있고　山外有山立
산 안으로 산이 기대어　山內有山倚
사람의 옷이　頗類人衣裳
폭마다 겉과 안이 있는 것 같네　幅幅有表裏
갑자기 소나기 쏟아져　忽然暑雨來
사람과 하늘이 한 번에 씻어내리니　人天一齊洗
피해 천 길 탑에 올라　避登千尋塔
한자락 물길을 마주하네　正對一條水
폭포 저 높은 곳에서 떨어져　瀑布從高着

한 필 비단보다 더 기니　　匹練更長矣
비로소 알겠구나 개선사[12]　　始知開先寺
서로 지척 간 떨어져 있을 뿐인데　　相離咫尺耳
단지 깎아지른 봉우리로 막혀서　　只爲絕巘遮
십여 리 돌아가야 한다는 것을　　紆行十餘里

원매의 시는 얄팍하고 기교만 부려서 시의 분위기가 삭막하니 취할만한 것이 없다. 그런데 이 시를 특별히 뽑은 것은 이 시로 고금古今 시도詩道의 변화를 보여줄 수 있고, 뒷사람들이 경계할 만한 것으로 삼을 수 있기 때문이다.

---

1 변호卞壼 : 281~328. 중국 동진東晉의 문인으로 자는 망지望之이다. 동진東晉 초기의 정치가 · 군사가 · 서법가書法家로 삼조三朝에 걸쳐 두 차례 상서령尙書令을 지냈다. 강권强權을 두려워하지 않고 정직하게 법을 집행했다. 뒤에 소준蘇峻의 난 때에 병사를 이끌고 장렬하게 싸우다가 전사했다.

2 왕사정王士禛, 〈충정공 변호의 무덤에서 짓다卞忠貞公墓下作〉, 『정화록精華錄』 권1.

3 영가永嘉 : 중국의 후한後漢과 진晉나라에서 각각 145년에, 그리고 307~313년에 사용한 연호이다.

4 피난가던……건너 : 오호五胡가 침략하자 진 원제晉元帝가 강 건너 남쪽의 건업建業으로 도읍을 옮긴 것을 말한다. 이후 동진東晉이라 불렀다.

5 공만은……지켜서 : 중국 동진東晉의 귀족 자제들이 방자하게 굴자 변호가 "풍류만을 숭상하는 이때에 꼬장꼬장하게 다스릴 자[執鄙吝者]를 찾는다면 나 말고 또 누가 있겠는가. 예교禮敎를 허물어뜨리는 것으로 이보다 심한 것이 없으니 중원을 잃게 된 것도 바로 여기에서부터 비롯된 것이다."라고 하며 엄하게 죄로 다스리려 하자 유량과 왕도가 극구 만류하였다는 고사를 말한다. 『진서晉書』 권70 『세설신어世說新語』 「용지容止」.

6 부자의 충효 : 원문의 부자父子는 변호卞壼와 그 두 아들 변진卞眕 · 변우卞盱를 가리킨다. 진나라 성제成帝 때 소준蘇峻이 반란을 일으켜 청계靑溪를 공격하자 변호가 육군六軍을 거느리고 소준의 군대를 맞아 싸웠으나 고전 끝에 전사하였고, 그 두 아들도 아비의 죽음을 보고 적에게 달려들었다가 동시에 죽음을 당했다. 『진서晉書』 권70 「변호열

전卞壺列傳」.

7 종거鐘簴 : 제왕帝王의 궁정宮庭에 종鐘을 거는 틀을 말한다. 이 종거가 옮겨지고 종묘사직이 폐허가 되는 것은 곧 나라가 망한 것을 뜻한다.

8 받아들인 죽음에서 : 군대가 퇴각하면 장군이 그 책임을 지고 죽는 것을 말한다. 『사마법司馬法』에 "장군사수將軍死綏"라는 말이 나온다.

9 원사도袁司徒 : 중국 송나라 관료 원찬袁粲(?~?)을 말한다. 원찬은 상서령尙書令을 지냈고, 태종太宗의 임종 때에 고명顧命을 받기까지 하였다. 그는 지위가 높아도 끝내 외물에 동요하지 않고 한거하면서 집안에 잡객을 일절 들이지 않는 풍도를 보였다. 『송서宋書』 권89 「원찬전袁粲傳」.

10 여산廬山 : 중국 강서성江西省에 있는 명산으로 폭포가 유명하다. 옛날 주 나라 때에 광속匡俗이라는 선비가 이 산에 숨어살면서 임금이 불러도 나오지를 않아 확인해보니 신선이 되어 하늘로 올라가고 빈집만 남아 있었으므로 여산이라는 이름이 생겼다고 한다.

11 원매袁枚 : 1716~1797. 중국 청나라 문인으로 자는 가재子才, 호는 간재簡齋이다. 1739년에 진사가 되었으며, 일찍이 강녕 등지에서 지현을 지냈다. 유가의 전통적인 시교와 의고적인 격조설을 반대하면서 작자의 성정을 꾸밈없이 표현해야 한다는 성령설을 주장했다. 저서로 『소창산방집小倉山房詩集』·『수원시화隨園詩話』이 있다.

12 개선사開先寺 : 중국 강서성에 있는 여산廬山 남쪽 기슭에 있는 절로 절 옆에 두 곳의 폭포가 있다. 명나라의 이몽양이 지은 시 〈개선사開先寺〉가 있다.

八. 清五言古詩

<卞忠貞公墓下作> - 王士禎

"松柏何蕭蕭, 云是卞公墓. 背踞冶城顛, 前臨大桁路. 緬昔永嘉時, 流人競南渡. 擧國扇清言, 作達相矜慕. 惟公執鄙吝, 巖巖畏峰距. 一朝荒傖來, 旌飛歷陽樹. 取節慚王公, 種薤笑諸庾. 堂堂卞將軍, 授命青溪渡. 父子忠孝俱, 大節光國步. 快意溫平南, 屨于[1]雷池戍. 一戰翦長鯨, 鐘簴仍如故. 握爪識忠貞, 死綏表風素. 英爽載雲旗, 陟降神靈雨. 咫尺袁司徒, 異代同金僑[2]."

<遊廬山觀瀑> - 袁枚

"黃崖天上生, 對面作浪起. 我頭不敢昂, 誠恐浪壓己. 豈知下望深, 青天反作底. 山外有山立, 山內有山倚. 頗類人衣裳, 幅幅有表裏. 忽然暑雨來, 人天一齊洗. 避登千尋塔, 正對一條水. 瀑布從高着, 匹練更長矣. 始知開先寺, 相離咫尺耳. 只爲絶巘遮, 紆行十餘里." 隨園詩膚淺 · 佻巧風韻索莫, 無足可取, 而特選此詩, 以見古今詩道之變而, 且爲後人鑑戒耳.

1 于 : 及 (『精華錄』 卷1)

2 儔 : 鑄 (『精華錄』 卷1)

제3장

율시

律詩

제1절 성운과 율시 형식의 연원 聲韻與律體之淵源

1

제나라 영명永明 연간에 처음으로 사성四聲을 문장에 사용하였으니 이것이 율시 형식의 연원이다. 『제서齊書』 「육궐전陸厥傳」[1]에 “영명 말에 문장이 흥성했는데 심약沈約 · 사조謝朓 · 왕융王融이 동지로 서로 높여주었고, 주옹周顒[2]이 성운聲韻에 뛰어났다. 심약 등이 글을 지을 때 모두 오성[宮商]을 사용하였고, 평성平聲 · 상성上聲 · 거성去聲 · 입성入聲으로 사성四聲을 만들어 이것으로 운을 만들어 더하거나 덜 수 없게 하였으니 세상에서 이를 ‘영명체永明體’라고 불렀다.”라고 하였다.

사조 · 왕융이 모두 먼저 죽어서 심약이 홀로 양梁나라 시대에 뛰어나 한 시대의 종장이 되었다. 그러므로 논하는 사람들이 성률이 모두 심약에게서 이루어졌다고 하였다. 옛날에도 비록 뛰어난 시가 있었으나 자구의 청탁淸濁, 고하高下가 아직 다 조화되지 못하였는데 심약에 이르러 ‘사성팔병四聲八病’으로 정리한 뒤에 시체가 정밀한 것에 나아가게 되었다. 서유체徐庾體 · 상관체上官體[3] · 심송체沈宋體[4]에 이어져서는 더욱 화려해졌으니 이에 율시가 아름다운 글 가운데 으뜸이 되었다. 그러나 소위 팔병은 대개 쌍성雙聲 · 첩운疊韻에서 변한 것이니 시 '무지개가 동쪽에 있고[螮蝀在東.].'[5], 또 '원앙은 어량에 있으니[鴛鴦在梁.].'[6]의 쌍성은 여기에서 나온 것이고, 양 무제梁武帝 시 '뒷 창에 시든 버들이 있네[後牖有朽柳.].'[7]라고 하였으니 첩운이 여기에서 나온 것이다.

---

1 육궐전陸厥傳 : 중국 제나라 문인 육궐陸厥의 열전列傳으로 『남제서南齊書』 권52에 수록되어 있다.
2 주옹周顒 : ?~493. 중국 남조 제나라 문인으로 자는 언륜彦倫이다. 언사言辭가 뛰어나 나오는 대로 문장이 되었다. 백가百家를 두루 섭렵했는데, 불리佛理에 정통했다. 서예에도 일가를 이루었고, 음운音韻에도 뛰어났다. 저서에 『삼종론三宗論』 · 『사성절운四聲切韻』이 있다.
3 상관체[上官] : 중국 당나라 시인 상관의上官儀(608~664)의 시체를 말한다. 육조六朝의 아름답고 화려함을 계승하여 섬세한 기교를 구사한 시풍으로 '상관체'라 불리며 크게 유행하였다. 그가 지은 시는 대부분 임금의 명령을 받아 지은 응조應詔나 응제應制 또는 봉화奉和한 작품으로 궁정 생활을 묘사하거나 황제와 공주의 덕망을 송축하고 있다. 형식적으로는 부염浮艷하고 전려典麗한 시풍을 추구하였다.
4 심송체[沈宋] : 중국 당나라 시인 심전기沈佺期와 송지문宋之問의 시체를 말한다. 구는 간략하게 하되 많은 의미를 함축하게 하였으며 시 전체의 평측이 고르게 되도록 하여 율시律詩의 일정한 격식을 완성시켰다고 평해진다.
5 제목 : 〈체동螮蝀〉, 『시경집전詩經集傳』, 권2.
6 제목 : 〈백화白華〉, 『시경집전詩經集傳』, 권5.
7 제목 : 『어정전당시御定全唐詩』 권616에 양 무제梁武帝의 시로 이 구절만 소개되어 있으나 전문과 제목을 확인할 수 없다.

齊永明之際, 始以四聲用於文章, 是律體之淵源也. 齊書陸厥傳曰, "永明末, 盛爲文章, 吳興沈約 · 陳郡謝朓 · 瑯琊王融, 以氣

類相推轂, 汝南周顒, 善聲韻. 約等文皆用宮商, 以平上去入爲四聲, 以此制韻, 不可增減, 世呼永明體."[1] 謝朓·王融幷先卒, 而沈約獨步, 梁世爲一時宗匠, 故談者皆謂聲律成於沈約. 古雖有美詩, 而於字句清濁高下未諧, 至沈約, 以'四聲八病'律之而後, 詩體趨於精密, 接之以徐庾·上官·沈宋, 益加藻麗, 於是律詩遂爲美文之尤焉. 然所謂八病, 大抵自雙聲·疊韻而變, 詩云, '蝃蝀在東', 又曰, '鴛鴦在梁', 雙聲起於此也, 梁武帝詩云,'後牖有朽柳', 疊韻起於此也.

[1] 永明末……世呼永明體 : 永明末, 盛爲文章, 吳興沈約·陳郡謝朓·瑯琊王融, 以氣類相推轂, 汝南周顒, 善識聲韻. 約等文皆用宮商, 以平上去入爲四聲, 以此制韻, 不可增減, 世呼爲永明體. (『南齊書』 卷52)

中國詩學

2

『남사南史』 「사장전謝莊傳」에 "왕원모王元謨[1]가 사장에게 '무엇이 쌍성雙聲이 되고 무엇이 첩운疊韻이 됩니까?'라고 묻자, ' '호互'와 '호護'가 쌍성이 되고, '오傲'와 '확碻'은 첩운이 된다.'라고 대답하였다."라고 하였다. 살펴보건대 옛사람이 사성을 가지고 『절운切韻』[2]을 만들고, 쌍성 · 첩운을 이어서 반드시 오음五音을 정하였으니 대체로 동방 목구멍 소리를 목음木音이라고 하고, 서방 혓소리를 금음金音이라 하고, 남방 잇소리를 화음火音이라 하고, 북방 입술소리를 수음水音이라 하고, 가운데 어금니 소리를 토음土音이라고 한다.

쌍성이라는 것은 소리는 같으나 운이 같지 않은 것이고, 첩운이라는 것은 소리도 같고 또 운도 같은 것이다. '호'와 '호'는 같이 입술소리가 되지만 두 글자는 운이 같지 않다. 그러므로 쌍성이라고 하는 것이고, '오'와 '확'은 같이 어금니 소리이고, 두 글자는 운도 같다. 그러므로 첩운이라고 하는 것이니, 다른 것도 모두 이와 같다.

---

1 왕원모王元謨 : ?~?. 중국 남조南朝 송나라 문인으로 자는 언덕彦德이다.

2 절운切韻 : 육사陸詞가 편찬한 운서韻書이다. 공시적인 방언 차이와 통시적인 음운 변화를 모두 고려하여 표준으로 삼기 위한 규범음을 인위적으로 설정한 운서로 시부詩賦의 압운押韻 기준을 제시하고 있으며, 타당한 압운의 기준을 정하기 위해 편찬되었다.

南史謝莊傳曰, "王元謨問於莊曰, '何者爲雙聲, 何者爲疊韻', 答曰, '互護爲雙聲, 磝碻爲疊韻.'"[1] 按古人, 以四聲爲切韻, 細以雙聲疊韻, 必以五音爲定, 蓋謂東方喉聲爲木音, 西方舌聲爲金音, 南方齒聲爲火音, 北方脣聲爲水音, 中央牙聲爲土音也.[2] 雙聲者, 同音而不同韻也, 疊韻者, 同音而又同韻也. '互'·'護'同爲脣音, 而二字不同韻, 故謂之雙聲, '磝'·'碻'同爲牙音, 而二字又同韻, 故謂之疊韻, 他皆倣此.

[1] 王元謨問於莊曰……磝碻爲疊韻 : 王玄謨問莊, 何者爲雙聲, 何者爲疊韻. 答曰, 玄護爲雙聲, 磝碻爲疊韻. (『南史』 卷20)

[2] 王元謨問於莊曰……中央牙聲爲土音也 : 南史謝莊傳曰, 王元謨問莊, 何者爲雙聲, 何者爲疊韻, 答曰, 互護爲雙聲, 磝碻爲疊韻, 某按古人, 以四聲爲切韻, 紐以雙聲疊韻, 必以五音爲定, 盖謂東方喉聲爲木音, 西方舌聲爲金音, 南方齒聲爲火音, 北方脣聲爲水音, 中央牙聲爲土音也. 雙聲者, 同音而不同韻也. 疊韻者, 同音而又同韻也. 互護同爲脣音, 而二字不同韻. 故謂之雙聲, 磝碻同爲牙音, 而二字又同韻, 故謂之疊韻. (『詩人玉屑』 卷2)

3

심약沈約이 "시에는 8가지 병통이 있으니 평두平頭 · 상미上尾 · 봉요蜂腰 · 학슬鶴膝 · 대운大韻 · 소운小韻 · 방뉴傍紐 · 정뉴正紐인데, 상미 · 봉요를 가장 꺼린다."라고 하였는데, 매요신梅堯臣의 『속금침시격續金針詩格』에 8가지 병통이 매우 자세하게 실려 있으니 지금 아래와 같이 기록한다.

1. 평두平頭

첫 번째 글자가 여섯 번째 글자와 같은 소리여서는 안 되고, 두 번째 글자가 일곱 번째 글자와 같은 소리여서는 안 된다. 시에 "오늘 좋은 잔치 열었으나 즐거움 다 펼치기 어렵네[今日良宴會, 歡樂難具陳.]."[1]라고 하였는데, '금今'과 '환歡'이 같은 소리이고 '일日'과 '락樂'이 같은 소리이다. 어떤 사람들은 '구 첫머리 두 글자가 모두 평성이면 이것은 평두를 범한 것이다.'라고 하니, 고시에 "아침 구름이 새벽 경치를 덮고, 단지에 날리는 눈발 어둑하네[朝雲晦初景, 丹池晩飛雪.]."라고 하였다.

2. 상미上尾

다섯 번째 글자가 열 번째 글자와 같은 소리여서는 안되는 것이니, 시에 "서북쪽 높은 누대 있으니 위로 뜬 구름과 나란하네[西北有高樓, 上與浮雲齊.]."[2]라고 하였는데, '누樓'와 '제齊'가 같은 소리이다. 한편으로는 "탕자는 창부의 집에 이르니, 동정호 가을 달 곱기도 하구나[蕩子到娼家,

洞庭秋月華.].[3]"의 '가家'와 '화華'가 같은 소리이다. 이것이 운자라면 잘못된 것이 아니지만 만약 측성으로 상上 · 거去 · 입入이 같은 소리라면 이것을 상미를 범한 것이다.

3. 봉요蜂腰

두 번째 글자와 다섯 번째 글자의 소리가 같아서는 안되는 것이니 끝이 크고 가운데가 작아서 벌의 허리와 같은 모양이 되기 때문이다. 시에 "멀리 그대와 오랫동안 이별하고, 곧 안문관에 이르렀네[遠與君別久, 乃至雁門關.]."[4]라고 하였는데, '여與'와 '구久'는 같은 소리이다.

4. 학슬鶴膝

다섯 번째 글자와 열다섯 번째 글자의 소리가 같아서는 안되니, 두 끝이 가늘고 중간이 굵어서 학의 무릎과 같은 모양이 되기 때문이다. 시에 "새로 제나라 비단을 자르니, 희고 깨끗한 것이 눈서리 같은데. 마름질해 합환선을 만드니, 둥글기가 밝은 달 같구나[新製齊紈素, 皎潔如霜雪. 裁爲合歡扇, 團團似明月.]."[5]라고 하였는데, '소素'와 '선扇'은 같은 소리이기 때문에 학슬鶴膝을 범한 것이다. 내가 살펴보건대 봉요와 학슬은 한 구 안에서 논한 것이니, 다섯 글자의 처음과 끝이 모두 탁성濁聲이고 가운데 한 글자가 청성淸聲인 것이 봉요가 되고, 처음과 끝이 모두 청성이고 가운데 한 글자가 탁성인 것이 학슬鶴膝이 되는 것이다. 여기에서 다섯 번째 글자와 열다섯 번째 의 소리가 같아서는 안 된다고 하면 이것은 두 구를 건너뛰어서 문제를 논한 것이다. 심약이 정한 본래 뜻이 어떠한 것인지 알지 못하겠다.

5. 대운大韻

중첩하여 범하는 것이니, 예를 들어 오언시에서 '신新'자로 운을 삼았는데 아홉 글자 안에 다시 '진津자'나 '인人자' 등을 쓰면 대운大韻이 된다. 시에 "열다섯 오랑캐 계집, 봄날 홀로 주막에 있네[胡姬年十五, 春日獨當壚.]."[6]라고 하였는데, '호胡'는 '로壚'와 같은 소리이다. 한편으로는 두 구 안의 글자와 열 번째 글자의 소리가 같으면 이것이 대운을 범하는 것이니 고시에 "단정히 앉아 괴로움 생각 끝이 없어, 옷을 쥐고 서쪽을 거니네[端坐苦愁思, 攬衣起西游.]."[7]라고 하였는데, '수愁'와 '유游'가 대운을 어긴 것이다.

6. 소운小韻

열 번째 글자를 제외하고 아홉 글자 안에 운자가 있는 것이 이것이다. 시에 "나그네 이미 어긋났으니, 어찌 멀리 전송할 수 있으랴[客子已乖離, 那宜遠相送]."[8]라고 하였는데 '자子'와 '이已', '리離'와 '의宜'가 이것이다. 한편으로는 아홉 글자 안에 '명明'자를 두고 또 '청淸'자를 쓰면 이것이 소운을 범한 것이니, 고시에 "얇은 휘장에 밝은 달이 비춰들고, 맑은 바람은 내 소매에 불어오네[薄帷鑑明月, 淸風吹我襟.]."[9]라고 하였다.

7. 방뉴旁紐

한 구 안에 이미 '월月'자가 있으면 '원元'·'원阮'·'원願'자를 쓸 수 없다. 이것은 쌍성이니 곧 방뉴旁紐가 된다. 시에 "장부가 편안히 앉아 있으나, 들보에 먼지 일어나려 하네[丈夫且安坐, 梁塵將欲起.].[10]"라고 하였는데, '장丈'·'양梁' 류가 방뉴를 범한 것이다.

8. 정뉴正紐

예를 들어 '임壬'·'임衽'·'임任'·'입入' 네 글자가 한 묶음이 되니 한 구 안에 이미 '임壬'자가 있으면 다시 '임衽'·'임任'자를 쓸 수 없다. 시에 "내 본래 한나라의 여인이었으나, 선우의 나라에 시집왔네[我本漢家女, 來嫁單于庭.]."[11]라고 하였는데 '가家'·'가嫁'는 한 묶음 안에 있으니 정쌍성正雙聲이라고 한다.

---

1 제목 : 저자 미상, 〈고시십구수古詩十九首〉, 『고금시산古今詩刪』 권6.
2 제목 : 저자 미상, 〈고시십구수古詩十九首〉, 『고금시산古今詩刪』 권6.
3 제목 : 미상未詳
4 제목 : 강엄江淹, 〈고이별古離別〉, 『강문통집江文通集』 권4.
5 제목 : 반첩여班婕妤, 〈원가행怨歌行〉, 『고금시산古今詩刪』 권2.
6 제목 : 신연년辛延年, 〈우림랑羽林郎〉, 『고금시산古今詩刪』 권2.
7 제목 : 조식曹植, 〈왕찬에게 주다贈王粲〉, 『조자건집曹子建集』 권5.
8 제목 : 미상未詳.
9 제목 : 완적阮籍, 〈회포를 읊다 82수詠懷八十二首〉, 『고시기古詩紀』 권29.
10 제목 : 미상未詳.
11 제목 : 석숭石崇, 〈왕명군사王明君辭〉, 『산서통지山西通志』 권221.

沈約曰, 詩有八病, 平頭·上尾·蜂腰·鶴膝·大韻·小韻·旁紐·正紐. 惟上尾·鶴膝最忌,[1] 梅堯臣續金針詩格, 載八病甚詳, 今錄之如下.

一. 平頭

第一字不得與第六字同聲, 第二字不得與第七字同聲, 詩曰,日良宴會, 歡樂難具陳.", 今與歡同聲, 日與樂同聲.[2] 一曰, 句首二字幷是平聲, 是犯, 古詩, "朝雲晦初景, 丹池晩飛雪."

二. 上尾

第五字不得與第十字同聲, 詩曰, "西北有高樓, 上與浮雲齊." 樓與齊同聲. 一曰, "蕩子到娼家, 洞庭秋月華." 家與華同聲. 是韻卽不妨, 若側聲是同上去入, 卽是犯也.[3]

三. 蜂腰

第二字不得與第五字同聲. 所以兩頭大, 中心小, 似蜂腰之形也. 詩曰, "遠與君別久, 乃至雁門關" 與字幷久字同聲.[4]

四. 鶴膝

第五字不得與第十五字同聲. 所以兩頭細, 中心麤, 似鶴膝之形. 詩曰, "新製齊紈素, 皎潔如霜雪. 裁爲合歡扇, 團團似明月." 素與扇字同聲, 故曰犯. 愚按蜂腰鶴膝, 卽一句中論之, 所以五字, 首尾皆濁而中一字淸, 卽爲蜂腰, 首尾皆淸而中一字濁, 卽爲鶴膝. 此云第五字不得與第十五字同聲, 則是隔兩句而論病也, 未知沈約所定本旨之如何也.

五. 大韻

謂重疊相犯也. 如五言詩, 以新字爲韻者, 九字內更着津字人字等, 爲大韻也. 詩曰, "胡姬年十五, 春日獨當壚" 胡字與壚字同聲也. 一曰, 二句中字與第十字同聲, 是犯. 古詩, "端坐苦愁思, 攬衣起西游." 愁與游, 是犯也.

六. 小韻

除第十字, 九字中自有韻者, 是也. 詩曰, "客子已乖離, 那宜遠相送." 子已離宜字, 是也. 一曰, 九字中有明字, 又用清字, 是犯. 古詩, "薄帷鑑明月, 清風吹我襟."

七. 旁紐

一句中, 已有月字, 不得着元阮願字. 此是雙聲, 卽爲傍紐也. 詩曰, "丈夫且安坐, 梁塵將欲起." 丈梁之類, 卽謂犯耳.

八. 正紐

如壬衽任入四字, 爲一紐, 一句之中已有壬字, 更不得安衽任字. 詩曰, "我本漢家女, 來嫁單于庭." 家嫁, 是一紐之內, 名正雙聲.

1 沈約曰……鶴膝最忌 : 一曰平頭, 二曰上尾, 三曰蜂腰, 四曰鶴膝, 五曰大韻, 六曰小韻, 七曰旁紐, 八曰正紐, 八種惟上尾鶴膝最忌, 餘病亦皆通. (『詩人玉屑』 卷11) / 沈約曰, 詩病有八, 平頭, 上尾, 蜂腰, 鶴膝, 大韻, 小韻, 旁紐, 正紐, 唯上尾鶴膝最忌, 餘病一通. (『古詩紀』 卷146)

2 第一字不得與第六字同聲……日與樂同聲 : 第一第二字不得與第六第七字同聲, 如 "今日良宴會, 謹樂莫具陳." 今謹皆平聲. (『詩人玉屑』 卷11) / 第一第二字不得與第六第七字同聲, 如 "今日良宴會, 歡樂難具陳." 今歡皆平聲, 日樂皆入聲也. (『山堂肆考』 卷128)

3 第五字不得與第十字同聲……卽是犯也 : 第五字不得與第十字同聲, 如 "青青河畔草, 鬱鬱園中柳." 草柳皆上聲. (『詩人玉屑』 卷11) / 第五字不得與第十字同聲, 如古詩, "西北有高樓, 上與浮雲齊." 雖隔韻何害律, 固無是矣. (『弇州四部稿』 卷146)

4 第二字不得與第五字同聲……與字并久字同聲 : 第三字不得與第五字同聲, 如 "聞君愛我甘, 竊欲自修飾." 君甘皆平聲, 欲飾皆入聲. (『詩人玉屑』 卷11)

팔병八病이 구애되는 것이 너무 엄격하였으므로 후인들이 따라 쓰는 일이 드물었다. 교연皎然[1]의 시평에 "심약沈約이 팔병을 아주 엄격히 재단하고 사성四聲을 잘 나누어 썼다. 그러므로 풍아風雅가 거의 다 사라졌다. 그 뒤에 재자才子들은 천기天機가 높지 못해서 심약이 잘못된 시창작 방법을 아주 잘 써서 잘 알지 못하면서 시대 흐름에 빠져 되돌아올 줄 몰랐다."라고 하였다. 그러나 성운에 있어서는 정밀하다고 할 만 하다. 이로부터 율시 형식은 모두 심약에게서 근원한다. 예전에 비록 훌륭한 시가 있었으나 자구字句의 청탁淸濁과 고하高下에 있어서는 잘 알지 못했다. 심약에 이르러서는 사성팔병으로 재단해서 그런 후에 시 형식이 정밀한 것으로 나아가게 되었다. 서릉徐陵과 유신庾信 · 상관의上官儀[2] · 심전기沈佺期와 송지문宋之問에 이어져서는 미려한 시어를 사용하고, 시구를 잘 다듬게 되었다. 여기에 이르러서 율시의 형식이 마침내 잘 꾸며진 글 가운데 가장 뛰어난 것이 되었다.

---

1 교연皎然 : 730~799. 중국 당나라 선승禪僧으로 자는 청주淸晝이다. 사령운謝靈運의 10대손으로 고체시古體詩나 악부樂府에 뛰어났다. 제기齊己 · 관휴貫休와 함께 당대唐代의 삼시승三詩僧으로 꼽힌다. 저서로 『시문집詩文集』 · 『시식詩式』 · 『시평詩評』이 있다.

2 상관의上官儀 : 608~664. 중국 당나라 문인으로 자는 유소遊韶이다. 627년 진사에 급제하여 홍문관弘文館 직학사直學士를 거쳐 비서소감秘書少監이 되었다. 태종의 작시作詩 상담역을 지냈고, 육조六朝의 화려함을 계승하여 섬세한 기교를 구사하였는데 이를 상

관체上官體라고 하였다.

八病所拘太嚴, 是以後人罕, 沿用, 皎然詩評曰, "沈休文酷裁八病碎用四聲. 故風雅殆盡, 後之才子天機不高, 爲沈生弊法所媚, 懵然隨流, 溺而不返."[1] 然於聲韻可謂精矣. 自來律體皆源於沈休文. 古雖有美詩, 而於字句淸濁高下, 未諳. 至休文以四聲八病律之而後, 詩體趨於精密, 接之以徐庾 · 上官 · 沈宋益加藻麗綺錯. 於是律體, 遂爲美文之尤焉.

[1] 沈休文酷裁八病碎用四聲.……然隨流溺而不返 : 교감사항없음 (『古詩紀』 卷146)

5

심약沈約이 비록 음운音韻에는 정교하였으나, 대구對句를 만드는 법칙에서는 오히려 정교하지 못한 부분이 있다. 당나라 상관의上官儀에 이르러서 시 형식이 화려하고 아름다워졌는데 문인들이 그것을 다투어 본받았으니 이것이 상관체上官體[1]라는 시 형식이다.

상관의는 "시에는 여섯 가지 대구법이 있으니, 첫째는 정명대正名對로 천지天地와 일월日月이 대구를 이루는 것이다. 두 번째는 동류대同類對[2]로 화엽花葉과 초아草芽가 대구를 이루는 것이다. 세 번째는 연주대連珠對[3]로 소소蕭蕭와 혁혁赫赫이 대구를 이루는 것이다. 네 번째는 쌍성대雙聲對[4]로 황괴黃槐와 녹류綠柳가 대구를 이루는 것이다. 다섯 번째는 첩운대疊韻對[5]로 방황彷徨과 방광放曠이 대구를 이루는 것이다. 여섯 번째는 쌍의대雙擬對로 춘수春樹와 추지秋池가 대구를 이루는 것이다."라고 하였다.

또 "시에는 여덟 가지 대구법이 있으니, 첫째는 적명대的名對니 '동남으로 가니 술 보내고, 서북에서 오니 거문고로 맞이하네[送酒東南去, 迎琴西北來.].'라는 것이 이것이다. 두 번째는 이류대異類對니 '바람은 못 사이 흔들고, 벌레는 풀 위에 무늬를 만드네[風織池間樹, 蟲穿葉上文.].'라는 것이 이것이다. 세 번째는 쌍성대雙聲對이니 '가을 이슬은 고운 국화에 향기롭고, 봄바람은 아름다운 난초에 향기 불어오네[秋露香佳菊, 春風馥麗蘭.].'라는 것이 이것이다. 네 번째는 '첩운대疊韻對'니 '모든 사람의 뜻을 흔들어 놓고, 한 사람의 마음을 끌어오네[放蕩千般意, 遷延一介心.].'라는 것이 이것이다. 다섯 번째는 연면대聯綿對니 '희미한 강은 띠 같고, 초승달은 눈썹

같네[殘河若帶, 初月如眉.].'라는 것이 이것이다. 여섯 번째는 쌍의대雙擬對니 '달을 이야기하자니 달은 눈썹같고, 꽃을 따지자니 뺨은 꽃보다 낫구나[議月眉欺月, 論花頰勝花.].'라는 것이 이것이다. 일곱 번째는 회문대廻文對니 '정이 새로워 뜻을 얻고, 뜻을 얻어서 정이 새로워지네[情新因意得, 意得因情新.].'라는 것이 이것이다. 여덟 번째는 격구대隔句對니 '그리워하다 또 떠올렸건만, 밤마다 눈물이 옷을 적시고. 부질없이 탄식하다 다시 공연히 눈물 흘리니, 아침마다 그대는 돌아오지 않는구나[相思復相憶, 夜夜淚沾裳. 空嘆復空泣, 朝朝君未歸.].'라는 것이 이것이다."라고 하였다. 대체로 상관의에 이르러 처음으로 대구법에 대해 논하였고, 심전기沈佺期 · 송지문宋之問 시대 이후로 더욱 정밀해졌다.

원진元稹이 "심전기 · 송지문의 유파가 정밀하고 예리하게 갈고 다듬었으며, 성률과 기세를 잘 따랐는데 이런 류의 시를 율시라고 일컬었다. 이 이후로 시체의 변화가 지극해졌다."라고 하였다. 또 두보杜甫는 심전기 · 송지문의 다음 세대 사람인데 심전기 · 송지문 시대 사람들이 "소蘇 · 이李가 앞에 서고 심전기 · 송지문과 어깨 정도 된다."라고 하였는데 이때의 소 · 이는 소무蘇武 · 이릉李陵을 가리킨다. 소무 · 이릉이 오언시를 만들고, 심전기 · 송지문이 율시 형식을 이루었다. 두보가 또한 심전기 · 송지문의 장점을 취했으므로 근체시 대구는 곱고 절실하였으니 성운聲韻을 자세히 구한 뒤에, 또 대우對偶를 정밀하게 생각하였다. 그러므로 당나라의 율시가 아름다운 시의 지극함이 되는 것이다.

---

1 상관체上官體 : 252쪽 주3 참조.

2 동류대同類對 : 상하구上下句의 내용이 같은 종류에 속한 것으로 대하는 것이다.

3 연주대連珠對 : 연속적으로 같은 자를 중복으로 써서 마치 구슬을 아래로 드리워 끊어

지지 않게 대하는 것이다.

4 쌍성대雙聲對 : 상하구 중 연속으로 2자의 초성初聲이 동류同類인 것으로 초성이 같은 자를 연속으로 써서 대를 이루는 것이다.

5 첩운대疊韻對 : 상하구에 연속으로 같은 운에 속한 자를 연속으로 2번 쓰는 것이다.

休文雖精於音韻, 至於屬對之法, 猶有未精. 至唐上官儀, 詩體綺錯, 士人爭效之, 詩之上官體. 上官儀曰, "詩有六對, 一曰正名對, 天地日月是也. 二曰同類對, 花葉草芽是也. 三曰連珠對, 蕭蕭赫赫是也. 四曰雙聲對, 黃槐綠柳是也. 五曰疊韻對, 彷徨放曠是也. 六曰雙擬對, 春樹秋池是也." 又曰, "詩有八對, 一曰的名對, '送酒東南去, 迎琴西北來.' 是也. 二曰異類對, '風織池間樹, 虫穿草上文.' 是也. 三曰雙聲對, '秋露香佳菊, 春風馥麗蘭.' 是也. 四曰疊韻對, '放蕩千般意, 遷延一介心.' 是也. 五曰聯綿對, '殘河若帶, 初月如眉.' 是也. 六曰雙擬對, '議月眉欺月, 論花頰勝花.' 是也. 七曰回文對, '情新因意得, 意因情新是也.' 八曰隔句對, '相思復相憶, 夜夜淚沾裳. 空嘆復空泣, 朝朝君未歸.' 是也."[1] 蓋至上官始詳論對法. 至於沈·宋以下而益精. 元微之曰, "沈·宋之流, 研練精切, 穩順聲勢, 謂之律詩. 由是而後, 文體之變極焉."[2] 又謂杜子美下該沈·宋, 沈·宋在常時, 時人爲語曰, "蘇·李居前, 沈·宋比肩." 蘇·李指蘇武·李陵. 蘇·李創五言, 而沈·宋成律體. 杜子美亦取沈·宋, 故其近體屬對雅切, 夫旣詳求之於聲韻, 又精思之於對偶, 是以唐律爲美文之至者也.

[1] 上官儀曰……是也 : 唐上官儀曰, "詩有六對, 一曰正名對, 天地日月是也. 二曰同類對, 花葉草芽是也. 三曰連珠對, 蕭蕭赫赫是也. 四曰雙聲對, 黃槐

綠柳是也. 五日疊韻對, 彷徨放曠是也. 六日雙擬對, 春樹秋池是也." 又日, "詩有八對, 一日的名對, '送酒東南去, 迎琴西北來.' 是也. 二日異類對, '風織池間樹, 虫穿草上文' 是也. 三日雙聲對, '秋露香佳菊, 春風馥麗蘭.' 是也. 四日疊韻對, '放蕩千般意, 遷延一个心.' 是也. 五日聯綿對, '殘河若帶, 初月如眉.' 是也. 六日雙擬對, '議月眉欺月, 論花頰勝花.' 是也. 七日回文對, '情新因意得, 意得逐情新.' 是也. 八日隔句對, '相思復相憶, 夜夜淚沾衣, 空歎復空泣, 朝朝君未歸.' 是也." (『詩人玉屑』 卷7)

2 沈 · 宋之流……文變之體極焉 : 沈 · 宋之流, 研練精切, 穩順聲勢, 謂之爲律詩. 由是而後, 文變之體極焉. (『元氏長慶集』 卷56)

6

왕응린王應麟[1]은 "세상 사람들은 창힐倉頡[2]이 글자를 만들고, 손염孫炎[3]이 음을 만들고, 심약沈約이 운을 만들어 시를 짓는 처음이 되었다."라고 하였다. 『양서梁書』 「심약전沈約傳」에 이르기를, "심약이 『사성보四聲譜』[4]를 찬술하였으니 옛날 시인들이 수천 년 동안 깨닫지 못한 것을 홀로 마음속으로 터득하여 그 오묘한 자취를 끝까지 추구하고 스스로 말하기를 '입신의 경지에 드는 작품이다.'"라고 하였다.

수隋나라 육사陸詞[5]가 편찬한 『절운切韻』[6]은 심약 이후에 나왔으니 당시 심약이 지은 책을 근본으로 삼은 것인데 육법언의 책 또한 남아 있지 않다. 송宋나라 『광운廣韻』[7]의 머리글에 오히려 "육사가 편찬하고 장손눌언長孫訥言이 전주箋注를 달았다."라고 되어 있으니 『광운』의 206운은 바로 육사의 옛 조목이다. 유연劉淵[8]의 『임자신간예부운략壬子新刊禮部韻略』[9]에 이르러 처음으로 『광운』의 206운을 합하여 107운으로 만들었으니, 세상에서는 『평수운平水韻』[10]이라고 하였다. 원元나라와 · 명明나라 이후로 사용하였고, 명明나라의 『홍무정운洪武正韻』[11], 청淸나라의 『패문운부佩文韻府』[12]의 분류가 모두 『평수운』의 법칙을 따르고 있으니 이 또한 시를 배우는 요체로 깊이 유의해야 할 것이다.【청나라의 『패문운부』와 조선의 『규장전운奎章全韻』[13] 참조】

1 왕응린王應麟 : 1223~1296. 중국 송나라 문인으로 자는 백후伯厚, 호는 심녕거사深寧

居士 또는 후재厚齋이다.

2 창힐倉頡 : 중국中國 고대古代의 전설적인 제왕帝王인 황제黃帝 때의 좌사左史를 말한다. 새와 짐승의 발자국을 본떠서 처음으로 문자文字를 만들었다고 한다.

3 손염孫炎 : 1323~1362. 중국 원말명초元末明初의 문인으로 자는 백융伯融이다. 원元나라 말기에 정복丁複·하욱유夏煜遊 등과 더불어 시명詩名이 있었다. 주원장朱元璋이 금릉金陵을 거쳐 절동浙東을 정벌할 때에 공을 세워 지주동지池州同知가 되었고, 그 후에 화양지부華陽知府·행성부사行省部事를 지냈다.

4 사성보四聲譜 : 심약沈約이 편찬한 책으로 소리를 상성上聲·평성平聲·거성去聲·입성入聲 사성四聲을 분류한 책이다.

5 육사陸詞 : 562~?. 중국 수나라 문인으로 자는 법언法言이다. 유진劉臻·소해蕭該·안지추顏之推 등과 한위육조漢魏六朝 반절구문半切舊文의 득실을 토론하고, 고금음운古今音韻상의 시비에 대해 평가했다. 저서로 『절운切韻』이 있다.

6 절운切韻 : 254쪽 주2 참조.

7 광운廣韻 : 중국 송나라 문인 진팽년陳彭年(966~1017)·구옹邱雍 등이 칙명勅命에 의하여 1008년 찬정撰定한 것으로, 정식 이름은 『대송중수광운大宋重修廣韻』이다. 『광운廣韻』은 완본完本이 전하고 그 음계音系도 거의 『절운切韻』과 같기 때문에 중고음中古音 연구에 있어서 중요한 기본 자료이다.

8 유연劉淵 : ?~?. 중국 금나라 문인으로 운서韻書인 『임자신간예부운략壬子新刊禮部韻略』을 편찬하였다.

9 임자신간예부운략壬子新刊禮部韻略 : 유연劉淵이 1252년 편찬한 운서韻書로 『평수운平水韻』이라고도 불린다.

10 평수운平水韻 : 유연劉淵이 『임자신간예부운략壬子新刊禮部韻略』을 저술하면서 『광운廣韻』의 206운 가운데 운모韻母가 서로 비슷한 것을 정리하여 107운으로 줄인 것을 말한다. 일반적으로 시운詩韻이라 하면 이 『평수운』을 의미한다. 그러나 보통 시운을 설명하는 책이나 옥편에서는 『평수운』에서 다시 1운이 줄어든 106운으로 분류하고 있다.

11 홍무정운洪武正韻 : 중국 명나라 문인 악소봉樂韶鳳·송염宋濂 등이 1375년 편찬한 관찬官撰 운서로 16권으로 구성되어 있다. 중원아음中原雅音과 모황毛晃 부자父子의 『증수호주예부운략增修互註禮部韻略』을 바탕으로 편찬하였으므로, 반절反切은 『증수호주예부운략增修互註禮部韻略』의 것을 따르고, 운韻의 분류 배합은 『중원음운中原音韻』의 방식을 모방하였다.

12 패문운부佩文韻府 : 운韻에 따라 분류해 편찬한 중국의 어휘집語彙集으로 106권이며, 습유 106권이 있다. 청淸나라 강희제康熙帝의 칙명에 따라 장옥서張玉書·진정산陳廷敬·이광지李光地 등 76명이 편집에 종사, 1711년에 간행하였고, 습유拾遺는 1716년에 완성하였다. 2자字에서부터 4자짜리 숙어熟語의 용례를 경사자집經史子集의 고전古典

에서 널리 채록하여 맨 아랫자의 운에 따라 106운으로 나누어 배열하고, 매 운자를 1권으로 묶었다.

13 규장전운奎章全韻 : 조선 후기 이덕무李德懋 등이 편찬한 책이다. 동음東音과 화음華音이 함께 표시되어 있으며, 이덕무가 1792년까지 주로 편찬하고, 윤행임尹行恁 · 서영보徐榮輔 · 남공철南公轍 · 이서구李書九 · 이가환李家煥 · 성대중成大中 · 유득공柳得恭 · 박제가朴齊家 등이 교정한 다음, 1796년에 간행하였다.

王應麟曰, "世稱倉頡造字, 孫炎作音, 沈約作韻, 爲椎輪之始."[1] 梁書沈約傳曰, "約撰同聲譜, 以爲在昔詞人, 累千載不悟, 而獨得胸襟, 窮其妙旨, 自謂入神之作."[2]

隋陸法言撰切韻 在沈約後, 當是本諸沈作, 而法言書亦亡. 宋廣韻卷首, 猶是"陸法言撰本, 長孫訥言箋注."[3], 則廣韻之二百六韻, 卽是法言之舊目也. 及劉淵壬子新刊禮部韻略, 始倂廣韻二百六部, 爲一百七部, 世謂之平水韻. 元 · 明以來用之, 明洪武正韻, 清佩文韻府 其分類皆依平水韻法, 亦學詩之要, 不可不深留意也.

【清之『佩文韻府』及韓之『奎章全韻』參照】

[1] 世稱倉頡造字……爲椎輪之始 : 世謂蒼頡制字, 孫炎作音, 沈約撰韻, 爲椎輪之始. (『玉海』 卷44)

[2] 約撰同聲譜……自謂入神之作 : 撰四聲譜, 以爲在昔詞人, 累千載而不寤, 而獨得胷衿, 窮其妙旨, 自謂入神之作. (『梁書』 卷13)

[3] 陸法言撰本, 長孫訥言箋注 : 於仁壽元年, 唐儀鳳二年, 長孫訥言爲之注 (重修廣韻』 提要)

7

『시경詩經』과 〈이소離騷〉에서 일찍이 운이 없었던 것은 아니지만 운보韻譜가 나온 것은 심약沈約 이후이다. 시인들은 또 대체로 고운古韻을 사용하였으나 율시 형식은 대부분 금운今韻을 따른다.

詩經及騷賦, 未嘗無韻, 然有韻譜, 則自沈約以來, 詩人亦多用古韻者, 律體則太半從今韻也.

제2절 구법 句法

中國詩學

1

율시에서는 구법句法이 가장 절실하고 중요한 것이다. 그러므로 옛부터 구법을 논하는 사람들은 대체로 율시에 대해 말한다. 대對가 정확해야 하고 소리가 맑고 낭랑해야 하니, 비록 한 글자라도 구차해서는 안된다.

매요신梅堯臣은 『금침시격金針詩格』에서 "명제命題 '속의屬意'는 마치 귀신의 도움이 있는 듯하여 자연스러운 구가 만들어지는 것이다. 명제 '입의立意'는 붓을 쥐고 바로 이루는 것이어서 아주 쉽게 만들어진 구에 귀속되는 것이고, 명제 '용의用意'는 구해도 얻지 못한 것이어서 괴로움의 구절로 돌아가는 것이다."라고 하였다.

또 방회方回[1]는 "선배에게 시를 배울 때는 여덟 가지 구법을 터득해야 하니, 평이하고 담박하거나 천하고 속된 것에 흐르지 않는 것, 기이하고 예스럽되 괴이하거나 편벽에 가깝지 않은 것, 시를 쓸 때 물상에 궁색하지 않아야 하는 것, 서사를 쓸 때 성률에 잘못되는 것이 없어야 하는 것, 비와 흥이 아주 깊이 있어 사물의 이치에 통달해야 하는 것, 용사가 뛰어난 것은 자기가 만든 것 같이 해야 하는 것, 격조는 완성된 한 편의 시에서 둥글어서 흠잡을 수 없어야 하는 것, 기라는 것은 시어의 저 너머 나타나는 것이니 크고 넓어서 굽혀지는 것이 없어야 하는 것, 시에 마음을 다해서 이것을 지키고 잘못해서는 안된다."라고 하였다. 이것이 구법을 다 아울러 말한 것이다. 이제 특별히 오언시와 칠언시의 구법을 가져와 아래에 분별하여 구를 뽑아 놓았다.

---

1 방회方回 : 1227~1307. 중국 원나라 문인으로 자는 만리万里, 호는 허곡虛谷 · 자양산인紫阳山人이다. 시선집으로 『영규율수瀛奎律髓』가 있다.

律詩句法, 尤爲切要. 故自來論句法者, 多屬律詩. 以其屬對精確, 音調鏗鏘, 雖一字亦不可苟也. 梅堯臣『金針詩格』曰, "命題屬意, 如有神助歸於自然之句, 命題立意, 援筆立成, 歸於苦求之句. 命題用意, 求之不得, 歸於苦求之句.[1] 又方回言, 學詩於前輩, 得八句法, 平淡不流於淺俗, 奇古不隣於怪僻, 題咏不窘於物象, 敍事不病於聲律, 比興深者通物理, 用事工者如己出, 格見於成篇, 渾然不可鐫, 氣出於言外, 浩然不可屈, 盡心於詩, 守此勿失."[2] 此總論句法者也. 今特就五七言句法分別選句於下.

[1] 命題屬意……歸於苦求之句 : 命屬題意, 如有神助歸於自然之句, 命題立意, 援筆立成, 歸於容易之句. 命題用意, 求之不得, 歸於苦求之句. (『詩人玉屑』 卷3)

[2] 方回言……守此勿失 : 교감사항없음 (『詩人玉屑』 卷5)

2

갑. 오언시에서 구를 단련하는 방법

오언시는 세 번째 글자가 시안자가 되는 것이니, 옛사람들이 글자를 단련할 때 다만 구안句眼[1] 위에서 연습하였다. 오언시에서는 세 번째 글자가 가장 중요하고 공들이는 글자이니 그 형식을 아래와 같이 나열한다.

시안자에 사실을 사용한 형식[시안용실사식詩眼用實事式]:

가을하늘 은하수 외로운 기러기 날고	星河秋一雁
밤 든 다듬이 소리 온 집에서 울리네	砧杵夜千家[2]

구름 흐르니 별은 숨었다 나타나고	行雲星隱見
거센 물살에 달빛은 나타났다 숨네	疊浪月光芒[3]

시안자에 공들인 글자를 사용한 형식[시안용향자식詩眼用響字式]:

진흙은 제비부리를 따르고	芹泥隨燕嘴
꽃가루는 벌 수염에 엉겨붙네	花蘂上蜂鬚[4]

외로운 등은 나그네 꿈을 사르고	孤燈燃客夢
시린 다듬이 소리 향수를 두드리네	寒杵搗鄉愁[5]

단련하는 글자[6]를 차례로 놓는 형식[연자차제식練字次第式]:

붉은빛 복사꽃에 들어 곱고　紅入桃花嫩
푸른빛 버들잎에 돌아와 새롭네　青歸柳葉新[7]
【여기서는 두 번째 글자가 연자이다】.

땅이 갈라져 강의 돛단배 숨기고　地坼江帆隱
하늘 맑은데 나뭇잎 떨어지네　天淸木葉開[8]
【여기서는 다섯 번째 글자가 연자이다.】

시안자로 요자[9]를 사용한 형식[시안용요자식詩眼用拗字式]:

물을 받으니 달이 손 위에 있고　掬水月在手
꽃 가지고 노니 향기 옷에 가득하네　弄花香滿衣[10]

외로운 새는 가을빛을 등지고　孤鳥背秋色
먼 돛단배는 포구의 안개를 뚫고 오네　遠帆開浦烟[11]

자음과 모음으로 시구를 꾸민 형식[자모자장구식子母字粧句式]:

성긴 대숲에 안개 짙어지고　竹踈煙補密
여윈 매화에 눈은 쌓여만 가네　梅瘦雪添肥[12]

새벽 연꽃은 저녁보다 활짝 피고　曉荷重映晩
가을풀은 봄보다 푸르네　秋草碧于春[13]

한 구 안에서 저절로 대를 이루는 형식[구중자대식句中自對式]:

뽕과 삼은 비와 이슬에 무성해지고　桑麻深雨露
제비와 참새는 반이나 자랐네　燕雀半生成[14]

강물은 천지 저 너머로 흘러가고	江流天地外
산빛은 그 안에서 있는 듯 없는 듯하네	山色有無中[15]

대를 교묘하게 꾸미는 형식[교대식巧對式]:

종이 연 편안히 날고	紙鳶飛恰穩
모 심으니 물은 새로 불어나네	秧馬水新肥[16]

자성을 넘어 나가서	行看子城過
되려 멀리 성가퀴를 바라보노라	却望女墻遙[17]

아래 윗구에 서로 대가 되는 글자가 엇갈려 짝을 이루는 형식[교고대식交股對式]:

배는 다투어 물길을 건너는데	舳艫爭利涉
오갈 때 바람물결 접하네	來往接風潮[18]

시골 노인 밭 갈러 가니	野老就耕去
호미 메고 목동이 따르네	荷鋤隨牧童[19]

글자를 빌려 대를 맞추는 형식[차자대식借字對式]:

산에 산 지 이제 십 년	住山今十載
내일 또 거처를 옮기네	明日又遷居[20]

주렴 걷으니 누런 잎 지고	捲簾黃葉下
나라가 망하니 자규가 우네	鎖印子規啼[21]

한 구 안에서 위치가 뒤바뀌고 섞여 대를 이루는 형식[착종구식錯綜句式]:

거울 속 춤추는 난새 못을 엿보고	舞鑑鸞窺沼

하늘을 가는 말 다리를 건너가네 行天馬渡橋[22]

들새는 두견을 보고 울어대고 野禽啼杜宇
산 나비는 장주를 꿈꾸네 山蝶夢莊周[23]

한 구에서 가운데를 끊는 형식[절요구식折腰句式]:

들 주막엔 차서 손님 없고 野店寒無客
바람 부는 둥지 요동쳐도 새는 앉아 있네 風巢動有禽[24]
【두 번째 글자에서 허리를 끊은 것이다.】

마치 매화 땅에 떨어진 듯하고 似梅花落地
버들개지 바람을 끄는 듯하네 如柳絮引風[25]
【세 번째 글자에서 허리를 끊은 것이다.】

첩자를 차례대로 놓아서 구를 만드는 형식[첩자차제구식疊字次第句式]:

천지를 포용하여 크고 納納乾坤大
나라는 가도가도 아득하네 行行郡國遙[26]

들판의 해는 희미하게 빛나고 野日荒荒白
강물은 넘실넘실 맑구나 江流泯泯清[27]

두 개의 구가 하나의 의미를 가지는 형식[양구일의식兩句一意式]:

어찌하여 푸른 풀 속에 如何青草裏
할미꽃 있는가 也有白頭翁[28]

갑자기 들었네 애통한 조서가 忽聞哀痛詔

또 성스러운 조정에서 내려왔다는 것을 又下聖明朝[29]

【열 개의 글자로 하나의 구를 만드는 방식이니 함련에서 사용하여야 한다.】

경사를 인용하는 형식[인용경사식引用經史式]:

산은 어진 사람의 고요함과 같고 山如仁者靜
바람은 성인의 맑음과 같네 風似聖之淸[30]

해는 저무는 데 누구 집에 머물까 日暮于誰屋
날은 찬데 저 언덕을 넘어야 하네 天寒陟彼岡[31]

허자가 구를 꾸미는 형식[허자장구식虛字粧句式]:

또 그렇게 너하고 싶은 대로 且然聊爾可
얻는 것은 스스로 아는 것이지 得也自知之[32]

떨어질 때는 되려 스스로 춤추는 듯하고 落時猶自舞
쓸고 난 후에 다시 향기를 맡네 掃後更聞香[33]

【가볍고 맑은 것을 귀하게 여기고, 연약한 것을 꺼린다.】

구슬이 이어져 있는 듯한 구의 형식[연주구식連珠句式]:

한평생 두 귀밑머리 세어졌는데 百年雙白鬢
한 번 이별하고 다섯 번 가을의 반딧불 만나네 一別五秋螢[34]

저 먼 산 풀 너머에 遠山茅草外
흐르는 물의 떨어지는 꽃 가운데 流水落花中[35]

위아래가 서로 이어진 구의 형식[상하상접구식上下相接句式]:

들 넓어 하늘은 숲에 닿을 듯하고 野廣天低樹
강 맑아 달은 사람에 가깝네 江清月近人[36]

돌 들보 높아 달빛 쏟아지고 石梁高瀉月
나무꾼 길 가늘어 구름 속으로 드네 樵路細入雲[37]

위가 아래 구와 접하는 형식[상접하구식上接下句式]:

달빛에 지작관에 곱고 金波麗鳷鵲
별들은 건장궁에 나직하네 玉繩低建章[38]

새벽 구름에도 스님 옷 젖고 曉雲僧衲潤
지는 달빛에도 나그네 배 훤하네 殘月客帆明[39]

아래에서 위 구로 이어지는 형식[하연상구식下連上句式]:

주렴을 걷으니 멀리서 바람 불어오고 卷幔來風遠
침상 옮기니 가득한 달빛이 드네 移床得月多[40]

물은 하늘 모습 담아 넓기만 하고 水涵天影闊
산은 땅의 형세를 뽑아 올려 높다랗네 山拔地形高[41]

두 구에 소리가 있는 형식[쌍구유성식雙句有聲式]:

가을 원숭이는 새벽 꿈속에서 울고 霜猿啼曉夢
바위가 새는 가을 소리에 화답하네 巖鳥和秋唫[42]

가을바람은 위수에서 불어오고 秋風吹渭水

낙엽은 장안에 가득하네	落葉滿長安[43]

두 구에 소리가 없는 형식[쌍구무성식雙句無聲式]:

외로운 배 언덕 기대 고요하고	孤舟依岸靜
홀로 나는 새는 사람 향해 한가롭네	獨鳥向人閑[44]

흐르는 세월은 시내 소리없이 흐르는 것 같고	流年川暗渡
지난 일은 달이 부질없이 보여주네	往事月空明[45]

소리가 있는 구와 소리가 없는 구가 대를 이루는 형식 [유성대무성식有聲對無聲式]:

흥이 다하니 새 울음소리도 달리 들리고	興闌啼鳥換
앉은 지 오래되니 떨어진 꽃 수북하네	坐久落花多[46]

텅 빈 산 바람은 바위에 불어오고	山虛風落石
고요한 누대 달빛은 문으로 내려 비치네	樓靜月侵門[47]

소리가 없는 구와 소리가 있는 구가 대를 이루는 형식[무성대유성식無聲對有聲式]:

소식 전할 가을 기러기도 다하고	音書新鴈斷
베틀은 밤벌레 소리만 재촉하네	機杼夜蛩催[48]

맑은 못은 지나는 새를 그려놓고	澄潭寫渡鳥
텅 빈 고개 원숭이 울음에 답하네	空嶺應鳴猿[49]

두 개의 구가 모두 움직임 있는 형식[쌍구구동식雙句俱動式]:

물오리 물풀 물고 장난치고	浴鳧含藻戲
해오라기 놀란 물고기 물고 나네	驚鷺帶魚飛

고운 거울엔 난새 부질없이 춤추고　鏡好鸞空舞
성긴 발에는 제비 잘못 날아드네　簾疎燕誤飛[50]

두 개의 구가 모두 고요함이 있는 형식[쌍구구정식雙句俱靜式]:

대숲 속 사립문 닫아 걸고　竹裏柴扉掩
뜰 앞엔 참새 날아가네　庭前鳥雀行

쓸쓸하게 저녁 노을 지고　蕭散烟霞晚
처량하게 천지에 가을 드네　凄清天地秋[51]

움직임 속에 고요함이 있는 형식[동중유정식動中有靜式]:

당노 소리 듣느라 나무꾼은 도끼질 멈추고　聽錫樵停斧
매미 엿보느라 새는 나무에 앉아있네　窺蟬鳥立槎[52]

약 찧은 집은 구름을 뚫고 서 있고　雲穿搗藥屋
고깃배는 눈에 짓눌려 있네　雪壓釣魚舟[53]

고요함 속에 움직임이 있는 형식[정중유동식靜中有動式]:

묵은 나무에 꽃 오히려 피어나고　古木花猶發
무너진 대엔 비 아직 내리네　荒臺雨尚懸

한가한 뜰에는 꽃 절로 떨어지고　庭閑花自落
닫힌 문에 물은 부질없이 흐르네　門閉水空流[54]

굳센 기상이 드러난 구[건구健句]:

굳센 절개 어려서 기둥에 새겨두었는데　壯節初題柱

생애는 홀로 떠도는 쑥대 같구나 生涯獨轉蓬[55]

외로운 학 되오는 것 어찌 이리 늦은가 獨鶴歸何晚
저물녘 까마귀 이미 나뭇가지에 가득한데 昏鴉已滿枝[56]

새로운 구[신구新句]:

작은 복사꽃 막 진 뒤 小桃初謝後
제비 때마침 오는 시절이네 燕子恰來時[57]

초승달 막 떠오른 초사흘 밤에 微月初三夜
첫 매미 소리 처음으로 들려오네 新蟬第一聲[58]

깨끗한 구[청구淸句]:

초승달 첫 모습 부채를 본뜬 듯하고 月生初學扇
구름 가늘어 옷을 짓지도 못하겠네 雲細不成衣[59]

담장 꾸민 것 되려 대나무 빛이고 粉牆猶竹色
텅 빈 누각 절로 솔 소리 들리네 虛閣自松聲[60]

큰 구[위구偉句]:

바다 덮을 듯 깃발 나오고 蓋海旗幢出
하늘에 이어질 듯 관각이 열려있네 連天觀閣開[61]

군영은 시든 풀에 기대있고 壁壘依寒草
깃발은 석양에 흔들리네 旌旗動夕陽[62]

호탕한 구[호구豪句] :

무지개는 강에 가득한 비를 끊어버리고　　虹截半江雨
바람은 큰 못의 구름을 모는구나　　風驅大澤雲[63]

태액지 하늘은 물이 되었고　　太液天爲水
봉래산 눈도 산이 되었네　　蓬萊雪作山[64]

뜻을 새겨 넣은 구[각의刻意句] :

이슬 젖은 국화는 풍과 호에 아롱지고　　露菊斑豊鎬
가을 풀은 간수와 전수에 비치네　　秋蔬影澗瀍[65]

떨어지는 이슬 금각을 맑게 씻어내고　　墜露淸金閣
반딧불은 옥 계단에 점점이 밝네　　流螢點玉除[66]

저절로 드러나는 구[자재구自在句] :

단지 소나무 위에 학이 있어서　　只因松上鶴
이게 바로 골짜기 속 사람 노릇하는구나　　便是洞中人[67]

함께 오늘 밤 달을 보지만　　共看今夜月
홀로 타향 사람이구나　　獨作異鄉人[68]

뜻이 자연스럽게 드러나는 구[의욕원구意欲圓句] :

넓은 하늘에 높이 나는 새 시름겹고　　霄漢愁高鳥
진흙 속 늙은 용 괴롭구나　　泥沙困老龍[69]

마른 풀 위 매 눈 번쩍이고　　草枯鷹眼疾

눈 다하니 말굽은 가볍구나 雪盡馬蹄輕[70]

격조가 높은 구[격욕고구格欲高句]:

꽃가지는 태액지에 심겨있고 花枝臨太液
제비 소리는 피향궁에 드는구나 燕語入披香[71]

흠 없어 옥보다 낫고 無瑕勝似玉
너무나 깨끗하여 얼음보다 낫구나 至潔過于氷[72]

성률을 중히 여기는 구[성률위규구聲律爲竅句]:

이별한 뒤 머리 모두 희어졌는데 別來頭并白
만나서는 눈길 끝내 다정했네 相見眼終青[73]

꽃 무성한 봄 든 절은 조용하고 花濃春寺靜
대나무 가는 들의 못에 그윽하네 竹細野池幽[74]

사물의 형상이 뼈대가 되는 구[물상위골구物象爲骨句]:

우레처럼 호령이 몰려오고 雷霆驅號令
북두성처럼 문장은 빛나네 星斗煥文章[75]

이슬 흠뻑 내려 동인의 손바닥은 무겁고 露濃金掌重
하늘 가까워 별들이 나직하네 天近玉繩低[76]

뜻과 격조가 중심이 되는 구[의격위수구意格爲髓句]:

공훈 업적 걱정해 자주 거울 바라보고 勳業頻看鏡
나가고 물러섬 결정에 홀로 누각에 기대네 行藏獨倚樓[77]

시절에 북받쳐올라 꽃보고 눈물 자주 흘리고　感時花濺淚
이별 한스러워 새소리에 조차 마음 깜짝 놀라네　恨別鳥驚心[78]

---

1 구안句眼 : 하나의 시구에서 가장 중요하고 절실한 글자를 말한다.

2 제목 : 한굉韓翃, 〈정연이 가을 밤 즉흥으로 지은 시를 받고 화답하다酬程延秋夜卽事見贈〉, 『어정전당시御定全唐詩』 권244.

3 제목 : 두보杜甫, 〈근심을 풀다遣悶〉, 『두시상주杜詩詳註』, 권21.

4 제목 : 두보杜甫, 〈천천히 걸으며徐步〉, 『두시상주杜詩詳註』, 권10.

5 제목 : 잠삼岑參, 〈관서의 객사에 묵으며 엄嚴과 허許 두 산인에게 부치다. 당시 천보 연간 초 7월 3일에 내가 내학에 있었는데 도거道擧 시험에 합격한 고高 아무개가 두 사람을 부르는 일이 있음을 보았다宿關西客舍, 寄東山嚴許二山人, 時天寶初七月初三日, 在內學, 見有高道擧徵.〉 『어정전당시御定全唐詩』 권200.

6 연자練字 : 시를 지을 때 글을 가려 뽑고 퇴고하는 것을 말한다.

7 제목 : 두보杜甫, 〈외숙 이도독이 초봄에 지은 시에 삼가 화답하다奉酬李都督表丈早春作〉, 『두시상주杜詩詳註』 권9.

8 제목 : 두보杜甫, 〈새벽에 바라보며曉望〉, 『두시상주杜詩詳註』 권9.

9 요자拗字 : 평측을 파괴한 형식의 글자를 말한다.

10 제목 : 우량사于良史, 〈봄 산의 밤 달春山夜月〉, 『어정전당시御定全唐詩』 권275.

11 제목 : 주하周賀, 〈파릉으로 돌아가는 양악을 전송하며送楊嶽歸巴陵〉, 『어정전당시御定全唐詩』 권503.

12 제목 : 미상未詳

13 제목 : 미상未詳

14 제목 : 두보杜甫, 〈자취를 감추고 3수屛跡 三首〉, 『두시상주杜詩詳註』, 권10.

15 제목 : 왕유王維, 〈한강에 배를 띄우고漢江臨汎〉, 『왕우승집전주王右丞集箋注』 권8.

16 제목 : 미상未詳

17 제목 : 양만리楊萬里, 〈오경에 선성에 들어가서 천경관에 나아가 조알하다五更入宣城, 詣天慶觀朝謁.〉, 『성재집誠齋集』 권33.

18 제목 : 맹호연孟浩然, 〈배 안에서 저물녘 경치를 보다舟中晩望〉, 『맹호연집孟浩然集』 권3.

19 제목 : 맹호연孟浩然, 〈농가의 설날田家元日〉, 『맹호연집孟浩然集』 권1.

20 제목 : 미상未詳

21 제목 : 가도賈島, 〈무공현의 요주부에게 주다寄武功姚主簿〉, 『장강집長江集』 권4.

22 제목 : 한유韓愈, 〈눈 오는 것을 기뻐하여 배상서에게 드리다喜雪獻裴尙書〉, 『오백가주창

려문집五百家注昌黎文集』 권9.

23 제목 : 『이태백집주李太白集注』 권30에 이백의 단구斷句로 소개되어 있으나 제목을 확인할 수 없다.

24 제목 : 주요周繇, 〈우문우를 전송하며送宇文虞〉, 『어정전당시御定全唐詩』 권635.

25 제목 : 『시인옥설詩人玉屑』에 왕담王淡의 〈교설시交雪詩〉라고 되어있으나 전문을 확인할 수 없다.

26 제목 : 두보杜甫, 〈들을 바라보며野望〉, 『두시상주杜詩詳註』 권22.

27 제목 : 두보杜甫, 〈부질없이 짓다 2수漫成二首〉, 『두시상주杜詩詳註』 권10.

28 제목 : 이백李伯, 〈들풀 속에서 백두옹이라는 이름의 풀이 있는 것을 보고見野草中有名白頭翁者〉, 『이태백문집李太白文集』 권22.

29 제목 : 두보杜甫, 〈경사를 수복하다 3수收京三首〉, 『두시상주杜詩詳註』 권5.

30 제목 : 팽여려彭汝礪, 〈통판 승의랑에게 화답하다和通判承議〉, 『파양집鄱陽集』 권8.

31 제목 : 팽여려彭汝礪, 〈통판 승의랑에게 화답하다和通判承議〉, 『파양집鄱陽集』 권8.

32 제목 : 황정견黃庭堅, 〈범씨 일가의 다섯째인 덕유 어른이 '之'자로 압운하여 화답해 준 시는 어려우면서도 더욱 공교하였으나 곧장 다시 화답시를 지었으니 한 번 웃을 만하다德孺五丈和之字詩韻, 難而愈工, 輒復和成, 可發一笑.〉, 『산곡집山谷集』 권11.

33 제목 : 이상은李商隱, 〈장수재의 낙화유감에 화답하다和張秀才落花有感〉, 『이의산시집李義山詩集』 권중中.

34 제목 : 두보杜甫, 〈한중왕에게 재미 삼아 지어 부쳐 올리다 3수戲題寄上漢中王 三首〉, 『두시상주杜詩詳註』 권11.

35 제목 : 사공서司空曙, 〈선우의 가을 숲 동산에서 짓다題鮮于秋林園〉, 『어정전당시御定全唐詩』 권293.

36 제목 : 맹호연孟浩然, 〈건덕강에서 묵으며宿建德江〉, 『맹호연집孟浩然集』 권4.

37 제목 : 이상은李商隱, 〈정대의 은거지에서 쓰다題鄭大有隱居〉, 『이의산시집李義山詩集』 권중中.

38 제목 : 사조謝朓, 〈잠시 남경으로 사명을 받들고 가게 되어 밤에 신림을 출발해 남경에 이르러 서부의 동료에게 주다暫使下都, 夜發新林至京邑, 贈西府同僚.〉, 『사선성집謝宣城集』 권3.

39 제목 : 미상未詳.

40 제목 : 『설부說郛』, 『청상잡기靑箱雜記』 등에 〈양시랑의 동쪽 정자에서 묵으며宿楊侍郎東亭〉라는 제목으로 이 구절이 소개되어 있지만 전문은 찾을 수 없다.

41 제목 : 가붕可朋, 〈동정호에서 짓다賦洞庭〉, 『어정전당시御定全唐詩』 권849.

42 제목 : 미상未詳.

43 제목 : 가도賈島, 〈강가에서 오처사를 생각하다憶江上吳處士〉, 『장강집長江集』 권5.

44 제목 : 반랑潘閬, 〈망호루에서 짓다望湖樓上作〉, 『소요집逍遙集』.

45 제목 : 최도崔塗, 〈낙양으로 가는 도중에 저녁에 머무르다夕次洛陽道中〉, 『어정전당시御

定全唐詩』 권679.

46 제목 : 왕유王維, 〈기왕을 따라서 양씨의 별업을 방문하였다가 명에 응하여 짓다從岐王過楊氏別業應敎〉, 『왕우승집전주王右丞集箋注』 권7.

47 제목 : 두보杜甫, 〈서각의 밤西閣夜〉, 『두시상주杜詩詳註』 권17.

48 제목 : 정음鄭愔, 〈규중의 가을秋閨〉, 『어정전당시御定全唐詩』 권106.

49 제목 : 우건虞騫, 〈섬계의 심씨를 찾아 밤에 승정에 이르다尋沈剡溪夕至嵊亭〉, 『고시기古詩紀』 권101.

50 제목 : 이상은李商隱, 〈이하를 본뜨다效長吉〉, 『이의산시집李義山詩集』 권하下.

51 제목 : 하손何遜, 〈다시 오주를 건너오다還渡五洲〉, 『하수부집何水部集』.

52 제목 : 미상未詳.

53 제목 : 요융廖融의 작품으로 보이지만 제목은 정확하지 않다.

54 제목 : 정선지丁仙芝, 〈장녕공주의 옛 산 못長寧公主舊山池〉, 『어정전당시御定全唐詩』 권114.

55 제목 : 두보杜甫, 〈개부 가서한에게 주다 20수投贈哥舒開府翰 二十韻〉, 『두시상주杜詩詳註』 권3.

56 제목 : 두보杜甫, 〈들을 바라보며野望〉, 『두시상주杜詩詳註』 권22.

57 제목 : 정곡鄭谷, 〈살구꽃杏花〉, 『어정전당시御定全唐詩』 권67.

58 제목 : 백거이白居易, 〈6월 3일 밤에 매미 소리를 들으며六月三日夜聞蟬〉, 『백향산시집白香山詩集』 권27.

59 제목 : 두보杜甫, 〈다시 근심이 일어 12수復愁 十二首〉, 『두시상주杜詩詳註』 권20.

60 제목 : 두보杜甫, 〈등왕정자 2수滕王亭子 二首〉, 『두시상주杜詩詳註』 권13.

61 제목 : 한유韓愈, 〈남해로 부임하는 정상서를 전송하며送鄭尙書赴南海〉, 『오백가주창려문집五百家注昌黎文集』 권10.

62 제목 : 황보염皇甫冉, 〈왕상공이 이른 봄 서주성에 올라 지은 시에 삼가 화답하다奉和王相公早春登徐州城〉, 『이황보집二皇甫集』 권3.

63 제목 : 왕정백王貞白, 〈비 온 뒤 도낭중을 따라 유루에 올라雨後從陶郎中登庾樓〉, 『어정전당시御定全唐詩』 권701.

64 제목 : 종초객宗楚客, 〈인일에 청휘각의 잔치에서 신하들이 눈을 만나 응제한 시에 삼가 화답하다奉和人日清暉閣宴羣臣遇雪應制〉, 『어정전당시御定全唐詩』 권46.

65 제목 : 두보杜甫, 〈가을날 기부에서 회포를 읊어 정감과 이빈객에게 100운을 부치다日夔府詠懷, 奉寄鄭監李賓客一百韻.〉, 『두시상주杜詩詳註』 권19.

66 제목 : 교비喬備, 〈장문원長門怨〉, 『어정전당시御定全唐詩』 권81.

67 제목 : 두순학杜荀鶴, 〈도자를 찾았으나 만나지 못하다訪道者不遇〉, 『당풍집唐風集』 권1.

68 제목 : 장빈張蠙, 〈이별한 뒤 벗에게 부치다別後寄友生〉, 『어정전당시御定全唐詩』 권702.

69 제목 : 두보杜甫, 〈파서역의 정자에서 강물이 불어난 것을 보고 두사군께 드리다 2수巴

西驛亭觀江漲, 呈竇十五使君. 二首.〉, 『두시상주杜詩詳註』 권12.

70 제목 : 왕유王維, 〈사냥을 구경하며觀獵〉, 『왕우승집전주王右丞集箋注』 권8.

71 제목 : 미상未詳.

72 제목 : 엄유嚴維, 〈수정 고리를 삼가 차보다奉試水精環〉, 『어정전당시御定全唐詩』 권263. / 나유羅維, 〈수정 고리水精環〉, 『어정전당시御定全唐詩』 권770.

73 제목 : 두보杜甫, 〈진주에서 관원 임명 명단을 보니 설삼거는 사의랑에 제수되고 필사요는 감찰에 제수되었는데 두 사람과 친분이 있으므로 멀리서 승진을 기뻐하고 아울러 홀로 떨어져 지내는 처지를 서술하다. 총 30운이다秦州見勅目, 薛三璩授司議郞, 畢四曜除監察與, 二子有故, 遠喜遷官, 兼述索居. 凡三十韻.〉, 『두시상주杜詩詳註』 권8.

74 제목 : 두보杜甫, 〈우두사에 올라上牛頭寺〉, 『두시상주杜詩詳註』 권12.

75 제목 : 두목杜牧, 〈화청궁 30운華淸宮 三十韻〉, 『어정전당시御定全唐詩』 권521.

76 제목 : 『송시기사宋詩紀事』 권91에 이 구절의 주석으로 '상한림양학사上翰林楊學士'라고 되어 있으나 시의 제목은 확인할 수 없다.

77 제목 : 두보杜甫, 〈강가에서江上〉, 『두시상주杜詩詳註』 권15.

78 제목 : 두보杜甫, 〈봄날의 소망春望〉, 『두시상주杜詩詳註』 권4.

甲. 五言練句法

五言詩以第三字爲眼, 古人練字. 只于句眼上練, 五言詩第三字要響, 列式如下.

詩眼用實事式 : "星河秋一雁, 砧杵夜千家." "行雲星隱見, 疊浪月光芒."

詩眼用響字式 : "芹泥隨燕嘴, 花蘂上蜂鬚." "孤燈燃[1]客夢, 寒杵搗鄉愁."

練字次第式 : "紅入桃花嫩, 靑歸柳葉新."【此練第二字.】 "地坼江帆隱, 天淸木葉開[2]."【此練第五字.】

詩眼用拗字式 : "掬水月在手, 弄花香滿衣.", "孤鳥背秋[3]色, 遠帆開浦烟."

子母字粧句式 : “竹踈煙補密, 梅瘦雪添肥.”, “曉荷重映晩, 秋草碧于春.”

句中自對式 : “桑麻深雨露, 燕雀半生成.”, “江流天地外, 山色有無中.”

巧對式 : “紙鳶飛恰穩, 秧馬水新肥.”, “行看[4]子城過, 却望女墻遙.”

交股對式 : “軸轤[5]爭利涉, 來往接[6]風潮.”, “野老就耕去, 荷鋤隨牧童.”

借字對式 : “住山今十載, 明日又遷居.”, “捲[7]簾黃葉下[8], 鎖印子規啼.”

錯綜句式 : “舞鑑[9]鸞窺沼, 行天馬渡[10]橋.”, “野禽啼杜宇, 山蝶夢[11]莊周.”

折腰句式 : “野店寒無客, 風巢動有禽.”【二字折腰】, “似梅花落地, 如柳絮引風.”【三字折腰.】

疊字次第句式 : “納納乾坤大, 行行郡國遙.”, “野日荒荒白, 江[12]流泯泯清.”

兩句一意式 : “如何青草裏, 也[13]有白頭翁.”, “忽聞哀痛詔, 又下聖明朝.”【卽十字句法, 當于頷聯用之.】

引用經史式 : “山如仁者靜, 風似聖之清.”, “日暮于誰屋, 天寒陟彼岡.”

虛字粧句式 : “且然聊爾可[14], 得也自知之.”, “落時猶自舞, 掃後更聞香.”【貴輕清, 忌輭弱.】

連珠句式 : “百年雙白髮[15], 一別五秋螢.”, “遠山茅草外, 流水落花中.”

上下相接句式 : "野廣天低[16], 江清月近人.", "石梁高瀉月, 樵路細入[17]雲."

上接下句式 : "金波麗鳷鵲, 玉繩低建章.", "曉雲僧衲潤, 殘月客帆明."

下連上句式 : "卷幔來風遠, 移床得月多.", "水涵天影闊, 山拔地形高."

雙句有聲式 : "霜猿啼曉夢, 巖鳥和秋唫.", "秋風吹渭水, 落葉滿長安."

雙句無聲式 : "孤舟依岸靜, 獨鳥向人閑.", "流年川暗渡, 往事月空明."

有聲對無聲式 : "興闌啼鳥換, 坐久落花多.", "山虛風落石, 樓靜月侵門."

無聲對有聲式 : "音書新[18]鴈斷, 機杼夜蛩催.", "澄潭寫渡[19]鳥, 空嶺應鳴猿."

雙句俱動式 : "浴鳧含藻戲, 驚鷺帶魚飛.", "鏡好鸞空舞, 簾踈燕誤飛."

雙句俱靜式 : "竹裏柴扉掩, 庭前鳥雀行.", "蕭散烟霞晚, 凄清天地[20]秋."

動中有靜式 : "聽[21]錫樵停斧, 窺蟬[22]鳥立槎.", "雲穿搗藥屋, 雪壓釣魚舟[23]."

靜中有動式 : "古木花猶發, 荒臺雨尚懸[24].", "庭閑花自落, 門閉水空流."

健句 : "壯節初題柱, 生涯獨轉蓬.", "獨鶴歸何晚, 昏鴉已滿枝[25]."

新句 : "小桃初[26]謝後, 燕子[27]恰[28]來時.", "微月初三夜, 新蟬第一聲."

淸句 : "月生初學扇, 雲細不成衣.", "粉[29]牆猶竹色, 虛閣自松聲."

偉句 : "蓋海旗幢出, 連天觀閣開.", "壁壘依寒草, 旌旗動夕陽."

豪句 : "虹截半江雨, 風驅大澤雲.", "太液天爲水, 蓬萊雪作山."

刻意句 : "露菊斑豊鎬, 秋蔬影澗瀍", "墜露淸金閣, 流螢點玉除."

自在句 : "只因[30]松上鶴, 便是洞中人.", "共看今夜月, 獨作異鄕人."

意欲圓句 : "霄漢愁高鳥, 泥沙困老龍.", "草枯鷹眼疾, 雪盡馬蹄輕."

格欲高句 : "花枝臨太液, 燕語入披香.", "無瑕勝似玉[31], 至潔過于氷[32]."

聲律爲竅句 : "別來頭幷白, 相見眼終靑.", "花濃春寺靜, 竹細野池幽."

物象爲骨句 : "雷霆驅[33]號令, 星斗煥文章.", "露濃[34]金掌重, 天近玉繩低."

意格爲髓句 : "勳業頻看鏡, 行藏獨倚樓.", "感時花濺淚, 恨別鳥驚心."

[1] 燃 : 然 (『御定全唐詩』 卷27 / 『御定全唐詩』 卷200)

[2] 開 : 聞 (『杜詩詳註』 卷20)

[3] 秋 : 林 (『御定全唐詩』 卷503)

[4] 看 : 穿 (『誠齋集』 卷33)

[5] 軸轤 : 舳艫 (『孟浩然集』 卷3)

[6] 接 : 任 (『孟浩然集』 卷3)

[7] 倦 : 卷 (『長江集』 卷4)

8 下：落(『長江集』 卷4)

9 舞鑑：入鏡(『五百家注昌黎文集』 卷9)

10 渡：度(『五百家注昌黎文集』 卷9)

11 夢：舞(『李太白集注』 卷30)

12 江：春(『杜詩詳註』 卷10)

13 也：亦(『李太白文集』 卷22)

14 可：耳(『山谷集』 卷11)

15 髮：鬢(『杜詩詳註』 卷11)

16 없음：樹(『孟浩然集』 卷4)

17 入：侵(『李義山詩集』 卷中)

18 新：秋(『御定全唐詩』 卷106)

19 渡：度(『古詩紀』 卷101)

20 天地：江漢 江漢(『何水部集』 卷4))

21 聽：定(『宋詩紀事』 卷91)

22 蟬：人(『宋詩紀事』 卷91)

23 舟：船(『詩話總龜』 卷31)

24 雨尙懸：路未遷(『御定全唐詩』 卷820)

25 枝：林(『杜詩詳註』 卷8)

26 初：新(『御定全唐詩』 卷674)

27 燕子：雙燕(『御定全唐詩』 卷674)

28 恰：却(『御定全唐詩』 卷674)

29 粉：古(『杜詩詳註』 卷13)

30 只因：祇應(『唐風集』 卷1)

31 似玉：玉美(『御定全唐詩』 卷263 / 『御定全唐詩』 卷770)

32 于氷：冰清(『御定全唐詩』 卷263 / 『御定全唐詩』 卷770)

33 驅：馳(『御定全唐詩』 卷521)

34 濃：寒(『宋詩紀事』 卷91)

을. 칠언시에서 구를 단련하는 방법

칠언율시는 다섯 번째 글자로 구안자句眼字를 삼으니, 옛사람들이 시구를 단련할 때 또 구안자에 따라 뜻을 붙이는 것이다. 구안자를 단련하면 시구는 절로 정밀하고 신묘해진다. 그래서 이전의 법칙으로 그 형식을 아래와 같이 나열한다.

시안자에 사실을 사용한 형식[시안용실사식詩眼用實事式]:

눈 내리지 않았는데 구름 땅에 가득하고 雪意未成雲着地
가을 소리 끊기지 않았는데 기러기 하늘에서 이어지네 秋聲不斷鴈連天[1]

아침에 검각산 오르니 구름이 말을 따르고 朝登劒閣雲隨馬
밤에 파강을 건너니 비가 병장기 씻는구나 夜渡巴江雨洗兵[2]

시안자에 공들인 글자를 사용한 형식[시안용향자식詩眼用響字式]:

석양이 강에 들자 바위 절벽 번쩍이고 返照入江翻石壁
되가는 구름 숲을 감싸자 산 마을 사라졌네 歸雲擁樹失山村[3]

너른 들 바람 안개 위로 흰 새는 날고 平地風煙飛白鳥
산 중턱 높은 나무 담쟁이 넝쿨에 덮여있네 半山雲木卷蒼藤[4]

순서에 따라 글자를 다듬어내는 형식[연자차제식練字次第式]:

이슬 젖은 깃발은 구름 저 너머로 우뚝하고 露灑旌旗雲外出
바람에 휩싸인 바위굴은 빗속에서 울리네 風迴巖岫雨中移[5]
【연자는 두 번째 글자이다.】

고운 풀 사람처럼 쉬이 늙어가고 芳草伴人還易老
지는 꽃 물을 따라 또 동쪽으로 가는구나 落花隨水亦東流[6]
【연자는 세 번째 글자이다.】

가을 든 뒤에 천 리 나는 기러기 보고 秋後見飛千里雁
달빛 속에 온 집들 다듬이 소리 듣는구나 月中聞擣萬家衣[7]
【연자는 네 번째 글자이다.】

궁궐 위 은하수 궁궐 버들 나지막이 깔리고 宮闕星河低拂柳
궁전 뜰의 촛불은 하늘로 오르네 殿庭燈燭上薰天[8]
【연자는 여섯 번째 글자이다.】

시안자로 요자를 사용하는 형식[시안용요자식詩眼用拗字式]:

새벽별 몇 점 속 기러기 변방을 질러가고 殘星數點雁橫塞
긴 피리 한 소리에 사람은 누대에 기대는구나 長笛一聲人倚樓[9]

천리마 비록 늙어가도 굳센 마음 남아있고 驥雖老去壯心在
학 설령 병 들어도 고운 풍채 맑기만 하네 鶴縱病來仙骨淸[10]

한 구 안에서 저절로 대를 이루는 형식[구중자대식句中自對式]:

작은 정원 회랑은 봄 돼도 고요하기만 하고 小院迴廊春寂寂

물 위의 오리 나는 해오라기 저물녘까지 느긋하네 浴鳧飛鷺晩悠悠[11]

흰머리 검은 터럭 죽고 사는 것 다 다르지만 白頭青鬢有存沒
지는 해 끊어진 노을 예나 지금이나 똑같다네 落日斷霞無古今[12]

대를 교묘하게 꾸민 형식[교대식巧對式] :

반평생 공명은 계륵일 뿐이었지만 半世功名一雞肋
한평생 갈 길 아홉 번 꺾인 양의 창자로구나 平生道路九羊腸[13]

이별 뒤 시름에 시 지을 만한 풀 없더니 愁心別後無詩草
등불 앞 병든 눈엔 취한 꽃만 있구나 病眼燈前有醉花[14]

아래 윗 구에 서로 대가되는 글자가 엇갈려 짝을 이루는 형식[교고대식交股對式] :

봄 깊어 무성한 잎 꽃가지 드물고 春深葉密花枝少
깨어나선 차만 찾으니 술잔이 성기네 睡起茶多酒盞疎[15]

푸른 물 만난 그림자 아주 쉽게 하나 되고 影遭碧水潛勾引
붉은 꽃 시기한 바람은 거꾸로 불어대네 風妬紅花却倒吹[16]

글자를 빌려 대를 맞추는 형식[차자대식借字對式] :

높은 버들 위로 지는 해 묵은 거리로 넘어가고 高柳斜陽過古巷
국화와 배나무 잎은 황폐한 도랑에 가득하네 菊花梨葉滿荒渠[17]

눈 어두워 오랫동안 쌍어의 모습에 놀라고 眼昏長訝雙魚影
귀가 달아올랐다고 어찌 몇 잔 술 거푸 마시기 사양하리 耳熱何辭數爵頻[18]

한 구 안에서 위치가 뒤바뀌고 섞여 대를 이루는 형식[착종구식錯綜句式]:

앵무새가 쪼던 홍도는 낱알만 남아있고 紅稻啄餘鸚鵡粒
봉황 깃들던 벽오동은 가지만 늙어가는구나 碧梧棲老鳳凰枝[19]

가을 든 정원 숲 아래서 사슴은 불경소리 듣고 林下聽經秋苑鹿
해질 무렵 시냇가에서 스님은 낙엽을 쓰네 溪邊掃葉夕陽僧[20]

한 구에서 가운데를 끊는 형식[절요구식折腰句式]:

앵무잔은 맑은 술 흐린 술 다 따르고 鸚鵡盃且酌淸濁
기린각에서는 단청 꾸미기에 느긋하네 麒麟閣懶畫丹靑[21]
【위에 세 글자 아래 네 글자】

대 필 때 혼자 좋아해 들판의 절로 찾아가고 靜愛竹時來野寺
봄든 곳 홀로 찾아 시내 다리를 넘어가네 獨尋春處過溪橋[22]
【위에 네 글자 아래 세 글자】

긴 밤 피리소리 서러워 말하는 듯하고 永夜角聲悲自語
하늘 위 달빛 좋다한들 누가 보리오 中天月色好誰看[23]
【위에 다섯 글자 아래 두 글자】

첩자를 차례대로 놓아서 구를 만드는 형식[첩자차제구식疊字次第句式]:

드넓은 논에는 백로가 날고 漠漠水田飛白鷺
무성한 여름 나무에는 꾀꼬리 지저귀네 陰陰夏木囀黃鸝[24]

끝없는 저 먼 산은 나그네 보낸 듯하고 遠樹依依如送客
아득한 너른 밭은 홀로 봄에 상심하네 平田渺渺獨傷春[25]

가없이 나뭇잎 우수수 떨어지고　　無邊落木蕭蕭下
끝없이 장강은 출렁출렁 흐르는구나　　不盡長江滾滾來[26]

이틀 밤샌 어부는 다시 배 띄우고　　信宿漁人還泛泛
맑은 가을 제비는 장난치듯 날아다니네　　淸秋燕子故飛飛[27]

두 개의 구가 하나의 의미를 가지는 형식[양구일의식 兩句一意式]：

스스로 병을 쥐고 탁주를 사러갔다가　　自攜瓶去沽村酒
괜시리 옷을 입곤 주인 돼버렸네　　幻著衫來作主人[28]

세상에 어찌 천리마가 없겠느냐마는　　世上豈無千里馬
사람 속에서 구방고[29] 얻기 어렵다네　　人間難得九方皐[30]

【이는 곧 열 네 글자의 구법이니 함련에서 사용하는 것이 좋다.】

구슬이 이어져 있는 듯한 구의 형식[연주구식連珠句式]：

겹진 산 폭포는 평지에서 솟아난 듯하고　　疊嶂懸流平地起
위태로이 굽은 누각은 하늘 반쯤 펼쳐있네　　危樓曲閣半天開[31]

호수 위 먼 하늘 멀리서 온 나그네 미혹하고　　積水長天迷遠客
무너진 성 저 끝 나루터엔 찬 구름 가득하네　　荒城極浦足寒雲[32]

위아래가 이어진 구의 형식[상하상접구식上下相接句式]：

바람이 뿔피리 소리 전하자 서리는 창에 내리고　　風傳鼓角霜侵戟
구름이 생황소리 거두자 달은 누대에 오르네　　雲捲笙歌月上樓[33]

늦봄 달은 온 산길 비추고　　三春月照千山路

열흘 동안 밤새 부는 바람에 꽃이 피네 十日花開一夜風[34]

소리가 있는 구와 소리가 없는 구가 대를 이루는 형식[유성대무성식有聲對無聲式]:

바람이 이끈 물시계 소리 베갯머리에 들려오고 風引漏聲來枕上
달이 옮긴 꽃 그림자 창 앞에 이르네 月移花影到窓前[35]

졸 땐 그래도 대 울리는 바람소리 참을 수 있었지만 睡輕可忍風敲竹
술 마신 뒤 꽃에 뜬 달을 어찌 견디랴 飮散那堪月在花[36]

소리가 없는 구와 소리가 있는 구가 대를 이루는 형식[무성대유성식無聲對有聲式]:

푸른 이끼 익숙한 길 스님은 절로 돌아가고 蒼苔路熟僧歸寺
단풍잎 바스락 소리 들리니 사슴은 숲에 있겠네 紅葉聲乾鹿在林[37]

짙푸른 시내 속 오리 떠 있고 一溪晩綠浮鸂鶒
봄꽃 핀 나무 속 두견새 울고 있네 萬樹春紅叫杜鵑[38]

두 구에 소리가 있는 형식[쌍구유성식雙句有聲式]:

한 줄기 피리소리 어느 곳의 노래인가 羌笛一聲何處曲
끝없이 우는 꾀꼬리 가지 꼭대기에서 우네 流鶯百囀最高枝[39]

깊은 가을 주렴 친 집집마다 비 내리고 秋深簾幕千家雨
달 지는 누대에 한줄기 피리 소리 울리네 落月樓臺一笛風[40]

앞 구는 움직임이 있고 뒷 구는 고요함이 있는 구의 형식[선동후정구식先動後靜]:

해당화 절로 핀 속 일없이 물가 가니 野棠自發空流水
강 제비 돌아오는 그 속에 사람은 보이지 않네 江燕初歸不見人[41]

푸른 대에 옷을 걸고 깊은 곳에서 쉬는데　　緑竹掛衣深處歇
맑은 바람 대로 들어 곤한 한때 잠드네　　淸風展簟困時眠[42]

앞 구는 고요함이 있고 뒷 구는 움직임이 있는 구의 형식[선정후동구식先靜後動句式]：

고기 풀어 놓은 못 마르자 개구리 다투어 모이고　　放魚池涸蛙爭聚
제비 깃든 들보 비자 참새만 절로 떠드네　　棲燕梁空雀自喧[43]

주렴 내린 것 제비와 떨어지기 싫어서이고　　簾箔可垂嫌隔燕
낚싯대 힘없이 쥔 것 고기 놀랄까 두려워서라네　　釣竿慵把恐驚魚[44]

굳센 구[건구健句]：

검각의 병사 진을 치자 산이 움직이는 듯하고　　陳兵劍閣山將動
주강에서 말 먹이니 물 흐르지 않는 듯하네　　飮馬珠江水不流[45]

변수의 파도처럼 뿔피리 울리고　　汴水波濤喧鼓角
수나라 제방의 버들처럼 깃발 펄럭이네　　隋堤楊柳掛旌旗[46]

새로운 구[신구新句]：

맑은 기운 막 머금은 매화 빛은 엷고　　淑氣初銜梅色淺
봄바람에 살랑이는 버들 담장 새롭네　　條風半拂柳墻新[47]

온갖 꽃의 향기로운 꽃술 처음부터 나비 끌고　　百草香心初買蝶
온 숲의 고운 잎은 처음으로 앵무새를 숨겼네　　千林嫩葉始藏鶯[48]

깨끗한 구[청구淸句]：

머뭇거리며 노는 나비 때때로 춤을 추고　　留連戲蝶時時舞

마음대로 나는 꾀꼬리는 제멋대로 울어대네 自在嬌鶯恰恰啼[49]

나비 된 꿈속에 집은 만 리나 멀고 蝴蝶夢中家萬里
두견 앉은 가지 위로 달은 한밤중이네 杜鵑枝上月三更[50]

큰 구[위구偉句]:

문장은 북두성으로 옮겨가 하늘의 형상 이루고 文移北斗成天象
술은 남산에 들어 축수하는 술잔이 되었네 酒遞南山作壽杯[51]

구름 끝엔 뭉게뭉게 금병이 열렸고 雲頭灩灩開金餠
수면에는 일렁일렁 오색 무지개 누워 있네 水面沈沈臥彩虹[52]

고운 구[여구麗句]:

고운 들보 두른 노래는 구슬처럼 감싸고 歌遶畫樑珠宛轉
봄자리 교태로운 춤은 눈처럼 영롱하네 舞嬌春席雪朦朧[53]

고운 누대 푸른 휘장은 봄을 머물게 하고 粧樓翠幌教春住
춤추는 누각 금포는 해를 빌려 매달고 있네 舞閣金鋪借日懸[54]

호탕한 구[호구豪句]:

백중지간이어서 이윤과 여상[55]처럼 보였고 伯仲之間見伊呂
지휘가 일정하여 소하나 조참[56]이 있으나마나 했네 指揮若定失蕭曹[57]

돛단배 초나라 날 듯이 지나는데 바람물결 넓고 帆飛楚國風濤闊
말이 남관을 건너려니 눈비 참 많기도 해라 馬度藍關雨雪多[58]

뜻을 새겨넣은 구[각의구刻意句]：

은은한 향기 발걸음 속 시냇가 꽃 떨어지고	暗香惹步澗花落
저물녘 경치 처마에 드니 시냇가 그림자 돌아가네	晩影逼簾溪影廻[59]

산기슭 절에는 길 삐딱히 나있고	野寺山邊斜有逕
대숲 속 어부집은 문 반쯤 열려있네	漁家竹裏半開門[60]

저절로 드러나는 구[자재구自在句]：

갓을 건 관리는 낚싯줄 드리우고 앉아있고	掛冠傲吏垂綸坐
곡식 끊은 고승은 납의 안고 자고 있네	絕粒高僧擁衲眠[61]

들판의 학 둥지 가에 소나무 가장 오래되고	野鶴巢邊松最古
독룡 잠긴 곳 물 더욱 맑네	毒龍潛處水偏淸[62]

뜻이 자연스럽게 드러나는 구[의욕원구意欲圓句]：

봄 물결 위 배를 타니 하늘 위에 앉은 듯하고	春水船如天上坐
노년에 꽃 보니 안개 속에서 보는 듯하네	老年花似霧中看[63]

짧디짧은 복사꽃 물가 언덕에 피어 있고	短短桃花臨水岸
가볍디가벼운 버들개지 사람 옷에 점점이 앉네	輕輕柳絮點人衣[64]

격조가 높은 구[격욕고구格欲高句]：

직녀의 베틀에는 밤 달이 부질없고	織女機絲虛夜月
돌로 만든 고래 비늘 가을바람에 움직이는 듯하네	石鯨鱗甲動秋風[65]

주 선왕 한 무제 지금 왕 이분이시니	周宣漢武今王是

효자와 충신을 후대에 보게 되는구나 孝子忠臣後代看[66]

성률을 중히 여기는 구[성률위규구聲律爲竅句] :

오랑캐 한밤 중 북녘으로 도망쳐가니 胡騎中宵堪北走
무릉 한 곡조에 남쪽 정벌 생각하네 武陵一曲想南征[67]

새벽별 몇 점 속 기러기 변새를 질러가고 殘星數點雁橫塞
긴 피리 한 소리에 사람은 누대에 기대네 長笛一聲人倚樓[68]

사물의 형상이 뼈대가 되는 구[물상위골구物像爲骨句]:

따뜻한 날 깃발에는 용과 뱀 움직이고 旌旗日暖龍蛇動
산들바람 부는 궁전 제비 참새 높이나네 宮殿風微燕雀高[69]

꽃이 신하 맞이하니 별은 그제야 지고 花迎劍佩星初落
버들이 깃발을 흔드니 이슬 아직 마르지 않았네 柳拂旌旗露未乾[70]

뜻과 격조가 중심이 되는 구[의격위수구意格爲髓句]:

흰머리 되도록 알았던 이들도 오히려 금을 겨누고 白首相知猶按金
관직에 먼저 올라가선 친구를 비웃네[71] 朱門先達笑彈冠[72]

초나라 물가 저물녘 서늘해 나그네 일찍 가기 재촉하고 楚水晩凉催客早
두릉의 근심스런 생각에 매미 많이도 옆에서 우네 杜陵愁思傍蟬多[73]

---

1 제목 : 전유연錢惟演의 작품으로 보이지만 제목은 정확하지 않다.

2 제목 : 잠삼岑參, 〈상공이 익창을 출발하며 지은 시에 삼가 화답하다奉和相公發益昌〉, 『어정전당시御定全唐詩』 권201.

3 제목 : 두보杜甫, 〈석양返照〉, 『두시상주杜詩詳註』 권15.

4 제목 : 왕평보王平甫의 작품으로 보이지만 제목은 정확하지 않다.

5 제목 : 소정蘇頲, 〈안락공주의 산장 잔치에서 임금을 모시고 응제하다侍宴安樂公主山莊應制〉, 『어정전당시御定全唐詩』 권73.

6 제목 : 이가우李嘉祐, 〈늦봄에 의양군 관아에서 시름겨워 앉아 있었는데 문득 유칠 시어가 새로 지은 시가 왔으므로 인하여 수답하다暮春宜陽郡齋愁坐, 忽枉劉七侍御新詩, 因以酬答.〉, 『어정전당시御定全唐詩』 권207.

7 제목 : 유방평劉方平, 〈가을밤 황보염과 정풍에게 부치다秋夜寄皇甫冉鄭豐〉, 『어정전당시御定全唐詩』 권251.

8 제목 : 두심언杜審言, 〈섣달 그믐 밤 잔치에 임금을 모시고 응제하다守歲侍宴應制〉, 『어정전당시御定全唐詩』 권62.

9 제목 : 조하趙嘏, 〈장안의 늦가을長安晩秋〉, 『어정전당시御定全唐詩』 권549.

10 제목 : 정해鄭獬, 〈은퇴하는 이사부致政李祠部〉, 『운계집鄖溪集』 권27.

11 제목 : 두보杜甫, 〈부성현 향적사의 관청 누각에서涪城縣香積寺官閣〉, 『두시상주杜詩詳註』 권12.

12 제목 : 장뢰張耒, 〈내가 원풍 무오년에 초에서 송으로 가며 자성을 경유하여 복창에 이르렀을 때 스물다섯 살이었는데, 10년 뒤인 원우 2년에 송도를 재차 지나면서 존망을 돌이켜 보며 감회가 일어 서글픈 생각이 들다予元豐戊午歲, 自楚至宋, 由柘城至福昌, 年二十有五, 後十年當元祐二年, 再過宋都追感存歿, 悵然有懷.〉, 『가산집柯山集』 권19.

13 제목 : 양만리楊萬里, 〈저물녘 조구령을 지나며晩過皂口嶺〉, 『성재집誠齋集』 권15.

14 제목 : 호인胡寅, 〈조생에게 화답하다 2수和趙生 二首〉, 『비연집斐然集』 권3.

15 제목 : 왕안석王安石, 〈만춘晩春〉, 『왕형공시주王荊公詩注』 권48.

16 제목 : 두보杜甫, 〈비바람에 배 앞에 떨어지는 꽃을 보고 장난삼아 새 구절을 짓다風雨看舟前落花, 戲爲新句.〉, 『두시상주杜詩詳註』 권23.

17 제목 : 노륜盧綸, 〈가을에 독고의 교외 거처를 들르다秋中過獨孤郊居〉, 『어정전당시御定全唐詩』 권278.

18 제목 : 한유韓愈, 〈취중에 양양 이상공께 드리다酒中留上襄陽李相公〉, 『오백가주창려문집五百家注昌黎文集』 권10.

19 제목 : 두보杜甫, 〈가을의 흥 8수秋興 八首〉, 『두시상주杜詩詳註』 권17.

20 제목 : 정곡鄭谷, 〈자은사에서 우연히 짓다慈恩寺偶題〉, 『운대편雲臺編』 권하下.

21 제목 : 미상未詳.

22 제목 : 구양수歐陽修, 〈퇴거하여 술회한 것을 북경의 한시중에게 부치다 2수退居述懷寄北京韓侍中 二首〉, 『문충집文忠集』 권57.

23 제목 : 두보杜甫, 〈막부에서 묵으며宿府〉, 『두시상주杜詩詳註』 권14.

24 제목 : 왕유王維, 〈장맛비 내리는 망천장에서 짓다積雨輞川莊作〉, 『왕우승집전주王右丞集箋注』 권10.

25 제목 : 이가우李嘉祐, 〈고소대에서 망정역에 이르니, 인가는 모두 비어있고 봄풍경에 시름이 더하고 창연한 마음이 일어 사촌동생 서에게 부치다自蘇臺至望亭驛人家盡空春物增思悵然有作, 因寄從弟紓.〉, 『어정전당시御定全唐詩』 권207. / 곽량기郭良驥, 〈소주에서 망정역에 이르러 짓다自蘇州至望亭驛有作〉, 『어정전당시御定全唐詩』 권505.

26 제목 : 두보杜甫, 〈높은 곳에 올라登高〉, 『두시상주杜詩詳註』 권20.

27 제목 : 두보杜甫, 〈가을의 흥 8수秋興八首〉, 『두시상주杜詩詳註』 권17.

28 제목 : 황정견黃庭堅, 〈청과 신 두 선사에게 송을 보내다寄淸新二禪師頌〉, 『산곡집山谷集』 별집別集 권2.

29 구방고九方皐 : 진 목공秦穆公 때 명마를 잘 알아보던 백락伯樂의 제자이다.

30 제목 : 황정견黃庭堅, 〈평여를 지나며 이자선이 병주에 있을 때를 회고하다過平輿懷李子先時在並州〉, 『산곡집山谷集』 외집外集 권6.

31 제목 : 유헌劉憲, 〈안락공주의 산장에 거둥하였을 때 응제한 시에 삼가 화답하다奉和幸安樂公主山莊應制〉, 『어정전당시御定全唐詩』 권71.

32 제목 : 황보염皇甫冉, 〈요주로 부임하는 이녹사를 전송하며送李錄事赴饒州〉, 『이황보집二皇甫集』 권5.

33 제목 : 허혼許渾, 〈장차 남으로 가는 상서 최공을 모시고 해유당에서 잔치하며將爲南行陪尙書崔公宴海榴堂〉, 『정묘시집丁卯詩集』 권상上.

34 제목 : 온정균溫庭筠, 〈봄날 동쪽으로 돌아가며 새로 급제한 묘신 선배에게 부치다春日將欲東歸, 寄新及第苗紳先輩.〉, 『온비경시집전주溫飛卿詩集箋注』 권4.

35 제목 : 무명씨無名氏, 〈장신궁長信宮〉, 『어정전당시御定全唐詩』 권785.

36 제목 : 정곡鄭谷, 〈다정多情〉, 『운대편雲臺編』 권하下.

37 제목 : 온정균溫庭筠, 〈운제사에서 묵으며宿雲際寺〉, 『온비경시집전주溫飛卿詩集箋注』 권8.

38 제목 : 『잡설雜說』을 비롯한 여러 책에 이종악李宗諤의 〈봄날의 교외春郊〉라는 제목으로 이 구절이 소개되어 있으나 전문을 확인할 수 없다.

39 제목 : 온정균溫庭筠, 〈버드나무를 두고 짓다題柳〉, 『온비경시집전주溫飛卿詩集箋注』 권4.

40 제목 : 두목杜牧, 〈선주 개원사의 수각에서 짓다. 수각 아래 완계를 끼고 시내에 사람들이 살고 있다題宣州開元寺水閣. 閣下宛溪夾溪居人.〉, 『어정전당시御定全唐詩』 권522.

41 제목 : 이가우李嘉祐, 〈고소대에서 망정역에 이르니, 인가는 모두 비어있고 봄풍경에 시름이 더하고 창연한 마음이 일어 사촌동생 서에게 부치다自蘇臺至望亭驛人, 家盡空, 春物增思, 悵然有作, 因寄從弟紓.〉, 『어정전당시御定全唐詩』 권207. / 곽량기郭良驥, 〈소주에서 망정역에 이르러 짓다自蘇州至望亭驛有作〉, 『어정전당시御定全唐詩』 권505.

42 제목 : 백거이白居易, 〈못가에서 즉흥으로 짓다池上卽事〉, 『백씨장경집白氏長慶集』 권27.

43 제목 : 오융吳融, 〈폐가에서廢宅〉, 『어정전당시御定全唐詩』 권686.

44 제목 : 미상未詳.

45 제목 : 미상未詳.

46 제목 : 왕언위王彦威, 〈선무군진에서 짓다宣武軍鎭作〉, 『어정전당시御定全唐詩』 권516.

47 제목 : 이적李適, 〈입춘에 동산에서 노닐며 봄을 맞이할 때 응제한 시에 삼가 화답하다奉和立春遊苑迎春應制〉, 『어정전당시御定全唐詩』 권70.

48 제목 : 정음鄭愔, 〈봄날 망춘궁에 거둥함을 두고 지은 시에 받들어 화답하다奉和春日幸望春宮〉, 『어정전당시御定全唐詩』 권106.

49 제목 : 두보杜甫, 〈강가에서 홀로 걸으며 꽃을 찾아 절구 7수를 짓다江畔獨步尋花七絶句〉, 『두시상주杜詩詳註』 권10.

50 제목 : 최도崔塗, 〈봄날 저녁春夕〉, 『어정전당시御定全唐詩』 권679.

51 제목 : 송지문宋之問, 〈초봄에 태평공주의 남쪽 별장에 거둥하였을 때 응제한 시에 받들어 화답하다奉和春初幸太平公主南莊應制〉, 『어정전당시御定全唐詩』 권52.

52 제목 : 소순흠蘇舜欽, 〈중추절에 송강의 새로 지은 다리 위에서 달을 마주보며 유현령의 시에 화답하다中秋松江新橋對月, 和柳令之作.〉, 『소학사집蘇學士集』 권7.

53 제목 : 나은羅隱, 〈상역루에서 동쪽을 바라보니 느낌이 일어商驛樓東望有感〉, 『나소간집羅昭諫集』 권3.

54 제목 : 심전기沈佺期, 〈안락공주의 새로 지은 집의 잔치에서 임금을 모시고 응제하다侍宴安樂公主新宅應制〉, 『어정전당시御定全唐詩』 권96.

55 이윤과 여상[伊呂] : 이윤伊尹은 탕왕湯王을 도와 하夏나라 걸왕桀王을 멸망시키고 난세를 평정한 뒤에 선정을 베푼 상商나라의 명재상이다. 여상呂尙은 태공망太公望 혹은 강태공姜太公이라고도 한다. 주周나라 초기의 정치가로 문왕文王이 위수渭水 가에서 처음 만나 그를 스승으로 삼았으며, 뒤에 무왕武王을 도와 은殷나라를 멸망시키고 천하를 평정하였다.

56 소하나 조참 : 원문의 소조蕭曹는 유방劉邦을 도와 한나라를 개국한 공신 소하蕭何와 조참曹參을 말한다. 이들은 잇달아 한나라의 재상이 되어 한나라의 기틀을 다졌다.

57 제목 : 두보杜甫, 〈옛 유적에서 회포를 읊으며 5수詠懷古跡 五首〉, 『두시상주杜詩詳註』 권17.

58 제목 : 두순학杜荀鶴, 〈관에 들어가는 정원외와 작별하며辭鄭員外入關〉, 『당풍집唐風集』 권2.

59 제목 : 나업羅鄴, 〈창랑협을 두고 짓다題滄浪峽〉, 『어정전당시御定全唐詩』 권654.

60 제목 : 이가우李嘉祐, 〈강동으로 가는 주중사를 전송하며送朱中舍游江東〉, 『어정전당시御定全唐詩』 권207.

61 제목 : 미상未詳.

62 제목 : 노륜盧綸, 〈밤에 풍덕사에서 해상인을 뵙고夜投豐德寺謁海上人〉, 『어정전당시御定全

唐詩』 권286. / 이단李端, 〈밤에 풍덕사에서 해상인을 뵙고夜投豐德寺謁海上人〉, 『어정전당시御定全唐詩』 권279.

63 제목 : 두보杜甫, 〈소한식날 배 안에서 짓다小寒食舟中作〉, 『두시상주杜詩詳註』 권23.

64 제목 : 두보杜甫, 〈12월 1일 3수十二月一日 三首〉, 『두시상주杜詩詳註』 권14.

65 제목 : 두보杜甫, 〈가을의 흥 8수秋興八首〉, 『두시상주杜詩詳註』 권17.

66 제목 : 두보杜甫, 〈하북의 여러 도의 절도사가 입조했다는 소식을 듣고 기뻐서 즉석에서 절구 12수를 짓다承聞河北諸道節度入朝, 歡喜口號絶句十二首.〉, 『두시상주杜詩詳註』 권18.

67 제목 : 두보杜甫, 〈피리를 불며吹笛〉, 『두시상주杜詩詳註』 권17.

68 제목 : 조하趙嘏, 〈장안의 늦가을長安晚秋〉, 『어정전당시御定全唐詩』 권549.

69 제목 : 두보杜甫, 〈이른 아침 대명궁에서 가지 사인의 시에 삼가 화답하다奉和賈至舍人早朝大明宮〉, 『두시상주杜詩詳註』 권5.

70 제목 : 왕유王維, 〈배적과 술을 마시며酌酒與裴迪〉, 『왕우승집전주王右丞集箋註』 권10.

71 관직에……비웃네 : 원문의 탄관彈冠은 관의 먼지를 턴다는 뜻으로, 뜻에 맞는 친구와 함께 벼슬길에 나서는 것을 말한다. 서한 왕길王吉이 관직에 임명되자 친구 공우貢禹도 덩달아 갓의 먼지를 털고 벼슬길에 나설 준비를 했는데 그때 사람들이 "왕양王陽이 벼슬에 있으면 공공貢公은 갓을 턴다[王陽在位, 貢公彈冠.]."라고 한 데서 온 말이다. 『한서漢書』 권72 「왕길전王吉傳」.

72 제목 : 왕유王維, 〈배적과 술을 마시며酌酒與裴迪〉, 『왕우승집전주王右丞集箋註』 권10.

73 제목 : 이방등李昉等, 〈남당에서 노닐며 왕지백에게 부치다遊南塘寄王知白〉, 『온비경시집전주溫飛卿詩集箋注』 권8.

乙. 七言練句法

七言律詩以第五字爲句眼, 古人練句, 亦惟從句眼上著意, 句眼字練則句自精神也. 仍用前法, 列式如下.

詩眼用實事式 : "雪意未成雲着地, 秋聲不斷鴈連天." "朝登劒閣雲隨馬, 夜渡巴江雨洗兵."

詩眼用響字式 : "返照入江翻石壁, 歸雲擁樹失山村." "平地風煙飛白鳥, 半山雲木卷蒼藤."

練字次第式：露[1]灑旌旗雲外出，風迴[2]巖岫雨中移.【錬第二字】芳草伴人還易老，落花隨水亦東流.【錬第三字】秋後見飛千里雁，月中聞擣萬家衣.錬第四字. 宮闕星河低拂柳[3]，殿庭燈燭上薰天.【錬第六字】

詩眼用拗字式：“殘星數[4]點雁橫塞，長笛一聲人倚樓.” “驥雖老去壯心在[5]，鶴縱[6]病來仙骨清.”

句中自對式：“小院廻廊春寂寂，浴鳧飛鷺晚悠悠.” “白頭青鬢有[7]存沒，落日斷霞無古今.”

巧對式：“半世功名一雞肋，平生道路九[8]羊腸.” “愁心別後無詩草，病眼燈前有醉花.”

交股對式：“春深[9]葉密花枝少，睡起茶多酒盞疎.” “ 影遭碧水潛勾引，風妬紅花却倒吹.”

借字對式：“高柳[10]斜[11]陽過[12]古巷，菊花梨葉滿荒渠.” “眼昏[13]長訝雙魚影[14]，耳熱何辭數爵頻.”

錯綜句式：“紅[15]稻啄餘鸚鵡粒，碧梧棲老鳳凰枝.” “林下聽經秋苑鹿，溪[16]邊掃葉夕陽僧.”

折腰句式：“鸚鵡杯且酌清濁，麒麟閣懶畫丹青.”【上三字下四字】“靜愛竹時來野寺，獨尋春處[17]過溪橋.”【上四字下三字】“永夜角聲悲自語，中天月色好誰看.”【上五字下二字】

疊字次第句式：“漠漠水田飛白鷺，陰陰夏木囀黃鸝.” “遠樹[18]依依如送客，平田渺渺獨傷春.” “無邊落木蕭蕭下，不盡長江滾滾[19]來.” “信宿漁人還泛泛[20]，清秋燕子故飛飛.”

兩句一意式：“自攜瓶去沽村酒，幻著衫來作主人.” “世上豈無千里馬，人間[21]難得九方皐.”【此卽十四字句法，宜于頷聯用之】.

連珠句式：“疊嶂[22]懸流平地起, 危樓曲閣半天開.” “積水長天迷[23]遠客, 荒城極浦足寒雲.”

上下相接句式：“風傳鼓角霜侵戟, 雲捲笙歌月上樓.” “三春月照千山路, 十日花開一夜風.”

有聲對無聲式：“風引漏聲來枕上, 月移花影到窓前.” “睡輕可忍風敲竹, 飮散那堪月在花.”

無聲對有聲式：“蒼苔路熟僧歸寺, 紅葉聲乾鹿在林.” “一溪晩緑浮鸂鶒[24], 萬樹春紅叫杜鵑.”

雙句有聲式：“羌笛[25]一聲何處曲, 流鶯百囀最高枝.” “秋深[26]簾幕千家雨, 落月[27]樓臺一笛風.”

先動後靜句式：“野棠自發空流[28]水, 江燕初歸不見人.” “緑竹掛衣深[29]處歇, 清風展簟困時眠.”

先靜後動句式：“放魚池涸蛙爭聚, 棲燕梁空雀自喧.” “簾箔可垂嫌隔燕, 釣竿慵把恐驚魚.”

健句：“陳兵劒閣山將動, 飮馬珠江水不流.” “汴水波濤喧鼓角, 隋堤[30]楊柳掛[31]旌旗.”

新句：“淑氣初銜梅色淺, 條風半拂柳墻新.” “百草香心初罥蝶, 千林嫩葉始藏鶯.”

清句：“留連戲蝶時時舞, 自在嬌鶯恰恰啼.” “蝴蝶夢中家萬里, 杜鵑[32]枝上月三更.”

偉句：“文移北斗成天象, 酒遞南山作壽杯.” “雲頭灔灔開金餠, 水面沈沈臥彩虹.”

麗句：“歌遶[33]畫樑[34]珠宛轉, 舞嬌春席雪朦朧.” “粧樓翠幌教春住, 舞閣金鋪借日懸.”

豪句 : “伯仲之間見伊呂, 指揮若定失蕭曹.” “帆飛楚國風濤闊, 馬度藍關雨雪多.”

刻意句 : “暗香惹步澗花落[35], 晚影逼簾溪影[36]迴.” “野寺山邊斜有逕[37], 漁家竹裏半開門.”

自在句 : “掛冠傲吏垂綸坐, 絶粒高僧擁衲眠.” “野[38]鶴巢邊松最古, 毒龍潛處水偏清.”

意欲圓句 : “春水船如天上坐, 老年花似霧中看.” “短短桃花臨水岸, 輕輕柳絮點人衣.”

格欲高句 : “織女機絲虛夜月, 石鯨鱗甲動秋風.” “周宣漢武金[39]王是, 孝子忠臣後代看.”

聲律爲竅句 : “胡騎中宵堪北走, 武陵一曲想南征.” “殘星數[40]點雁橫塞, 長笛一聲人倚樓.”

物象爲骨句 : “旌旗[41]日暖龍蛇動, 宮殿風微燕雀高.” “花迎劍佩星初落, 柳拂旌旗露未乾.”

意格爲髓句 : “白首相知猶按金[42], 朱門先達笑彈冠.” “楚水晚[43]涼催客早, 杜陵愁[44]思傍蟬多.”

[1] 露 : 霧 (『御定全唐詩』 卷73)

[2] 廻 : 回 (『御定全唐詩』 卷73)

[3] 柳 : 樹 (『御定全唐詩』 卷62)

[4] 數 : 幾 (『御定全唐詩』 卷549)

[5] 在 : 伏 (『鄖溪集』 卷27)

[6] 縱 : 自 (『鄖溪集』 卷27)

[7] 有 : 隔 (『柯山集』 卷19)

[8] 九 : 幾 (『誠齋集』 卷15)

[9] 深 : 殘 (『王荊公詩註』 卷48)

10 柳 : 樹 (『御定全唐詩』 卷278)
11 斜 : 夕 (『御定全唐詩』 卷278)
12 過 : 連 (『御定全唐詩』 卷278)
13 昏 : 穿 (『五百家注昌黎文集』 卷10)
14 影 : 斷 (『五百家注昌黎文集』 卷10)
15 紅 : 香 (『杜詩詳註』 卷17)
16 溪 : 江 (『御定全唐詩』 卷676)
17 處 : 偶 (『文忠集』 卷57)
18 樹 : 岫 (『御定全唐詩』 卷505)
19 滾滾 : 袞袞 (『杜詩詳註』 卷20)
20 泛泛 : 汎汎 (『杜詩詳註』 卷17)
21 間 : 中 (『山谷集』 外集 卷6)
22 疊嶂 : 沓石 (『御定全唐詩』 卷71)
23 迷 : 隨 (『二皇甫集』 卷5)
24 鶼 : 鶩 (『宋詩紀事』 卷6)
25 笛 : 管 (『溫飛卿詩集箋注』 卷4)
26 秋深 : 深秋 (『御定全唐詩』 卷22)
27 月 : 日 (『御定全唐詩』 卷22)
28 流 : 臨 (『御定全唐詩』 卷27)
29 深 : 凉 (『白氏長慶集』 卷27)
30 堤 : 隄 (『宋詩紀事』 卷2)
31 掛 : 拂 (『宋詩紀事』 卷2)
32 杜鵑 : 子規 (『御定全唐詩』 卷679)
33 遶 : 繞 (『御定全唐詩』 卷657)
34 畫櫟 : 夜梁 (『御定全唐詩』 卷657)
35 落 : 發 (『御定全唐詩』 卷654)
36 影 : 鳥 (『御定全唐詩』 卷654)
37 逕 : 徑 (『御定全唐詩』 卷207)
38 野 : 老 (『御定全唐詩』 卷286)
39 金 : 今 (『杜詩詳註』 卷18)

[40] 數 : 幾 (『御定全唐詩』 卷549)

[41] 旗 : 旂 (『杜詩詳註』 卷5)

[42] 金 : 劍 (『王右丞集箋注』 卷10)

[43] 晚 : 曉 (『溫飛卿詩集箋注』 卷8)

[44] 愁 : 秋 (『溫飛卿詩集箋注』 卷8)

4

대개 시는 시구 연마를 귀하게 여기는 것을 숭상하는데 꿰뚫고 이어짐에 의意와 격格이 실로 주가 되는 것이다. 그러므로 오음五音[1]이 갖춰져 사성四聲이 조화하여 가락이 번갈아 연주되고 금석金石의 소리가 베풀어지는 것을 성률聲律이라 하고, 경물을 묘사하고 형상을 본뜨되 천진天眞을 공교롭게 빼어낸 듯하고 은미하고 깊이 있는 것을 탐색하여 오묘한 것과 정신이 부합하는 것을 물상物象이라 한다.

의와 격조가 주가 됨이 없다면 비록 재능이 뛰어나더라도 훌륭한 구를 취할 수 없게 된다. 요체는 뜻이 원만하고 격조가 높아서 농섬함을 모두 갖추는 데 있다. 시구가 노성하면 시어가 속되지 않고, 이치가 깊고 뜻이 잡스러워지지 않으며, 재주가 이어지고 기가 격절하지 않으며 시어는 단순해도 일에 어둡지 않아 식견이 고금을 뛰어넘고 생각이 현묘한 지경에 들게 되는 것이니 이제 시를 짓는 사람과 시를 배우는 사람이 깊이 뜻을 두어야 하는 것이다.

---

1 오음五音 : 궁宮 · 상商 · 각角 · 치徵 · 우羽를 말한다.

夫詩貴鍊句尚矣. 統貫聯屬意與格實主之. 故該五音協四聲, 宮商迭奏, 金石相宣, 謂之聲律. 寫景摸象, 巧奪天眞, 探索幽微, 妙與神會, 謂之物象. 苟無意與格以主之, 雖藻思, 麗句無取也. 要在意圓格高, 穠纖俱備. 句老而字不俗, 理深而意不雜, 才縱而氣不怒, 言簡而事不晦. 識超古今思入玄妙, 方爲作者學詩者, 不可不深留意也.

제3절 율시실용격식 律詩實用格式

갑. 오언절구 격식

(1) 오언절구 평성 운자를 사용한 형식

〈흰 매를 풀어 놓는 광경을 바라보며觀放白鷹〉【첫 구에 운자를 쓴 것이다.】

– 이백李白 –

팔월 변방 바람 높은데	八月邊風高
오랑캐 매는 흰 비단 같은 털 가져	胡鷹白錦毛
한 조각 눈처럼 외롭게 나니	孤飛一片雪
백 리에서도 가을 터럭 같은 모습 보이네	百里見秋毫

〈동산을 떠올리며憶東山〉【이 시는 첫 구 마지막에 측성자를 사용해서 평성 운을 단 것이다.】

– 이백李白 –

동산[1]에 가보지 못한지 오래 되었으니	不向東山久
장미꽃은 몇 번이나 피고 졌으며	薔薇幾度花
흰 구름 절로 흩어진 뒤에	白雲還自散

밝은 달은 누구 집을 비출것인가 明月落誰家

〈위궁사魏宮詞〉【이 시는 첫구 마지막에 평성자를 사용해서 평성 운을 단 것이다.】

－최국보崔國輔[2]－

아침 해 단장한 고운 얼굴 비추니 朝日照紅粧
동작대 오르려 준비하는데 擬上銅雀臺
눈썹 그리기 아직 끝나지도 않았는데 畫眉猶未了
위나라 황제 사람 시켜 재촉하는구나 魏帝使人催

(2) 오언절구 측성 운자를 사용한 형식

〈강의 눈江雪〉【첫 구에 운자를 쓴 것이다.】 －유종원柳宗元－

온 산에 나는 새 사라지고 千山鳥飛絕
온 길에 사람 자취 없는데 萬徑人踪滅
외론 배에 도롱이 쓴 늙은이 孤舟蓑笠翁
시린 강 눈 속에 홀로 낚시질하네 獨釣寒江雪

〈원망의 노래怨詞〉【이 시는 첫 구 마지막에 평성자를 사용해서 측성 운을 단 것이다.】

－최국보崔國輔－

첩에게 있는 비단 옷은 妾有羅衣裳
진왕이 계실 때 만든 것이지요 秦王在時作
봄바람 가득할 때 춤추려 만들었는데 爲舞春風多
가을이 와서 차마 입을 수가 없네요 秋來不堪着

〈대숲 속 집竹裏館〉【이 시는 첫 구 마지막에 측성자를 사용해서 측성 운을 단 것이다.】

－왕유王維－

그윽한 대숲 속 홀로 앉아서 獨坐幽篁裏

거문고 타다가 다시 길게 휘파람 부는데 彈琴復長嘯
깊은 숲이라 사람들 알지 못하고 深林人不知
밝은 달만 와서 비추는구나 明月來相照

(3) 오언절구 평측이 정격인 형식【두 번째 글자가 측성자가 든 것을 이전 사람들이 정격이라고 했다.】

〈제갈량의 사당에서武侯廟〉 — 두보杜甫 —

버려진 사당 단청 다 벗겨지고 遺廟丹靑落
텅 빈 산 초목만 무성한데 空山草木長
후주에게 하직하던 그 이야기 들리는 듯하니 猶聞辭後主
다시는 남양 땅에 눕지 못했구나 不復臥南陽

(4) 오언절구 평측이 편격[3]인 형식【두 번째 글자에 평성자를 두는 것을 이전 사람들이 편격이라고 했다.】

〈가을 아침 거울을 보며秋朝覽鏡〉 — 설직薛稷[4] —

나그네 마음 지는 나뭇잎에 놀라 客心驚落木
밤새도록 앉아서 가을바람 소리 들었는데 夜坐聽秋風
아침 되어 내 얼굴 보니 朝日看容鬢
한평생이 거울 속에 있구나 生涯在鏡中

(5) 염이 고르지 않은 형식[5]

〈교시어[6]에게 주다贈喬侍御〉【제3구 실점】 — 진자앙陳子昂 —

한나라 조정 교묘한 환관들만 영화를 누려 漢庭榮巧宦
운각[7]에는 변방의 공신들이 드물구나 雲閣薄邊功
가련하구나 총마사여 可憐驄馬使

흰머리 되도록 누굴 위해 무위를 떨쳤던가　　白首爲誰雄

(6) 요체[8]로 구를 짓는 형식【오언절구에서는 옛날부터 대체로 요율을 귀하게 보았다.】

〈여러 공들과 함께 장처사의 채소밭을 두고 쓰다同群公題張處士菜園〉

－고적高適[9]－

뽕나무 사이 밭을 가니　　耕地桑柘間
땅 기름져 채소 늘 잘 자라네　　地肥菜常熟
물어보자꾸나 채소의 맛이　　內問葵藿資
묘당의 음식과 비교하면 어떤가　　何如廟堂食

(7) 각각 평성과 측성을 사용한 형식

〈가시 울타리鹿柴〉【앞의 두 구는 모두 평성을 사용하였고 뒤 두 구는 모두 측성을 사용하였다.】

－왕유王維－

텅 빈 산 사람은 보이지 않고　　空山不見人
사람 말소리만 들려오는데　　但聞人語響
석양은 깊은 숲에 들어,　　返景入深林
다시 푸른 이끼 위를 비추네　　復照靑苔上

(8) 네 구의 평측이 변하지 않은 형식

〈맹성요孟城坳〉　　－배적裵迪－

묵은 성 아래 띠집 엮어다가　　結廬古城下
때로 묵은 성 위에 오르니　　時登古城上
묵은 성은 옛날 그대로가 아닌데　　古城非疇昔
요즘 사람들만 절로 오가네　　今人自來往

(9) 앞 두 구의 평측이 변하지 않는 형식

〈매미蟬〉 - 우세남虞世南 -

갓끈 같은 더듬이 드리워 맑은 이슬 마시고　垂緌飮淸露
울음 소리 성긴 오동 사이로 나오니　流響出疎桐
높이 살아 소리 절로 멀리 들리는 것은　居高聲自遠
가을바람 때문이 아니지　非是藉秋風

(10) 뒤 두 구의 평측이 변하지 않는 형식

〈낙양 길洛陽道〉[10] - 저광희儲光羲 -

낙수의 봄 얼음 녹고,　洛水春冰開
낙성의 봄 나무 푸르른데　洛城春樹綠
아침 들어 큰길 위를 보니　朝看大道上
떨어진 꽃이 말발굽에 어지럽네　落花亂馬足

---

1 동산東山: 회계會稽, 지금의 절강성浙江省 소흥시紹興市 동쪽의 산을 말한다.

2 최국보崔國輔 : ?~?. 중국 당나라 문인으로 726년 진사가 되었으며, 집현원직학사集賢院直學士와 예부원외랑禮部員外郎 등을 역임했다. 육시를 잘 지었고, 특히 5언절구에 능한 것으로 알려져 있다. 『어정전당시御定全唐詩』에 시가 수록되어 있다.

3 편격偏格 : 한시漢詩 작법 중 운율에 관한 규정으로, 근체시에서 오언시인 경우 첫 구의 둘째 자를 평자平字로 시작하고, 칠언시인 경우 첫 구의 둘째 자를 측자仄字로 시작하는 것을 이르는 말이다.

4 설직薛稷 : 649~713. 중국 당나라 문인으로 자는 사통嗣通이다. 간의대부諫議大夫와 소문관학사昭文館學士를 지냈다. 구양순歐陽詢과 우세남虞世南, 저수량褚遂良과 함께 당초사대서가唐初四大書家라 불렸으며, 예서隸書 · 해서楷書 · 행서行書에 능했다.

5 염이……형식 : 평측이 고르지 못한 형식을 말한다.

6 교시어喬侍御 : 교지지喬知之(?~697?)로 추정된다. 교지지는 아우인 교간喬侃 · 교비喬備와 함께 문사로 이름을 널리 알렸으며, 특히 교지지는 재주가 가장 뛰어나 교지지가

지은 시를 당대 사람들이 많이 암송할 정도였다고 한다.

7 운각雲閣 : 운대雲臺라고도 일컬어지는데, 후한의 현종이 이곳에 공신 28명의 초상화를 걸어 두었다고 한다.

8 요체拗體 : 요체는 정해진 작시법을 그대로 따르지 않는 경우로 요구拗句와 요율拗律 두 가지로 구분된다. 요구는 5언에서 상이하삼上二下三으로 시구가 지어지는 것이 원칙이지만 상삼하이上三下二, 상일하사上一下四 등으로 짓는 경우, 7언에서는 상사하삼上四下三이 일반적이지만 상삼하사上三下四, 상이하오上二下五 등으로 시구를 짓는 경우를 말한다. 요율은 시의 평측을 교환하여 음율이 바뀌는 것을 말한다.

9 고적高適 : 704~765. 중국 당나라 문인으로 자는 달부達夫이다. 젊었을 때 이백李白·두보杜甫 등과 사귀었다. 그의 시는 외로움과 비참함을 읊은 변새시邊塞詩가 뛰어나다. 잠삼岑參과 함께 성당盛唐시기의 대표적 시인으로 평가된다. 문집으로 『고상시집高常詩集』이 있다.

10 낙양 길[洛陽道] : 원제는 〈낙양도오수헌려사랑중洛陽道五首獻呂四郎中〉으로 『어정전당시御定全唐詩』 권128에 보인다.

甲. 五言絶句格式

(一) 五言絶句平韻式

<觀放白鷹[1]>【首句用韻】- 李白

"八月邊風高, 胡鷹白錦毛. 孤飛一片雪, 百里見秋毫."

<憶東山[2]>【此詩首句末以仄字起平韻】- 李白

"不向東山久, 薔薇幾度花. 白雲還[3]自散, 明月落誰家."

<魏宮詞>【此詩首句末以平字起平韻】- 崔國輔

"朝日照紅粧, 擬上銅雀臺. 畫眉猶未了, 魏帝使人催."

(二) 五言絶句仄韻式

<江雪>【首句用韻】- 柳宗元

"千山鳥飛絶, 萬徑人踪滅. 孤舟蓑笠翁, 獨釣寒江雪."

怨詞[4]【此詩首句末以平字起仄韻】- 崔國輔

"妾有羅衣裳, 秦王在時作. 爲舞春風多, 秋來不堪着[5]."

<竹裏館>【此詩首句末以仄字起仄韻】- 王維

"獨坐幽篁裏, 彈琴復長嘯. 深林人不知, 明月來相照."

(三) 五言絶句平仄正格【凡以第二字仄入, 昔人謂之正格】

<武侯廟> - 杜甫

"遺廟丹青落, 空山草木長. 猶聞辭後主, 不復臥南陽."

(四) 五言絶句平仄偏格【凡以第二字平入. 昔人謂之偏格】

<秋朝覽鏡> - 薛稷

"客心驚落木, 夜坐聽秋風. 朝日看容鬢, 生涯在鏡中."

(五) 失粘格

<贈喬侍御[6]>【第三句失粘】- 陳子昂

"漢庭榮巧宦, 雲閣薄邊功. 可憐驄馬使, 白首爲誰雄"

(六)拗句格【五言絶句古多貴拗律】

<同群公題張處士菜園> - 高適

"耕地桑柘間, 地肥菜常熟. 內[7]問葵藿資, 何如廟堂食[8]"

(七) 各爲平仄格

<鹿柴>【前二句並平起 後二句並仄起】- 王維

"空山不見人, 但聞人語響. 返景入深林, 復照青苔上"

(八) 四句平仄不變格

<孟城坳> - 裵迪

"結廬古城下, 時登古城上. 古城非疇昔, 今人自來往."

(九) 前二句平仄不變格

<蟬> - 虞世南

"垂緌飮淸露, 流響出疎桐. 居高聲自遠, 非是藉秋風."

(十) 後二句平仄不變格

<洛陽道[9]> - 儲光羲

"洛水春冰開, 洛城春樹綠. 朝看大道上, 落花亂馬足."

[1] 觀放白鷹 : 觀放白鷹二首 (『李太白文集』 卷22)

[2] 憶東山 : 憶東山二首 (『李太白文集』 卷20)

[3] 還 : 他 (『李太白文集』 卷20)

[4] 怨詞 : 牆頭花 (『御定全唐詩』 卷27) / 怨詞二首 (『御定全唐詩』 卷119) / 牆頭花二首 (『御定全唐詩』 卷511)

[5] 着 : 著 (『御定全唐詩』 卷27 /『御定全唐詩』 卷119 / 『御定全唐詩』 卷511)

[6] 贈喬侍御 : 題祀山烽樹贈喬十二侍御 (『陳拾遺集』 卷2)

[7] 內 : 爲 (『高常侍集』 卷7)

[8] 食 : 肉 (『高常侍集』 卷7)

[9] 洛陽道 : 洛陽道五首獻呂四郎中 (『儲光羲詩集』 卷5)

을. 칠언절구 격식

(1) 칠언절구 평성 운자를 사용한 형식

〈산방의 봄날山房春事〉 - 잠삼岑參 -

양원[1]에 해지니 까마귀 어지러이 나는데	梁園日暮亂飛鴉
보이는 저 끝 쓸쓸하게 두어 채 집 보이네	極目蕭條三兩家
정원의 나무 사람 다 간 것 알지 못하고	庭樹不知人去盡
봄 들자 되려 옛날 그 꽃을 피우네	春來還發舊時花

(2) 칠언절구 측성 운자를 사용한 형식

〈산집을 찾아가다尋山家〉 - 장손좌보長孫左補[2] -

홀로 산집 찾아가며 쉬었다 다시 건너니	獨訪山家歇還涉
띠집 비스듬히 건너 솔 숲 이어져 있고	茅屋斜連隔松葉
주인은 말소리 듣고도 문을 열지 않고	主人聞語未開門
울타리 두른 채소에 노랑나비만 날고 있네	繞籬野菜飛黃蝶

(3) 칠언절구에서 뒤의 삼 구에 하나의 운자를 사용한 형식

〈포관에 들어 먼저 진중의 친구에게 보내다入關先寄秦中故人〉 - 잠삼岑參 -

몇 점 진산은 푸른 눈썹 같고	秦山數點似青黛

한 줄기 위수는 흰 비단 같은데　　渭水一條如白練
서울에서 옛 친구는 만나지 못하고　　京師故人不可見
두 눈 가득 날아가는 제비만 본다네　　寄將兩眼看飛燕

(4) 칠언절구 평측이 정격인 형식【그 방법이 오언절구와 같다.】

〈뜰에 내린 눈을 가지고 지은 응제시苑中雨雪應制〉　　- 송지문宋之問 -

자금전[3] 신선 수레 오늘 새벽 와서　　紫禁仙輿詰旦來
푸른 깃발 저멀리 망춘대[4]까지 이어지니　　青旂遙倚望春臺
뜰의 눈 오늘 아침 내린 줄도 모르고　　不知庭霰今朝落
지난 밤 숲의 꽃 피었다 생각했었지　　疑是林花昨夜開

(5) 칠언절구 평측이 편격인 형식【그 방법이 오언절구와 같다.】

〈서울에 들어가는 사신을 만나다逢使入京〉　　- 잠삼岑參 -

동쪽으로 고향 바라보니 길은 아득해　　故園東望路漫漫
두 소매 다 젖도록 눈물 마를 때가 없네　　雙袖龍鍾淚不乾
말 위에서 만나도 지필묵조차 없으니　　馬上相逢無紙筆
그대 기대 평안을 알리는 말 전하고 싶네　　憑君傳語報平安

---

1 양원梁園 : 중국 한나라 양효왕梁孝王의 궁궐 정원으로 엄청난 규모를 자랑한다.
2 장손좌보長孫左補 : 780~804. 중국 당나라 문인으로 덕종德宗 시기에 활동하였다.
3 자금전[紫禁] : 자미원紫微垣에 속하는 궁금宮禁으로 임금의 거소를 말한다.
4 망춘대望春臺 : 망춘궁望春宮 안에 있던 대이다. 당나라 중종이 입춘이면 망춘궁에 이르러 봄을 맞이하고 연회를 열고 비단으로 오려 만든 오색꽃을 내오고 학사들에게 시를 읊게 하였다. 망춘궁은 지대가 높아 강물이 흘러가는 모습을 볼 수 있었다고 한다.

乙. 七言絶句格式

(一) 七言絶句平韻式

<山房春事> - 岑參

"梁園日暮亂飛鴉, 極目蕭條三兩家. 庭樹不知人去[1]盡, 春來還發舊時花."

(二) 七言絶句仄韻式

<尋山家> - 長孫左補

"獨訪山家歇還涉, 茅屋斜連隔松葉. 主人聞語未開門, 繞籬野菜飛黃蝶."

(三) 七言絶句後三句一韻式

<入關先寄秦中故人>[2] - 岑參

"秦山數點似青黛, 渭水[3]一條如白練. 京師故人不可見, 寄將兩眼看飛燕."

(四) 七言絶句平仄正格其法如五言絶句同

<苑中雨雪應制>[4] - 宋之問

"紫禁仙輿詰旦來, 青旂遙倚望春臺. 不知庭霰今朝落, 疑是林花昨夜開."

(五) 七言絶句平仄偏格其法與五言絶句同

<逢使入京>[5] - 岑參

"故園東望路漫漫, 雙袖龍鍾淚不乾. 馬上相逢無紙筆, 憑君傳語報平安."

[1] 去 : 死 (『御定全唐詩』 卷201)

[2] 入關先寄秦中故人 : 入蒲關先寄秦中故人 (『御定全唐詩』 卷199)

3 水 : 上 (『御定全唐詩』 卷199)

4 苑中雨雪應制 : 苑中遇雪應制 (『御定全唐詩』 卷53)

5 逢使入京 : 逢入京使 (『御定全唐詩』 卷201)

병. 오언율시 격식

(1) 오언율시 평성 운자를 사용한 형식

〈동정호에 와서臨洞庭湖〉【이 시는 첫 구에 운자를 사용하였으니 첫 구에 운자를 쓰지 않아야 정격이 된다.】

– 맹호연孟浩然 –

팔월 호수 잔잔하고	八月湖水平
하늘을 담아 물과 하늘 뒤섞였는데	涵虛混太淸
물기운은 운몽택을 찌는 듯하고	氣蒸雲夢澤
물결은 악양성을 미는 듯한데	波撼岳陽城
건너보고 싶지만 배가 없고	欲濟無舟楫
조용히 살자니 성명에게 부끄러운데	端居恥聖明
앉아 낚싯대 드리운 이를 보자니	坐觀垂釣者
단지 물고기가 부러운 마음이 드는구나	徒有羨魚情

(2) 오언율시 측성 운자를 사용한 형식【오언율시 측성운 형식은 당나라 사람들이 가장 적게 지은 형식인데 요합姚合의 『극현집極玄集』 안에서는 영일 스님의 한 수를 기록하여 형식을 갖추어 두었을 뿐이다.】

〈밤에 서하산에 앉아西霞山夜坐〉

– 영일靈一[1] –

산꼭대기 계단으로 길 나있고	山頭成壇路
희미한 햇살은 구름 낀 바위 곁에 드는데	幽映雲巖側

사방이 푸른 바위는	四面靑石牀
이끼 빛 물든 한 봉우리 같네	一峯苔蘚色
솔바람 그쳤다 다시 일어나고	松風靜復起
달빛 훤해졌다 되레 컴컴해지니	月影開還黑
왜 홀로 밤을 타고 왔냐고 한하면	何獨乘夜來
대낮에 보는 풍경과 다르기 때문이지	殊非晝所得

【진자앙陳子昂의 〈휘상인暉上人의 하일임천夏日林泉에 답한다〉 시를 살펴보니 고체시를 가지고 율시라고 하였는데 이것도 역시 측성운자를 삼은 형식이다. 그 시에 "흰구름 머무는 곳, 그윽한 사찰에 산다고 들었는데 바위샘은 만 길이나 흘러가고, 나무와 바위들은 천년 동안 묵은 듯하네. 숲에 누워 창을 마주하면, 산그늘은 집안에 가득하리니, 세상일의 수고로움 던져 버리고 그대 따라 난초 두약 향에 취해보고 싶네."라고 하였다.】

(3) 오언율시 평측이 정격인 형식

〈봄밤의 단비春夜喜雨〉 －두보杜甫－

좋은 비 때를 알아	好雨知時節
봄 들자 바로 내리는데	當春乃發生
바람타고 몰래 밤에 내려	隨風潛入夜
만물을 적시지만 가늘어 소리도 없네	潤物細無聲
들길은 구름 덮혀 어두워지고	野徑雲俱黑
강 위의 배는 등불로 환한데	江船火燭明
새벽들어 붉게 물든 곳을 바라보니	曉看紅濕處
금관성에 꽃 다시 피었구나	花重錦官城

(4) 오언율시 평측이 편격인 형식

〈이의의 유거를 두고 쓰다題李疑幽居〉 －가도賈島－

한적하게 살아 이웃 없으니	閑居少鄰並

풀 덮인 길은 거친 뜰까지 이어지고	草徑入荒園
새는 못가 나무위에서 자고	鳥宿池邊樹
스님은 달빛 아래 문을 두드리네	僧敲月下門
다리 지나니 들빛이 나누어지고	過橋分野色
바위를 옮겨가니 구름도 움직여	移石動雲根
잠시 떠났다가 다시 이곳에 돌아왔으니	暫去還來此
그윽한 약속 져버리지 않았다네	幽期不負言

(5) 오언율시 변격 형식【이 법칙은 정율과 반대되는 것이니 처음과 끝이 절로 평측을 이루기 때문에 변율이라고 한다.】

〈정가의 은거를 두고 쓰다題鄭家隱居〉 – 당구唐求[2] –

그렇게 깨끗하고 일없는 곳이라고 믿지 않았는데	不信最清曠
오자마자 근심 벌써 사라졌네	及來愁已空
몇 점 바위의 샘에 비 내리고	數點石泉雨
시내 가득 서리 잎에 바람 부네	一溪霜葉風
일삼는 것 산 있는 곳에 있고	業在有山處
도는 일없는 그 속에서 돌아오네	道歸無事中
한 잔 술 다 비우니	酌盡一盃酒
늙은이 얼굴도 붉어지네	老夫顔亦紅

(6) 염이 고르지 않은 형식

〈이른 봄날 계림전에서 명에 따라 지은 시早春桂林殿應詔〉【함련의 염이 고르지 않음.】 – 진숙달陳叔達[3] –

문고리에 봄빛이 어리고	金鋪照春色
고운 가락은 좋은 시절에 울리는데	玉律動年華
붉은 누각 일산같이 구름 일고	朱樓雲似蓋

붉은 계수에 꽃같은 눈 내렸네　丹桂雪如花
물가 언덕 섬돌 안고 휘돌아가고　水岸銜階轉
바람 든 가지 버들에서 빗겨 나가는데　風條出柳斜
가벼운 수레는 태액지에 이르러　輕輿臨太液
은혜 가득 유하주를 따르네　湛露酌流霞

〈귀안당의 잔치에 참여하여侍宴歸雁堂〉【함련과 경련의 염이 고르지 않음.】

－우세남虞世南－

노래하는 곳은 푸른 물결에 잇닿아 있고　歌堂面綠水
춤추는 곳은 금빛 못에 이어져 있으니　舞館接金塘
대나무는 서리 내린 뒤 푸르러지고　竹開霜後翠
매화는 눈앞에서 향기를 떨치네　梅動雪前香
오리 되가며 짝을 찾기 시작하고　鳧歸初命侶,
기러기 날며 나눠 가려 하는데　雁起欲分行
다같이 모여 깃털 정리하자니　刷羽同棲集
은혜 생각해보니 녹 받은 것이 부끄럽구나　懷恩愧稻粱

〈백하역에서 당소부와 이별하며白下驛餞唐少府〉【경련의 염이 고르지 않음.】

－왕발王勃[4]－

작은 역 아래 가난한 사이로 사귀던 때　下驛窮交日
창정의 나그네 생활 한 해 되었지　昌亭旅食年
서로를 아는 것 일찍인들 무엇에 쓰겠는가　相知何用早
마음속 생각 그대로인데　懷抱即依然
포구 누각 석양 나직하고　浦樓低晚照
고향길은 바람 안개 저 너머인데　鄉路隔風烟
가봐야 어느 길로 가겠는가　去去如何道
장안이 저 멀리 하늘가에 있는데　長安在日邊

〈버드나무를 꺾으며折楊柳〉【함련과 마지막 연의 염이 고르지 않음.】

– 노조린盧照隣 –

고운 누각 새벽 문 열고 보니	倡樓起曙扉
버들 정녕 하늘거리는데	楊柳正依依
꾀꼬리는 해가 지난 줄을 알고서 울고	鶯啼知歲隔
가지는 봄이 온 줄 알고 변했네	條變識春歸
이슬은 근심 어린 눈썹처럼 잎에 엉기고	露葉凝愁黛
바람은 춤추는 옷처럼 꽃을 어지럽히는데	風花亂舞衣
가지 꺾은들 어디에 보낼 수 있겠는가	攀折將安寄
군중에 소식 드물기만 한데	軍中音信稀

〈산관[5]을 새벽에 건너며散關晨渡〉【마지막 연의 염이 고르지 않음.】

– 왕발王勃 –

새벽녘 산관의 문이 열리니	關山凌旦開
돌길이라 먼지 하나 없는데	石路無塵埃
백마 현담의 시기는 끝나버리고	白馬高談去
푸른 소 탄 참된 기운의 노자가 오네	靑牛眞氣來
산관의 겹문은 거대한 골짜기처럼 서 있고	重門臨巨壑
이어진 기둥은 우뚝한 산봉처럼 서 있는데	連棟起崇隈
지금와서 채찍 휘두르며 산관 넘어가는 것은	卽今揚策度
수를 버리고 성공해 돌아오려는 것 아니라네	非是棄繻回

1 영일靈一 : 728~726. 중국 당나라의 스님으로 속성俗姓은 오吳씨고, 사람들은 일공一公이라 부른다. 주방朱放과 장적張籍, 황보증皇甫曾 등과 진외우塵外友로 사귀면서 창화唱和를 많이 했다. 『전당시全唐詩』에 시 42수가 전한다.

2 당구唐求 : ?~?. 중국 당나라 문인으로 당은거唐隱居로 불렸으며, 당구唐球로도 쓴다. 시 읊기를 좋아해 작품을 얻으면 원고를 돌돌 말아 표주박 속에 넣어두었다고 한다.

나중에 병이 들자 표주박을 강물에 던져 버렸으며 표주박은 흘러가 냇가에 닿았는데 알아보는 사람이 있어 건졌지만 대부분 없어졌다는 일화가 전한다.

3 진숙달陳叔達 : 573~635. 중국 당나라 문인으로 자는 자총子聰이다. 582년에 의양왕義陽王으로 봉해졌고, 인무장군仁武將軍, 좌사佐史를 지냈다. 587년에 단양윤丹陽尹으로 봉해졌다. 수隋나라에서 내사사인內史舍人, 강군태수絳郡太守를 지내다가 이연李淵에게 투항하여 당나라에서 승상부주부丞相府主簿에 임명되었고, 한동군공漢東郡公으로 봉해졌다. 문집으로 『문집文集』이 있다.

4 왕발王勃 : 647~674. 중국 당나라 문인으로 자는 자안子安이다. 초당初唐 4걸四傑이라 불리는 대표적인 시인이다. 성당시盛唐詩의 선구자로 알려져 있으며, 특히 5언절구五言絶句에 뛰어났다. 문집으로 『왕자안집王子安集』이 있다.

5 산관散關 : 중국 산시陝西 보계寶鷄 서남쪽 대산령大散嶺에 있는 관문으로 대산관大散關이라고도 한다.

丙. 五言律格式

(一) 言律平韻式

<臨洞庭湖>[1]【此詩, 首句用韻, 其首句, 不用韻者, 入下正格.】- 孟浩然

"八月湖水平, 涵虛混太清. 氣蒸雲夢澤, 波撼岳陽城. 欲濟無舟揖[2], 端居恥聖明. 坐觀垂釣者, 徒有羨魚情."

(二) 五言律仄韻式【五言律仄韻, 唐人作最少, 姚合『極玄集』中, 有僧靈一一首, 錄以備體.】

<西霞山夜坐>[3] - 靈一

"山頭成[4]壇路, 幽映雲[5]巖側. 四面青石牀, 一峯苔蘚色. 松風靜復起, 月影開還黑. 何獨乘夜來, 殊非晝所得."

【按陳子昂<酬暉上人夏日林泉>[6]詩, 以古體爲律體, 亦是仄韻也. 其詩曰, "聞道白雲居, 窈窕青蓮宇. 巖[7]泉萬丈流[8], 樹石[9]千年古 林臥對軒窓, 山陰滿庭戶. 方釋塵事勞, 從君襲蘭杜."】

(三) 五言律平仄正格

<春夜喜雨> – 杜甫

"好雨知時節, 當春乃發生. 隨風潛入夜, 潤物細無聲. 野徑雲俱黑, 江船火燭明. 曉看紅濕處, 花重錦官城."

(四) 五言律平仄偏格

<題李疑幽居>[10] – 賈島

"閑居少鄰並, 草徑入荒園. 鳥宿池邊樹, 僧敲月下門. 過橋分野色, 移石動雲根. 暫去還來此, 幽期不負言."

(五) 五言律變格

此法與正律相反, 首尾自爲平仄, 謂之變律.

<題鄭家隱居>[11] – 唐求

"不信最淸曠, 及來愁已空. 數點石泉雨, 一溪霜葉風. 業在有山處, 道歸[12]無事中. 酌盡一盃[13]酒, 老[14]夫顔亦紅."

(六) 失粘格

<早春桂林殿應詔>【頷聯失粘】– 陳叔達

"金鋪照春色, 玉律動年華. 朱樓雲似蓋, 丹桂雪如花. 水岸銜階轉, 風條出柳斜. 輕輿臨太液, 湛露酌流霞."

<侍宴歸雁堂>【頷聯頸聯失粘】– 虞世南

"歌堂面綠[15]水, 舞館接金塘. 竹開霜後翠, 梅動雪前香. 鳧歸初命侶, 雁起欲分行. 刷羽同棲集, 懷恩愧稻粱."

<白下驛餞唐少府>【頸聯失粘】– 王勃

"下驛窮交日, 昌亭旅食年. 相知何用早, 懷抱卽依然. 浦樓低晚照, 鄉路隔風煙. 去去如何道, 長安在日邊."

<折楊柳>【頷聯末聯失粘】- 盧照隣

"倡樓起[16]曙扉, 楊柳正依依. 鶯啼知歲隔, 條變識春歸. 露葉凝愁黛, 風花亂舞衣. 攀折將安[17]寄, 軍中音信稀."

<散關晨渡>[18]【末聯失粘】- 王勃

"關山凌旦開, 石路無塵埃. 白馬高談去, 青牛眞氣來. 重門臨巨壑, 連棟起崇隈. 卽今揚策度, 非是棄繻回."

[1] 臨洞庭湖 : 臨洞庭 (『孟浩然集』 卷3)

[2] 揖 : 檝 (『孟浩然集』 卷3)

[3] 西霞山夜坐 : 棲霞山夜坐 (『御定全唐詩』 卷809)

[4] 成 : 戒 (『御定全唐詩』 卷809)

[5] 雲 : 雪 (『御定全唐詩』 卷809)

[6] 酬暉上人夏日林泉 : 酬暉上人夏日林泉見贈 (『陳拾遺集』 卷2)

[7] 巖 : 嵒 (『陳拾遺集』 卷2)

[8] 萬丈流 : 流雜樹 (『陳拾遺集』 卷2)

[9] 樹石 : 石室 (『陳拾遺集』 卷2)

[10] 題李疑幽居 : 題李凝幽居 (『長江集』 卷4)

[11] 題鄭家隱居 : 題鄭處士隱居 (『御定全唐詩』 卷724)

[12] 歸 : 成 (『御定全唐詩』 卷724)

[13] 盃 : 尊 (『御定全唐詩』 卷724)

[14] 老 : 病 (『御定全唐詩』 卷724)

[15] 綠 : 淥 (『御定全唐詩』 卷36)

[16] 起 : 啟 (『御定全唐詩』 卷42)

[17] 將安 : 聊將 (『御定全唐詩』 卷42)

[18] 散關晨渡 : 散關晨度 (『王子安集』 卷3)

정. 칠언율시 격식

(1) 칠언 평성 운자를 사용한 정격 형식

〈가지[1]사인이 '대명궁의 새벽 조회' 라는 시에 화운하여 지은 시和賈至舍人早朝大明宮之作〉 - 왕유王維 -

붉은 관 쓴 계인이 새벽을 알리자	絳幘鷄人報曉籌
상의원에서 즉시 곤룡포를 진상하고	尙衣方進翠雲裘
구중궁궐 궐문을 열자	九天閶闔開宮殿
온 나라의 신하들 황제께 절을 올리네	萬國衣冠拜冕旒
햇빛이 선장에서 움직이자	日色纔臨仙仗動
향기로운 연기 황제 옆에서 떠오르는 듯하네	香烟欲傍袞龍浮
조회 마치자 오색종이 잘라 조서 쓰려고	朝罷須裁五色詔
패옥소리 울리며 봉황지로 가네	佩聲歸向鳳凰池

(2) 칠언율시 측성 운자를 사용한 형식

〈구월구일 안소부에게 답하다九月九日酬顔少府〉 - 고적高適 -

처마 환한 해가 참 아깝기도 한데	簷前白日應可惜
울타리 아래 노란 국화는 누굴 위해 피어있나	籬下黃花爲誰有
나그네 가을 들어도 따뜻한 옷 하나 없는데	行子迎霜未授衣
주인은 돈 생기자 술부터 사는구나	主人得錢始沽酒

초췌한 소진을 당시 대체로 싫어했고 蘇秦憔悴時多嫌
떠도는 채택[2]을 세상에선 추하게 보았는데 蔡澤棲遑世看醜
높은 곳 올라 보아도 애간장만 끊어지니 縱使登高只斷腸
홀로 앉아 일없이 머리 긁는 것만 못하구나[3] 不如獨坐空搔首

(3) 칠언율시 평측이 정격인 형식

〈중양절九日〉 －두보杜甫－

늙을수록 가을 서러워지는 마음 애써 달랬는데 老去悲秋强自寬
오늘 흥이 들어 그대가 준 즐거움 다하고 싶네 興來今日盡君歡
모자 날려 짧은 머리 드러나 부끄러워질까봐 羞將短髮還吹帽
모자 바르게하다 옆 사람에게 우스운 꼴 됐었지 笑倩旁人爲整冠
남수는 멀리 일천 계곡에서 흘러오고 藍水遠從千澗落
옥산은 높다랗게 두 봉우리 모두 시리구나 玉山高倂兩峯寒
내년 이 모임에 누가 건강할지 어찌 알겠나 明年此會知誰健
취해선 수유 쥐고 뚫어져라 바라보네 醉把茱萸子細看

(4) 칠언율시 평측이 편격인 형식

〈화음[4]을 지나며行經華陰〉 －최호崔顥[5]－

까마득한 태화산 함경을 굽어보니 岧嶢太華俯咸京
하늘 밖 세 봉우리 사람 손으로 만든 것 아니네 天外三峯削不成
무제사당[6] 앞에선 구름 흩어지려 하고 武帝祠前雲欲散
선인장[7] 위로 비 막 개었는데 仙人掌上雨初晴
강과 산은 북쪽으로 험한 진관 베고 있고 河山北枕秦關險
역참 나무 서쪽으로 너른 한치[8] 이어졌네 驛樹西連漢畤平
묻자구나 길가의 명리 좇는 나그네여 借問路傍名利客
이곳에서 장생을 배우는 게 좋지 않겠는가 無如此處學長生

(5) 칠언율시 변격 형식【절로 평측을 이룸.】

〈배적과 술을 마시며酌酒與裴迪〉 - 왕유王維 -

그대에게 술을 따라주니 그대는 마음 푸시게　酌酒與君君自寬
인정은 물결처럼 늘 뒤집어지는 것이니　人情飜覆似波瀾
흰머리 되도록 알던 사람조차 칼 들고 흘겨보고　白首相知猶按劍
관직 먼저 올라 함께 가자던 사람 비웃는다네　朱門先達笑彈冠
풀빛은 온통 가랑비에 젖었고　草色全經細雨濕
꽃가지 피려 해도 봄바람 아직 싸늘하네　花枝欲動春風寒
뜬구름 같은 세상일 물어 무엇하겠나　世事浮雲何足問
내 멋대로 지내며 밥이나 잘 먹으면 그만이지　不如高臥且加餐

(6) 염이 고르지 않은 형식【율시에는 정해진 형식이 있다. 그러나 때때로 변화가 나타나니 마치 용병술에 기이함이 있는 것과 같다. 그러므로 염이 고르지 않은 시도 옛날부터 이런 것들을 가져다가 격식으로 삼았다.】

〈거처를 옮기다卜居〉【운 때문에 염이 고르지 않게 되는 형식】 - 두보杜甫 -

완화 시냇물 서쪽 어귀에　浣花溪水水西頭
주인은 숲속 연못 그윽한 곳에 집 지었으니　主人爲卜林塘幽
벌써 알고 있구나, 성곽 밖이라 속세일 없을 것을　已知出郭少塵事
더우기 맑은 강까지 있어 나그네 시름 삭히는구나　更有澄江銷客愁
수없는 잠자리들 위아래로 떼지어 날고　無數蜻蜓齊上下
한 쌍의 비오리 짝지어 물결따라 움직이니　一雙鸂鶒對沈浮
동쪽으로 만리교[9]에서 흥을 타고는　東行萬里堪乘興
산음 향한 작은 배에 오를 수 있겠지　須向山陰上小舟

〈옛 자취를 회고하며 읊다詠懷古跡〉【두 번째 연의 염이 고르지 않다】

－두보杜甫－

송옥의 슬픔 깊이 알겠으니	搖落深知宋玉悲
풍류와 선비의 아취 또한 나의 스승이라	風流儒雅亦吾師
서글퍼 세월 돌아보니 한줄기 눈물 떨어지고	悵望千秋一灑淚
시대 달리했으니 한 시대 같이 못해 쓸쓸하네	蕭條異代不同時
강과 산 옛집엔 부질없이 글만 남아있고	江山故宅空文藻
운우지정[10]의 황폐해진 양대 어찌 꿈속의 생각이었겠는가	雲雨荒臺豈夢思
모든 것 초나라 궁전과 함께 사라져 버렸으니	最是楚宮俱泯滅
뱃사람 가리킨 곳 지금까지 의심스럽네	舟人指點到今疑

〈한여름 엄공이 찾아오시다仲夏嚴公枉駕〉【세 번째 연의 염이 고르지 않다】

－두보杜甫－

대숲 속 행주에서 옥쟁반 씻고	竹裏行廚洗玉盤
꽃 옆에 말 세우니 금빛 안장 모였는데	花邊立馬簇金鞍
사사가 급히 부르는 것도 상관하지 않으니	非關使者徵求急
장군의 예의와 태도가 넉넉함을 알겠네	自識將軍禮數寬
한평생 사는 곳 외져 사립문 아득하고	百年地僻柴門迥
오월이지만 강은 깊고 초가 누각 서늘하니	五月江深草閣寒
고깃배 보고 즐기며 한낮을 보내니	看弄漁舟移白日
늙은 농부와의 즐거움 어찌 없을 수 있겠나	老農何有罄交歡

〈형주자사 여씨를 곡하며哭呂衡州〉【네 번째 연의 염이 고르지 않다.】

－유종원柳宗元－

형악산의 천주봉 꺾였을 그때	衡嶽新摧天柱峯
사림들 초췌하게 강가에 모였었지	士林憔悴江相逢
지금까지 문자가 역사에 전하지만	秖今文字傳靑簡

공명은 경종[11] 위에 쓰지도 못했네　不使功名上景鐘
세 이랑의 텅 빈 집[12]만 부질없이 남아있고　三畝空留懸磬室
저승[13]에서는 집채같은 봉분에 홀로 살고 있겠지　九原猶寄若堂封
멀리서 형주의 인물을 떠올릴 때는　遙想荊州人物論
몇 번이나 원룡[14]을 안타까워 했던가　幾回中夜惜元龍

〈변새로 나가며 짓다出塞作〉【두 번째 연과 세 번째 연의 평측이 고르지 않다.】

– 이징李澄[15] –

거연성 너머에선 오랑캐들 사냥하고　居延城外獵天驕
흰 풀 이어진 산은 태운 것 같은데　白草連山野火燒
저물녘 구름 텅 빈 사막으로 말 달리던 때　暮雲空磧時驅馬
가을날 너른 들에선 매사냥 즐기네　秋日平原好射鵰
호강교위[16] 아침마다 꼭대기에 오르고　護羌校尉朝乘障
파로장군[17] 밤마다 요하를 건너니　破虜將軍夜渡遼
옥 장식 칼과 각궁, 화려한 말안장을　玉靶角弓珠勒馬
한나라에서는 곽거병 장군에게 주리라　漢家將賜霍嫖姚

---

1 가지賈至 : 718~772. 중국 당나라 문인으로 자는 유린有隣 또는 유기幼幾이며, 가증賈曾의 아들이다.

2 채택蔡澤 : ?~?. 중국 연나라 정치가로 지략이 풍부해 일찍이 여러 제후에게 유세를 하고 다녔으나 모두 거절당하였다. 마침내 진秦나라로 들어가 소왕昭王에게 유세하여 정승이 되었다. 『사기史記』 권20 「채택열전蔡澤列傳」.

3 홀로……못하구나 : 『한시외전韓詩外傳』에 제 경공齊景公이 중양절에 우산에 노닐다가 북쪽으로 제나라를 바라보며 "'아름답도다 나라여. 초목이 울창하구나. 예로부터 죽지 않은 사람이 없었으니, 내가 죽으면 장차 여기를 떠나 어디로 가겠는가.'라고 하고는 고개를 숙이고 눈물을 흘려 옷깃을 적셨다[美哉國乎. 鬱鬱蓁蓁. 使古而無死者, 則寡人將去而何之. 俯而泣下沾襟.]."라고 하였다는 일화가 보인다. 『한시외전韓詩外傳』.

4 화음華陰 : 지금의 중국 섬서성陝西省 화음현華陰縣으로 화산華山 북쪽에 있다. 산의 북쪽

에 그늘이 지므로 화음華陰이라 칭한 것이다.

5 최호崔顥 : 704~754. 중국 당나라 문인이다. 악부시를 잘 지었으며, 민간의 가사를 잘 채용하였다. 초기에는 고운 시풍을 보이다가 후에는 변새를 다니며 웅혼雄渾한 시를 지었다. 대표작으로 〈장간행長干行〉·〈증왕위고贈王尉古〉·〈증양주장도독贈梁州張都督〉 등이 있다.

6 무제사당[武帝祠] : 한나라 무제가 건립한 거령사巨靈祠寺를 말한다. 거령은 산하를 관장하는 신으로 산천을 뚫어서 강물을 흐르게 하였는데, 한 무제가 거대한 손의 흔적이 남아있는 선인장仙人掌을 보고 거령의 공력을 치하하기 위해 이 사원을 지었다고 한다. 『사기史記』 권20 「채택열전蔡澤列傳」.

7 선인장仙人掌 : 태화산 봉우리의 이름이다. 『대청일통지大淸一統志』에 "광풍현廣豐縣 남쪽 35리 지점에 석봉이 담벼락처럼 서 있는데 손바닥 같은 흔적이 있었다[在廣豐縣南三十五里 石峯壁立 有痕如掌.]."라는 내용이 보인다. 『대청일통지大淸一統志』 권242.

8 한치漢畤 : 중국 한漢나라 때 천지天地와 오제五帝에게 제사 지내던 곳으로, 지금의 섬서성陝西省 풍상현風翔縣 남쪽에 있다. '치畤'는 『설문해자說文解字』에 "천지와 오제가 기틀을 잡은 곳으로 제사를 지내는 땅이다[天地五帝所基址祭地.]."라고 하였다.

9 만리교[萬里] : 사천성 성도시成都市 노남문대교老南門大橋이다. 금강錦江을 가로질러 남대街를 관통한다. 전국시대 후기에 처음 만들어졌으며, 원래 이름은 장성교長星橋이다.

10 운우지정[雲雨] : 초楚나라 회왕懷王이 운몽에 있는 고당관에서 꿈에서 무산의 여신과 정을 나눈 뒤 여신이 '아침에는 구름이 되고 저녁에는 비가 되어 저녁으로 양대에 있을 것입니다.'라며 떠났다는 데서 온 말이다. 남녀 간에 정을 나누는 것을 '운우지정雲雨之情'이라고 하는데, '무산지몽巫山之夢'·'무산지운巫山之雲'·'무산지우巫山之雨'·'운우지락雲雨之樂' 등으로도 쓰인다.

11 경종景鐘 : 춘추시대 진晉나라 경공景公때 만든 종으로 진나라의 위과魏顆가 보씨輔氏에서 두회杜回를 사로잡자 경공은 그 공을 경종에 새겼다. 이후 '경종'은 공의 전실함을 포상하는 것을 일컫게 되었다.

12 텅빈 집[懸磬室] : 아무것도 없는 집을 말한다. 『국어國語』 「노어魯語」에 "노魯나라의 창고가 텅 비어서 마치 틀에 매달려 있는 경쇠와 같네."라는 구절이 보인다. 『국어國語』 「노어魯語」.

13 저승[九原] : 원문의 구원九原은 진晉나라 경卿, 대부大夫의 묘지가 있었던 곳으로, 일반적으로 무덤을 뜻한다.

14 원룡元龍 : ?~?. 후한 말기 서주徐州 하비下邳 사람 진등陳登을 일컫는다. 그가 죽은 뒤 허사許汜와 유비劉備가 형주荊州에서 천하의 인물을 논하면서 유비는 "원룡 같은 문무文武와 담지膽志는 옛날에나 구할 수 있을 따름이다." 하며 안타까워했다는 일화가 보인다. 『유하동집柳河東集』 권42.

15 이징李澄 : 본문에는 작가가 이징으로 되어있으나 실제 작가는 왕유王維이다.
16 호강교위護羌校尉 : 한나라 때 4품에 해당하는 무관직이다.
17 파로장군破虜將軍 : 한나라 때 5품에 해당하는 무관직이다.

丁. 七言律格式

(一) 七言平韻式正格

<和賈至舍人早朝大明宮之作>[1] - 王維

"絳幘鷄人報[2]曉籌, 尙衣方進翠雲裘. 九天閶闔開宮殿, 萬國衣冠拜冕旒. 日色纔臨仙仗[3]動, 香煙欲傍袞龍浮. 朝罷須裁五色詔, 佩聲歸向鳳凰池[4]."

(二) 七言律仄韻式

<九月九日酬顔少府> - 高適

"簷前白日應可惜, 籬下黃花爲誰有. 行子迎霜未授衣, 主人得錢始沽酒. 蘇秦憔悴[5]時多嫌[6], 蔡澤棲遑[7]世看醜. 縱使登高只斷腸, 不如獨坐空搔首."

(三) 七言律平仄正格

<九日>[8] - 杜甫

"老去悲秋强自寬, 興來今日盡君歡. 羞將短髮還吹帽, 笑倩旁人爲整[9]冠. 藍水遠從千澗落, 玉山高倂[10]兩峯寒. 明年此會知誰健, 醉把茱萸子[11]細看."

(四) 七言律平仄偏格

<行經華陰> - 崔顥

"岧嶢太華俯咸京, 天外三峯削不成. 武帝祠前雲欲散, 仙人掌

上雨初晴. 河山北枕秦關險, 驛樹西連漢畤平. 借問路傍名利客, 無如此處學長生."

(五) 七言律變格【自爲平仄】

<酌酒與裵迪> - 王維

"酌酒與君君自寬, 人情飜[12]覆似波瀾. 白首相知猶按劍, 朱門先達笑彈冠. 草色全經紬雨濕, 花枝欲動春風寒. 世事浮雲何足問, 不如高臥且加餐."

(六) 失粘格【律詩自有定體 然時出變化 如用兵出奇 故失粘詩自來亦引爲格式也】

<卜居>【引韻失粘】- 杜甫

"浣花溪水水西頭, 主人爲卜林塘幽. 己知出郭少塵事, 更有澄江銷客愁. 無數蜻蜓齊上下, 一雙鸂鶒對沈浮. 東行萬里堪乘興, 須向山陰上[13]小舟."

<詠懷古跡>[14]【第二聯失粘】- 杜甫

"搖落深知宋玉悲, 風流儒雅亦吾師. 悵望千秋一灑淚, 蕭條異代不同時. 江山故宅空文藻, 雲雨荒臺豈夢思. 最是楚宮俱泯滅, 舟人指點到今疑."

<仲夏嚴公枉駕>[15]【第三聯失粘】- 杜甫

"竹裏行廚洗玉盤, 花邊立馬簇金鞍. 非關使者徵求急, 自識將軍禮數寬. 百年地僻柴門逈, 五月江深草閣寒. 看弄漁舟移白日, 老農何有罄交歡."

<哭呂衡州>[16]【第四聯失粘】- 柳宗元

"衡嶽新摧天柱峯, 士林憔悴[17]江[18]相逢. 秖今文字傳青簡, 不使功名上景鐘. 三畝空留懸磬室, 九原猶寄若堂封. 遙想荊州人物論,

幾回中夜惜元龍."

<出塞作>【第二第三聯失粘】- 李澄

"居延城外獵天驕, 白草連山[19]野火燒. 暮雲空磧時驅馬, 秋日平原好射鵰. 護羌校尉朝乘障, 破虜將軍夜渡遼. 玉靶角弓珠勒馬, 漢家將賜霍嫖姚.

[1] 和賈至舍人早朝大明宮之作 : 和賈舍人早朝大明宮之作 (『王右丞集箋注』 卷10)

[2] 報 : 送 (『王右丞集箋注』 卷10)

[3] 伐 : 掌 (『王右丞集箋注』 卷10)

[4] 鳳凰池 : 鳳池頭 (『王右丞集箋注』 卷10)

[5] 憔悴 : 顑頷 (『高常侍集』 卷6)

[6] 嫌 : 厭 (『高常侍集』 卷6)

[7] 遑 : 遲 (『高常侍集』 卷6)

[8] 九日 : 九日藍田崔氏莊 (『杜詩詳註』 卷6)

[9] 整 : 正 (『杜詩詳註』 卷6)

[10] 併 : 竝 (『杜詩詳註』 卷6)

[11] 子 : 仔 (『杜詩詳註』 卷6)

[12] 飜 : 翻 (『王右丞集箋注』 卷10)

[13] 上 : 入 (『杜詩詳註』 卷9)

[14] 詠懷古跡 : 詠懷古跡五首 (『杜詩詳註』 卷17)

[15] 仲夏嚴公枉駕 : 嚴公仲夏枉駕草堂兼攜酒饌 (『杜詩詳註』 卷11)

[16] 哭呂衡州 : 同劉二十八哭呂衡州兼寄江陵李元二侍御 (『柳河東集』 卷42)

[17] 憔悴 : 顑頷 (『杜詩詳註』 卷42)

[18] 江 : 泣 (『杜詩詳註』 卷42)

[19] 山 : 天 (『王右丞集箋注』 卷10)

색 인

인명

서명

東洋詩學源流

李昇圭講述

第一編 中國詩學

第一章 詩學通論

第一節 詩之淵源

子夏詩序曰詩者志之所之也在心爲志發言爲詩情動乎中而形於言言之不足故嗟嘆之嗟嘆之不足故永歌之永歌之不足故不知手之舞之足之蹈之也情發於聲聲成文謂之音治世之音安以樂其政和亂世之音怨以怒其政乖亡國之音哀以思其民困故正得失動天地感鬼神莫近於詩先王以是經夫婦成孝敬厚人倫美教化移風俗故詩有六義焉一曰風二曰賦三曰比四曰興五曰雅六曰頌上以風化下下以風刺上主文而譎諫言之者無罪聞之者足以戒故曰風至於王道

衰禮義廢政教失國異政家殊俗而變風變雅作矣國史明乎得失之迹傷人倫之廢哀刑政之苛吟咏情性以風其上達於事變而懷其舊俗者也故變風發乎情止乎禮義發乎情民之性也止乎禮義先生之澤也是以一國之事繫一人之本謂之風言天下事形四方之風謂之雅雅者正也言王政之所由廢興也政有小大故有小雅焉有大雅焉頌者美盛德之形容以其成功告於神明者也是謂四始詩之至也

按子夏詩序未言詩起於何時然謂情志動而爲詩則人生而有情志詩之興固宜至早沈約宋書謝靈運傳論曰民稟天地之靈含五常之德剛柔迭用喜慍分情夫志動於中則歌詠外發六義所因四始攸繫升降謳謠紛披風什雖虞夏以前遺文不覩稟氣懷靈理無或異然則歌咏宜自生民始也此承詩序而論詩之起原也

鄭康成詩譜序曰詩之興也諒不於上皇之世大庭軒轅逮於高辛其時有亡載籍亦蔑云焉虞書曰詩言志歌永言聲依永律和聲然則詩之道放於此乎正義釋之曰上皇之時擧代淳朴田漁而食與物未殊居上者謂言而莫違在下者羣居而不亂未有禮義之教刑罰之威爲善則莫知其善爲惡則莫知其惡其心旣無所感其志有何可言故知爾時未有詩歌禮記明堂位曰土鼓蕢桴葦籥伊耆氏之樂也禮運云夫禮之初始諸飮食蕢桴而土鼓郊特牲云伊耆氏始爲蜡蜡者爲田報祭其辭曰土反其宅水歸其壑昆蟲毋作草木歸其宅正義云此辭出於神農時(伊耆卽神農)疑此已用韻是詩之原夫旣有樂器必不空絃絃之所歌卽是詩也古史考謂伏羲作瑟禮云女媧氏之笙簧卽神農以前已有樂器故伏羲有駕辯之樂(楚辭注)網罟之歌(隋書樂志)其樂曰立基扶來(孝經緯)神農樂曰下謀曰扶持則詩之所興

至遠惟其辭不傳耳呂覽稱葛天氏之樂三人摻牛尾投足以 二
歌八闋一曰載民二曰玄鳥三曰遂草木四曰奮五穀五曰敬
天常六曰達帝功七曰依帝德八曰總萬物之極但有篇名其
辭亦亡故皇時詩歌之傳者惟伊耆氏之蜡辭疑出於神農耳
蓋民生而有悲愉之情其發於聲音自然有疾徐長短詠歎往
復之和是以文學起原韻文必先於散文樂又由詩而作者也
黃帝之時書契漸備文體日多後世書多記於黃帝者大戴記
載黃帝丹書曰敬勝怠者吉怠勝敬者滅義勝欲者從欲勝義
者凶莊子載黃帝時有焱氏頌漢志有黃帝銘六篇蔡邕銘論
稱黃帝有巾几之法皇王大紀稱帝軒作輿几之箴此皆韻文
也至於堯舜之世當益有詩歌堯有大唐之歌舜之命夔是詩
教之始而賡歌之詞載於虞書尸子又有舜南風歌比興賦頌
自茲而作夏商承之其流未泯周禮教之詩即是詩之六義也

孔子錄詩則自商始六藝論云唐虞始造其初至周分為六詩據周禮成文而言之詩之六義非起於周也此自有詩以至六義所起之大略也

詩雖有六義而孔子所叙實僅風雅頌詩正義曰張逸問於鄭志曰何詩近於比賦興答曰比賦興吳札觀詩已不歌也孔子錄詩已合風雅頌中難復摘別篇中義多興逸見風雅頌有分段以為比賦興亦有分段謂有全篇為比全篇為興欲指摘言之鄭以比賦興者直是文辭之異非篇卷之別故遠言從本來不別之意言吳札觀詩已不歌明其先無別體不可歌也孔子錄詩已合風雅頌中明其先無別體不可分也元來合而不分今日難復摘別也言篇中義多興者以毛傳於諸篇之中每言興也以興在篇中言比賦亦在篇中故以興顯比賦也若然比、賦興元來不分則唯有風雅頌三詩而已據上說則六義并在

諸詩中要所謂四始則僅限於風雅頌及風雅寢聲而後比賦興之義又顯矣

風雅既亡屈原作離騷説者以為兼風雅之旨然其體實是賦也故漢志叙屈原賦二十五篇以為賦者古詩之流也賦中每兼有比興義後世為詩劣於風雅而近於比賦興是詩之變也由屈宋至於漢世賦體最盛當時又有五言七言而五言之作尤廣唐以來則五七言并尚於世特以五七言名為詩而賦別為一體然詩之體要不出比賦興也鍾嶸詩品曰五言居文辭之要是衆作之有滋味者也故云會於流俗豈不以指事造形窮情寫物最為詳切者耶故詩有六義焉一曰興二曰賦三曰比文已盡而意有餘興也因物喻志比也直書其事寓言事物賦也弘斯三義酌而用之幹之以風力潤之以丹彩使味之者無極聞之者動心是詩之至也若專用比興則患在意深意深

則辭躓若但用賦體則患在意浮意浮則文散嬉成流移文無
止泊有蕪漫之累矣此以五言能兼用比賦興體也蓋鍾嶸在
南朝永明時五言方盛七言未行故不及七言也要之後世之
詩并風之義中之比賦興三義者也
詩教所包至廣其流益多後世所通行五七言之詩中具有比
賦興三義而賦則別成一體漢以來賦體亦屢變自有法度今
日為之者已少故不復論詩經率用四言論者以為後來五七
言之所由興孔子曰詩可以觀可以興可以羣可以怨是論比
賦興之發於情者也鍾嶸詩品曰若乃春風春鳥秋月秋蟬夏
雲暑雨各雪祁寒斯四候之感諸詩者也嘉會寄詩以親離羣
托詩以怨至於楚臣去境漢妾辭宮或骨橫朔野或魂逐飛蓬
或負戈外戍或殺氣雄邊塞客衣單孀閨淚盡又士有解佩出
朝一去忘返女有揚蛾入寵再盼傾國凡斯種種感蕩心靈非

陳詩何以展其義非長歌何以釋其情故曰詩可以羣可以怨使窮賤易安幽居靡悶莫尚於詩矣然比賦興本發於情情有所感而後動司馬遷曰詩三百大抵聖賢發憤之所爲作也情之發而正者斯其詩列於風雅頌比賦興固在風雅頌中亦卽謂風雅頌出於比賦興中可也有比賦興則所以宣其情者無所不盡故曰比賦興是詩之正義也

五言詩全篇蓋始於秦漢之際而說者不同七言詩亦起於漢世然詩經中亦自有五七言但非全篇耳鍾嶸詩品曰氣之動物物之感人故搖蕩性情形諸舞詠欲以照燭三才輝麗萬有靈祇待之以致饗幽微藉之以昭告動天地感鬼神莫近於詩昔南風之辭卿雲之頌厥義敻矣夏歌曰鬱陶乎予心楚謠云名余曰正則雖詩體未全然略是五言之濫觴也逮漢李陵始著五言之目古詩眇邈人代難詳推其文體固是炎漢之制非

[illegible]衰周之倡也大抵五言之祖世稱古詩十九首及蘇李之作
然自是以前亦有五言全篇楚漢春秋載虞姬垓下歌蓋答項
羽虞兮之歌也其辭曰漢兵已略地四面楚歌聲大王意氣盡
賤妾何聊生右是五言全篇之始
至於七言全篇詩始於柏梁臺詩漢武帝元封三年作柏梁臺
詔羣臣二千石有能爲七言者乃得上坐作柏梁臺聯句其辭
曰
日月星辰和四時(帝)驂駕駟馬從梁來(梁孝武王)郡國士馬
羽林材(大司馬)總領天下誠難治(丞相石慶)和撫四夷不易
哉(大將軍衛青)刀筆之吏臣執之(御史大夫倪寬)撞撞伐鼓
聲中詩(太常周建德)宗室廣大日益滋(宗正劉安國)周衛交
戟禁不時(衛尉路博德)總領從官柏梁臺(光祿勳徐自爲)平
理清讞決嫌疑(廷尉杜周)修飾輿馬待駕來(太僕公孫賀)郡

國吏功差次之(大鴻臚壺充國)乘輿御物主治之(少府王溫舒)陳粟萬石揚以箕(大司農張成)徼道宮下隨討治(執金吾中尉豹)三輔盜賊天下危(左馮翊盛宣)盜阻南山為民災(右扶風李成信)外家公主不可治(京兆尹)椒房率更領其材(詹事陳掌)蠻夷朝賀常舍其(典屬國)柱枅欂櫨相枝持(大匠)枇杷橘栗桃李梅(太官令)走狗逐兔張罘罳(上林令)齧妃女脣甘如飴(郭舍人)迫窘詰屈幾窮哉(東方朔)

五七言詩皆出於漢世當時又有新聲樂府諸體為後世古詩之宗矣至於律詩之源則在聲律進步之後大率成於永明諸子以後益加綺密也夫風雅頌寢聲一變而為離騷再變而為西漢五言三變而為歌行雜體四變而為沈宋律詩則其古今風氣之殊可知已沈約宋書謝靈運傳論叙風騷以至漢魏文詞之三變逮於宋之顏謝而綜論之曰若夫敷衽論心商榷前

藻工拙之數如有可言夫五色相宣八音協暢由乎玄黃律呂各適物宜欲使宮羽相變低昂互節若前有浮聲則後須切響一簡之內音韻盡殊兩句之中輕重悉異妙達此旨始可言文蓋沈約與王融謝朓諸人始精協四聲爲詩是律體所肇也今人爲詩其大別爲古體律體故畧述其源於此

第二節 詩體論

唐元稹序樂府曰詩迄於周離騷迄於楚是後詩之流爲二十四名賦頌銘贊誄箴詩行詠吟題怨章篇操引謠謳歌曲詞調嘆皆詩人六義之餘而後世廣之仍不止此則詩之體可謂多矣至於詩句字數多寡由三言以至九言皆源於詩經摯虞文章流別論曰詩之流也有三言四言五言六言七言九言古詩率以四言爲體而時有一句二句雜在四言之間後世演之遂以爲篇古詩之三言者振振鷺鷺于下之屬是也五言者誰

謂爾無角何以穿我屋之屬是也六言者我姑酌彼金罍之屬是也九言者泂酌彼行潦挹彼注玆之屬是也（按流別論未列八言詩經我不敢效我友自逸是八言之屬也）夫詩雖以情志為本而以成聲為飾然則雅音之韻四言為正其餘雖備曲折之體而非詩之正也按嚴滄浪分古今詩體製百餘體始於漢魏至趙宋而止然茲篇所錄只擧其大綱如下

(二)以時分體

(一)建安體　漢末年號曹子建父子及鄴中七子之詩

二、黃初體　魏年號與建安體同

三、正始體　魏年號嵇阮諸公之詩

四、太康體　晉年號左潘陸諸公之詩

五、元嘉體　宋年號顏鮑謝諸公之詩

六、永明體　齊年號齊諸公之詩

七、齊梁體　通南北朝言之然北朝則只有庾信而已

八、初唐體　唐初猶襲齊梁陳隋之體

十、盛唐體　景雲以後開元天寶諸公之詩

十一、大歷體　大歷十才子之詩

十二、元和體　元白諸公之詩

十三、晚唐體　晚唐諸公之詩

十四、元祐體　蘇黃陳諸公之詩

十五、江西體　山谷為之宗

嚴滄浪之分體止此而已

有金元明清體下更詳論

三、以風格分體

一、選體　選詩時代不同體製隨異今人例用五言古詩為選體

二、柏梁臺體　七言每句用韻後人謂此為柏梁臺體

三、玉臺體　玉臺集乃徐陵所序漢魏六朝之詩今人謂纖艷者為玉臺體

四、西崑體 卽李商隱體然兼溫庭筠及宋之楊劉諸公
而名之也
五、香奩體 韓偓之詩有裙裾脂粉之語有香奩集
六、宮體 梁簡文傷於輕靡時號宮體
(三)以篇章分體
一、古詩 卽古體詩
二、近體 卽律詩(亦分古律體今律體)
三、折腰體 謂中失黏而意不斷如王維渭城朝雨浥輕
塵一首是也今人謂之陽關黏
四、擬古體 魏晋以下多擬古之作
五、聯句體 始於柏梁臺聯句
六、集句體 集古人成句為詩此法始於傅咸七經詩然古
人成句意境各異者集以成篇徒誇其記誦

之富也安見其作者之精神也故詩家不取

七、分題體　古人分題或賦一物如云某人分題得某物
也亦曰探題（分韻體亦同）

四以題目分體

一、口號　或四句或八句

一、歌行　其例甚多又有單以歌名單以行名者

一、樂府　漢武帝定郊祀立樂府採齊楚趙魏之聲以入
樂府以其音操可被於歌絃也樂府俱備諸體
兼綜衆名也

四楚辭　屈宋以下倣楚詞體者皆謂之楚辭

五琴操　古有水仙操(辛德源作)別鶴操(高陵牧子作)

六、謠　沈炯有獨酌謠王昌齡有箜篌謠穆天子之傳有
白雲謠

七、吟　古詞有隴頭吟樂府有梁甫吟相如有白頭吟

八、詞　文選有漢武秋風詞樂府有木蘭詞

九、引　古曲有霹靂引走馬引飛龍引

十、詠　文選五君詠唐儲光義有羣鴉詠

十一、曲　古有大堤曲梁簡文有烏棲曲

十二、篇　文選有名都篇京洛篇白馬篇

十三、唱　魏明帝有氣出唱

十四、弄　古樂府有江南弄

十五、嘆　古詞有楚妃嘆明君嘆

十六、怨　文選有四怨樂府有獨處怨

十七、樂　齊武帝估客樂朱藏質有石城樂

十八、別　杜子美有無家別新婚別垂老別

十九、思　李太白有靜夜思

(五) 雜體

一、迴文體

二、轆轤韻

三、進退格

四、扇對體

迴文起於竇滔妻蘇蕙織錦以寄其夫也

雙入雙出其式見後章格式

一進一退

其法以第一句對第三句以第二句對第四句又有律詩徹首尾用對體少陵多此體律詩徹首不用對體盛唐諸公如孟浩然李太白有此體然今多不用故畧之

滄浪所分諸體不止如上所列舉者而病其太煩姑畧之至如以人分體者以句法分體者以韻分體者以對句分體者尤謂繁雜故不復舉論滄浪之末及論者如陸放翁體范石湖體宋末有月泉唫社體金有元遺山體元有虞楊范揭四家體明有吳中四傑體有李東陽體有李崆峒何大復體有王李七子體

有宏道之公安體有鍾譚之竟陵體清有吳梅村體有王漁洋
體此其最善者其餘紛々不可勝數也
唐初諸家猶襲隋陳體而陳子昂專尚古體至李杜出而遂奄
有前古諸體齊名當世元微之作杜子美墓誌優杜而劣李其
說曰余讀詩至杜子美而知古人之才有所總萃焉始唐虞時
君臣以賡歌相知是後風人繼作歷夏商周千餘年仲尼緝拾
選練取其干預政教之尤者三百篇其餘無聞焉騷人作而怨
憤之態繁然猶去風雅日近尚相比擬秦漢以來采詩之官既
廢天下俗謠民謳歌頌風賦曲度嬉戲之詞亦隨時間作至漢
武帝賦柏梁詩而七言之體具蘇子卿李少卿之徒尤工爲五
言雖句讀文律各異雅鄭之音亦雜而詞意澗遠指事言情自
非有爲而爲則文不妄作建安之後天下之士遭罹兵戰曹氏
父子鞍馬間爲文往々橫槊賦詩故其遒壯抑揚怨哀悲離之

作尤極於古晉世風概稍存宋齊之間教失根本士以簡慢歙飾相尚文章以風容色澤放曠精清為高盖吟寫性情流連光景之文也意義格力無取焉陵遲至梁陳淫艷刻飾佻巧小碎之極又宋齊之所不取也唐興學官大振而又沈宋之流研練精切穩順聲勢謂之律詩由是而後文體之變極焉而又好古者遺近務華者去實效齊梁則不逮於晉魏工樂府則力屈於五言律切則骨格不存閑暇則纖穠莫備至於子美所謂上薄風雅下該沈宋言奪蘇李氣呑曹劉掩顏謝之孤高雜徐庾之流麗盡得古今之體勢而兼人之所獨專則詩人已來未有如子美者是時山東人李白亦以奇文取稱時人謂之李杜余觀其壯浪縱恣擺去拘束模寫物象及樂府歌詩誠以差肩於子美矣至若鋪陳終始排比聲韻大或千言次猶數百詞氣奮邁而風調清深屬對律切而脫其凡近則李尚不能歷其藩翰況

堂與于此論出時人有不以為然者韓退之有詩曰李杜文章在光焰萬丈長不知群兒愚那用故謗傷蚍蜉撼大樹可笑不自量此似隱譏微之也李杜以後有大歷十才子韓柳元白諸體李昌谷賈浪仙李義山亦各成一家杜牧之亦有豪氣宋初楊劉宗義山號西崑體歐陽永叔王荊公復一變綺麗之習至於蘇黃崛起詩格又變矣

至宋而詩體之變幾盡元時競尚穠麗而虞伯生獨為大家王漁洋曰元詩虞道園便非晚唐所及楊鐵崖時涉溫李其小樂府亦過晚唐明初高青邱為四傑之冠何李既出則古體必漢魏律體必盛唐然但是工於模擬耳其後王世貞李于鱗輩何李之緒當時推之太過要其規模甚好亦未易及也清初吳梅村特善歌行雖用元白體而綺麗過之漁洋特主神韻或譏為清秀李于鱗其體格意味超然自遠清時亦未見其比也

第三節 詩法論

作詩之法古今論者甚多文心雕龍體性篇言詩有八體一曰典雅二曰遠奧三曰精約四曰顯附五曰繁縟六曰壯麗七曰新奇八曰輕靡其餘通變情采比興物色麗辭等篇皆論詩法此為評詩之濫觴自後諸家各以所好立論宋以來議評文學之風大盛而論詩法者益詳自是著述有詩話之體要之作詩之法大別有七一曰命意二曰造語三曰下字四曰用事五曰壓韻六曰排粘七曰煉格下更逐次論之

一、命意 凡為詩必先命意今夫畫家模寫物境藁本已陳丹青畢具染筆欲揮意匠澁滯於胸中苦難容易按出則不如暫時擱筆藁本三四步更觀全體輪郭以待胸中意境合致然後更執筆揮灑始成好品也作詩者亦若是也劉貢詩話曰詩以意義為主文詞次之意深義高雖文詞平易自是奇作世人

十一

見古人語句平易倣傚之而不得其意義便入野鄙可笑蘇子瞻曰詩不可言語求而得必將觀其意焉故其譏刺是人也不言其所爲之惡而言其爵位之尊車服之美而民疾之以見其不堪也君子偕老副笄六珈赫赫師尹民具爾瞻是也其頌美是人也不言其所爲之善而言其容貌之盛冠佩之華而民安之以見其無愧也緇衣之宜兮敝予又改爲兮服其命服朱芾斯煌是也陵陽室中語曰凡作詩須命終篇之意切勿以先得一句一聯因而成章如此則意多不屬然在人亦不免如此如述懷卽事之類皆先成詩而後命題者也又曰作詩必先命意意正則思生然後擇韻而用如驅奴隸此乃以韻承意故首尾有序今人非借韻詩則遷意就韻因韻求事至於搜求小說佛書殆盡使讀之者惘然不知其所以良有自也朱晦庵與陳文蔚說詩曰渭公不曉文義則不得只是不見那好處如昔人賦梅

云疎影橫斜水清淺暗香浮動月黃昏這十四字誰人不曉得然而前輩直恁地稱嘆說他形容得好是如何這箇便是難說須要自得他言外之意須是看得他物事有精神方好若看得有精神自是活動有意思跳躑叫喚自然不知手之舞之足之蹈之這箇有兩重曉得文義是一重識得意思好處是一重又曰歐公喜梅聖俞詩蓋枯淡之中自有意思歐公最喜朝士送行兩句云曉日都門道微涼苑樹秋又喜常建兩句云曲徑通幽處禪房花木深自言平生要學不得今人都不識此意只是要硬用事使難字便謂之好文字盖命意須首尾相貫而言外之意尤難也

六造語　意思既立乃言造語凡作詩造語貴簡妙尤貴警策

唐子西語錄曰唐人詩云山僧不解數甲子一葉落知天下秋及觀元亮詩云雖無紀曆志四時自成歲便覺唐人費力如桃

花源記言尚不知有漢無論晉魏可見造語之簡妙蓋晉人工
造語而元亮其尤也呂氏童蒙訓曰詩語當警策陸士衡文賦
云立片言而居要乃一篇之警策文章無警策則不足以傳世
蓋不能竦動世人如老杜及唐人諸詩無不如此但晉宋間人
專致力於此故失於綺靡而無高古氣味老杜詩云語不驚人
死不休所謂驚人語即警策也然又忌用工太過蔡寬夫詩話云
詩語大忌用工太過蓋鍊句勝則意必不足語工而意不足則
格力必弱此自然之理也紅稻啄餘鸚鵡粒碧梧棲老鳳凰枝
可謂精切而在其集中本非佳處不若暫止飛烏將數子頻來
語燕定新巢爲天然自在其用事宓子彈琴邑宰日終軍棄繻
英妙時雖字字皆本出處然此今日朝廷須汲黯中原將帥憶
廉頗雖無出處一字而語意自到故知造語用事同在一人之
手而優劣自異信乎詩之難也詩眼論造句務去陳言曰有一士人

携詩相示首篇第一句曰十月寒者余曰君亦讀老杜詩觀其用月字乎其曰二月已風濤則記風濤之早也曰因驚四月雨聲寒五月江深草閣寒蓋不當寒五月風寒冷佛骨六月風日冷蓋不當冷今朝臘月春意動蓋未當有春意雖不盡如此如三月桃花浪八月秋高風怒濤閏八月初吉十月江平穩之類皆不繫月則不足以實錄一時之事若十月之寒境無所發明又不足記錄退之謂惟陳言之務去非必塵俗之言止為無益之語耳然吾輩文字如十月寒者多矣方當共以為戒也

三下字　造語之中下字尤要漁隱叢話曰詩句以一字為工自然穎異不凡如靈丹一粒點鐵成金也孟浩然詩微雲淡河漢疏雨滴梧桐上句之工在一淡字下句之工在一滴字若非此兩字則焉得為佳句也如陳舍人從易偶得杜集舊本文多脫誤至送蔡都尉云身輕一鳥其下脫一字陳公因與數客各用

一字補之或云疾或云落或云起或云下莫能定其後得一善本乃是身輕一鳥過陳公嘆服如鍾山語錄云暝色赴春愁下得赴字最好若下起字便是小兒語也無人覺來往下得覺字大好足見吟詩要一兩字工夫觀此知余之所論非鑿空而言也（餘洋義 謝止此）下字又須要響呂氏童蒙訓曰潘邠老云七言詩第五字要響如返照入江翻石壁歸雲擁樹失山村翻字失字是響字也五言詩第三字要響如圓荷浮小葉細麥落輕花浮字落字是響字也所謂響字致力處也予竊以為字當活々則字字自響又下雙字極難石林詩話曰詩下雙字極難須使七言五言之間除去五字三字外精神興致全見於兩言方為工妙唐人記水田飛白鷺夏木囀黃鸝為李嘉祐詩摩詰竊取之非也此兩句好處正在添漠々陰々四字此乃摩詰為李嘉祐點化以自見其妙如李光弼將郭子儀軍一號令之精彩數倍不

於嘉祐末句[illegible]見[illegible]古人[illegible]可致要之當今如老杜無邊落木
蕭々下不盡長江滾々來與江天漠々鳥雙去風雨時々龍一
吟等乃為超絶近世王荊公新霜浦漵綿々白薄晚林巒往々
青與蘇子瞻浥々爐香初泛夜離々花影欲搖春此可以追配
前作也

四.用事　詩中用事最要審愼然就使用事亦要無迹者為上
西清詩話曰杜少陵云作詩用事要如禪家語水中着鹽飲水
乃知鹽味此說詩家秘要藏也如五更鼓角聲悲壯三峽星河
影動搖人徒見凌轢造化之工不知乃用事也禰衡傳撾漁陽
摻聲悲壯漢武故事星辰動搖東方朔謂民勞之應則善用事
者如繫風捕影豈有迹耶詩人玉屑白李商隱詩如積故實如
喜雪詩班扇慵裁素曹衣詎比麻鵝歸逸少宅鶴滿令威家又
洛水妃虛妬姑山客謾誇聯辭雖許謝和曲本慙巴一篇中用

事者十七八以是知作者須飽材料漁隱叢話曰作詩多用古
人名姓謂之點鬼簿其語雖然如此亦在用之如何耳不可執
以爲定論也如山谷種竹曰程嬰杵臼立孤難伯夷叔齊食薇
瘦接花云雍也本犁子仲由元鄙人此雖多用古事善于譬喻
何害其爲好句也漁隱叢話止此愚按詩中用事者有二義一曰用古
人事以寄所詠之懷如老杜詩多病馬卿無日起窮途阮籍幾
時醒以馬卿阮籍喻己之病且窮也劉長卿寄阮中丞詩賈誼
上書憂漢室長沙謫去古今憐以賈誼喻己之遷謫二曰用目
前景以興所感之事如王維酌酒與裴迪詩草色全經細雨濕
花枝欲動春風寒上句草色比小人得志細雨比君之恩澤下
句花枝比君子春寒比君子欲進而爲陰邪所沮也劉長卿則
嚴士元詩細雨濕衣看不見閒花落地聽無聲上句比讒言漸
入而人自不覺下句比君子被讒作逐而人無留意也故用事

精切爲詩之最要著也以上所論命意造語下字用事四者詩
法之要略已具矣又有歷韻排比煉格之要當于後章論之總
之爲詩不可率意須要煆煉唐子西語錄曰詩最難事也吾于
他文不至蹇澀惟作詩甚苦悲吟累日僅能成篇初讀時未見
可羞處姑置之明日取讀瑕疵百出輒復悲吟累日反復改正
比之前時稍稍有加焉復數日取出讀之疵病復出凡如此數
四方敢示人終不能奇李賀母嘗責曰是兒必欲嘔出心乃已
非過論也今之君子動輒百千言略不經意其可責哉陵陽室
中語曰賦詩十首不若改詩一首少陵有新詩改罷自長吟之
句雖少陵之才亦須改定漫叟詩話曰桃花細逐楊花落黃鳥
時兼白鳥飛李商老云嘗見徐師川說一士大夫家有老杜墨
跡其初云桃花欲共楊花語自以淡墨改三字乃知古人不厭
改也盖詩必屢改乃能致工賈島詩曰二句三年得一吟雙淚

垂可見古人之苦吟也

詩本以溫厚敦厚爲教故論其全篇之旨尤要在含蓄珊瑚鉤詩話曰篇章以含蓄天成爲上破碎雕鎪爲下楊大年西崑體非不佳也而弄斤操斧太甚所謂混沌死也以平夷恬澹爲上怪險蹶趨爲下如李長吉錦囊句非不奇也而牛鬼蛇神太甚所謂施諸廊廟則駭矣漫齋語錄曰詩文要含蓄不露便是好處古人說雄深雅健此便是含蓄不露也用意十分下語三分可幾風雅下語六分可追李杜下語十分晚唐之作也詩人玉屑曰詩有句含蓄者老杜詩勳業頻看鏡行藏獨倚樓鄭雲叟詩相看臨遠水獨自上孤舟是也有意含蓄者如宮詞曰銀燭秋光冷畫屏輕羅小扇撲流螢天階夜色涼如水臥看牽牛織女星又怪來妝閣閉朝下不相迎總向春園裏花間笑語聲是也有句意俱含蓄者如九日詩明年此會知誰健醉把茱萸子

十五

細看又宮怨曰寶仗平明宮殿開暫將紈扇共徘徊玉容不及寒鴉色猶帶昭陽日影來是也

詩貴有奇趣詩人玉屑曰東坡云淵明詩初看若散緩熟讀有奇趣曰暮中柴車路暗光已夕歸人望烟火稚子候簷隙又曰採菊東籬下悠然見南山又曰藹藹遠人村依依墟里烟犬吠深巷中雞鳴桑樹巔才意高遠造語精到如此如大匠運斤無斧鑿痕不知者疲精力至死不悟又子厚詩曰漁翁夜傍西巖宿曉汲清湘燃楚竹烟消日出不見人欸乃一聲山水綠回看天際下中流巖上無心雲相逐東坡云以奇趣爲宗以反常合道爲趣熟味之此詩有奇趣其尾兩句雖不必有亦可

梅聖俞金針格曰煉句不如煉字煉字不如煉意煉意不如煉格以聲律爲竅物象爲骨意格爲髓蓋詩之全篇以風調爲難

李希聲詩話曰古人作詩正以風調高古爲主雖意遠語疎皆

[illegible] 辛未 [illegible]更記

爲佳作後人有切近的當氣格凡下着終使人可憎故格調不
可不先辨也薛能晩唐詩人也格調不高而妄自尊大有柳枝
詞五首最後一章曰劉白蘇臺總近時當初章句是誰推纖腰
舞盡春楊柳未有儂家一首詩自註云劉白二尙書繼爲蘇州
刺史皆賦楊柳枝詞世多傳唱但文字太僻宮商不高耳能之
大言如此今讀其詩眞堪一笑劉白之詞則絶非能所逮劉之
詞曰城外春風吹酒旗行人揮袂日西時長安陌上無窮樹惟
有垂楊管別離白之詞云紅板江橋青酒旗館娃宮暖日斜時
可憐雨歇東風靜萬樹千條各自垂其風流氣概豈能所可髣
髴哉陸魯望曰余少攻歌詩欲與造物者爭柄遇事輒變化不一
其體裁始則陵轢波濤穿穴險固囚鎖怪異破碎陣敵卒造平
淡而已竹坡詩話曰作到平淡處要似非力所能東坡嘗有書
與其姪云大凡爲文當使氣象崢嶸五色絢爛漸老漸熟乃造

平淡余以謂不但為文作詩者尤當取法于此蓋風調須高古
又須平淡然若非先經無限險阻無限困苦之境者不可以語
此也
以上于作詩三要分別論之至于統論詩法者古來尤多嚴滄
浪獨以禪理說詩與近世王漁洋之說相近其略曰大抵禪道
惟在妙悟詩道亦在妙悟惟悟乃為當行乃為本色然悟有淺
深有分限之悟有透徹之悟有但得一知半解之悟具正法眼
藏是為第一義詩者吟咏性情也盛唐詩人惟在興趣羚羊挂
角無跡可求故其妙處瑩徹玲瓏不可湊泊如空中之音相中
之色水中之月鏡中之象言有盡而意無窮近代諸公宋指南作
奇特解會以文字為詩以議論為詩以才學為詩以是為詩夫
豈不工終非古人之詩也蓋于一唱三嘆之音有所歉焉且其
作多務使事不問興趣用字必有來歷押韻必有出處讀之終

東漢詩[illegible]
篇不知落到何在其末流甚者叫噪怒張殊無忠厚之風殆以
詈罵爲詩々而至此可謂一厄也可謂不幸也噫學正法眼
之無傳久矣故予不自量度輒定詩之宗旨且借禪以爲喩推
原漢魏以來而截然謂當以盛唐爲法雖獲罪于世之君子不
辭也

王漁洋論學詩之法當以性情學問相輔其言曰司空表聖云
不著一字盡得風流此性情之說也楊子雲云讀千賦則能賦
此學問之說也二者相輔而行不可偏廢若無性情而侈言學
問則昔人有點鬼簿獺祭魚者矣學力深始能見性情此一語
是造微破格之論又曰嚴儀卿所謂如鏡中花如水中月如水
中鹽味如羚羊挂角無跡可求皆以禪喩詩內典所云不卽不
離不黏不脫是也漁洋選唐賢三昧集頗本此旨故漁洋主神

韻亦即所謂性情之說也
旣論詩法不可不知詩病姜白石詩說曰不知詩病何由能詩
不觀詩法何由知病名家者亦不免各有一病大醇小疵差可耳
沈約論詩有八病一曰平頭二曰上尾三曰蜂腰四曰鶴膝五
曰大韻六曰小韻七曰傍紐八曰正紐沈約所論諸病專由聲
韻言之當述其詳于下至于通常之病嚴滄浪論之曰學詩先
除五俗一曰俗體二曰俗意三曰俗句四曰俗字五曰俗韻又
曰有語忌有語病語病易除語忌難除又曰意貴透不可隔靴
搔癢語貴洒脫不可拖泥帶水又曰語忌直意忌淺脈忌露音
韻忌散緩亦忌促迫詩又不可礙理有句好而理未是者如張
繼詩姑蘇城外寒山寺夜半鐘聲到客船句則佳矣然三更不
是撞鐘時又白樂天長恨歌云峨眉山下少人行峨眉山在嘉
州與幸蜀全無交涉杜詩云霜皮溜雨四十圍黛色參天二千
良年寺昇竟亂

尺四十圍乃是徑十尺無乃太細長乎此皆詩之病也古人嘗細較詩病六一詩話梅聖俞語予曰嚴維詩柳塘春水慢花塢夕陽遲則天容時態融和駘蕩如在目前又劉貢父詩話云此一聯細々較之夕陽遲則繫花春水慢不須柳也如老杜深山催短景喬木易高風則了無瑕纇苕溪漁隱曰春水慢不須柳此真確論但夕陽遲則繫花此論殊非是蓋夕陽遲乃繫於塢殊不繫花以此言之則春水慢不必柳塘夕陽遲豈獨花塢哉西清詩話載吳越王時宰相皮光業每以詩爲己任嘗得一聯云行人折柳和輕絮飛燕銜泥帶落花自負警策以示同僚衆爭嘆譽裴光約曰二句偏枯不爲工蓋柳當有絮燕或無花此論乃得詩之膏肓矣故論詩不可不審也

詩家甚忌剽竊然古人亦有沿襲前人者詩人玉屑楊誠齋云句有偶似古人者亦有述之者杜子美武侯廟詩映階碧草自

春色隔葉黃鸝空好音此何遜行孫氏陵云山鶯空樹響明月
自秋暉也澇雲岩際宿孤月浪中翻此庾信白雲岩際出淸月
波中上出上二字勝矣陰鏗云鶯隨入戶樹花逐山下風杜云
月明垂露葉雲逐渡溪風又云水流行地日江入度山雲此一
聯勝庾信云永韜三尺劍長捲一戎衣杜云風塵三尺劍社稷
一戎衣亦勝庾矣南朝蘇子卿梅詩云秪言花是雪不悟有香
來王介甫云遙知不是雪爲有暗香來述者不及作者要當詞
必出己不貴沿襲前人也

第二章 古詩

第一節 樂府及古詩體勢論

詩樂古本是一凡有吟咏多可被於聲律漢武始立樂府又有五言自是詩與樂府遂分及後樂府又亡前日之歌辭後人不能習其音節或擬其字句就其題目而效之則樂府亦不可歌但為詩之一種而已故今以樂府與古詩合而論之古詩源變畧見前章今更先述樂府所起次論古詩體勢於下

樂府者所謂聲依永律和聲者是也自鈞天九奏葛天八闋以後降至殷周聲音推移亦不一概矣匹夫庶婦謳吟土風詩官采言樂盲被律志感絲簧氣變金石是以師曠占風於盛衰季札鑑微於興廢精之至也夫樂本心術故響浹肌髓先王慎焉務塞淫濫敎訓冑子必歌九德故能情感七始化動八風自雅聲浸微溺音騰沸至秦而燔樂經雅聲遂亡及夫漢武崇禮始

自八行寺從下爲說

二八

之樂府總趙代之音撮齊楚之氣天馬赤雁之歌雜然并陳自是之後迭作而代興至於魏曹孟德樂府如苦寒行猛虎行短歌行之類音節悲壯頗爲後人所傳子桓子建兄弟亦爲樂府文人集中自是多有樂府矣然終不如民間所傳情意質樸有言外之意晉宋間如塘上行子夜歌白苧歌之類往往悽婉可誦南朝則鮑照吳均最擅爲樂府梁陳諸主亦多自作新調極輕艷哀動之致矣自是之後樂府亦亡未知聲調之如何而惟有題目傳後耳大抵樂府與詩之別有二詩多以宣情而樂府多以叙事一也詩詞句精雅而樂府兼用當時俗語或有聲亡辭但補樂中之音二也如(妃)呼豨諸篇但補樂音也齊梁以來文士並爲樂府辭而沿襲之久往往失其命題本意甚有並其題失之者如相府蓮訛爲想夫憐楊婆兒訛爲楊叛兒之類是也唐人惟李太白喜擬古樂府杜子美則自作題目如兵車行悲青坂無家別

等數篇皆因事自出己意立題略不更蹈前人前述眞豪傑也」
漢至六朝樂府小歌每有風神爲後人所好然擬作多不遠古
王漁洋曰樂府之名始于漢初郊祀類頌鐃歌鼓吹類雅琴曲
雜詩類國風故樂府者繼三百篇而起者也唐人惟韓退之琴
操最爲高古李太白之遠別離蜀道難烏夜啼杜子美之新婚
無家諸別石壕新安諸吏哀江頭兵車行諸篇皆樂府之變也
降而元白諸子變極矣元次山補古樂章志則高矣顧其離合
未可知也唐人絶句如渭城朝雨浥輕塵黃河遠上白雲間諸
作多被樂府正得風之一體耳李滄溟詩名冠代祇以樂府模
擬割裂遂生後人詆毁則樂府寧爲其變而不可以字句比擬
也明矣昔人論樂府者甚多漁洋之詞頗爲得要故錄之
後人編次詩集惟用古人樂府本題者則别謂之樂府其餘歌
行曲引等本皆樂府體而或多以入之古詩不謂之樂府也樂

二一

府本係紀事而焦仲卿妻詩木蘭詞作叙事體有始有卒雖詞多俚質然有古意最是樂府之可式者也焦仲卿妻詩全篇以三百五十七句成篇為古今最長之詩故今略之茲擧木蘭詩如下

木蘭詩

喞喞復喞喞木蘭當户織不聞機杼聲惟聞女歎息問女何所思問女何所憶女亦無所思女亦無所憶昨夜見軍帖可汗大點兵軍書十二卷卷有爺名阿爺無大兒木蘭無長兄願為市鞍馬從此替爺征東市買駿馬西市買鞍韉南市買轡頭北市買長鞭朝辭爺孃去暮宿黃河邊不聞爺孃喚女聲但聞黃河流水鳴濺濺旦辭黃河去暮至黑水頭不聞爺孃喚女聲但聞燕山胡騎聲啾啾萬里赴戎機關山度若飛朔氣傳金柝寒光照鐵衣將軍百戰死壯士十年歸歸來見

天子天子坐明堂策勳十二轉賞賜百千彊可汗問所欲木
蘭不用尚書郎願馳千里足送兒還故鄉爺孃聞女來出郭
相扶將阿姊聞妹來(一作阿妹聞姊來)當户理紅粧小弟聞姊來
刀霍霍向豬羊開我東閣門坐我西閣牀脱我戰時袍着
舊時裳當窓理雲鬢對鏡帖花黃出門看火伴火伴始驚惶
同行十二年不知木蘭是女郎雄兎脚撲朔雌兎眼迷離兩
兎傍地走安能辨我是雄雌

焦仲卿妻詩當作于漢建安詩木蘭詩殆出于齊梁之間或以
爲唐人作非也杜子美草堂一篇後半篇全用木蘭詩章法後
來叙事詩大抵本古樂府唐時叙事詩長着三篇即白居易之
長恨歌元稹之連昌宮詞鄭嵎之津陽門詩也

騷賦衰而五言盛五言衰而七言盛五言之源前已論之蓋蘇
李興古詩十九首爲一體建安諸子承其餘風出言高妙自然

華美此後五言之美者鍾嶸詩品所謂有阮籍詠懷嵇康雙鸞
安仁倦暑靈運鄴中士衡擬古越石感亂明遠戍邊太沖詠史
延之入洛陶公詠貧之製惠連擣衣之作以為皆五言之警策
者也六朝五言之工者不止于此文選所錄已不少阮陶二謝
尤為後人所宗唐人始亦好文選李杜集中多近于選體之作
故杜詩曰精熟文選理至韓退之出則風氣大變蘇子瞻斥昭
明至以為小兒強作解事蓋至唐而五言之體格一變則以文
選中之五言為選體然其實文選中亦不止一體也李滄溟嘗
言唐人無五言古詩而有七言古詩王漁洋以為定論要之唐
五言古固多妙緒較諸十九首陳思陶謝自然區別七言古則
唐人獨掩前代漁洋謂李太白杜子美韓退之三家七古橫絕
萬古後之追風躡景惟蘇長公一人耳
宋丁晉公云子美集開詩世界杜詩實綜有前古詩體元和以

後詩家甚衆雖其形貌不盡與杜集相同至於篇章變化率是得杜之一體宋以來學詩者但稱李杜不復上溯漢魏亦以李杜能集詩體之成也韓退之詩頗開宋體退之善押强韻宋人每效之也朱晦庵嘗曰作詩先用看李杜如士人治本經然本既立次第方可看蘇黃以次諸家詩可見宋時風氣也陶詩有平淡冲遠之趣唐之王孟韋柳皆宗之亦别成一派其餘名家甚多終不出李杜門庭也李義山詩號爲綺麗其高者多學杜宋以江西宗派爲最盛山谷諸人亦是學杜者江西派所謂一祖三家即以杜爲一祖也

六朝詩儘佳而體格未備至杜集各體皆精故獨爲後人所宗故詩至杜子美一大變宋之黃山谷又一變元世不出晩唐穠麗之習明之何李力復古七子繼之惟五言效漢魏間及六朝餘如七言古及近體諸詩無不規摹盛唐不出李杜之範圍也

丙午年[illegible]

故中國詩格之變至宋已盡其不足于宋者乃求之于唐以前惟襲其形貌莫能創一體久之厭其膚廓又復返于宋以下如近世頗行江西派是也

總而言之古樂府及漢魏六朝諸家是古詩之淵源學者不可不習若由博返約亦當取數家時時服膺固宜熟其形貌尤要會其神理漁洋論學五古詩曰古詩十九首如天衣無縫不可學陶淵明純任真率自寫胸臆亦不易學六朝則二謝鮑照何遜唐人則張曲江韋蘇州數家庶可宗法又所學七言古詩當取唐杜李韓三家宋歐蘇黃陸四家七古諸大篇日吟諷之自得其解此是漁洋教人法然唐五古若陳子昂孟郊七古若李太白李昌谷元白諸家亦不可不究心飛卿義山七古並能奇麗雖不盡取法要宜旁及也

漢五言古詩

古詩十九首

行行重行行與君生離別相去萬餘里各在天一涯道路阻且長會面安可知胡馬依北風越鳥巢南枝相去日已遠衣帶日已緩浮雲蔽白日遊子不顧返思君令人老歲月忽已晚棄捐勿復道努力加餐飯

此爲邪臣蔽主賢臣去國而不忍忘君之辭讀此覺有一段纏綿悱惻之情溢于言外

其二

青々河畔草鬱々園中柳盈々樓上女皎々當窓牖娥々紅粉粧纖々出素手昔爲倡家女今爲蕩子婦蕩子行不歸空牀難獨守

此歎所遇之非正終不克保其守也

其三

[illegible]

二七

青々陵上柏磊々澗中石人生天地間忽如遠行客斗酒相娛
樂聊厚不為薄驅車策駑馬遊戲宛與洛洛中何鬱々冠帶自
相索長衢羅夾巷王侯多第宅兩宮遙相望雙闕百餘尺極宴
娛心意戚々何所迫

此感人生在世忽々如遠行之客知去而不知歸因思宴娛
行樂耳

其四

今日良宴會歡樂難具陳彈箏奮逸響新聲妙入神令德唱高
言識曲聽其眞齊心同所願含意俱未伸人生寄一世奄忽若
飇塵何不策高足先據要路津無為守窮賤轗軻長苦辛

此承上文之意而推廣言之耳

其五

西北有高樓上與浮雲齊文疏結綺窗阿閣三重階上有絃歌

二四

聲音響一何悲誰能爲此曲無乃杞梁妻清商隨風發中曲正
徘徊一彈再三歎慷慨有餘哀不惜歌者苦但傷知音稀願爲
雙鳴鶴奮翅起高飛

此歎知音稀而苦心無與共白也

其六

涉江采芙蓉蘭澤多芳草采之欲遺誰所思在遠道還顧望故
鄉長路漫浩浩同心而離居憂傷以終老

此慨同心人之不得相聚也

其七

明月皎夜光促織鳴東壁玉衡指孟冬衆星何歷歷白露霑野
草時節忽復易秋蟬鳴樹間玄鳥逝安適昔我同門友高擧振
六翮不念携手好棄我如遺跡南箕北有斗牽牛不負軛良無
盤石固虛名復何益

此感時物之變而負虛名之友不終其好也

其八

冉冉生孤竹結根泰山阿與君爲新婚兎絲附女蘿兎絲生有
時夫婦會有宜千里遠結婚悠悠隔山陂思君令人老軒車來
何遲傷彼蕙蘭花含英揚光輝過時而不采將隨秋草萎君亮
執高節賤妾亦何爲

此賢臣被棄不見親用故托言夫婦失宜而爲過時不遇者
傷也

其九

庭中有奇樹綠葉發華滋攀條折其榮將以遺所思馨香盈懷袖
路遠莫致之此物何足貴但感別經時

此見庭樹之春榮歎所思之在遠而感別離之經時也

其十

迢迢牽牛星皎皎河漢女纖纖擢素手札札弄机杼終日不成章泣涕零如雨河漢清且淺相去復幾許盈盈一水間脈脈不得語

首以雙星並起而側到織女擧手弄机終日而不成章者猶懷人切而不采卷耳之意

其十一

迴車駕言邁悠悠涉長道四顧何茫茫東風搖百草所遇非故物焉得不速老盛衰各有時立身苦不早人生非金石豈能長壽考奄忽隨物化榮名以為寶

車無所往故旣迴又駕而涉悠悠之長道不知何處稅駕中心靡定如東風之搖百草

其十二

東城高且長逶迤自相屬迴風動地起秋草萋已綠四時更變

化歲暮一何速晨風懷苦心蟋蟀傷局促蕩滌放情志何爲自結束燕趙多佳人美者顏如玉被服羅衣裳當戶理清曲音響一何悲絃急知柱促馳情整巾帶沈吟聊躑躅思爲雙飛燕銜泥巢君屋

此章意在蕩滌放情志句放宕含有怡然自得之意

其十三

驅車上東門遙望郭北墓白楊何蕭蕭松柏夾廣路下有陳死人杳杳即長暮潛寐黃泉下千載永不寤浩浩陰陽移年命如朝露人生忽如寄壽無金石固萬歲更相送聖賢莫能度服食求神仙多爲藥所誤不如飲美酒被服紈與素

此章以下極言年命之促蓋自奄忽物化以來反覆詠歎人如朝露以見立身宜早也

其十四

去者日以疎來者日以親出郭門直視但見丘與墳古墳犁為
田松柏摧為薪白楊多悲風蕭々愁殺人思還故里閭欲歸道
無因

其十五

生年不滿百常懷千歲憂晝短苦夜長何不秉燭遊為樂當及
時何能待來茲愚者愛惜費但為後世嗤仙人王子喬難可與
等期

前章悲死此乃為樂生之詞

其十六

凜々歲云暮螻蛄夕鳴悲涼風率以厲遊子寒無衣錦衾遺洛
浦同袍與我違獨宿累長夜夢想見容輝良人惟古歡枉駕惠
前綏願得常巧笑攜手同車歸既來不須臾又不處重闈亮無
晨風翼焉能凌風飛眄睞以適意引領遙相睎徒倚感懷傷垂

涕沾雙扉

此賢臣被棄托爲婦念夫之詞與第八首之意稍異

其十七

孟冬寒氣至北風何慘慄愁多知夜長仰觀衆星列三五明月滿四五蟾兎缺客從遠方來遺我一書札上言長相思下言久離別置書懷袖中三歲字不滅一心抱區區懼君不識察

此詩意在懼君不識察句人臣愛君之心既誠且切君能識察何事不理也

其十八

客從遠方來遺我一端綺相去萬餘里故人心尚爾文綵雙鴛鴦裁爲合歡被著以長相思緣以結不解以膠投漆中誰能別離此

萬里遺綺故人之心不以爲遠也此章文勢一開明情如此

我不敢忘也

其十九

明月何皎皎照我羅牀幃憂愁不能寐攬衣起徘徊客行雖云樂不如早旋歸出戶獨彷徨愁思當告誰引領還入房淚下沾裳衣

此章正與首章相爲呼應乃十九首極大章法也細玩味之迴旋宛轉前後起伏如出一手或謂非一人之詞者恐未然

蘇武別妻

結髮爲夫妻恩愛兩不疑歡娛在今夕燕婉及良時征夫懷往路起視夜何其參辰皆已沒去去從此辭行役在戰場相見未有期握手一長歎淚爲生別滋努力愛春華莫忘歡樂時生當復來歸死當長相思

蘇武與李陵

良年詩學二百家乙

二八

骨肉緣枝葉結交亦有因四海兄弟誰為行路人況我連枝樹與子同一身昔為鴛與鴦今為參與辰昔者常相近邈若胡與秦惟念當乖離恩情日以新鹿鳴思野草可以喻嘉賓我有一樽酒以贈遠人願子留斟酌叙此平生親

又

黃鵠一遠別千里顧徘徊胡馬非其群思心常依依何況雙飛龍羽翼臨當乖幸有絃歌曲可以喻中懷請為遊子吟冷冷一何悲絲竹厲清聲慷慨有餘哀長歌正激烈中心愴以摧欲展清商曲念子不得歸俛仰內傷心淚下不可揮願為雙黃鵠送子俱遠飛

李陵與蘇武

良時不再至離別在須臾屛營衢路側執手野踟躕仰視浮雲飛奄忽互相踰風波一失所各在天一隅長當從此別且復立

斯須欲因晨風發送子以賤軀

又

攜手上河梁遊子暮何之徘徊蹊路側悢悢不能辭行人難久留各言長相思安知非日月弦望各有時努力崇明德皓首以爲期

蘇李推五言古詩之祖二人別情甚苦處境各異故李詩悽惋激烈有甚于蘇

魏五言古詩

苦寒行　曹孟德

北上太行山艱哉何巍巍羊腸陵詰屈車輪爲之摧樹木何蕭瑟北風聲正悲熊羆對我蹲虎豹夾路啼谿谷少人行雪落何霏々延頸長歎息遠行多所懷我心何怫鬱思欲一東歸水深橋梁絶中道正徘徊迷惑失故路薄暮無宿棲行行日已遠人

二九

馬同時饑擔囊行取薪斧氷持作糜悲彼山東詩悠々使我哀

此詩蓋孟德屯兵於外正値苦寒而作前半言山溪之險後半言行客之苦格調蒼朴蒼勁開唐五言之端

美女篇 曹子建

美女妖且閑采桑岐路間柔條紛冉々葉落何翩々攘袖見素手皓腕約金環頭上金爵釵腰佩翠琅玕明珠交玉體珊瑚間木難羅衣何飄颻輕裾隨風還顧盻遺光彩長嘯氣若蘭行徒用息駕休者以忘餐借問女安居乃在城南端青樓臨大路高門結重關容華耀朝日誰不希令顏媒氏何所營玉帛不時安佳人慕高義求賢良獨難衆人徒嗷々安知彼所觀盛年處房室中夜起長歎

晉五言古詩

飲酒 陶潛

結廬在人境而無車馬喧問君何能爾心遠地自偏采菊東籬下悠然見南山山氣日夕佳飛鳥相與還此中有眞意欲辨已忘言

通篇意在心遠二字淵明賦歸之後自述其高遐曠古之思化機流行天眞自具最宜深玩也

六朝五言古詩

石室精舍還湖中作　謝靈運

昏旦變氣候山水含清輝清輝能娛人遊子澹忘歸出谷日尚早入舟陽已微林壑歛暝色雲霞收夕霏芰荷迭映蔚蒲稗相因依披拂趨南徑愉悅偃東扉慮澹物自輕意愜理無違寄言攝生客試用此道推

西陵遇風獻康樂　謝惠連

哲兄感仳別相送越坰林飲餞野亭館分袂澄湖陰悽々留子

[illegible]

三〇

言春々浮客心 迴塘隱艣栧 遠望絕形音

此詩漸成五律體至王僧孺柳惲全爲近律矣

晚登三山還京邑　謝朓

灞涘望長安 河陽視京縣 白日麗飛甍 參差皆可見 餘霞散成綺 澄江靜如練 喧鳥覆春洲 雜英滿芳甸 去矣方滯淫 懷哉罷歡宴 佳期悵何許 淚下如流霰 有情知望鄉 誰能鬒不變

別范安成　沈約

生平少年日 分手易前期 及爾同衰暮 非復別離時 勿言一樽酒 明日難重持 夢中不識路 何以慰相思

古離別　江淹

遠與君別者 乃在鴈門關 黃雲蔽千里 遊子何時還 送君如昨日 簷前露已團 不惜蕙草晚 所悲道里寒 君在天一涯 妾身長別離 願一見顏色 不異瓊樹枝 菟絲及水萍 所寄終不移

秋閨怨 王僧儒

斜光隱西壁暮雀上南枝風來秋扇屏月出夜燈吹深心起百際遥淚非一垂徒勞妾辛苦終言君未知

擣衣詩 柳惲

行役滯風波遊人淹不歸亭臯木葉下隴首秋雲飛寒園夕鳥集思牖草虫悲嗟矣當春服安見御冬衣

右二詩體格漸為排偶開律詩之端六朝詩至此不得不為唐矣

唐五言古詩

述懷 魏徵

中原還逐鹿投筆事戎軒縱横計不就慷慨志猶存杖策謁天子驅馬出関門請纓繫南越憑軾下東藩鬱紆陟高岫出没望平原古木鳴寒鳥空山啼夜猿既傷千里目還驚九折魂豈不[illegible]

三一

憚艱險深懷國士恩季布無二諾侯嬴重一言人生感意氣功
名誰復論

高廷禮曰五言之興源漢漢注於魏汪洋乎兩晉混濁乎梁
陳大雅之音幾於不振唐太宗天文秀發延覽英賢一時虞
世南魏徵賡歌屬和共倡斯道爲唐世五言古風之始

薊丘覽古　陳子昂

南登碣石館遙望黃金臺邱陵盡喬木昭王安在哉霸圖悵已
矣驅馬復歸來

鐘伯敬曰初唐至陳子昂始覺詩中有一世界

經下邳圮橋懷張子房　李白

子房未虎嘯破產不爲家滄海得壯士椎秦博浪沙報韓雖不
成天地皆震動潛匿遊下邳豈曰非智勇我來圮橋上懷古欽
英風惟見碧水流曾無黃石公歎息此人去蕭條徐泗空

鍾伯敬曰讀太白詩當於雄快中察其靜遠精出處有斤兩有脈理 此一首是絶妙詠史詩可見盛唐風格

後出塞 杜甫

朝進東門營暮上河陽橋落日照大旗馬鳴風蕭々平沙列萬幕部伍各見招中天懸明月令嚴夜寂寥悲歌數聲動壯士慘不驕借問大將誰恐是霍嫖姚

詩最盛于盛唐而子美又其最盛者也如此詩悲壯沈鬱手法絶妙後人無有能窺其藩籬者

詠西施 王維

艶色天下重西施寧久微朝為越溪女暮作吳王姬賤日豈殊衆貴來方悟稀邀人傳脂粉不自着羅衣君寵益嬌態君憐無是非當時浣紗伴莫得同車歸持謝隣家子效顰安可希

殷璠曰維詩詞秀雅意新理愜一字一句皆出常境東坡曰

三二

王韋澄瀅精緻格在其中

西山　常建

一身為輕舟落日西山際常隨去帆影遠接長天勢物象歸餘清林巒分夕麗亭午碧流暗日入孤霞繼洲渚遠陰映湖雲尚明霽林昏楚色來岸遠荊門閉至夜轉清迥蕭蕭北風厲沙邊雁鷺泊宿處蒹葭蔽圓月遲前浦孤琴又搖曳泠然夜遂深白露沾人袂

描寫景物甚工而自具清澈

登慈恩寺浮圖　岑參

塔勢如湧出孤高聳天宮登臨出世界蹬道盤虛空突兀壓神州崢嶸如鬼工四角礙白日七層摩蒼穹下窺指高鳥俯聽聞驚風連山若波濤奔走似朝東青松夾馳道宮觀何玲瓏秋色從西來蒼然滿關中五陵北原上萬古青濛濛淨理了可悟勝

固風所宗聲捬挂去覺道資無窮
高延禮曰雄渾悲壯凌跨百代

幽居　　韋應物

貴賤雖異等出門皆有營獨無外物牽遂此幽居情微雨夜來過不知春草生靑山忽已曙鳥雀繞舍鳴時與道人偶或隨樵者行自當安蹇劣誰謂薄世榮

何元朗曰左司性情閒遠最近風雅其恬淡之趣不減陶靖節

秋懷詩　　韓愈

秋夜不可晨秋日苦已晴我無汲汲志何以有此憾寒雞空在棲缺月煩屢瞰有琴具徽絃再鼓聽愈淡古聲久埋滅無由見眞濫低心逐時趨苦勉祗能暫有如乘風船一縱不可纜不如覦文字丹鉛事點勘豈必求贏餘所要石與甔

[illegible]

三三

文公感時之切托之秋懷而自賦若此

南磵　柳宗元

秋氣集南磵獨遊亭午時迴風一蕭瑟林影久參差始至若有得稍深遂忘疲羈禽響幽谷寒藻舞淪漪去國魂已遠懷人淚空垂孤生易為感失路少所宜索寞竟何事徘徊祇自知誰為後來者當與此心期

東坡曰南磵詩憂中有樂樂中有憂妙絕古今

燕詩示劉叟　白居易

梁上有雙燕翩々雄與雌銜泥兩椽間一巢生四兒四兒日夜長索食聲孜々青蟲不易捕黃口無飽期嘴爪雖欲裂心力不知疲須臾十來往猶恐巢中飢辛勤三十日母瘦雛漸肥喃々教言語一一刷毛衣一旦羽翼成引上庭樹枝舉翅不回顧隨風四散飛雌雄空中鳴聲盡呼不歸却入空巢裏啁啾終夜悲

燕々爾勿悲爾當反自思思爾爲雛日高飛背母時當時父母
念今日爾應知

宋五言古詩

足柳公權聯句 蘇軾

人皆苦炎熱我愛夏日長薰風自南來殿角生微涼一爲居所
移苦樂永相忘願言均此施淸陰分四方

聯句體始於漢武帝柏梁臺詩而至唐其風盛行此詩首二
句唐文宗之詩次二句唐柳公權詩下四句宋蘇軾詩也東
坡蓋美公權諷諫之意而有所未盡故足成四句耳

正氣歌 文天祥

天地有正氣雜然賦流形下則爲河嶽上則爲日星於人曰浩
然沛乎塞蒼冥皇路當淸夷含和吐明庭時窮節乃見一一垂
丹青在齊太史簡在晉董狐筆在秦張良椎在漢蘇武節爲嚴

將軍頭爲嵇侍中血爲張睢陽齒爲顏常山舌或爲遼東帽淸
操厲氷雪或爲出師表鬼神泣壯烈或爲渡江楫慷慨呑胡羯
或爲擊賊笏逆竪頭破裂是氣所磅礴凜冽萬古存當其貫日
月生死安足論地維賴以立天柱賴以尊三綱實繫命道義爲
之根嗟予遘九陽九隷也實不力楚囚嬰其冠傳車送窮北鼎
鑊甘如飴求之不可得陰房闃鬼火春院閟天黑牛驥同一皂
雞棲鳳凰食一朝蒙霧露分作溝中瘠如此再寒暑百沴自辟
易哀哉沮洳場爲我安樂國豈有他繆巧陰陽不能賊顧此耿
耿在仰視浮雲白悠悠我心憂蒼天曷有極哲人日已遠典刑
在夙昔風簷展書讀古道照顏色

文天此詩正大森嚴可與日月爭光豈迂儒曲士所敢窺
其彷彿哉

明五言古詩

閑居感懷 方孝孺

我非今世人空懷今世憂所憂諒無他慨想禹九州商君以爲
秦周公以爲周哀哉萬年後誰爲斯謀

登泰山 王守仁

天門何崔嵬下見青雲浮泱漭絕人世迥豁高天秋暝色從地
起夜宿天上樓天鷄鳴半夜日出東海頭隱約蓬壺樹縹緲扶
桑洲浩歌落青冥遺響入滄流唐虞變楚漢滅沒如風漚頹矣
鶴山攖秦皇豈堪求金砂費日月頹顏竟難留吾意在龐古冷
然馭涼飆相期廣成子太虛顯遨遊枯槁向巖谷黃綺不足儔

清五言古詩

卞忠貞公墓下作 王士禎

松柏何蕭蕭云是卞公墓背踞冶城顛前臨大桁路緬昔永嘉
時流人競南渡舉國扇清言作達相矜慕惟公執鄙吝巖巖畏

峰岠一朝荒傖來莚飛歷陽樹取節慚王公犍蘊笑諸庾堂堂 三五
卞將軍授命青溪渡父子忠孝俱大節光國步快意溫平南僂
于雷池戍一戰蓢長鯨鐘簴仍如故握爪識忠貞死綏表風素
英爽載雲旗陟降神靈雨咫尺袁司徒異代同金儔

遊廬山觀瀑　　　袁枚

黃厓天上生對面作浪起我頭不敢昂識恐浪壓已豈知下望
深青天反作底山外有山立山內有山倚頗類人衣裳幅々有
表裏忽然暴雨來人天一齊洗避登千尋塔正對一條水瀑沛
從高看匹練更長矣始知開先寺相離咫尺耳只為絕巘遮紆
行十餘里

隨園詩膚淺佻巧風韻索莫無廷可取而特選此詩以見古
今詩道之變而且為後人鑑戒耳

第三章 律詩

第一節 聲韻與律體之淵源

齊永明之際始以四聲用於文章是律體之淵源也齊書陸厥傳曰永明末盛為文章吳興沈約陳郡謝朓瑯琊王融以氣類相推轂汝南周顒善聲韻約等文皆用宮商以平上去入為四聲以此制韻不可增減世呼為永明體謝朓王融并先卒而沈約獨步梁世為一時宗匠故談者皆謂聲律成於沈約古雖有美詩而於字句清濁高下未諳至沈約以四聲八病律之而後詩體趨於精密接之以徐庾上官沈宋益加藻麗於是律詩遂為美文之尤焉然所謂八病大抵自雙聲疊韻而變詩云蝃蝀在東又曰鴛鴦在梁雙聲起於此也梁武帝詩云後牖有朽柳疊韻起於此也

南史謝莊傳曰王玄謨問於莊曰何者為雙聲何者為疊韻答

三六

曰互護爲雙聲礉碻爲疊韻按古人以四聲爲切韻紐以雙聲疊韻必以五音爲定蓋東方喉聲爲木音西方舌聲爲金音南方齒聲爲火音北方脣聲爲水音中央牙聲爲土音也雙聲者同音而不同韻也疊韻者同音而又同韻也互護同爲脣音而二字不同韻故謂之雙聲礉碻同爲牙音而二字又同韻故謂之疊韻他皆倣此

沈約曰詩有八病平頭上尾蜂腰鶴膝大韻小韻旁紐正紐惟上尾鶴膝最忌梅堯臣續金針詩格載八病甚詳今錄之如下

一、平頭　第一字不得與第六字同聲第二字不得與第七字同聲詩曰今日良宴會歡樂難具陳今與歡同聲日與樂同聲一曰句首二字并是平聲是犯古詩朝雲晦初景丹池曉飛雪

二、上尾　第五字不得與第十字同聲詩曰西北有高樓上

與浮雲齊樓與齊同聲一曰蕩子到娼家洞庭秋月華
家與華同聲是韻即不妨若側聲是同上去入即是犯也

三、蜂腰 第二字不得與第五字同聲所以兩頭大中心小
似蜂腰之形也詩曰遠與君別久乃至雁門關與字并
久字同聲

四、鶴膝 第五字不得與第十五字同聲所以兩頭細中心
麤似鶴膝之形詩曰新製齊紈素皎潔如霜雪裁爲合
歡扇團團似明月素與扇字同聲故曰犯 愚按蜂腰、
鶴膝即一句中論之所以五字首尾皆濁而中一字清
即爲蜂腰首尾皆清而中一字濁即爲鶴膝此云第五
字不得與第十五字同聲則是隔兩句而論病也未知
沈約所定本旨之如何也

五、大韻 謂重疊相犯也如五言詩以新字爲韻者九字內

更着津字人字等為大韻也詩曰胡姬年十五春日獨
當壚胡字與壚字同聲也一曰二句中字與第十字同 三六
聲是犯也古詩端坐苦愁思攬衣起西游愁與游是犯也

六、小韻 除第十字九字中自有韻者是也詩曰客子已乖
離那宜遠相送子已離宜字是也一曰九字中有明字
又用清字是犯古詩薄帷鑑明月清風吹我襟

七、傍紐 一句中已有月字不得着元阮願字此是雙聲即
為傍紐也詩曰丈夫且安坐梁塵將欲起丈梁之類即
謂犯耳

八、正紐 如壬衽任入四字為一紐一句之中已有壬字更
不得安衽任字詩曰我本漢家女來嫁單于庭家嫁是
一紐之內名正雙聲

八病所拘太嚴是以後人罕沿用然詩評曰沈休文酷裁八

病碎用四聲故風雅殆盡後之才子天機不高爲沈生弊法所
媚憎然隨流溺而不返然於聲韻可謂精矣自來律體皆源於
沈休文古雖有美詩而於字句清濁高下未諳至休文以四聲
八病律之而後詩體趨於精密接之以徐庾上官沈宋益加藻
麗綺錯於是律體遂爲美文之尤焉
休文雖精於音韻至於屬對之法猶有未精至唐上官儀詩體
綺錯士人爭效之詩之上官體上官儀曰詩有六對一曰正名
對天地日月是也二曰同類對花葉草芽是也三曰連珠對蕭
蕭赫赫是也四曰雙聲對黃槐綠柳是也五曰疊韻對彷徨放
曠是也六曰雙擬對春樹秋池是也又曰詩有八對一曰的名
對送酒東南去迎琴西北來是也二曰異類對風織池間樹虫
穿草上文是也三曰雙聲對秋露香佳菊春風馥麗蘭是也四
曰疊韻對放蕩千般意遷延一介心是也五曰聯綿對殘河若

東洋詩學源流 三八

帶初月如眉是也六曰雙擬對議月眉欺月論花頰勝花是也七曰回文對情新因意得意因情新是也八曰隔句對相思復相憶夜々淚沾裳空嘆復空泣朝々君未歸是也蓋至上官儀詳論對法至於沈宋以下而益精元微之曰沈宋之流研練精切穩順聲勢謂之律詩由是而後文體之變極焉又謂杜子美下該沈宋沈宋在常時時人爲語曰蘇李居前沈宋比肩蘇李指蘇武李陵蘇李創五言而沈宋成律體杜子美亦取沈宋故其近體屬對雅切夫既詳求之於聲韻又精思之於對偶是以聲律爲美文之至者也

王應麟曰世稱倉頡造字孫炎作音沈約作韻爲椎輪之始梁書沈約傳曰約撰同聲譜以爲在昔詞人累千載不悟而獨得胸襟窮其妙旨自謂入神之作隋陸法言撰切韻在沈約後當是本諸約作而法言書亦亡宋廣韻卷首猶是陸法言撰本長

孫詒言箋注則廣韻之二百六韻卽是法言之舊目也及劉淵
壬子新刊禮部韻略始併廣韻二百六部爲一百七部世謂之
平水韻元明以來用之明洪武正韻淸佩文韻府其分類皆依
平水韻法亦學詩之要不可不深留意也(淸之佩文韻府及韓
之奎章全韻參照)
詩經及騷賦未嘗無韻然有韻譜則自沈約以來詩人亦多用
古韻者律體則太半從今韻也

第三節 句法

律詩句法尤爲切要故自來論句法者多屬律詩以其屬對精
確音調鏗鏘雖一字亦不可苟也梅堯臣金針詩格曰命題處
意如有神助歸於自然之句命題主意援筆立成歸於苦求之
句命題用意求之不得歸於苦求之句又方回言學詩於前輩
得八句法平淡不流於淺俗奇古不隣於怪僻題咏不窘於物

象叙事不病於聲律比興深者通物理用事工者如己出格見
於成篇渾然不可鐫氣出於言外浩然不可屈盡心於詩守此
勿失此總論句法者也今特就五七言句法分别選句於下

(甲)五言練句法

五言詩以第三字爲眼古人練字只于句眼上練五言詩第
三字要響列式如下

詩眼用實字式　星河秋一雁　砧杵夜千家　行雲星隱見
疊浪月光芒

詩眼用響字式　芹泥隨燕嘴　花蕊上蜂鬚　孤燈燃客夢
寒杵搗鄉愁

練字次第式　紅入桃花嫩　青歸柳葉新(此練第二字)　地折江帆
隱　天清木葉聞(此練第五字)

詩眼用拗字式　掬水月在手　弄花香滿衣　孤鳥背秋色

遠帆開浦烟

子母字粧句式　竹踈烟補寒梅瘦雪添肥　曉荷重映晩

秋草碧年春

句中自對式　桑麻深雨露燕雀半生成　江流天地外

色有无中

巧對式　紙鳶飛恰穩秋馬水新肥　行看子城過却望女

墻遥

交股對式　軸轤爭利涉來往接風潮　野老就耕去荷鋤

隨牧童

借字對式　住山今十載明月又還居　捲簾黃葉下鎖印

子規啼

錯綜句式　舞鑑鸞窺沼行天馬渡橋　野禽啼杜宇山蝶

夢莊周

白羊寺[illegible]東光　37

折腰句式　野店寒無客風巢動有禽(折腰二字)　似梅花落地如
柳絮引風(三字折腰)　上
疊字次第句式　納々乾坤大行々郡國遙　野日荒々白
江流泯泯情
兩句一意式　如何青草裏也有白頭翁　忽聞哀痛詔又
下聖明朝(卽十字句法當于錄聯用之)
引用經史式　山如仁者靜風似聖之淸　日暮于誰屋天
寒陟彼岡
虛字粧句式　且然聊爾可得也自知之　落時猶自舞掃
後更聞香(貴輕淸忌類弱)
連珠句式　百年雙白鬢一別五秋螢　遠山芳草外流水
落花中
上下相接句式　野廣天低江淸月近人　石梁高濶月樵

路細入雲
上接下句式
月客帆明
下連上句式
拔地形高
雙句有聲式
葉滿長安
雙句無聲式
事月空明
有聲對無聲式
樓靜月侵門
無聲對有聲式
空嶺應鳴猿
[illegible]寺[illegible]

金波麗鳷鵲玉繩低建章　曉雲僧衲潤殘
卷幔來風遠移床得月多　水涵天影潤山
霜猿啼曉夢巖鳥和秋陰　秋風吹渭水落
孤舟依岸靜獨鳥向人閑　流年川暗渡往
興闌啼鳥換坐久落花多　山虛風落石
音書新鴈斷機杼夜蛩催　澄潭寫渡鳥

東洋詩學源流　四一

雙句俱動式　浴鳧含藻戲鷺帶魚飛　鏡好鸞空舞簾
疎燕誤飛

雙句俱靜式　竹裏柴扉掩庭前鳥雀行　蕭散烟霞晚淒
清天地秋

動中有靜式　聽錫樵停斧窺禪鳥立槎　雲穿擣藥屋雪
壓釣魚舟

靜中有動式　古木花猶發荒臺雨尚懸　庭閑花自落門
閑水空流

健句　壯節初題柱生涯獨轉蓬　獨鶴歸何晚昏鴉已滿枝

新句　小桃初謝後燕子恰來時　微月初三夜新蟬第一聲

清句　月生初學扇雲細不成衣　粉墻猶竹色虛閣自松聲

偉句　蓋海旗幢出連天觀閣開　壁壘依寒草旌旗動夕陽

豪句　虹截半江雨風驅大澤雲　太液天為水蓬萊雲作山

刻意句　露菊斑豐鎬秋蔬影澗瀍　墜露清金閣流螢點玉除

自在句　只因松上鶴便是洞中人　共看今夜月獨作異鄉人

意欲圓句　霄漢愁高鳥泥沙困老龍　草枯鷹眼疾雪盡馬蹄輕

格欲高句　花枝臨太液燕語入披香　無瑕勝似玉至潔過于冰

聲律爲竅句　別來頭并白相見眼終青　花濃春寺靜竹細野池幽

物象爲骨句　雷霆驅號令星斗煥文章　露濃金掌重天近玉繩低

意格爲髓句　勳業頻看鏡行藏獨倚樓　感時花濺淚恨別鳥驚心

(乙) 七言練句法

七言律詩以第五字爲句眼古人練句亦惟從句眼上著意句眼字練則句自精神也仍用前法列式如下

詩眼用實事式　雪意未成雲着地秋聲不斷雁連天　朝登釼閣雲隨馬夜渡巴江雨洗兵

詩眼用響字式　返照入江翻石壁歸雲擁樹失山村　平

四二

地風煙橫白鳥半山雲木卷蒼藤

鍊字次第式 霽靄旋旗雲外出風廻巖岫雨中移(鍊第二字) 芳

草伴人還易老落花隨水亦東流(鍊第三字) 秋後見飛千里雁月

中聞擣萬家衣(鍊第四字) 宮闕星河低拂柳殿庭燈燭上薰天(鍊第五字)

詩眼用拗字式 殘星數點雁橫塞長笛一聲人倚樓 驥

雖老去壯心在鶴縱病來仙骨清

句中自對式 小院迴廊春寂々浴鳧飛鷺晩悠々 白頭

青鬢有存沒落日斷霞無古今

巧對式 半世功名一鷄肋平生道路九羊腸 愁心別後

夢詩草病眼燈前有醉花

交股對式 春深葉密花枝少睡起茶多酒盞疎 影遭碧

水潛勾引風妬紅花卻倒吹

借字對式 高柳斜陽過古巷菊花梨葉滿荒渠 眼昏長

訝雙魚影耳熱 何辭數爵頻

錯綜句式 紅稻啄餘鸚鵡粒 碧梧棲老鳳凰枝 林下聽經秋苑鹿 溪邊掃葉夕陽僧

折腰句式 鸚鵡盃且酌清 獨麒麟閣懶畫丹青 上三下四字 靜愛僧時來野寺 獨尋春處過溪橋 上四下三字 永夜角聲悲自語 中天月色好誰看 上五下二字

疊字次第句式 漠漠水田飛白鷺 陰陰夏木囀黃鸝 遠樹依依如送客 平田渺渺獨傷春 無邊落木蕭蕭下 不盡長江滾滾來 信宿漁人還泛泛 清秋燕子故飛飛

兩句一意式 自攜瓶去沽村酒 却著衫來作主人 世上豈無千里馬 人間難得九方皐 此即十四字句法 宜于頷聯用之

連珠句式 疊嶂懸流平地起 危樓曲閣半天開 積水長天迷遠客 荒城極浦足寒雲

東羊寺[illegible]泉亂

四三

上下相接句式　風傳鼓角霜侵戟雲捲笙歌月上樓　三
春月照千山路十日花開一夜風　睡
有聲對無聲式　風引漏聲來枕上月移花影到窓前　睡
輕可忍風敲竹飮散那堪月在花　一
無聲對有聲式　蒼苔路熟僧歸寺紅葉聲乾鹿在林　一
溪晩綠浮鸂鶒萬樹春紅叫杜鵑　秋深
雙句有聲式　羌笛一聲何處曲流鶯百囀最高枝　秋深
簾幕十家雨落月樓臺一笛風
先動後靜句式　野棠自發空流水江燕初歸不見人　綠
竹掛衣深處歇清風展簟困時眠
先靜後動句式　放魚池涸蛙爭聚棲燕樑空雀自喧　簾
箔可垂嫌隔燕釣竿慵把恐驚魚
健句　陳兵釼閣山將動飮馬珠江水不流　汴水波濤喧

鼓角隋堤楊柳掛旌旗

新句 淡氣初銜梅色淺 條風半拂柳墻新 百草香心初

罥蝶千林嫩葉始藏鶯

清句 留連戲蝶時々舞 自在嬌鶯恰々啼 蝴蝶夢中家

萬里杜鵑枝上月三更

偉句 文移北斗成天象 酒遞南山作壽杯 雲頭灩々開

金餅水面沈々臥彩虹

麗句 歌遶畫梁珠宛轉 舞嬌春席雪朦朧 粧樓翠幌教

春住舞閣金鋪借日懸

豪句 伯仲之間見伊呂 指揮若定失蕭曹 帆飛楚國風

濤濶馬度藍關雨雪多

刻意句 暗香惹步潤花落 晚影逼簾溪影迴 野寺山邊

斜有還漁家竹裏半開門

東洋詩學源流

自在句 挂冠傲吏垂綸坐 絕粒高僧擁衲眠 野鶴巢邊松最老 毒龍潛處水偏清

意欲圓句 春水船如天上坐 老年花似霧中看 灘々桃花臨水岸 輕々柳絮點人衣

格欲高句 織女機絲虛夜月 石鯨鱗甲動秋風 周宣漢武金王是 孝子忠臣後代看

聲律為竅句 胡騎中宵看北走 武陵一曲想南征 殘星數點雁橫塞 長笛一聲人倚樓

物象爲骨句 旌旗日暖龍蛇動 宮殿風微燕雀高 花迎劍佩星初落 柳拂旌旗露未乾

意格為髓句 白首相知猶按劍 朱門先達笑彈冠 楚水晩涼催客早 杜陵愁思傍蟬多

夫詩貴鍊句尚矣 統貫聯屬 意與格實主之 故談五音協四聲

宮商迭奏金石相宣謂之聲律寫景摸象巧奪天眞探索幽微妙與神會謂之物象苟無意與格以主之雖藻思麗句無取也要在意圓格高穠纖俱備句老而字不俗理深而意不雜才縱而氣不怒言簡而事不晦識超古今思入玄妙方爲作者學詩者不可不深留意也

第三節 律詩實用格式

甲 五言絕句格式

(一)五言絕句平韻式

觀放白鷹 (首句用韻) 李白

八月邊風高胡鷹白錦毛高飛一片雪百里見秋毫

憶東山 (此詩首句末以仄字起平韻) 李白

不向東山久薔薇幾度花白雲還自散明月落誰家

魏宮詞 (此詩首句末以平字起平韻) 崔國輔

[illegible]

朝日照紅粧擬上銅雀臺畫眉猶未了魏帝使人催

三) 五言絶句仄韻式

江雪 首句用韻 柳宗元

千山鳥飛絶萬逕人蹤滅孤舟簑笠翁獨釣寒江雪

怨詞 此詩首句末以平字起仄韻 崔國輔

妾有羅衣裳秦王在時作爲舞春風多秋末不堪着

竹裏館 此詩首句末以仄字起仄韻

獨坐幽篁裏彈琴復長嘯深林人不知明月來相照

三) 五言絶句平仄正格 凡以第二字仄入者人謂之正格

武侯廟 杜甫

遺廟丹青落空山草木長猶聞辭後主不復卧南陽

四) 五言絶句平仄偏格 凡以第二字平入者人謂之偏格

秋朝覽鏡 薛稷

客心驚落木夜坐聽秋風朝日看容鬢生涯在鏡中

(五)失粘格

贈喬侍御 第二句失粘

漢庭榮巧宦雲閣薄邊功可憐驄馬使白首爲誰雄

陳子昂

(六)拗句格 五言絶句 古體拗律

同群公題張處士菜園

耕地桑柘間地肥菜常熟内問葵藿資何如廟堂食

高適

(七)各爲平仄格

鹿柴 前二句並平起 後二句並仄起

空山不見人但聞人語響返景入深林復照青苔上

王維

(八)四句平仄不變格

孟城拗

結廬古城下時登古城上古城非疇昔今人自來往

裴迪

(九)前二句平仄不變格

蟬　虞世南

垂緌飮清露流響出疏桐居高聲自遠非是藉秋風

(十)後二句平仄不變格

洛陽道　儲光羲

洛水春氷開洛城春樹綠朝看大道上落花亂馬足

乙　七言絕句格式

(一)七言絕句平韻式

山房春事　岑參

梁園日暮亂飛鴉極目蕭條三兩家庭樹不知人去盡春來還發舊時花

(二)七言絕句仄韻式

尋山家　長孫佐輔

獨訪山家歇還涉茅屋斜連隔松葉主人聞語未開門繞籬

野菜飛黃蝶

(三) 七言絶句後三句一韻式

入關先寄秦中故人 岑參

秦山數點似青黛渭水一條如白練京師故人不可見寄將兩眼看飛燕

(四) 七言絶句平仄正格 其法與五言絶句同

苑中雨雪應制 宋之問

紫禁仙輿詰旦來青旂遥倚望春臺不知庭霰今朝落疑是林花昨夜開

(五) 七言絶句平仄偏格 其法與五言絶句同

逢使入京 岑參

故園東望路漫々雙袖龍鍾涙不乾馬上相逢無紙筆憑君傳語報平安

丙 五言律格式

(一) 五言律平韻式 此詩首句用韻其首句不用韻者入下正格

臨洞庭湖　孟浩然

八月湖水平涵虛混太清氣蒸雲夢澤波撼岳陽城欲濟無舟楫端居耻聖明坐觀垂釣者徒有羨魚情

(二) 五言律仄韻式 五言律仄韻唐人作最少姚合極玄集中有僧靈一一首錄以備體

西霞山夜坐　靈一

山頭成壇路幽映雲巖側四面青石牀一峯苔蘚色松風靜復起月影開還黑何獨乘夜來殊非盡所得 按陳子昂酬暉上人夏日林泉詩以古體為律體亦是仄韻也其詩曰聞道白雲居窈窕青蓮宇岩泉萬丈流樹石千年古林卧對軒窓山陰滿庭戶方釋塵事勞從君襲蘭杜

(三) 五言律平仄正格

春夜喜雨　杜甫

好雨知時節當春乃發生隨風潛入夜潤物細無聲野逕雲
俱黑江船火獨明曉看紅濕處花重錦官城

(四)五言律平仄偏格

題李疑幽居　賈島

閑居少鄰並草逕入荒園鳥宿池邊樹僧敲月下門過橋分
野色移石動雲根暫去還來此幽期不負言

(五)五言律變格 自此法與正律相反首尾爲平仄謂之變律

題鄭家隱居　唐求

不信最清曠及來愁已空數點石泉雨一溪霜葉風業在有
山處道歸無事中酌盡一杯酒老夫顏亦紅

(六)失粘格

早春桂林殿應詔 失粘 頷聯　陳叔達

金鋪照春色玉律動年華朱樓雲似蓋丹桂雪如花水岸銜
東羊寺綴象亂

階轉風條出柳斜輕輿欲太液湛露酌流霞

侍宴歸雁堂 頷聯頸聯失粘　虞世南

歌堂面綠水舞館接金塘竹開霜後翠梅動雪前香鳧歸初
命侶雁起欲分行刷羽同棲集懷恩愧稻粱

白下驛餞唐少府 頸聯失粘　王勃

下驛窮交日昌亭旅食年相知何用早懷抱即依然浦樓低
晚照鄉路隔風烟去去如何道長安在日邊

折楊柳 頷聯末聯失粘　盧照隣

倡樓啓曙扉楊柳正依依鶯啼知歲隔條變識春歸露葉凝
愁黛風花落舞衣攀折將安寄軍中音信稀

散關晨度 末聯失粘　王勃

關山陵旦開石路無塵埃白馬高談去青牛眞氣來重門臨
巨壑連棟起崇隈即今揚策度非是棄繻回

丁、七言律格式

(一)七言律平韻式正格

和賈至舍人早朝大明宮之作　王維

絳幘鷄人報曉籌尚衣方進翠雲裘九天閶闔開宮殿萬國衣冠拜冕旒日色纔臨仙仗動香烟欲傍袞龍浮朝罷須裁五色詔佩聲歸向鳳凰池

(二)七言律仄韻式　七言仄韻作者最少高適一首舊在古詩氷川詩式錄入律體今從之

九月九日酬顏少府　高適

簷前白日應可惜籬下黃花爲誰有行子迎霜未授衣主人得錢始沽酒蘇秦憔悴時多嫌蔡澤棲遑世看醜縱使登高只斷腸不如獨坐空搔首

(三)七言律平仄正格

九日　杜甫

老去悲秋強自寬興來今日盡君歡羞將短髮還吹帽笑倩傍人為整冠藍水遠從千澗落玉山高併兩峯寒明年此會知誰健醉把茱萸子細看

(四)七言律平仄偏格

行經華陰　崔顥

岧嶢太華俯咸京天外三峯削不成武帝祠前雲欲散仙人掌上雨初晴河山北枕秦關險驛樹西連漢時平借問路傍名利客無如此處學長生

(五)七言律變格 自為平仄

酌酒與裴迪

酌酒與君君自寬人情翻覆似波瀾白首相知猶按劍朱門先達笑彈冠草色全經細雨濕花枝欲動春風寒世事浮雲何足問不如高臥且加餐

(六) 失粘格 律詩自有定體然時出變化如用兵出奇故失粘詩自來亦引為格式也

卜居 引韻失粘　杜甫

浣花溪水水西頭主人為卜林塘幽已知出郭少塵事更有澄江銷客愁無數蜻蜓齊上下一雙鸂鶒對沈浮東行萬里堪乘興須向山陰上小舟

詠懷古跡 第二聯失粘　杜甫

搖落深知宋玉悲風流儒雅亦吾師悵望千秋一灑淚蕭條異代不同時江上故宅空文藻雲雨荒臺豈夢思最是楚宮俱泯滅舟人指點到今疑

仲夏巖公枉駕 第三聯失粘

竹裏行廚洗玉盤花邊立馬簇金鞍非關使者徵求急自識將軍禮數寬百年地僻柴門迥五月江深草閣寒看弄漁舟移白日老農何有罄交歡

哭呂衡州 第四聯失粘 柳宗元

衡嶽新摧天柱峯士林憔悴江相逢祗今文字傳青簡不使
功名上景鍾三畝空留懸磬室九原猶寄若堂封遙想荊州
人物論幾回中夜惜元龍

出塞作 第二聯失粘第三 李憕

居延城外獵天驕白草連天野火燒暮雲空磧時驅馬秋日平
原好射鵰護羌校尉朝乘障破虜將軍夜渡遼玉靶角弓珠勒
馬漢家將賜霍嫖姚

第一編

中國詩學

중국시학

영인본

東洋詩學源流 全

第一編

朝國詩學

중국시학

영인본

지은이

이승규(李昇圭: 1882~1954) 보령 태생이며 호는 滄東이다. 그의 생애 전반에 대해 확인된 부분이 소략하지만, 한학에 조예가 깊었으며 동아일보 창간기자, 보성학교 교사, 휘문학교 교사, 서울시립 농과대학 교수 등을 역임했다고 한다. 그가 주로 교육자의 길을 걸었으므로, 『東洋詩學源流』는 학생들을 교육하기 위해 편찬한 책으로 보인다.

옮긴이

김묘정 단국대학교 한국고전문학텍스트연구소 운영위원으로 단국대학교 일본연구소 HK교수이다. 단국대학교에서 「17세기 小北八文章의 시세계 연구」로 박사학위를 취득했으며, 논문으로 「小北 문인집단의 지식 공간 양상과 그 의미 - 別墅 詩會를 중심으로」, 「雪蓑 南以恭의 교유시 연구 - 16세기 小北文壇 형성기의 교유 양상을 중심으로」, 「학문적 계보와 지식권력의 상관관계 고찰을 위한 試論 - 北人계열 문인들의 학문적 계보 연구 방법론을 중심으로」 등이 있다.

김효정 단국대학교 한국고전문학텍스트연구소 연구교수이다. 단국대학교에서 「17세기 전반 北人系 南人 시문학 연구」로 박사학위를 취득했으며, 논문으로 「松谷 李瑞雨의 「靑巖錄」 고찰 - 비일상의 체험에서 지식생산으로의 전환」, 「18세기 전반 근기 남인계열 詩社 '湖社' 연구」, 「謙齋 趙泰億의 시세계 一考 : 의주 접반 시기를 중심으로」 등이 있다.

유진희 단국대학교 한국고전문학텍스트연구소 연구교수이다. 단국대학교에서 「조선 초기 시풍 연구 - 唐·宋風의 實存 樣相을 중심으로」로 박사학위를 취득하였다. 논문으로 「昆侖 崔昌大의 기행시 일고찰 -『損窩遺稿』 소재 昆侖詩를 중심으로 -」·「損窩 崔錫恒의 유람에 대한 인식 - '壯遊'와 '淸遊'를 중심으로 - 」 등이 있다.

감 수

윤재환 한국고전문학텍스트 연구소장. 단국대학교 국어국문학과 교수로 동양학연구원 번역실장을 겸하고 있다. 星湖와 順菴, 茶山 등을 중심으로 한 조선 중·후기 근기남인들의 문학세계 연구에 주력하고 있으며, 저서로 『매산 이하진의 삶과 문학 그리고 성호학의 형성』·『조선 후기 근기 남인 시맥의 형성과 전개』·『옥동 이서의 삶과 시세계 그리고 성호학』 등과 다수의 저역서가 있다.

한국고전번역총서 2

동양시학원류

제1편 중국시학

2023년 12월 29일 초판 1쇄 발행

지은이 / 이승규
옮긴이 / 김묘정 · 김효정 · 유진희
감　수 / 윤재환
펴낸이 / 김병환
펴낸곳 / 학자원
주소 / 05355 서울시 강동구 천호대로 1121
전화 / (02)02) 6403-1000
팩스 / (02)02) 6338-1001
e-mail　hakjaone@daum.net
등　록　2011년 3월 24일 제2011-14호

HAKJAONE Publishing˚Co.
1121 Cheonho-Daero kangdong-Gu Seoul

ISBN 979-11-6247-307-8 94810
979-11-6247-306-1 94810(세트)

값 35,000원